MATERIALIENBAND

LITERARISCHE

MANIFESTE

DES NATURALISMUS

1880−1892

———

HERAUSGEGEBEN VON

ERICH RUPRECHT

———

MCMLXII

J. B. METZLERSCHE

VERLAGSBUCHHANDLUNG

STUTTGART

©

J. B. Metzlersche Verlagsbuchhandlung und Carl Ernst Poeschel Verlag GmbH
in Stuttgart 1962. Satz und Druck: J. Fink Stuttgart
Printed in Germany

Die hier vorliegende Sammlung von Manifesten will die heute zum großen Teil schwer zugänglichen wesentlichen Dokumente des literarischen Deutschland aus den Jahren 1878–1892, soweit sie die theoretische Auseinandersetzung um eine neue Literatur spiegeln, zum ersten Mal in einer gewissen Geschlossenheit vor Augen führen. Der Begriff „Manifest" steht dabei bewußt in einem weiteren Sinne für alle hier vereinigten Texte, obwohl nur wenige von ihnen streng programmatischen Charakter besitzen; denn nicht nur die Verkündung eines revolutionären Wollens, einer neuen Zielsetzung, auch die kritische Auseinandersetzung mit Bestehendem, die Abgrenzung gegenüber der Tradition ist programmatisch, sofern sie das Programm gleichsam im Negativ sichtbar macht. Auch Texte, deren Anliegen die Besinnung auf die geistigen Voraussetzungen beziehungsweise Grundlagen der neuen Bewegung ist oder die Erörterung gehaltlicher und formaler Elemente der geforderten Literatur, gehören in diesen Zusammenhang, ebenso — wenn auch nur in konzentrierenden Auszügen — Abhandlungen, die heute zwar als literarhistorische Rückblicke erscheinen, zur Zeit ihrer Veröffentlichung jedoch programmatische Bedeutung hatten. Es wäre sinnlos, nur die wenigen ausgesprochenen Programmschriften neu zu veröffentlichen, vor allem weil sie allein nicht zur Klärung der vielschichtigen Tendenzen einer Bewegung ausreichen. Die Grenzen sind keineswegs so scharf gezogen, wie es den üblichen Einteilungen der Literaturgeschichte nach der Fall sein scheint. Nur selten ist ein Programm begrifflich klar und in sich geschlossen, noch seltener ist es für alle Exponenten einer literarischen Gruppe in gleicher Weise verbindlich. Die hier vereinigten Texte sollen eine differenziertere Erkenntnis und Beurteilung des Naturalismus ermöglichen. Geistige Entwicklungen vollziehen sich kaum je in chronologisch klar einander ablösenden Phasen, diese werden erst aus historischer Distanz in ihrem Eigenwert erkennbar. Die vorliegenden Manifeste bezeugen die Vielfalt zeitlich sich überkreuzender, ineinander- und parallel verlaufender Bewegungen, deren lebendig fluktuierende Struktur allzu leicht durch ein mageres Begriffsschema verdeckt wird.

Alle diese Zeugnisse sind geprägt vom Kampf mit der Tradition, aus der man sich löst, gegen deren Autorität man die eigene Forderung stellt. So mischen sich Kritik, Polemik und Verkündung; fast alle hier abgedruckten Texte besitzen daher sowohl Angriffs- wie Bekenntnischarakter. Grundsätzlich greifen die Erörterungen über den literarisch-ästhetischen Fragenbereich hinaus. Das Ganze einer neuen schöpferischen Existenz steht im Blick, in der Gesamtheit ihrer Be-

züge zur ästhetischen, religiös-weltanschaulichen, politischen und sozialen Lebensproblematik. Die totale Konfrontation des „neuen Standpunktes" mit noch geltenden Wertsetzungen erzeugt zuweilen eine Spannung, die zu Einseitigkeiten und Überspitzungen führt, am Pathos der Formulierung leicht erkennbar. Zwar verdeutlicht die Schärfe kämpferischer Exaltation oft das Anliegen in seiner äußersten Konsequenz, macht aber gleichzeitig oder eben dadurch das zeitlich Bedingte einer solchen – mit dem Anspruch auf absolute Gültigkeit vorgebrachten – Äußerung sichtbar. Das programmatische Wort vermag nicht nur Geschichte zu bewirken, es erfährt auch Geschichte an sich selbst, indem es nicht selten wirkungslos hinfällt. Häufig erreicht es eine nur partielle oder auch modifizierte Realisierung, sei es, weil die schöpferischen Geister der Zeit – keines Programms bedürftig – darüber hinweggehen oder weil sie überhaupt fehlen, sei es aus Mangel an innerer Wahrheit dieses Programms. In jedem Fall ist die Kenntnis der theoretischen Forderung bedeutsam für die Erkenntnis der geistigen Bezüge, in denen das gestaltete Werk steht, und darüber hinaus für die Beurteilung der inneren Spannungen und Tendenzen einer Aufbruchszeit. Es ist ein gegen die Jahrhundertwende sich verstärkendes Charakteristikum der nachgoetheschen Literatur, daß die programmatische Idee, die Theorie immer breiteren Raum einnimmt, so daß aus dieser die geistige Struktur neuer Ansätze ablesbar wird.

Das gilt vor allem für die etwa um 1880 mit dem Naturalismus beginnende moderne Literatur. Die Sammlung erstrebt daher für die Jahre von 1880–1892 weitgehende Vollständigkeit, bringt allerdings, um auch im beschränkt verfügbaren Raum die differenzierten Bestrebungen zu Wort kommen zu lassen, zum Teil gekürzte Texte. Der Herausgeber war sich der Problematik eines solchen Verfahrens durchaus bewußt, zog aber die Vielstimmigkeit der Texte einer ungekürzten und damit notwendig zahlenmäßig begrenzten Wiedergabe vor, zumal die Kürzungen ausnahmslos historische Erläuterungen, persönliche Polemik, Tageskritik, allgemeine weltanschauliche Erörterungen oder in Phrasen sich verlierende Partien betreffen. Andererseits erscheinen Stücke vollständig, die nur teilweise programmatische Bedeutung haben, aber durch Zeitpunkt und Ort ihrer Veröffentlichung typisch sind.

Die Texte wurden originalgetreu abgedruckt. Die Anordnung erfolgte chronologisch, wenn nicht durch das Auftreten gleicher Programmpunkte in zeitlich auseinanderliegenden Stücken die sachbestimmte Reihenfolge geboten war. Vom Herausgeber formulierte Titel – vor allem über Stücken, die größeren Aufsätzen oder Büchern entnommen sind –, erscheinen in eckigen Klammern [], Auslassungen wurden durch drei Punkte in runden Klammern (...) gekennzeichnet. Zu den einzelnen Texten geben Anmerkungen die notwendigen Erläuterungen.

Freiburg i. Br., 1. Januar 1962   ERICH RUPRECHT

INHALT

Verzeichnis der Faksimilewiedergaben

Lɪᴛᴇʀᴀʀɪsᴄʜᴇ

Mᴀɴɪғᴇsᴛᴇ ᴅᴇs Nᴀᴛᴜʀᴀʟɪsᴍᴜs

1880–1892

Der deutsche Naturalismus

Die um 1880 in Deutschland aufbrechende „Revolution der Literatur" bedeutet den Versuch, die zu dieser Zeit offen zutage tretende Kulturkrise im Anschluß an die gesamteuropäische Bewegung des Naturalismus zu überwinden. Sie hat das charakteristische Gepräge einer Krisen- und Übergangserscheinung.

Die Krise hatte sich in Deutschland seit langem vorbereitet. Es ist häufig gesagt worden, daß 1831 und 1832, die Todesjahre Hegels und Goethes, symbolische Endzahlen sind. Hegels große Zusammenschau der Wirklichkeit von Natur und Geschichte in der Idee des schöpferischen Weltgeistes hatte noch einmal die ideelle Einheit der klassisch romantischen Epoche bezeugt. Mit ihrer Auflösung erfuhr das Hegelsche System jene dialektische Umkehrung, die in seinem Wesen begründet lag. Es begann der große Rationalisierungsprozeß, in dessen Verlauf Transzendentalphilosophie, Dichtung und Religion in zunehmendem Maße ihre zentrale, sinngebende Bedeutung an die heraufkommenden Naturwissenschaften, an Physiologie und Soziologie und die in ihrem Wirkungsfeld stehende empiristische Philosophie verloren. Eine Weltanschauung ohne Metaphysik entstand, geprägt von der Darwin-Haeckelschen Abstammungslehre, Büchners Kraft- und Stofflehre, dem Positivismus Comtes und Taines, dem atheistischen Materialismus Feuerbachs und schließlich der materialistischen Geschichtsauffassung und dem wissenschaftlichen Sozialismus von Marx und Engels. Die Welt erschien als ein in sich geschlossener Prozeß kausaler und mechanischer Wirkungen, bis ins einzelne auf Gesetze reduzierbar und damit wissenschaftlich erklärbar. Der Mensch sank zum machtlosen Objekt, zum Produkt physiologischer und soziologischer Bedingungen herab; auch das Rätsel des geistig-seelischen Geschehens schien aus dem Blickpunkt der eben erkannten Gesetze von Vererbung und Milieu lösbar zu werden.

Parallel mit der geistigen Entwicklung und sie zum Teil auslösend, verlief die soziologische Umschichtung im 19. Jahrhundert: im Zuge der mächtig fortschreitenden Technisierung und Industrialisierung entstand der Kapitalismus und – in ständig wachsendem Spannungsverhältnis zu ihm – das Proletariat der Großstädte. Damit wurde das soziale Problem immer vordringlicher.

Die in sich geschlossene, persönlichkeitsgebundene Kultur der Goethezeit löste sich auf in eine Vielzahl einander überkreuzender, wesensverschiedener Geistesrichtungen; aber keine von ihnen gewann führende Bedeutung. Es drohte die

Gefahr anonymer Zivilisation. Noch einmal schien der gesamteuropäische Stil des Realismus eine einheitliche Lebens- und Kunstform zu bezeugen. Die entschlossene Wendung zum Diesseitig-Wirklichen, die Darstellung des Menschen innerhalb der durch Geburt und Tod vorgegebenen Grenzen und Erfahrungsmöglichkeiten, die Wahrung eines festen sittlichen Fundaments unter Verzicht auf jeden metaphysischen Deutungsversuch — diese allgemeinen Merkmale realistischer Dichtung entsprachen dem sich allenthalben vollziehenden geistigen, sozialen und wirtschaftlichen Umbruch. Während aber im europäischen Realismus — der sich dadurch zu weltgültiger Bedeutung erhob — das neue Weltbild seine künstlerische Aneignung und Gestaltung erfuhr, blieb der deutsche Realismus, bei aller Größe im einzelnen, weitgehend auf individuelle poetische Sonderbezirke beschränkt. Der deutsche realistische Roman etwa entstand abseits von den Gegenwartsproblemen, oft auch als bewußte Gegenschöpfung zu ihren „Lösungen", im einsamen Ringen um die dem Zeitbewußtsein entsinkenden transzendenten Wissens- und Glaubensinhalte. Die neuen Wege, die hier beschritten wurden, sind abseitiger, stiller, mehr innerer Natur als äußerlich sichtbar. Dieser Roman drang kaum über den innerdeutschen Raum hinaus, und selbst hier lebte er nicht im Allgemeinbewußtsein seiner Zeit.

So konnte es geschehen, daß die junge Literatengeneration um 1880, der es um die Frage ging: wie vermag die Kunst den Tendenzen, Problemen und Erkenntnissen der Gegenwart gerecht zu werden, sie zu gestalten und damit zu bewältigen, sich ohne Tradition sah, obwohl sie manche Fäden hätte anknüpfen, Begonnenes hätte fortführen können. Auf der Suche nach Vorbildern druckten zwar die Herausgeber der neuen Zeitschriften Auszüge aus dem Erzählwerk Raabes, Kellers, Storms oder Freytags; Fontane vor allem, noch in hohem Alter der naturalistischen Bewegung zugetan und Mitglied der „Freien Bühne", wurde anerkannt und verehrt — entscheidend aber für die neue Zielsetzung wurden weder er noch die anderen. Dazu schien der Radius zu eng, der Stoff nicht aktuell, die Form nicht objektiv genug. Die realistischen Dramen dagegen, die wie Büchners »Woyzec« und Hebbels »Maria Magdalene« konkrete Bezugspunkte boten, waren kaum bekannt. Einzig in dem aktuellen und kritischen Schrifttum des jungen Deutschland, das sich in ähnlicher Weise gegen die epigonale Scheinkultur seiner Zeit erhoben und Tagesfragen diskutiert hatte, ergriff man eine Art von Vorbild, jedoch mehr im allgemeinen Sinn der Bestätigung eigener Bestrebungen als in bewußter Fortführung der Tradition.

Im unmittelbaren Blickfeld der deutschen Naturalisten stand die offizielle Literatur der Gründerjahre, die in zeitfremdem Historizismus und Ästhetizismus verharrte. Die klassizistische Geibel-Heyse-Schule in München gab den Ton an und bildete, zusammen mit der seichten, romantisierenden Unterhaltungsliteratur der ›Gartenlaube‹, das Salon- und Modeschrifttum des Bürgertums. Diese Rückständigkeit gegenüber der europäischen Literatur forderte Widerspruch her-

aus; erbittert sagte man aller Pseudokunst den Kampf an. Daß dabei zwischen echt und unecht nicht immer klar unterschieden wurde und manche Verallgemeinerungen und Fehlurteile unterliefen, lag in der Natur der Sache. Der Blick ging über die deutschen Grenzen und Begrenzungen hinaus: nach Skandinavien zu Björnson, Jacobsen, Ibsen, Strindberg, nach England zu Dickens, nach Rußland zu Dostojewskij und Tolstoj, deren hintergründige Religiosität man vor dem großen Bild der hier dargestellten sozialen Wirklichkeit übersah, vor allem aber und zunächst entscheidend nach Frankreich, das bereits seine Führungsrolle innerhalb der modernen europäischen Literatur übernommen hatte, die es für drei Jahrzehnte behalten sollte. Hier bestand die große Romantradition des epischen Realismus, aus der sich der Naturalismus folgerichtig entwickelt hatte. ZOLA, an dessen Werk sich die deutschen Naturalisten nun in leidenschaftlichem Für und Wider orientierten, konnte seinerseits auf dem Erbe von Balzacs »Comédie humaine«, Flauberts »Madame Bovary« und der »Germinie Lacerteux« der Brüder Goncourt aufbauen. Hier war eine Kunst, die wahrheitsgetreu und unverfälscht das natürliche Leben spiegeln wollte, die den Menschen, den naturwissenschaftlichen Erkenntnissen der Zeit entsprechend, als ein Wesen ohne freien Willen, gebunden in die naturgesetzliche Kausalität, schonungslos darstellte. Vor allem Zolas zwanzigbändiger Romanzyklus »Les Rougon-Macquart« galt als einzigartiges Beispiel „moderner Kunst“, während seine – auch von den Anhängern umstrittene – Romantheorie die Begriffe lieferte. Hier war die große Forderung nach Wahrheit in der Kunst ausgesprochen und begründet: der moderne Autor ist Wissenschaftler, der erst auf Grund umfassender psychologischer, physiologischer und soziologischer Studien, die er mit den exakten Methoden der Naturwissenschaft betreibt, seinen „Experimentalroman“ schreiben kann. Er stellt seine Menschen in ein genau berechnetes Wirkungsfeld von Milieu und Vererbung, um an ihrem zwangsläufigen Verhalten die unter allen Bedingungen und Wechselfällen ihres Schicksals unveränderlich bleibende und unabdingbar sich auswirkende Substanz ihrer körperlich-seelischen Beschaffenheit zu erweisen. Die Darstellung des solcherweise bis in seine Höhen und Tiefen naturgesetzlich determinierten Lebens ist das Ziel des modernen Schriftstellers.

Daß Zolas erzählerisches Werk seine Kunstlehre weit überragte, wurde bald erkannt. Der große Gestalter und Moralist überzeugte tiefer als der Theoretiker. Nicht selten spielte man den einen gegen den anderen aus unter Berufung auf seinen vielzitierten Satz: „Une œuvre d'art est un coin de la nature, vu à travers un tempérament.“ Zolas zahlreiche Nachahmer übersahen allerdings nur zu leicht den entscheidenden Schluß und schrieben großzügig nach dem Rezept seiner Theorien.

Wie aber sieht es mit der Verwirklichung des deutschen Naturalismus aus? Der Kampf der jungen Literatengeneration gegen die negativen kulturellen Folgen der politischen und wirtschaftlichen Hochblüte der Gründerjahre spielt sich vor

allem im Bereich der Theorien ab — ein Jahrzehnt der Zeitschriften- und Gesellschaftsgründungen beginnt, der Pamphlete und Abhandlungen, der Programme und Manifeste. Die im Zusammenhang damit entstehenden zahllosen dichterischen Werke sind, von wenigen Ausnahmen abgesehen, Tagesschrifttum ohne künstlerischen Rang und heute so gut wie vergessen. Kritik und Proklamation sind die entscheidenden Waffen dieser Auseinandersetzung, schroffe Kritik an den Scheinwerten der zeitgenössischen Literatur und begeisterte Proklamation neuer Ziele: der Bildung einer auf den naturwissenschaftlichen Lebensgesetzen gründenden modernen Kunst. Die zeitweilige Radikalität und Schärfe dieses Kampfes resultiert nicht zuletzt aus dem Gefühl, zu spät zu sein, den Anschluß an das überall in Europa aufbrechende junge geistige Leben versäumt zu haben. In sich überstürzender Folge erscheinen zahllose Manifeste und Programmschriften, während die wenigen wesentlichen Dichtungen erst entstanden, als die Bewegung bereits in eine Krise eingetreten war und verebbte.

Die Geschichte des deutschen Naturalismus erstreckt sich streng genommen nur über wenige Jahre. Es ist auch kaum zulässig, von einer einheitlichen, in sich geschlossenen Bewegung zu sprechen. Es gab nicht nur sehr unterschiedliche, sondern auch konträre Zielsetzungen. Neben Versuchen einer Reform der deutschen Literatur, die sich selbst noch als realistisch, ja idealistisch begriffen, standen die Bestrebungen der revolutionär Gesinnten nach einem absoluten Neubeginn. Von Anfang an war die Bewegung in mehrere Gruppen gespalten, die zunächst zwar im Grundsätzlichen übereinstimmten, in vielen Einzelfragen jedoch verschiedene Positionen einnahmen und sich schließlich bekämpften.

Berlin und München waren die beiden Zentren, von denen der deutsche Naturalismus ausging. Dem Berliner Kreis um die BRÜDER HART, dessen Kampf vorwiegend der Erneuerung von Drama und Lyrik galt, und der sich an Tolstoj, später an Ibsen und Strindberg orientierte, stand in München der Kreis um MICHAEL GEORG CONRAD gegenüber, der nach dem Vorbild Zolas den deutschen naturalistischen Roman zu begründen suchte. Beide Gruppen protestierten einmütig gegen Kunst und Literatur der Gründerzeit und ihren zeitfremden idealisierenden und historisierenden Stil, ihren dekorativen Klassizismus. Als Prototypen dieser bürgerlichen Spätkunst griff man jedoch verschiedene Autoren an: in Berlin Spielhagen und Gottschall, in München Heyse und den Münchener Dichterkreis. Gemeinsam stellten beide Gruppen die Forderung nach Wahrhaftigkeit an den modernen Schriftsteller und erörterten im Blick auf Zola Wesen und Grenzen dieser neuen Wahrheit. Mit Ausnahme Conrads, der den französischen Meister bedingungslos verehrte, bekannten sie sich keineswegs bedenken- und widerspruchslos zu seinem Naturalismus. Sowohl die Brüder Hart als auch engste Mitarbeiter an Conrads ›Gesellschaft‹ verurteilten die krasse Elendsschilderung, die Betonung des Häßlichen im Alltagsleben, die sich im Gefolge Zolas bei den französischen Naturalisten breitgemacht hatten. Vor allem aber bestrit-

4

ten sie Zolas These, die moderne Poesie müsse zur Wissenschaft werden. Auch bei treuester Wiedergabe der natürlichen Wirklichkeit — darin war man sich einig — muß der Schriftsteller über das wissenschaftlich Erkannte hinaus ein Kunstwerk gestalten. Zola selbst war der Beweis. Über diese Gemeinsamkeit im Negativen und nur sehr allgemein Positiven hinaus gelangten die deutschen Naturalisten zu keiner klaren, allen verbindlichen Zielsetzung, nicht einmal innerhalb einer Gruppe, geschweige denn in Berlin und München.

In den »Kritischen Waffengängen« (1882/84) kämpfen die Brüder Hart für einen „Ideal-Realismus", der wahrheits- und wirklichkeitsgetreu, aber gleichwohl poetisch sein sollte. Die Stürmer und Dränger, vor allem der junge Goethe gelten als Vorbild; „Naturalismus im höchsten Sinn des Begriffs" ist hier Naturalismus des Genies, als äußerster Gegensatz zum „Formalismus" der zeitgenössischen Epigonenliteratur gedacht. Das hat im Grunde nichts mit Zola zu tun, der gerade das subjektive, genialische Moment ausgeschaltet wissen will, ebensowenig wie die Betonung des Nationalen: an Herder anknüpfend, fordern die Harts eine neue Nationalliteratur. Die damit eingeschlagenen Wege unterscheiden sich also von Anfang an sehr deutlich von der gesamteuropäischen literarischen Bewegung der Zeit und verengen sich später zu Erscheinungen wie der „Heimatkunst", die weitab von den ursprünglichen naturalistischen Tendenzen liegen. Daß dazu noch Adolf von Schack, der dem von den Münchenern angegriffenen klassizistischen Geibel-Kreis angehörte, als eine Verwirklichung des proklamierten modernen Dichtertypus gepriesen wird, zeigt die hier herrschende Unklarheit der Begriffe und Vorstellungen. Nicht nur die Brüder Hart entwickeln ein so allgemeines und im einzelnen unbestimmtes Programm. Hermann Conradis mit Emphase vorgetragenes programmatisches Vorwort zur Anthologie »Moderne Dichtercharaktere« begnügt sich mit ähnlichen allgemeinen Forderungen: „das Wahre, das Natürliche, das Ursprüngliche" soll die schablonenhafte Gegenwartsliteratur verdrängen, „eine Zeit der großen Seelen und tiefen Gefühle" heraufgeführt werden und damit eine moderne, das heißt lebenswahre, nationale Dichtung. Wie in den »Waffengängen« kommt mehr das „grandiose Protestgefühl gegen Unnatur und Charakterlosigkeit" zum Ausdruck als eine klare positive Zielsetzung. Auch das zweite Vorwort zu den »Modernen Dichtercharakteren« ist mehr Anklage als positives Bekenntnis. Karl Henckell nennt die hier aufgenommene Lyrik „durchtränkt vom Lebensstrom der Zeit und der Nation". Eine solche Dichtung ist noch nicht naturalistisch. Zwar tauchen Motive des europäischen Naturalismus auf — Großstadt, Arbeiterelend, Dirnentum —, aber noch in durchaus konventioneller Gestalt. Nur einer der dreiundzwanzig Autoren, Arno Holz, entwickelt eine neue lyrische Form. Damit aber ist das Programm der »Dichtercharaktere« wie der »Waffengänge« bereits überschritten. Die von den Harts herausgegebenen ›Berliner Monatshefte für Literatur, Kritik und Theater‹ gingen schon nach halbjährigem Bestehen im Oktober 1885

ein, vermutlich weil sie in ihrer zwischen Tradition und Moderne vermittelnden Haltung dem revolutionären Wollen der Jüngstdeutschen, wie sich die jungen Schriftsteller in bezeichnender Anlehnung an die Dichter des jungen Deutschland jetzt nannten, nicht entsprachen. Die Mitarbeiter gingen großenteils zu M. G. CONRADS ›Gesellschaft‹ über, die radikaler und bestimmter den deutschen Naturalismus zu vertreten schien.

Conrads »Einführung« allerdings ist auch zunächst weitgehend Protest und Kampfansage an den Scheinidealismus des dekadenten Bürgertums und vor allem der Münchener Dichterschule. Aber die Forderung eines „unbeirrten Wahrheitssinnes" ist schärfer gestellt als bei den Berlinern. Jeder Lebensbezirk, auch der privateste, soll in seiner Wahrheit, das heißt in der von jeder Wertung oder ideellen Färbung befreiten natürlichen Beschaffenheit erkannt und dargestellt werden. Bewußt rückt Conrad an den Anfang des ersten Heftes seiner Zeitschrift BERTHA VON SUTTNERS Aufsatz »Wahrheit und Lüge«, der mit dem Satz beginnt: „Es gibt nur einen obersten Grundsatz der Moral, sage ich Dir, und derselbe heißt Wahrheit." Conrad beruft sich auf die radikale Wahrheitsforderung Zolas und tritt für die Lehre seines naturalistischen Experimentalromans ein, die HILLEBRAND im 2. Jahrgang der ›Gesellschaft‹ als das mustergültige Programm des Naturalismus proklamiert. Doch gerade dieser Aufsatz mit dem kämpferischen Titel »Naturalismus schlechtweg!« verdeutlicht die kritische Haltung auch der Münchener Jüngstdeutschen gegenüber dem strengen Naturalismus. Der Dichter dürfe nicht die Wirklichkeit photographisch abbilden, so betont Hillebrand, sondern müsse sie in seiner Individualität reflektieren. Auch der „radikalste Realist" Zola sei über seine Theorie hinausgegangen und verleugne nicht seine schöpferische Kraft. Der ebenfalls in der ›Gesellschaft‹ erschienene Aufsatz der Frauenrechtlerin IRMA VON TROLL-BOROSTYANI über »Die Wahrheit im modernen Roman« lehnt die Darstellung nicht auf Werte oder Ideen bezogener Naturwahrheiten noch wesentlich schärfer ab — ein Beweis für die undogmatische Haltung Conrads, der großzügig dem Widerstreit der Meinungen Raum gab. Der ausschließlich das Banale und Häßliche schildernde naturalistische Roman in der Zola-Nachfolge wird als trivialistisch verworfen und einem echten Realismus entgegengestellt, der mit dem Guten und Schönen das Ganze des Lebens erfassen soll und für die „idealistische" Gruppe der Jüngstdeutschen, deren Sprecherin Troll-Borostyani ist, keineswegs im Widerspruch steht zur Wahrheitstreue. Vielmehr wird umgekehrt Zolas Forderung einer wertfreien Darstellung als Untreue seinem eigenen Wahrheitsprinzip gegenüber verstanden. Da Wertung eine Grundverhaltensweise des Menschen ist, werde er durch das Außerachtlassen dieses seines geistigen Wesenszuges nicht in seiner Ganzheit, das heißt aber nicht in seiner Wahrheit erfaßt. Das betrifft auch das methodische Verfahren des Autors. Der Ruf nach Wertung will nicht den metaphysischen Menschen wiederbeleben, den Zola mit Recht als „tot" erklärt, sondern entspricht

psychologischen Tatsachen und Erkenntnissen, das heißt also dem realistischen Prinzip. Daß bald von Naturalismus, bald von Realismus gesprochen wird, zeigt das Differenzierte aber auch Unentschiedene der deutschen Frühnaturalisten in München wie in Berlin. KARL BLEIBTREUS 1886 erscheinende Kampfschrift »Revolution der Litteratur«, die allgemein als Manifest des deutschen Naturalismus galt, fordert ebenfalls einen „wahren Realismus", der um des Ganzen willen auch die seelisch-geistigen Vorgänge erfassen soll. Auch WILHELM BÖLSCHE spricht in der programmatischen Schrift über »Die naturwissenschaftlichen Grundlagen der Poesie« von modernem Realismus, den er wie Bleibtreu im Zusammenhang der deutschen Tradition sieht. Die wahren Vorgänger, die Realisten, werden allerdings übersehen; der Blick fällt auf die Stürmer und Dränger, bei Bölsche sogar auf die Klassiker. Dabei übernimmt letzterer die Grundforderungen Zolas und proklamiert eine auf den Erkenntnissen der modernen Wissenschaften — Vererbungs- und Milieulehre — sowie dem modernen Sozialismus aufbauende Dichtung. In diesem Punkt sind sich alle einig: die neue Literatur kennt keine Metaphysik mehr. Sie begrenzt sich streng auf das Gebiet sinnlicher Erfahrung. Diese Grenzsetzung ist durchaus als Bereicherung gedacht, als faszinierende Möglichkeit der Bewältigung des Lebens, dessen „Wahrheit" durch die wissenschaftlichen Forschungsergebnisse endlich zugänglich und nur der künstlerischen Auswertung zu harren schien; Streit und Widerspruch entzünden sich nur immer wieder an der Frage nach Subjektivität oder Objektivität des Künstlers. Die 1889 in der ›Gesellschaft‹ erscheinenden »Zwölf Artikel des Realismus«, das »Glaubensbekenntnis« des Kritikers KONRAD ALBERTI, fordern das objektive Kunstwerk, das bei ausschließlicher Beobachtung der Naturgesetze ein „wahres", das heißt nirgends über das „Natürliche" hinausgreifendes Weltbild gibt. Hier wäre der Begriff Naturalismus zutreffender gewesen. Bezeichnenderweise läßt Conrad diesem Bekenntnis unmittelbar die Anmerkungen des jungen OTTO JULIUS BIERBAUM folgen, die Albertis objektiven Realismus verwerfen, im Hinblick auf Zola die Bedeutung des künstlerischen Temperaments betonen und auf den freien Realismus Böcklins verweisen. Wenn dann der Herausgeber in einer Fußnote ergänzend Max Klinger und Richard Wagner als Realisten bezeichnet, so wird — außer der mangelnden Geschlossenheit der Münchener Gruppe — die Diskrepanz eines Teils ihrer Vertreter zu dem französischen beziehungsweise dem gesamteuropäischen Naturalismus evident.

Daß auch in Berlin die Entwicklung zunächst keinen entschiedenen Fortgang nimmt, zeigen die Diskussionen im Verein ›Durch‹, dem die wesentlichsten Literaten und Dichter — auch Gerhart Hauptmann — angehören. Es geht vor allem um die Abgrenzung von Realismus gegen Naturalismus, und die Entscheidung fällt schließlich zugunsten der realistischen Literatur, die der geforderten Wahrheitstreue genüge, ohne aber Übertreibungen zu verfallen und ästhetisch oder moralisch Anstößiges darzustellen. EUGEN WOLFF prägt das Schlagwort „die

Moderne", unter dem sich gleichgesinnte Schriftsteller sammeln sollten, und schreibt seine »Zehn Thesen«, ein den »Zwölf Artikeln« Albertis entsprechendes Bekenntnis, auf das sich aber wiederum nicht alle einigen können.

In eine neue Phase trat die Bewegung 1889 mit der Gründung der ›Freien Bühne‹ in Berlin ein. Der Verein, dem die führenden Berliner Literaten BÖLSCHE, die Brüder HART, WOLFF, BRAHM und SCHLENTHER angehörten, führte in geschlossenen Vorstellungen naturalistische Dramen auf – nach Ibsens »Gespenstern« Hauptmanns Erstling »Vor Sonnenaufgang«, ein Ereignis, das den Sieg des deutschen Naturalismus zu bestätigen schien. Wesentlicher noch war die Gründung der Zeitschrift ›Freie Bühne‹ 1890, deren Redakteur zunächst Arno Holz war.

Wie die ›Gesellschaft‹ stellt die ›Freie Bühne‹ die Grundforderung nach Wahrheit an den Künstler, aber sie bekennt sich zum Naturalismus, weil auf seinem Boden die moderne Kunst ihre „lebensvollsten Triebe" angesetzt habe. Man legt sich jedoch nicht auf ihn fest, sondern will nur „eine gute Strecke Weges" mitgehen bis zu neuen Ausblicken. Die rasch wechselnden Herausgeber sehen ihre entscheidende Aufgabe darin, die deutsche Literatur auf die Höhe der europäischen zu führen, deshalb bringen sie in erster Linie die naturalistische Dichtung der Franzosen, Skandinavier und Russen, deren Dramen auch vorzugsweise aufgeführt werden. Die Zeitschrift zeigt also von Anbeginn betont internationale Interessen. Weniger aggressiv als die ›Gesellschaft‹, vertreten ihre ersten Jahrgänge einen streng an das Prinzip der naturgesetzlichen Wahrheit gebundenen sogenannten ›objektiven Naturalismus‹, das heißt, es geht jetzt vorwiegend um das Problem der Form. HEINRICH HART proklamiert im »Kritischen Jahrbuch« von 1890 eine Literatur aus dem „Geist der absoluten Objektivität", die von Zola, Ibsen und Tolstoj nur angebahnt, nicht schon verwirklicht sei. Die Subjektivität des gestaltenden Künstlers müsse noch völlig überwunden werden. Hinsichtlich dieses Ziels spricht Hart zwar von „modernem Realismus", aber seine Ausführungen, vor allem seine Forderung psychologischer Vertiefung und verschärfter Beobachtung, treffen genau auf den „konsequenten Naturalismus" von ARNO HOLZ zu. Holz hatte 1890 in der ›Freien Bühne‹ nachgewiesen, daß Zola nur der Verbreiter, nicht aber der Schöpfer der Theorie des Experimentalromans sei und daß damit noch keineswegs die neue naturalistische Kunstlehre begründet war.

Die Aufgabe, das naturalistische Kunstgesetz zu finden, sah Holz sich selbst übertragen. In der Schrift, die trotz ihres wenig schlagkräftigen, steifen Titels »Die Kunst, ihr Wesen und ihre Gesetze« das Manifest des konsequenten Naturalismus ist, entwickelt er seine These: „Die Kunst hat die Tendenz, wieder die Natur zu sein; sie wird sie nach Maßgabe der jeweiligen Reproduktionsbedingungen und ihrer Handhabung." Dieses Kunstgesetz, zusammengefaßt in der mathematischen Formel: „Kunst $=$ Natur$-$x", proklamiert am bedingungslosesten eine streng objektive Literatur. Ihre Methode ist ein neuer Erzähl-

stil, der sogenannte „Sekundenstil", der aus exakter Beobachtung, Moment für Moment des natürlichen Geschehensablaufs auffassend und buchend, die Wirklichkeit wahrheitsgetreu registriert. Eine solche Gestaltung durfte nicht mehr an das persönliche „Temperament", die individuelle Sicht des Autors gebunden sein – Holz schrieb also folgerichtig gemeinsam mit dem Freund Johannes Schlaf novellistische Skizzen als Musterstücke naturalistischer Prosa (»Papa Hamlet«), die bereits 1889 unter dem Pseudonym eines angeblich dänischen Schriftstellers Holmsen erschienen. 1890 folgte das auf der gleichen minutiösen Zustandsschilderung aufgebaute Drama »Die Familie Selicke«. Diese Werke sind die einzigen Zeugnisse des konsequenten Naturalismus, der im Grunde Zolas Theorie noch um mehrere Grade überspitzte und seinem Wesen nach letztlich nur experimentell realisierbar war. Die Kunstlehre von Holz bedeutet den Endpunkt des deutschen theoretischen Naturalismus: die Proklamation der Kunst als einer protokollarischen und phonographischen Wiedergabe der natürlichen Wirklichkeit mußte in künstlerische Sterilität und also die Kunst ad absurdum führen.

Damit erhebt sich die grundsätzliche Frage nach der künstlerischen Erfüllung des deutschen Naturalismus. Der größte Teil des Geschriebenen ist heute mit Recht vergessen. Vieles davon war als beispielhafte Realisierung des Programms gedacht, wie etwa der in bewußter Zola-Nachfolge entstandene Romanzyklus M. G. Conrads »Was die Isar rauscht« oder der entsprechende Berlin-Roman Albertis »Der Kampf ums Dasein«; manches war unabhängig von Programm und Theorie geschrieben, so Max Kretzers soziale Romane, galt aber den Naturalisten als Beweis für das lebendig Zeitgemäße ihrer Thesen. Auch Gerhart Hauptmanns frühe Dramen werden nicht mehr gespielt, obwohl sie über allen Naturalismus hinaus bereits sein Grundproblem enthalten. Die naturalistische Form ist hier nicht Selbstzweck, sondern menschlich begründet, die „Inventaraufnahme" dient bereits der Darstellung der tragischen Situation. Neben der Erzählung »Bahnwärter Thiel«, die Hauptmann noch vor dem Bekanntwerden mit den Novellenskizzen »Papa Hamlet« schrieb, ist sein Drama »Die Weber« die einzige bleibende Leistung des deutschen Naturalismus. Aber es entstand aus der Erschütterung über das Elend des Menschen, aus leidenschaftlichem Mit-leiden mit der leidenden Kreatur – nicht als Demonstration der naturalistischen Theorie. Auch wird der Horizont des Rationalen hier bereits überschritten in der aus dem Irrationalen lebenden Gestalt des alten Hilse. Bezeichnenderweise erreicht der deutsche Naturalismus gerade mit diesem Drama weltliterarischen Rang.

Die Jahre um 1890 bedeuten also zugleich Erfüllung und Ende des deutschen Naturalismus. Zur selben Zeit, da er mit den ersten Dramenaufführungen Hauptmanns offensichtlich den Sieg über die traditionelle Kunst errang, begann – gleichsam hinter den Kulissen – seine Krise und Auflösung. Von Anfang an war die Bewegung unentschieden verlaufen, es fehlte ihr an Stoßkraft. Einerseits waren die programmatischen Forderungen zu unklar und widersprüchlich, um ein ein-

heitliches Manifest ausbilden zu können, andererseits begannen schon die ersten Naturalisten selbst auf Grund der Zolaschen Kunstlehre die Konsequenzen und Gefahren des Naturalismus kritisch zu beleuchten. Zudem wurde die Diskussion um die neuen Stoffgebiete erst spät durch die entscheidende Formfrage abgelöst und die eigene Dichtungstheorie begründet. Vor allem aber fehlte am Beginn der Bewegung der Dichter von Rang, der wie Zola in Frankreich den Naturalismus lebendig vor Augen geführt hätte. Als Holz, Schlaf und Hauptmann mit ihren Dichtungen hervortraten, löste sich die Bewegung bereits auf. In München fordert CONRAD einen nationalen Realismus, aus dem dann die sogenannte Heimatkunst sich entwickelt, die mit Naturalismus kaum noch etwas zu tun hat. In der ›Gesellschaft‹ wendet er sich gegen den konsequenten Naturalismus – „diese traurige Asphaltpflanze der Großstadtgasse" – und das „vaterlandslose Gebahren" der ›Freien Bühne‹, die vorwiegend Ausländer brachte. Es kommt zur Gegengründung der ›Deutschen Bühne‹ durch BLEIBTREU und ALBERTI, ebenfalls in Berlin. Der gleiche Vorwurf – Mangel an deutschem nationalem Bewußtsein – trifft die Zeitschrift ›Freie Bühne‹, die deshalb als gegnerisches Unternehmen verworfen wird. Darüber hinaus lehnt Conrad auch die Dichtungen von Holz und Hauptmann als „nüchternste, gemütloseste und geistig armseligste Form" der Literatur ab (›Gesellschaft‹ 1890). Diese Einstellung schloß nicht aus, daß die ›Gesellschaft‹ den „gesunden" Naturalismus beziehungsweise Realismus nach wie vor in Schutz nahm. 1891 erscheint ein Aufsatz, der zwar zum erstenmal die Möglichkeit eines Umschlags vom Naturalismus in „symbolische Romantik" erwägt, aber doch nur innerhalb der „ein für alle Male" durch die modernen Naturwissenschaften gesteckten Grenzen (St. 38). In Berlin vertraten einzelne den Naturalismus vorerst noch in einer Haltung, die dem Verteidigen einer uneinnehmbar erscheinenden Festung glich. So tritt WILHELM BÖLSCHE 1890 in der ›Freien Bühne‹ der allenthalben einbrechenden Kritik mit der entschiedenen Behauptung entgegen, seine eigentliche Erfüllung läge noch in der Zukunft. Auch der Wiener Kritiker HERMANN BAHR, der als erster den heraufkommenden Impressionismus erkannte, hält zunächst am Begriff des Naturalismus fest. Er verficht noch 1890 die „naturalistische Problemdichtung", allerdings im Blick auf Ibsen, den er als „Vorkämpfer der Synthese von Romantik und Idealismus" versteht. Sein „erfüllter Naturalismus" hat also im Grunde nichts mehr mit dem konsequenten Naturalismus zu tun, den er denn auch „als schon wieder vorbei" abtut. Die kritischen Stimmen mehren sich. RICHARD DEHMEL, aus dem Berliner Naturalistenkreis hervorgegangen, aber rasch darüber hinausgewachsen, verurteilt die naturalistischen Dramen als bloße „Nachäffung der Wirklichkeit" und spricht sehr deutlich von der Tragödie des Naturalismus, welche die naturalistische Tragödie abgelöst habe (›Gesellschaft‹ 1892). Daß sein Angriff in der ›Gesellschaft‹ erschien, zeigt, wie fern die Münchener den Berlinern gerückt waren. CONRAD, der zur gleichen Zeit die Überwindung des „ge-

meinen Naturalismus" durch die „Jungen von der Nervengeneration" ironisiert und spöttisch die „virtuose Nervenkunst" als „allermodernsten Charlatanismus" zu entlarven sucht, läßt lieber diese Gegner zu Wort kommen, als die gemeinsame Sache gegen sie zu verteidigen. Aber sogar innerhalb der ›Freien Bühne‹ wird jetzt die „wissenschaftliche Kunst" des Naturalismus als Produkt des von der Fülle neuer Möglichkeiten „noch halb betäubten Geistes" verurteilt, das in Klage und Anklage, ohne idealbildende positive Kraft verharre, eine Kunst „von großer Weltkenntnis... aber ohne Weltanschauung". Diese Wertung Julius Harts, des ehemaligen Gründungsmitglieds und zeitweiligen Herausgebers der ›Freien Bühne‹, ist symptomatisch für den Auflösungsprozeß des Naturalismus von innen her, verdeutlicht aber auch die Beweglichkeit der Zeitschrift, ihre größere geistige Elastizität gegenüber der ›Gesellschaft‹. Mit noch sensiblerem Spürsinn für die in neuem Wandel begriffenen literarischen Strömungen erfaßt Hermann Bahr 1891 die kommende Entwicklung. Er sieht die Abkehr von der „literarischen Physik" jetzt endgültig vollzogen und das literarische Prinzip der Wahrheit „erledigt". Sowohl das Experiment mit dem Menschen (früher Naturalismus) als auch dasjenige mit der Welt (konsequenter Naturalismus) erscheint ihm mißglückt – das Aufeinandertreffen von beidem (von Bahr „impression" oder „sensation" genannt) ergäbe eine neue, vertieft psychologische Kunst (von Bahr „nervöse Romantik" genannt) als dritte Phase der Moderne, von der aus die beiden ersten naturalistischen lediglich einen „Zwischenakt" bedeuten, der zu Ende gegangen ist und die Szene freigemacht hat für den „romantischen Idealismus".

Das Ende des Naturalismus eben in dem Augenblick, da er dichterische Leistungen gezeitigt hat, bekundet sich vor allem in der von den Dichtern selbst vollzogenen Überwindung ihrer naturalistischen Kunst, sei es in Richtung des impressionistischen Symbolismus bei Holz und Schlaf oder eines symbolischen Realismus bei Hauptmann. Das kurze Zwischenspiel des deutschen Naturalismus dient also im Wesentlichen, wie Bahr einmal sagt, der „Entbindung der Moderne".

1

Heinrich Hart »Neue Welt« (1878)

Aus: ›Deutsche Monatsblätter¹. Zentralorgan für das literarische Leben der Gegenwart‹, hrsg. von Heinrich und Julius Hart. Bd 1, 1878, S. 14–23, daraus S. 17 f., 21 ff.

(...) Während noch das junge Deutschland sich mehr oder weniger für eine abgeschlossene, das Jahrhundert repräsentirende Richtung ansah, galt es seit den 50er Jahren als ausgemacht, daß für die deutsche Literatur noch eine d r i t t e k l a s s i s c h e P e r i o d e zu erwarten sei. Den prägnantesten Ausdruck fand diese Erwartung durch Rudolf Gottschall², dessen Anschauungen von der neuen Blüthezeit man nicht zu theilen braucht, dessen Ernst und Begeisterung für die Sache aber entschieden anzuerkennen ist. — Woher kamen nun solche Hoffnungen, wo fanden sie Nahrung und Halt? waren es nur Wünsche gequälter Poetenherzen, utopische Luftgespinnste, Phantasien aus Wolkenkukuksheim, oder entsprangen sie aus tiefem Einblick in den Vorwärtsgang der Völker zu immer höherer Humanität und Geisteskultur? — Drei Faktoren wirkten gegen Ende der 50er Jahre zusammen, um der Welt eine neue Basis zu geben, — denn nicht wie Pallas Athene, gegürtet und gerüstet, drang das neue Leben an's Tageslicht, sondern unter heftigen Geburtsschmerzen, gährend und siedend. Noch ist der Werdeprozeß nicht vollendet, aber gleichwohl ist es heute bereits möglich, einigermaßen Klarheit über die bedeutsamsten Vorgänge und Erscheinungen zu gewinnen. Als der erste Faktor kommt die Neubildung der staatlichen und gesellschaftlichen Verhältnisse in Betracht, die einerseits auf den universellen Errungenschaften der französischen Revolution, andrerseits auf dem frischerwachten Eifer für nationale Besonderung fußte. Nationalität einerseits, Internationale andrerseits, hier Krieg auf Krieg, dort die Genfer Konvention und die Friedensliga, — unvereinbare Gegensätze, wenn wir nicht tiefer zu blicken verstehen, aber im Grunde einem einzigen großen Drange entsprungen, dem Drange nach organischer Verbindung zwischen Individualität und Gesammtheit. Daß dieser Drang ein unbewußter ist, daß er in zwei anscheinend feindliche Pole auseinandergeht, ist nur ein Beweis für seine ursprüngliche Kraft und Lebensfülle, — es wird sich auch für ihn das Schelling'sche Einheitsmedium³ finden. Aus diesem Gesichtspunkte betrachtet erscheinen Socialismus und Freihandel in gleicher Weise berechtigt und falsch, erscheint der Constitutionalismus als eine geschichtliche Nothwendigkeit, welche den verschiedensten Strömungen offenen Raum giebt, und so die Einseitigkeit verhütet, welche vom Uebel ist, so lange nicht eine der wirkenden Kräfte ihre unbedingt größere Lebensfähigkeit erwie-

13

sen hat. Aus diesem Gesichtspunkte ist es aber auch erlaubt, der Entwicklung der Dinge mit mehr Gleichmuth zu folgen, als den Parteien erwünscht ist, — das große Ziel wahrer Humanität steht zu leuchtend und klar auf der Höhe, als daß nicht jede Richtung, die es aus dem Auge läßt, in sich selbst zerfallen müßte. Und das ist das Haupt! Die Politik, die heute noch immer im Vordergrunde des Interesses steht, wird immer mehr zurückgedrängt werden, sobald die Einsicht wieder Boden gewinnt, daß das sociale und nationale Leben nur den Acker bildet für das Geistesleben eines Volkes, und ein Volk erst dann seiner Blüthe entgegengeht, wenn es die allseitigste und tiefste Theilnahme der Literatur und Kunst entgegenbringt. Unmittelbarer als die politische Enwicklung wirken und wirkten zwei andere Faktoren auf die poetischen Bestrebungen unserer Zeit, — der naturwissenschaftliche Materialismus[4] und Schopenhauer[5].

Die moderne Naturwissenschaft hat mit den mythologischen Anschauungen in einer Weise aufgeräumt, wie es keiner Philosophie und Theologie möglich war, sie stellt den Menschen in eine ganz neue kosmische Continuität, die Welt ist in eine [S. 18:] ganz andre Beleuchtung gerückt, und Bilder sind uns aufgerollt, wie sie bisher nur die üppigste Phantasie zu ahnen vermochte. Die Sehnsucht nach den Göttern Griechenlands treibt keine Wurzeln mehr in unsrer Seele, die Unendlichkeit ist uns aufgegangen, und das Persönliche erscheint nicht mehr allein als Grundbedingung poetischer Anschauung. Vergegenwärtigen wir uns die Erfolge der Geologie, ihre Entdeckungen in längst vergangenen Jahrtausenden, die Sonnenfahrten der Astronomie, die kaum geahnten Ergebnisse der Darwin-Häckel'schen Biologie[6], — und wir werden uns gestehen, daß eine Zeit, die der Phantasie so großartige Felder gewinnt, dem gesunden, wenn auch langsamen Fortschritt der poetischen Literatur nicht hindernd im Wege stehen kann. Man hat viel gespöttelt über die phantastischen Romane Jules Verne's[7] und seiner Nachahmer, aber ich finde doch auch in diesen Werken die freilich über alle Grenzen schweifende Tendenz, den dichterischen Bestrebungen eine echt moderne Basis zu geben. „Aber ist denn das Prinzip des Schönen und also auch der Poesie nicht ein formales? Was kommt also auf neue Stoffe an, — die wahrhaft poetischen Empfindungen waren doch zu allen Zeiten dieselben: Liebe, Leid und Lust!" Freilich der Urstoff, nämlich das Leben und Weben des Menschenherzens bleibt immer derselbe, doch der Ausdruck dieses Lebens wechselt unendlich in den verschiedenen Zeiten, und nur der Ausdruck s e l b s t ist Form, seine U r s a c h e n liegen in Veränderungen des Stoffes begründet. Dasselbe Stück Erdboden trägt im Verlaufe der Jahrtausende Wälder, Äcker, Sümpfe, Wiesen u. s. w., es verändert sich im tiefsten Grunde nicht, aber seine Theile versetzen und zersetzen sich, sein Klima gestaltet sich um, Seeen, Gebirge bilden sich in der Nähe, und so war die Wandlung der Form durch Umbildung und Wechsel in der Materie bedingt. Ein solches Stück Boden ist das Herz und besonders das Dichterherz, sein Empfinden nimmt im Auf- und Niedergang der Zeiten so diametrale Gestaltun-

gen an, daß es schwer wird, in denselben das ewig gleiche Grundmotiv zu entdecken. Was in jenem Jahrtausend Patriotismus heißt, rühmt sich im folgenden
Religionsbegeisterung, im dritten Humanität zu sein, — und doch stehen sich
a n s c h e i n e n d diese verschiedenen Formen ein- und desselben Gefühls geradezu
feindlich gegenüber. — Erfassen wir so die Einheit und den Zusammenhang von
Form und Materie, dann dürfen wir mit Recht den Einfluß der gegenwärtigen
Umwälzungen in Technik und Wissenschaft auf die Literatur als einen hoch-
bedeutsamen erachten. Mit demselben wetteifert die Einwirkung der neueren
Philosophen, vor allem Schopenhauer's[5], der für die Kunst fast höhere Bedeutung
erlangt hat, als für die Wissenschaft, ein Umstand, der mit den Grundzügen seines Systems zusammenhängt. Nicht umsonst legt Schopenhauer auf die Ausführung seiner ästhetischen Gedanken den höchsten Werth, denn seine Weltanschauung ist eine durchaus ästhetische und zieht ihre besten Säfte weniger aus
der strengen Logik, als aus einer tiefinnerlichen, mit mystischen Elementen
durchsetzten Phantasie.

Drei große Richtungen in der Literatur gehen schon jetzt von ihm aus, oder
sind doch seinem Geiste eng verwandt, — der neudeutsche Quietismus, am streng-
sten vertreten durch Hieronymus Lorm[8], die Musikdramatik Richard Wagners[8]
und die slavisch-germanische Poesie Turgenjeff's[8] und Sacher-Masoch's[8]. Alle
drei haben die Tendenz auf den Naturalismus gemein, fernerhin einen in den
Kern der Welt eindringenden Pessimismus, und ihre Vertreter vertiefen sich mit
besonderer Vorliebe in die sinnlichen Erscheinungen des Naturlebens. (...)

[S. 21:] (...) Doch nicht der slavische Osten allein, auch der hohe Norden und
der Westen mahnen uns, aufzustehen und die Natur nicht länger durch die trüben Gläser der Reflexion und Bücherweisheit zu betrachten. Die ausländischen
Literaturen, die wir bisher der Aufmerksamkeit für werth hielten, waren hauptsächlich die englische und französische, von der letzteren nahmen wir unter-
schiedslos Gutes und Schlechtes herüber, ja dieses überwog. Besonders pflegten
wir in diesen Tagen den elenden Zwitter, das Conversationsdrama, und bedenken
nicht, daß uns diese Pflege von unsrer Bahn zu einer wahrhaft nationalen Poesie
ganz ab — und auf die staubige Landstraße zurückführt. Da thut es denn wohl,
wenigstens kleinere germanische Volksstämme [S. 22:] auf dem richtigen Wege,
und ihre Poeten auch in Deutschland beachtet zu sehen; auf die Dauer kann ein
beschämendes Gefühl bei uns nicht ausbleiben. Besondere Wirkung üben freilich nur die Norweger Björnson[9] und Ibsen[10] und der Kalifornier Bret Harte[11]
aus, alle drei aber auch in ziemlich populärer Weise. (...) Engländer und Franzosen haben uns mit endlosen Romanen überschüttet, unsere Phantasie wurde
stumpf unter dem Druck ewiger Spannung und Bizarrerie, unser Zustand beim
Lesen hatte etwas Fieberartiges, und unser Interesse an der Dichtung war dasselbe, womit wir den Gang einer Criminalverhandlung verfolgen. Welcher Muth,
uns auf einmal mit Erzählungen zu überraschen, welche, nichts weniger als

spannend, die Aufmerksamkeit auf eine Menge kleiner Einzelheiten, reizender Miniaturmalereien, ausgeführter Landschaftsskizzen zu richten nöthigten. Der Muth blieb nicht unbelohnt, wir lernten uns wohl fühlen in der frischen, gesunden Atmosphäre, die Parfüms und Causerien der Salons verloren an Anziehungskraft, und der Zauber wahrer P o e s i e wurde uns wieder verständlich. — Mit Bret Harte haben Björnson und Ibsen den naturalistischen Untergrund gemein, wenn auch freilich die Natur ihrer Heimath wieder ganz andere Schönheit athmet, als der amerikanische Westen, doch treiben ihre Hauptkräfte nicht auf dem epischen, sondern auf dem dramatischen Dichtungsfelde. Und zwar sind Beide stark verwandt, beide haben neben dem realistischen einen stark spirituellen Zug, ich erinnere nur an Björnson's „Neuvermählte" und Ibsen's „Brand", beide haben mit Erfolg in letzter Zeit den modernen Konflikten sich zugewandt. Schon jetzt zeigen sich vielfache Spuren von den Anregungen, welche die deutsche Bühne ihnen verdankt, und besonders die jüngere Poetengeneration scheint ihre Richtung der des französischen Dramas vorziehen zu wollen; vielleicht erhalten wir auf diesem Wege allmälig ein gesundes, kerniges Volksdrama. — Werfen wir nun einen Blick zurück auf die Entwicklung, welche wir bis auf die Gegenwart verfolgt, so wird die Hoffnung gerechtfertigt sein, daß all das neue Blut, das dem deutschen Liede, wie der deutschen Epik und Dramatik in so reichen Strömen zufließt, nicht vergebens strömt, sondern daß uns in Wahrheit ein neues Leben bevorsteht, eine neue Welt auch für die Poesie aus dem Boden der alten emporsteigt.

Eine neue Welt! Utopisch sind unsere Hoffnungen nicht mehr, denn auch bei uns fängt es an zu drängen und zu gähren, wie nur der F r ü h l i n g möglich macht, so vielseitig und umfassend, wie nur dem Hereinbruch einer g r o ß e n Literaturepoche vorangehen kann. Möge ihr beschieden sein, zu vollenden, was Lessing und Schiller, Herder und Göthe erstrebt, was Heine, Platen und Gutzkow begonnen, wofür die Gegenwart ihre beste Kraft und Neigung einsetzt, Möge sie das rechte Medium finden zwischen erdfrischem Realismus und sittlich hoher Idealität, zwischen kosmopolitischer Humanität und gesundem Nationalismus, zwischen ernster Männlichkeit und tiefquellender Empfindung. Vor allem aber werde die neue Poesie ein wahres Eigenthum, ein Schatz des Volkes. — Von den Tagen an, wo die Menschen Donner und Wind zu Göttern machten, und an jeden Baum, an jede Höhle ein sinniges Märchen knüpften, bis in unsere Zeit, wo das Volkslied abzusterben droht, [S. 23:] und die Kunst hat ihr Bestes aus ihr herausgeholt und geschaffen. Alles Leben aber ist ein Geben und Nehmen, jeder Organismus erhält sich, indem er Säfte ausscheidet und Säfte einzieht, — und ein solcher Organismus ist die Literatur. A u s d e m V o l k e h e r v o r g e g a n - g e n, m u ß s i e i n s V o l k z u r ü c k, — dieses wird sie jedoch nur dann willkommen heißen, wenn sie der wahren Poesie gehört, wenn die neue Kunst gemäß

den Merkmalen aller echten Kunst aus dem vollen Born der G e g e n w a r t schöpfend, ursprüngliche, individuell gefärbte N a t u r zum I d e a l zu verklären weiß.

Die BRÜDER HART (Heinrich, 1855–1906, und Julius, 1859–1930) waren seit 1878 gemeinsam als Literaturtheoretiker und Kritiker tätig, zuerst in Bremen als Herausgeber der ›Deutschen Monatsblätter‹, dann in Berlin, wo sie mit ihren unregelmäßig erscheinenden Heften ›Kritische Waffengänge‹ in die Diskussion der neuen naturalistischen Literatur eingriffen (1882/84). 1879 begründete HEINRICH HART den »Deutschen Literaturkalender« (später ›Kürschner‹). Eigene Werke: »Weltpfingsten, Gedichte eines Idealisten«, 1872; »Sedan« (Tragödie), 1882; »Lied der Menschheit« („Epos in 24 Erzählungen" 1887 ff.); »Literarische Erinnerungen« (1880/90), 1906. – Eigene Werke von JULIUS HART: »Sansara« (Gedichte), 1879; »Sumpf« (Schauspiel), 1886; »Die Richterin« (Drama), 1888; »Homo sum« (Gedichte), 1889; »Stimmen der Nacht« (Novellen), 1897; »Triumph des Lebens« (Gedichte), 1898; »Der neue Gott«, 1899; »Vom höchsten Wissen«, 1900; »Die neue Gemeinschaft«, 1901; »Träume der Mitsommernacht« (philosophisch-weltanschauliche Schriften), 1904; »Revolution der Ästhetik«, 1908.

Die Bestrebungen der Brüder Hart waren auf eine neue, lebensnahe und naturwahre Dichtung aus den lebendigen Kräften der Gegenwart in Anlehnung an die große Tradition gerichtet. Diesem Ziel dienten ihre mannigfachen Zeitschriften, die trotz ihrer Kurzlebigkeit die Epoche des Naturalismus einleiteten.

Der programmatische Aufsatz »Neue Welt« formuliert die neuen Gesichtspunkte noch unsicher (Heinrich Hart hat ihn später selbst belächelt), ist aber doch bezeichnend für den im Grunde hier schon eröffneten Kampf um eine moderne deutsche Literatur. Der Name *Naturalismus* fällt hier noch nicht in programmatischem Sinn. Hart will die neue Dichtung aus der Tradition des Sturm und Drang, der Klassik und des Jungen Deutschland entwickeln und weist zunächst auf den jungen Goethe, in dessen Dichtungen „die entfesselten Geister des Volkes jauchzten, die Menschheit die Sprache wiederfand". Als „modern und unhellenisch" rühmt Hart aber auch Goethes »Wanderjahre«, ebenso Heine, da er mit dem Hellenismus gebrochen habe, wenn er auch schließlich in romantischer Ironie und Skepsis steckengeblieben sei. Das „moderne" Streben des Jungen Deutschland findet Anerkennung, unter Hinweis auf Grabbe, Hebbel und Otto Ludwig wird das Fehlen realistisch-naturalistischer Dramatik in der Gegenwart bedauert. Die hier nur gekürzt aufgenommene Abhandlung nennt drei Faktoren, die Ende der fünfziger Jahre zusammenwirkten, um „der Welt eine neue Basis zu geben": die politische und soziale Neuordnung, den Vorstoß der Naturwissenschaften und die Philosophie Schopenhauers. Von dieser gehen bereits drei literarische Richtungen mit Tendenz auf den Naturalismus aus: Quietismus (Lorm), Musikdramatik (Richard Wagner) und slawisch-germanische Poesie (Turgenjew, Sacher-Masoch). Die hier sich anbahnende Entwicklung wird die journalistisch verflachte Gegenwartsliteratur überwinden und unter dem fruchtbaren Einfluß Ibsens und Björnsons eine neue, volkstümliche Literatur begründen, in der rechten Mitte zwischen kosmopolitischer Humanität und gesundem Nationalismus. Die deutliche Bevorzugung der skandinavischen Dichter vor den Franzosen ist aufschlußreich. Hart rühmt ihren „stark spirituellen Zug" neben dem realistischen und erhofft von ihnen die Verdrängung der französischen Literatur. Der Berliner Kreis um die Brüder Hart und auch die ›Freie Bühne‹ bleiben auf die nordischen und östlichen Vorbilder orientiert, während in München M. G. Conrad und sein Kreis die Franzosen als entscheidend für den deutschen Naturalismus ansehen.

¹ Die *Deutschen Monatsblätter*, mit dem anspruchsvollen Untertitel ›Zentralorgan für das literarische Leben der Gegenwart‹, erschienen vom April 1878 bis September 1879 als Fortsetzung der Bremer ›Neuen Monatshefte für Dichtung und Kritik‹; vgl. dazu: Fritz Schlawe »Literarische Zeitschriften 1885–1910« (Sammlung Metzler), 1961, S. 14–17; Schlawe nennt auf S. 17 auch alle in diesem Zusammenhang interessanten Arbeiten über die Brüder Hart und ihre Zeitschriften.

2 RUDOLF GOTTSCHALL (1823–1909, geadelt 1877), konservativer Romanschriftsteller und Dramatiker des offiziellen Deutschland, auch als Kritiker und Literarhistoriker tätig: »Die deutsche Nationalliteratur des 19. Jahrhunderts«, 4 Bde, ⁷1901.

3 Gemeint ist hier das *Identitätssystem,* in dem SCHELLING die Fichtesche Ichlehre mit dem Spinozismus verbindet und Objekt und Subjekt, das Reale und das Ideale, Natur und Geist als identisch im Absoluten erklärt. Dieses Absolute ist weder real noch ideal, weder Natur noch Geist, sondern die absolute Identität beziehungsweise Indifferenz beider Bestimmungen. Den Einzelerscheinungen ist ihr Ort angewiesen durch das in ihnen waltende Verhältnis zwischen dem natürlichen und dem geistigen Prinzip. Die letzte Synthese, als vollkommene Entfaltung der absoluten Vernunft, kann nur in der Totalität aller Erscheinungen, das heißt im Universum erreicht werden.

4 Der *naturwissenschaftliche Materialismus* ist die moderne Form der bis ins Altertum zurückreichenden materialistischen Weltanschauung, die die Materie als absolute Wirklichkeit und damit als Ursache und Träger geistiger Vorgänge und Eigenschaften wertet. Im 19. Jahrhundert herrscht er bei den wesentlichsten Vertretern der modernen Naturwissenschaften: Lamettrie, Büchner, Darwin, Haeckel.

5 ARTHUR SCHOPENHAUER (1788–1860) begreift das Wesen der Welt als „Wille", der sich in der Erscheinungswelt als Wille zum Leben objektiviert. Die Natur ist ein Stufenreich von Manifestationen des Willens, bis zur höchsten, dem Menschen, auf der er sich selbst zu durchschauen und von seinem stets unbefriedigten Drang zu erlösen, das heißt sich als Wille zu verneinen vermag. Das geschieht für Augenblicke in der Kunst durch Erkenntnis der hier kontemplativ erfaßten ewigen Ideen (vgl. Schopenhauers Ästhetik der Kunst, besonders der Musik) und zum andern im Handeln, indem die Verneinung des Willens als Mitleid durchbricht und wenigstens teilweise den Bann der Vereinzelung aufhebt (vgl. Schopenhauers Ethik). Schopenhauer lehrt den entschiedenen Pessimismus – eine Umkehrung der optimistischen Leibnizschen Theodizee. Das Nichtsein ist dem Sein vorzuziehen. Das Leben ist Leiden und nicht lebenswert. Es gibt nur eine Erlösung: die totale Verneinung des Willens zum Leben, die mit dem Willen auch seine gesamte Erscheinungswelt aufheben würde. In dieser Verneinung sieht Schopenhauer den entscheidenden religiösen Akt, den er als tiefste Forderung des Christentums begreift, der im Grunde aber der buddhistischen Lehre verwandter ist. Schopenhauers Pessimismus und seine Erlösungslehre wirkten nach 1860 faszinierend auf die schöpferischen Geister der Zeit (Wagner, Nietzsche, Jac. Burckhardt und andere). Der wesentlichste Teil von Schopenhauers System ist seine metaphysische Ästhetik, was Hart berechtigt, seine Weltanschauung als „durchaus ästhetisch" zu verstehen und ihre besondere Bedeutung für die Kunst zu betonen.

6 *Darwin-Haeckelsche Biologie:* umfassende biologische Kenntnisse führten den englischen Naturforscher CHARLES DARWIN (1809–1882) zu dem Gesetz stammesgeschichtlicher Umwandlungen, das später durch das Gesetz der Mutation bestätigt wurde (vgl. Stück 12 Anmerkung 5). ERNST HAECKEL (1834–1919) führte, ausgehend von der Phylogenie (Stammesgeschichte des Lebens spezifisch niederer Meerestiere), Darwins Abstammungslehre fort und gelangte zu dem biogenetischen Gesetz der Urzeugung, das er auf den Menschen ausdehnte (Anthropogenie). Diese Forschungsergebnisse, die Haeckel zur materialistischen Weltanschauung führten, sind hier offensichtlich gemeint.

7 JULES VERNE (1828–1905) schrieb spannende, meist technisch-utopische Romane. Gesamtausgabe, 82 Bde, 1878–1910.

8 HIERONYMUS LORM, eigentlich Heinrich Landesmann (1821–1902), realistischer Erzähler und pessimistischer Lyriker im Zeichen Schopenhauers.

RICHARD WAGNER (1813–1883), in seiner Weltanschauung von Schopenhauers Metaphysik abhängig, zeigt in den bedeutendsten seiner Musikdramen (»Tristan und Isolde«, »Der Ring des Nibelungen«) die Abkehr vom individuellen Wollen und die Überwindung des Willens zum Leben überhaupt. Sein „Gesamtkunstwerk" verwirklicht eine Idee der Romantik. Trotzdem wurde Wagner zeitweise von den deutschen Naturalisten als ihnen zugehörig betrachtet, vor allem durch seine Gründung des als nationale Kultstätte gedachten Festspielhauses Bayreuth.

IWAN SERGEJEWITSCH TURGENJEW (1818–1883), russischer Dichter, verband russisches mit westlichem Denken.

LEOPOLD VON SACHER-MASOCH (1836–1895) gab mit seinen Erzählungen einer Richtung sexuell-pathologischer Literatur Muster und Namen.

HEINRICH HART rühmte bei LORM das „innige Naturverständnis", sah aber in seinen Produktionen doch „viel Gemachtes und Gezwungenes". An WAGNER kritisierte er das Bemühen, „das Drama in eine unendliche Melodie" aufzulösen: da ein „Prophet" Dichter sein und durch das Wort siegen müsse, besitze er im Grunde nur Bedeutung für die Oper, nicht für die Literatur. Eine Art Schlüsselstellung für den Beginn einer neuen Literatur schrieb Hart SACHER-MASOCH und TURGENJEW zu; letzteren vergleicht er mit der Droste, in deren Werk er ein verwandtes Naturempfinden, eine gleiche „Wehmut" wirksam sieht; Sacher-Masoch habe zwar durch Übertreibung des an sich richtigen Prinzips der Naturwahrheit zuweilen auch bloßen „Naturabklatsch" produziert – diese Kritik verdeutlicht die im Grunde von Anfang an dem strengen Naturalismus fremde „idealistische" Einstellung der Harts –, sein »Vermächtnis Kains« aber stelle eine moderne Divina Comedia dar und den ersten großartigen Versuch, auf dem Boden des Naturalismus – gemeint ist der französische und vielleicht auch der nordische Naturalismus – die Darstellung modernen Lebens und moderner Anschauung mit den höchsten ethischen Tendenzen zu verbinden. Hart sieht geradezu „Goethes Realismus und Schillers Idealismus" in dieser „Poesie" organisch vereint und knüpft daran die Hoffnung auf einen Wendepunkt in der Entwicklung der deutschen Literatur, die Erwartung einer „neuen Welt".

[9] BJÖRNSTJERNE BJÖRNSON (1832–1910) wurde nach längerem Auslandsaufenthalt und unter dem Einfluß des französischen Realismus und Naturalismus sowie der von dem dänischen Literaturhistoriker Georg Brandes verbreiteten sozialen Ideen zum Vorkämpfer für die nationale Selbständigkeit Norwegens, wie auch für die moderne naturwissenschaftliche Weltanschauung, wobei er sich etwa auch gegen das orthodoxe Christentum wandte (»Über unsere Kraft«, Drama); Nobelpreis 1903.

[10] HENRIK IBSEN (1828–1906) wurde für die Dramatik der deutschen Naturalisten vorbildlich, nachdem sie ihn – obwohl er in den entscheidenden Jahren (1868–1891), von zwei längeren Italienaufenthalten abgesehen, in Dresden und München lebte – verhältnismäßig spät (gegen Ende der achtziger Jahre) entdeckt hatten. Die revolutionäre ›Freie Bühne‹ wählte programmatisch seine »Gespenster« für ihre erste Aufführung (September 1889). In seinem Werk fand man alle wesentlichen Elemente der neuen Dramatik, sowohl weltanschaulich (Vererbungs- und Milieutheorie, Befreiung des Individuums, Frauenemanzipation, Kritik der bürgerlichen Gesellschaft) wie stilistisch (Alltagssprache, realistische Detailschilderung, psychologische Charakterisierung). Es waren allerdings ausschließlich die gesellschaftskritischen Stücke, die Ibsen zum „Ahnherrn" des naturalistischen Dramas werden ließen. Die Aufführung dieser Werke (»Stützen der Gesellschaft« 1877, »Nora« 1879, »Gespenster« 1881, »Ein Volksfeind« 1882) wurden Entscheidungsschlachten für den Naturalismus. Dennoch ist Ibsen nicht auf diesen Nenner festzulegen. Mit Ausnahme der »Stützen der Gesellschaft« hat er kein Thesenstück im Sinne der naturalistischen Tendenzdramatiker geschrieben. In »Nora« proklamiert er nicht die Rechte der Frau, sondern deckt die aus der „idealen Forderung" hervorgehende Tragik auf; in der »Wildente« wird der Versuch, die „Lebenslüge" aufzuheben, als lebenzerstörend enthüllt. Nicht um Thesen geht es ihm, sondern um die Tragödie des Menschen seiner Zeit. Dabei kommt er nicht mit den naturalistischen Stilmitteln aus: er greift zu sinnbildhafter Gestaltung bereits in »Peer Gynt« (1867), den bezeichnenderweise der Expressionismus entdeckte, und dann in den großen Dramen der späteren Schaffenszeit, die für Dramatiker wie Maeterlinck und O'Neill vorbildlich wurden (»Wildente« 1884, »Rosmersholm« 1886, »Die Frau vom Meer« 1888, »Hedda Gabler« 1890, »Baumeister Solness« 1892, »Klein Eyolf« 1894, »John Gabriel Borkmann« 1896, »Wenn wir Toten erwachen« 1899).

[11] FRANCIS BRET HARTE (1836–1902), amerikanischer Schriftsteller, schrieb Erzählungen aus dem kalifornischen Goldgräberleben; realistisch, humorvoll, wenn auch von etwas sentimentaler Humanität.

HEINRICH UND JULIUS HART »WOZU WOGEGEN WOFÜR?« (1882)

Aus: ›Kritische Waffengänge‹[1], 1882, H. 1, S. 4–8.

(. . .) Unser Volk ist kein heiteres, weltseliges Geschlecht wie das griechische, unsre Kämpfe entscheiden nicht zwischen Häßlich und Schön, sondern zwischen Gut und Bös, unsre Weltanschauung ist keine optimistische, wie die der Hellenen und unser Ideal ist nicht das αἰςϑόν, das Geziemende, die Harmonie des Formalen, sondern die Liebe, die ins Innerste der Creaturen hinabsteigt und auch das Elend, auch das Siechtum zu verklären weiß. Von jeher hatte der germanische Geist an dem Irdischen kein Genüge, das Vollkommene lag ihm oberhalb der sichtbaren Welt und die Sehnsucht, nicht der Genuß, nicht die Befriedigung, ist daher das Blut seines Empfindens. Diesen Zug hat die christliche Religion, welche dem rein innerlichen Semitenthum entsprungen ist, noch vertieft und verstärkt und so muß jede Dichtung, welche unser Leben erfüllen will, in ihm wurzeln.

Ist das aber der Fall, dann hat unsre Literatur nicht die Aufgabe, die Antike in die moderne Poesie hinüberzuretten, sondern sie zu überwinden, dann soll sie nicht den jungen Most in alte Schläuche, die modernen Ideen nicht in klassische Form gießen, sondern aus sich selbst heraus alles sein, neuer Gehalt, neues Gefäß. Was die Hellenen Großes hinterlassen, das hat keinen andern Werth für uns, als die Schöpfungen des Orients oder als die reichen Schätze, welche die bisherige Culturentwicklung der jüngeren Völker Europas angehäuft, — alle drei müssen uns Schulen sein geistiger Gymnastik, seelischer Vertiefung und umfassender Idealität, aber das ist etwas anderes, als Nachahmung, als Wiedererweckung, als Verschmelzung. [S. 5:] Jene Schulen hat der Dichter des Faust durchgemacht und einen Weg gebahnt, auf dem es wol verlohnte weiterzuwandeln, diese Verschmelzung versuchte der Schöpfer der Iphigenie, — deshalb ist der erste Theil des Faust in Fleisch und Blut der Nation übergegangen, während die Iphigenie uns wie ein hohes Wunderbild gegenübersteht, mehr zur Verehrung, als zur seelischen Aneignung geschaffen.

Von der Iphigenie an datirt denn auch ein steter Zwiespalt, ein beständiges Schwanken in dem poetischen Schaffen Goethe's (. . .). Und jenes Schwanken ist seitdem epidemisch geworden in unsrer Literatur. Heute zogen die Romantiker das Mittelalter aus der Rumpelkammer hervor und behängten es mit allerhand modischem Flitter und Prunk, am andern Tage glaubte Jungdeutschland, das wahre Heil bestehe in dem Singen und Sagen von Politik und socialer Reform. Morgens schwelgten Platen[2], Rückert[2], Daumer[2], Bodenstedt[2] in den Offen-

barungen der Perser und Indier, und Abends war man richtig wieder bei den Franzosen als den Musterleuten par excellence angekommen.

Nirgendwo ein starker, einheitlicher Zug, ein leuchtendes Band, das alle Erscheinungen verknüpft, nirgendwo ein organisches Wachsen aus einem festen Kern heraus, wie es jede große Literaturepoche kennzeichnet. So war es in den vergangenen Jahrzehnten und so ist es noch.

(...)

[S. 6:] (...) Noch immer haben wir ja eine Literatur, aber warum es uns verhehlen, sie hat kein ander Recht auf diesen Namen, als ein Feld, das nur einige wenige ährenschwere Halme, sonst jedoch nichts als Unkraut trägt, auf den Namen Weizenfeld.

Und es wäre demnach begründet, was der Historiker[3] aussagt, daß die deutsche Literatur in regelmäßigem Auf- und Niederwogen sich entwickele, daß jedesmal auf einen Wellenberg ein jäher Absturz folge, und unsre Dichtung wäre demnach auch gegenwärtig wiederum verdammt, auf Jahrhunderte lang tiefer und tiefer zu fallen, unaufhaltsam, unabänderlich!

Alles spricht dafür und — nur eins dagegen. Dies Eine ist unser Wille. Nein, wir wollen nicht fatalistisch an ein Unabwendbares glauben, wir wollen nicht mit Bewußtsein unsre Cultur verloren geben und ist gegen das Geschick kein Sieg zu erringen, — der Kampf ist unverwehrt. Jede Zeit hat nicht nur das Recht, [S. 7:] sondern geradezu die Pflicht, an eine höhere Mission für sich zu glauben, jedes Geschlecht darf und muß die Unsterblichkeit, die Größe wenigstens erstreben, — auf allen andern Gebieten und also auch auf dem der Literatur. Wie aber können wir ernstlich ringen, wenn wir nicht hoffen dürften auf die Zukunft, wenn wir glauben müßten, daß unser keine Höhe, sondern der Abgrund wartet; getrost, und wäre die Zeit noch dreimal trüber, als sie ist, wir leben der Zuversicht, daß es nur Nebel sind, welche die Sonne verhüllen, dämmernde Morgennebel, und nicht die einbrechende Nacht.

Oder hieße es nicht verzweifeln an unserm Volke, wenn die gewaltige Wiedergeburt der Nation, die Erweiterung und Veredlung unsres kosmischen Denkens und Fühlens, die Erleichterung und Vermehrung unsrer Beziehungen zu den übrigen Culturvölkern, — wenn alles dies ohne tiefere, eindringende Befruchtung unsres Phantasie- und Empfindungslebens bleiben könnte, hieße es nicht verzweifeln? Das Genie können wir freilich nicht dekretiren, aber wir können ihm den Boden bereiten und thätig abwarten, ob der Himmel Regen und Sonnenlicht bescheert.

*

Zwei Worte sind es, mit welchen sich die Aufgaben des Ackerers wie des Kritikers genügend bezeichnen lassen: Pflügen und Pflegen. Das Erdreich zu durchfurchen, es von Steinen zu befreien und das Unkraut auszujäten, das ist die eine

Pflicht, die aufsprossenden Pflanzen zu warten und zu schirmen, die andre. Hinweg also mit der schmarotzenden Mittelmäßigkeit, hinweg alle Greisenhaftigkeit und alle Blasirtheit, hinweg das verlogene Recensententhum, hinweg mit der Gleichgültigkeit des Publikums und hinweg mit allem sonstigen Geröll und Gerümpel. Reißen wir die jungen Geister los aus dem Banne, der sie umfängt, machen wir ihnen Luft und Muth, sagen wir ihnen, daß das Heil nicht aus Egypten und Hellas kommt, sondern daß sie schaffen müssen aus der germanischen Volksseele heraus, daß wir einer echt nationalen Dichtung bedürfen, nicht dem Stoffe nach, sondern dem Geiste, daß es wieder anzuknüpfen gilt an den jungen Goethe und seine Zeit und daß wir keine weitere Formenglätte brauchen, sondern mehr Tiefe, mehr Gluth, mehr Größe.

[S. 8:] In his signis pugnabimus, nur um solcher Ziele willen wagen wir es, uns ein eigenes Organ zu schaffen und theilzunehmen an dem Kampfe, der entbrennen muß und auch an einzelnen Stellen bereits zum Ausbruch gekommen ist. Die Personen, die wir befehden, sind uns als solche entweder gleichgültig oder sie stehen uns vielleicht als Menschen sogar nahe, was wir in ihnen angreifen, das ist die verderbliche Schwäche, der verderbliche Einfluß, die verderbliche Negation. (...)

Und, fügen wir hinzu, kein Kampf in der Welt ist eine bloße Negation; indem man das eine, das Gegnerische bekämpft, vertheidigt man ein anderes, dessen Sieg man wünscht; so ist es auch mit aller wahren Kritik, sie zerstört, um einem Besseren Platz zu machen. (...)

In den ›Kritischen Waffengängen‹ bekämpften die Brüder Hart die in Tradition erstarrte Literatur und forderten ihre Erneuerung aus dem Geist der Gegenwart. Sie wiesen auf Zola und Gogol als große Vorbilder, verteidigten Adolf Friedrich von Schack als Mittler zwischen traditioneller und neuer Literatur. Eine moderne, nationale Dichtung sollte an den jungen, nicht den klassischen Goethe anknüpfen (Stück 2). Ein »Offener Brief an den Fürsten Bismarck« forderte die Hilfe des neubegründeten Staates für Künste, Literatur und Theater und verlangte Unterstützung der Talente und ein ›Reichsamt für Literatur, Theater, Wissenschaft und Künste‹ (Stück 3a). Aber es gab auch Gegenstimmen, die die Unabhängigkeit der Künste vom Staat betonten (Stücke 3b, c). Ein Aufsatz »Für und gegen Zola« greift dessen unbedingte Wahrheitsforderung als verbindlich für den modernen Romancier auf, lehnt jedoch seine These – die Kunst solle sich zur Wissenschaft entwickeln – in aller Bestimmtheit ab (Stück 4). Gefordert wird eine Literatur, die „eigenartig wurzelt und wipfelt", dem Geist der Zeit entspricht, „aus ihren Strebungen geboren", die „nicht dem Salon, sondern dem Volke gehört" (Stück 5). Im einzelnen noch unbestimmt und in den Forderungen verschwommen, wirkte die kritisch programmatische Verkündung stark auf die Jugend dieser Zeit: die neuen „Stürmer und Dränger" sammelten sich um die Brüder Hart.

[1] Zu den ›Kritischen Waffengängen‹ vgl. Fritz Schlawe »Literarische Zeitschriften 1885 bis 1910«, 1961, S. 15; der Titel entstand in bewußter Anlehnung an Fr. Th. Vischers »Kritische Gänge« (1884).

[2] AUGUST GRAF VON PLATEN (1796–1835), Lyriker, Dramatiker und Übersetzer, schrieb nach dem streng klassischen Formideal der Pindarschen Ode, des persischen Ghasel und des Sonetts der Renaissance.

FRIEDRICH RÜCKERT (1788–1866), Lyriker und meisterhafter Übersetzer mittelalterlicher deutscher und französischer, vor allem aber orientalischer (arabischer, indischer, persischer, chinesischer) Dichtung.

GEORG FRIEDRICH DAUMER (1800–1875), Übersetzer und Verfasser eigener Lyrik (Ghaselen) in der Nachfolge Platens.

FRIEDRICH VON BODENSTEDT (1819–1892), epigonal romantisierender Dramatiker, Erzähler und Übersetzer, war Mitglied des Münchener Dichterkreises.

³ WILHELM SCHERER (1841–1886) gibt, nach Gervinus und Koberstein, mit seiner »Geschichte der deutschen Literatur« (⁵1889, Kap. 2) die erste wissenschaftliche Darstelllung der deutschen Literaturgeschichte. Als Anhänger der positivistischen Milieutheorie stellt er die Lehre von drei Hochblüten der deutschen Literatur auf – um 600, 1200 und 1800 – mit je 600jährigen Zwischenzeiten, auf die hier angespielt wird. Seine »Poetik«, 1885 als Vorlesung gehalten, wurde 1888 von R. M. Meyer aus dem Nachlaß herausgegeben.

3 a

HEINRICH UND JULIUS HART »OFFENER BRIEF AN DEN FÜRSTEN BISMARCK«
(1882)

Aus: ›Kritische Waffengänge‹, 1882, H. 2, S. 3–8.

Ew. Durchlaucht haben es zu verschiedenen Malen im Parlamente wie in Privatkreisen ausgesprochen, daß Ihr Streben sich darauf beschränke, das deutsche Reich in seinen Fundamenten und Mauern festzugründen, allenfalls es wohnlich zu gestalten, daß Sie es jedoch anderen Männern, anderen Geschlechtern überlassen müßten, dem Gebäude durch Ornamente und Ausstattung inneren wie äußeren G l a n z zu verleihen.

Gewiß, jene Beschränkung faßt einen Thatraum in sich, welcher wohl ein Leben auszufüllen vermag. Und doch bin ich der Ansicht, jene Aeußerungen sollen nicht dahin verstanden werden, daß Ew. Durchlaucht und das Geschlecht der Gegenwart die höchsten Ziele einer Volksentwicklung zur Zeit ganz außer Acht lassen dürften. Diese höchsten Ziele aber sind in der Wissenschaft, in der Kunst und in der Literatur eingeschlossen und daß neben den politischen und socialen Einrichtungen auch eine n e u e, gesunde und z i e l b e w u ß t e Pflege der idealeren Kulturkräfte schon heute a n z u b a h n e n ist, das kann dem Baumeister des Reiches nicht entgangen sein. Jene Einrichtungen sollen unsre Stärke bilden, diese Pflege aber unser Glück, jene sollen gleichsam der Wohlfahrt des Leibes dienen, diese dem Wohlbefinden der Seele, denn wie die Vollkommenheit des Individuums, so beruht auch die des Staates auf der h a r m o n i s c h e n Ausbildung aller Kräfte, die in ihm ruhen. Jede Einseitigkeit tödtet ein Volk, Sparta ging durch den Mangel an ästhetischer Kultur, Athen durch die Ueberfeinerung derselben zu Grunde. Es mag Zeiten geben, in denen es nothwendig erscheint, die h ö c h s t e Sorgfalt auf die Sicherung der äußeren Macht zu [S. 4:] verwenden,

aber stets muß es möglich sein, mit ihr die Rücksichtnahme auf die lebendigen Interessen des Geistes zu vereinigen.

Inwieweit dies letztere im gegenwärtigen Deutschland bezüglich der Wissenschaft, der Musik und der bildenden Künste geschieht, das zu untersuchen ist meine Aufgabe nicht, — für die Literatur, so viel steht außer Frage, thut der Staat (weder das Reich noch die Einzelländer, denn die Munifizenz der Fürsten kommt hier nicht in Betracht) nichts, nichts, nichts. Gleichwol bildet die Literatur das eigentlich Unsterbliche eines Volkes, mit ihr hat es vor der Nachwelt seinen Werth, seine Bedeutung, sein Daseinsrecht zu bezeugen. Unsere Schriftsteller jedoch, unsere Dichter, die Vertreter der Literatur, sind allem inneren Selbstbewußtsein zum Trotz, ein bescheidenes, ich möchte sagen blödes Völkchen, uneigennützig treten sie ein für die Forderungen aller Welt, bald Dieses, bald Jenes, und für sich selbst begehren sie nichts. Ja, bei Manchem gilt es für ein Axiom, daß die Literatur niemals eine Förderung vom Staate erwarten dürfe, sowie es früher ein allgemeiner Grundsatz war, daß Dichten und Darben noch tieferen Zusammenhang hätten, als bloß die Alliteration.

Elf Jahre sind nunmehr vergangen, seit aus dem Chaos des großen Krieges das neue Reich emporstieg. Wer gedenkt nicht mit Wehmuth jener Tage, deren Begeisterung auf allen Gebieten das Höchste erhoffte und es wie im Sturme erreichen wollte. Auch die Literatur sollte einer neuen Blüthezeit entgegengehen, nationale Epen, nationale Dramen, nationale Theater erwartete man von einem Tage zum andern. Die Entnüchterung folgte bald, man hatte eben vergessen, daß nicht die Alten, die Langbewährten, die Fertigen plötzlich in einem neuen Geiste schreiben, von einem neuen Lichte durchglüht ihre Manier, ihre Ideale ändern würden, sondern daß erst die Jugend heranwachsen müsse, deren Geist unter dem Einfluß der gewaltigen Ereignisse gehämmert und geschmiedet worden.

Nun aber ist die Zeit gekommen, wo diese Jugend hervortritt, — ob sie etwas leisten wird, ist noch die Frage, — aber sie ist da und pocht an.

Es ist wahr, unsere Väter haben eine herrliche Literatur geschaffen und nicht gesorgt, ob der Staat ihnen Hülfe leisten werde. [S. 5:] Aber warum? Sie hatten keinen Staat, kein Vaterland. Bitter genug haben sie das empfunden, als Klopstock nach Dänemark auswandern mußte, als Schiller und Wieland und wie sie alle heißen mögen, genöthigt waren, in die Enge kleiner Fürstenhöfe sich zu flüchten.

Wie jedes andere Lebensgebiet, so muß auch die Literatur auf dem nationalen Staate basiren und aus seiner Kraft die ihre saugen, denn im anderen Falle treten Fürsten und Mäzenaten an Stelle des Staates und die Entfaltung der Literatur wird einseitig und gedrückt.

Sie hatten keinen Staat, kein Vaterland. Wir aber sind Kinder einer Nation geworden und deshalb verlangen wir, was Jene entbehren mußten, denn der nationale Staat ist der Literatur die gleiche Achtung und Hülfe schuldig, die er

(freilich durch die Kanäle der partikularen Bundesglieder) der Kirche und Schule, theilweise auch der Kunst und Wissenschaft gewährt.

Anfänge einer solchen Staatshülfe sind allerdings in Deutschland vorhanden, oder sollte nicht die Gesetzgebung über das Urheberrecht, sollten nicht die literarischen Conventionen mit mehreren fremden Staaten als solche zu bezeichnen sein! Aber das ist auch alles.

Wie wenig Achtung der Staat hegt vor der Literatur und den Kunstzweigen, die mit ihr zusammenhängen, das bezeugt die Thatsache, daß die G e w e r b e - Gesetzgebung auch das Theater umfaßt, eine Verquickung des Reinpraktischen und des Aesthetisch-Kulturellen, aus welcher eine ganze Reihe von Mißständen für die Bühne entsprungen ist. Wol als Entschädigung für diese Rücksichtslosigkeit ist die liebevolle Rücksichtnahme zu betrachten, mit welcher — wenigstens in Preußen — die Theatercensur noch immer beibehalten und gehandhabt wird, obwol es gar keinen durchschlagenden Grund gibt, Bücher- und Theatercensur zu trennen, die eine aufzuheben und die andere zu bewahren. Gerade das Theater, das vor allem ein Spiegelbild der Zeit, nicht ihrer äußeren Zustände, sondern ihres Geistes bieten soll, leidet unter einer kleinlichen Ueberwachung ganz besonders, zumal wenn diese Ueberwachung der in ästhetischen Dingen nicht immer feinfühligen Polizei anvertraut ist. Allerdings ist es [S. 6:] möglich, daß ein Drama heftige und erschütternde Wirkungen auszuüben vermag, aber dann tragen doch die Zustände, welche es schildert, die Schuld, nicht der Dichter, dann censire man also jene.

Zum mindesten aber sollte dem Rechte, das der Staat in der Censur für sich in Anspruch nimmt, eine Pflicht gegenüberstehen, nämlich die Subvention des Theaters. Ich weiß, welche horrende Anschauungen man mit dem Begriffe „Staatstheater" verbindet, gleichwol sehe ich für die Entwicklung der deutschen Bühne, wenigstens ihrer heutigen Lage nach, kein dauernd Heil, als in einer geordneten Staatshülfe. Die Hoftheater, welche sich einer stetigen Subvention (seitens der Fürsten) erfreuen, sind gezwungen, exklusiv zu bleiben und Rücksichten zu nehmen, die auf eine emporblühende Bühnendichtung gleich giftigem Mehlthau wirken, deshalb hat der Staat diejenigen Privatunternehmungen zu unterstützen und sicher zu stellen, welche ein wahrhaft künstlerisches Streben und eine schaffenskräftige, strenge Leitung verrathen. Des Näheren einlassen kann ich mich auf diese Frage, auf Gründe und Gegengründe, nicht, denn mein Brief ist kein Exposé, sondern nur ein Mittel, die öffentliche Diskussion wachzurufen.

Nicht allein das Theater aber, sondern auch andere literarische Unternehmungen haben dasselbe Recht, wie archäologische Ausgrabungen und geographische Expeditionen, Unterstützung vom Staate zu heischen, ich meine vor allem Zeitschriften, Jahrbücher u. dgl. m., welche in hervorragender Weise geeignet erscheinen, Hochschulen ästhetischer Kultur zu bilden oder die Strömungen der

Gegenwart wiederzuspiegeln. Strittiger möchte die Frage sein, ob es auch angezeigt und durchzuführen wäre, Talenten, welche sich in irgend einer Weise als solche bewährt haben, zur Hülfe zu kommen; ich glaube auch diese Frage bejahen zu dürfen. Jedes Talent, das aus dürftigen Verhältnissen hervorgegangen ist, gelangt im Laufe seiner Entwicklung zu einem Punkte, wo es sich zu einer gewissen Höhe durchgekämpft hat und nun einer freien, ungestörten Muße bedarf, um wahrhaft Ausgestaltetes und Harmonisches zu schaffen. Diese Muße kann ihm nur der Staat gewähren; wohl gibt es allerlei Stiftungen, welche diese Aufgabe haben sollten, aber diese scheinen [S. 7:] sämmtlich mit der Zeit zu Versorgungsanstalten für Wittwen und Waisen zu werden, die lebendige Literatur hat fast nichts von ihnen.

Der Einwand, daß eine Staatshülfe, wie ich sie mir denke, unbedingt zu einer Staatsliteratur führen müsse, schreckt mich nicht, denn ich fürchte nicht, daß ein allzustarker Einfluß politischer Strömungen auf die Literatur ein nothwendiges Correlat zu jener Hülfe bilden würde, sobald diese nur nicht als Almosen, sondern als planmäßig in den Rahmen der gesammten Staatsfürsorge eingefügtes Glied aufgefaßt wird. Die Geschichte der letzten Jahre sollte denn doch das eine klargelegt haben, daß es Zeit ist, in dem Staate etwas Höheres zu sehen, als eine Zwangsanstalt, welche alles Individuale zu erdrücken sucht; jedenfalls bietet eine Staatsliteratur, auch das Schlimmste angenommen, die Möglichkeit einer weiteren, freieren Entfaltung, als eine Hofliteratur, die von der Gnade der Medici, Este u. s. w. zehrt.

Wichtiger ist der Einwand: Wie soll der Staat erkennen, wo die Hülfe erforderlich, wo heilsam ist? Dazu hat er weder Zeit noch Organe.

Nun, das ist gerade der Uebelstand, der mir den Anlaß zu diesen Zeilen gegeben hat. Soll Deutschlands Kultur jene Höhe erreichen, welche dem Streben seiner besten Söhne gebührt und welche es erreichen muß, um seine Stellung im Rathe der Nationen zu behaupten, so ist es nöthig, ein besonderes Reichsamt für Literatur, Theater, Wissenschaft und Künste zu kreiren. Das sind vier Gebiete, so umfassend und so bedeutsam, daß sie von den Ministerien des Cultus nicht mit der gehörigen Sorgfalt behandelt werden können, das sind aber auch Gebiete, welche nichts speciell Preußisches, Sächsisches oder Bayrisches bilden, sondern ein Allgemeines, Deutsches, dessen Pflege nicht den Partikularstaaten, sondern dem Reiche gehört. Es braucht mir Niemand zu sagen, daß mein Verlangen nicht viel besser, als utopisch ist. Wo sind die Gelder, wo ist die Bereitwilligkeit der Einzelstaaten, eine Einrichtung herbeizuführen, welche so viele grundstürzende Aenderungen im Gefolge haben müßte?

Immerhin, nur der Zielpunkt kann vorläufig noch als utopisch erscheinen, aber ein erster, zweiter und dritter Schritt auf dem Wege [S. 8:] dahin, liegt schon gegenwärtig keineswegs außerhalb des Bereiches der Möglichkeit.

Mir genügt es, das Ziel bezeichnet und einige Anregungen zur Annäherung

an dasselbe geboten zu haben, vielleicht fallen nicht alle Samenkörner in's Gestrüpp.

Möge es Ew. Durchlaucht gefallen, diese wenigen Zeilen in d e m Sinne zu lesen, in welchem sie geschrieben sind und sie anzunehmen als einen Ausdruck des Vertrauens, daß Ihnen jede Aeußerung, welche auf irgend einem Gebiete zu des Vaterlandes Wohl gemeint ist, auch wenn Sie ihr für den Augenblick keine Berechtigung und Gültigkeit zuerkennen, willkommen sein werde.

3 b

KARL BLEIBTREU[1] »DAS PREUSSENTUM UND DIE POESIE« (1885)

Aus: ›Die Gesellschaft‹, Jg 1, 1885, H. 1, S. 18.

Staatssubvention und was weiß ich und Interesse für Literatur erbetteln wir von Bismarck und seinem Preußen nicht. Die Literatur bedarf desselben nicht, denn sie ist kein erlernbares Handwerk, wie so vieles in Kunst und Musik. Ob ein Dichter erzeugt wird, hängt von so tief verborgenen Quellen ab, daß kein Staat und kein Staatsmann ihr irgend dienlich sein kann. Gott kann ihr helfen, nicht der Reichskanzler. — Was wir aber verlangen können und müssen, das ist Achtung; Achtung vor der modernen priesthood of book-writers, der modernen Priesterschaft der Schriftsteller, jene Achtung, wie sie dem höchsten Grade geistiger Arbeit gebührt.

Die Deutschen, das literarisch ungebildetste und verständnisloseste Volk Europas, mögen ihr gimpelhaftes Prahlen mit „Dichtern und Denkern" („was jehn Ihnen die jrienen Beeme an!" sagt Heine so richtig) bei ihren Leihbibliotheken und wohlschmeckenden Festessen nur heiter fortsetzen. Der Reichskanzler beklagt sich fortwährend über die Undankbarkeit der deutschen Nation. Wollte Gott, der Michel wäre auch nur den tausendsten Teil so dankbar gegen die Märtyrer und Helden des Gedankens, wie er es gegen jedes staatlich patentierte realmaterielle Verdienst im Übermaße ist! Der Reichskanzler nennt Gelehrte und Schriftsteller nationalökonomisch „unproduktiv". Vielleicht hat das ideal produktive Wirken der deutschen Dichter es ihm allein ermöglicht, die so lange vorbereitete Einigung Deutschlands an seinen Namen zu knüpfen. Im Bewußtsein solcher produktiven Würde als deutscher Schriftsteller klag ich — Bismarckianer und geborner Berliner — das Preußentum „vor Gott und der Geschichte" an.

---

[1] KARL BLEIBTREU (1859–1928), Berliner Schriftsteller und Kritiker, gehörte zum Mitarbeiterkreis der ›Gesellschaft‹; siehe Seite 54.

KARL BLEIBTREU »DER DEUTSCHE DICHTER UND DER STAAT« (1886)

Aus: Karl Bleibtreu »Revolution der Litteratur«. Leipzig: W. Friedrich 1886,
S. 73, 76, 78.

[S. 73:] Es ist in jüngster Zeit viel von der Gleichgültigkeit des Staates gegen
die Literatur geredet worden.

Daß Fürst Bismarck eine Broschüre über Kornzölle für wichtiger hielt, als die
bedeutsamste Dichterschöpfung, daran kann kein Zweifel sein. Doch wollen wir
von dem Schiedsrichter Europas nicht verlangen, daß er Muße finde, der Literatur ein besonderes Interesse zu widmen. Einer höheren und freieren Auffassung der Dinge, welche die Entwicklung des Menschengeistes als das einzig
Wesenhafte und Dauernde in dem flüchtigen Nebeltanz der ephemeren äußeren
Ereignisse auffaßt, mag freilich eine originale Dichtertat wichtiger erscheinen,
als alle realen Vorgänge. Nehmen wir aber die strikte Tatsache, daß dem preußischen Mandarinentum die ganze Poesie als etwas ebenso Überflüssiges wie
Plebejisches gilt, in ihrer ganzen Schärfe hin. Die Sympathie oder Antipathie
Bismarcks wird einem von der Würde und Größe seines Berufes durchdrungenen
e c h t e n D i c h t e r auch vollkommen gleichgültig sein.

Jede Protektion „höheren Ortes" wirkt verderblich auf die Literatur. (...)

[S. 76:] Die Literatur läßt sich nicht erobern wie ein Thron. Ein Reich gründen oder umstürzen kann jeder Starke im Besitz der Macht — wenn er Glück
hat und die höhere Weltordnung es will, nie ohne dies. Aber die Schlachten der
Dichtung werden von Geistern gewonnen, die Lamartine in gewissem Sinne mit
Recht „mehr wie Mensch" nennt. Denn sie sind Gefäße der göttlichen Gnade,
des hl. Geistes, der über den Dingen schwebenden Centralkraft. (...)

[S. 78:] Nun denn, um zum Schluß zu kommen: Staatssubvention und was
weiß ich und Interesse für Literatur erbetteln wir von Bismarck und seinen Preußen nicht. Die Literatur bedarf derselben nicht, denn sie ist kein erlernbares
Handwerk, wie so vieles in Kunst und Musik. Ob ein Dichter erzeugt wird, hängt
von so tief verborgenen Quellen ab, daß kein Staat und kein Staatsmann ihr
ırgend dienlich sein kann. Gott kann ihr helfen, nicht der Reichskanzler.

HEINRICH UND JULIUS HART [»DICHTUNG UND NATURWISSENSCHAFT«] (1882)

Aus: »Für und gegen Zola«, ›Kritische Waffengänge‹, 1882, H. 2, S. 47–55.

(...) Was der Dichter darstellt, ist ganz gleichgültig, es kommt allein darauf an, daß er als Dichter darstellt. Wohlverstanden, schon in der Stoffwahl kann sich des öfteren ein höheres oder niederes Talent beweisen, aber die Thatsache, daß kein Stoff, auch der unsittliche und gemeine nicht, an und für sich undichterisch ist, bleibt gleichwohl zu Recht bestehen.

„Jenes Geistig-Häßliche" (das Unsittliche nämlich u. s. w.), bemerkt Schasler[1] in seiner kritischen Geschichte des Aesthetik, „hat mit der Kunst nichts zu thun, im Gegentheil kann dieses Häßliche als Charakteristisches sogar der Gegenstand der künstlerisch-vollendetsten Darstellung sein." Und an einer andern Stelle: „Auch die holländische Genere-Malerei kann man im gewissen Sinne häßlich nennen, sofern man nämlich auf den objektiven Inhalt der Darstellung reflektirt. Allein dieser ist in seiner äußeren Erscheinung nicht das Wesentliche in der Kunst, sondern die Art und Weise, wie dieser durch die Kulturentwicklung gegebene Inhalt aufgefaßt, und [S. 48:] sodann, wie er technisch behandelt ist." Das ist es! auf das Wie, nicht auf das Was kommt es an. Gut, werden die Gegner einwerfen, es mag zugegeben werden, daß der Dichter auch das Gemeine zur Darstellung bringen darf, aber dann muß er es vergolden und in Formen einkleiden, die nicht der Schicklichkeit widersprechen. Nachdem es also gelungen ist, nach langen Kämpfen die Poesie aus dem Zwange des Moralischen zu befreien, schleicht sich nunmehr durch ein Hinterthürchen eine dürre, schattenhafte Schwester der Moral, die Schicklichkeit, herein, geleitet von den alten Antipoden Rudolf Gottschall[2] und Paul Lindau[2]. Frischauf, ihr wackeren Herren, laßt euren Schützling nur gewähren, er wird sich bald genug breit machen und mit der Acht nicht nur jene Poesie belegen, welche etwa die Unschuld eines 15jährigen Backfisches zu gefährden droht, von den Elegien Ovids bis zu den Fabliaux der Troubadours, bis zu den Erzählungen Boccaccios und der „Celestina" des Spaniers Rojas, bis zu den Elegien Goethe's, nein, er wird uns überhaupt verbieten zu dichten, denn wer kann es auf die Dauer vermeiden, eine Zeile zu schreiben, welche bei Niemandem anstößt, weder bei den Frommen noch bei den Gottlosen, weder bei den Eseln noch bei den Füchsen. Da wird es denn doch das Beste sein, wir lassen die alte Hexe nicht gewähren, sondern schlagen sie todt, ehe sie Gelegenheit findet, größeres Unheil zu stiften. Wenn eine Anforderung an den Dichter zu richten ist, so ist es nur die eine, welche an jeden Irdischen zu stellen ist, daß seine Schöpfungen ethisch und humanistisch

wirken, wohlgemerkt w i r k e n ; die Mittel, die er anwendet, eine solche Wirkung zu erzielen, müssen ihm überlassen bleiben. Und Zola's[2] Romane, selbst die bekämpftesten, „L'Assommoir" und „Nana", [S. 49:] sollten nicht ethisch wirken, diese furchtbaren Tragödien menschlicher Verfäulniß brächten nicht jene κάϑαρσις der Leidenschaften zu Wege, welche Aristoteles als das einzige Ziel des Tragischen bezeichnet[4]. Oder Jammerseelen, welche solche Dichtungen durch- und miterleben, und gleichwol darauf achten können, ob auch alles der Schicklichkeit gemäß hergeht, ob alle starken Ausdrücke, welche bei Zola nicht minder als in den Hexenscenen des „Faust" der Charakteristik halber nöthig sind, auch in den Salons als gang und gäbe gestattet werden. Soll denn dem Dichter nur die Freiheit der Salons und n i c h t e i n m a l die Freiheit einer jeden Philistergesellschaft, einer jeden Bierstube vergönnt sein! Ja, es ist weit mit dem deutschen Idealismus gekommen, — der wahre Idealismus ist weitherzig, allumfassend, ist jedem Zopf und jeder unnatürlichen Beschränkung feind, aber der Idealismus der Gottschall und Consorten ist wie ein spanischer Schnürstiefel, mit tausend Regelhäkchen ausstaffirt; alles Urwüchsige, Geniale ist ihm ein Schrecken, „die Dichtung soll das moderne Leben zur Anschauung bringen" überträgt er in „es sind nur Stoffe aus den letzten drei Jahrhunderten zu wählen" und die größte That, die er zu Stande gebracht, ist die Erfindung antiker Odenversmaße mit Reimen. Carrikatur, Carrikatur des Idealismus, aber nicht dieser selbst! Was mich persönlich betrifft, so gestehe ich gern, daß es mir lieber ist, wenn die Nachtseiten des Lebens mit souverainem Humor behandelt werden, aber diese Vorliebe wird mich niemals hindern, die Eigenart eines Zola als vollberechtigte und mächtige anzuerkennen, und mich niemals veranlassen, einem „großen Talente" mit Schicklichkeits-Bedenken entgegenzutreten. Wie der Staatsmann verlangen kann, daß man ihn nach seinen Thaten und nicht nach dem Stil seiner Reden beurtheile, so erfasse man auch den Dichter nach seinem poetischen Können und nach den ästhetischen Wirkungen, die er ausübt. Und gerade bei Zola lohnt es besonders, die Fehler, durch welche er gegen den Geist der P o e s i e selbst verstößt, z. B. die Anhäufung schildernder Details, die Armuth an Erfindung und die Ueberwucherung des Nebensächlichen, zu ergründen, weil sie auf einer ebenso originellen wie falschen Theorie des Autors beruhen.

[S. 50:] Diese Theorie hat Zola in mehreren Abhandlungen wie „Le roman expérimental", „Lettre à la Jeunesse", „Du roman", „De la Critique« und „Le naturalisme au théâtre" entwickelt und sie lautet in ihren Hauptsätzen wie folgt:

„Le retour à la nature, l'évolution naturaliste, qui emporte le siècle, pousse peu à peu toutes les manifestations de l'intelligence humaine dans une même vie scientifique." Auch die Literatur, vor allem der Roman, muß dieser Bewegung des Jahrhunderts folgen und sich a u s e i n e r K u n s t z u e i n e r W i s s e n - s c h a f t gestalten. Wie eine solche Entwicklung geschehen kann, das beweist der Vorgang der Medizin, welche gleichfalls bei vielen Aerzten und Laien für eine

Kunst gilt, die aber durch das epochemachende Werk Claude Bernard's[5] „Introduction à l'étude de la médecine expérimentale" in die Bahn der Wissenschaft gelenkt worden ist. Die experimentelle Methode nämlich muß (nach Bernard) nicht nur gegenüber den anorganischen Körpern, wie es seitens der Chemie und Physik geschieht, sondern auch bei dem Studium der lebenden Körper, also in der Physiologie und Medicin, nicht minder aber (nach Zola) zur Erforschung der menschlichen Leidenschaften und Empfindungen, d. h. im Romane, angewendet werden. Zur Erläuterung dieses Satzes diene folgende Behauptung und folgendes Beispiel. Behauptung:

„Le romancier est fait d'un observateur et d'un expérimentateur. L'observateur chez lui donne les faits tels qu'il les a observés, pose le point de départ, établit le terrain solide sur lequel vont marcher les personnages et se développer les phénomènes. Puis, l'expérimentateur paraît et institue l'expérience je veux dire fait mouvoir les personnages dans une histoire particulière, pour y montrer que la succession des faits y sera telle que l'exige le déterminisme des phénomènes mis à l'étude."

Beispiel: „Le Baron Hulot dans la „Cousine Bette" de Balzac. Le fait général observé par Balzac est le ravage, que le tempérament amoureux d'un homme amène chez lui, dans sa famille et dans la société. Puis il a institué son expérience en soumettant Hulot à une serie d'épreuves, en le faisant passer par certains milieux, pour montrer le fonctionnement du mécanisme de sa passion."

Mit anderen Worten: Der Romanschriftsteller ist der Untersuchungsrichter (juge d'instruction) im Gebiete der menschlichen [S. 51:] Leidenschaften. Aber es ist zu erwarten, daß die experimentelle Methode nicht nur im Romane triumphiren wird, sondern auch im Drama, ja selbst in der Poesie, denn die experimentelle Literatur ist ebenso die Literatur unseres wissenschaftlichen Zeitalters wie die romantische und klassische Dichtung einem Zeitalter der Scholastik und Theologie entsprochen hat.

Wirklich! es ist weiter nichts nöthig, als derartige Behauptungen zusammenzustellen, um den Ungrund des Zola'schen Systems, um dies Gewebe von Einseitigkeiten, falschen Voraussetzungen, Entstellungen und halben Wahrheiten klar zu legen. Der Romandichter Zola ist immerhin ein Stern, der Theoretiker höchstens ein Nebelstern. Geschichtlich ist die Entstehung des französischen Naturalismus leicht erfaßlich, er ist aus dem bewußten Widerstreben gegen die Romantik, gegen die Unwahrheit und den Schwulst der Viktor Hugo[6], Dumas[6], Sue[6] hervorgegangen, aber die Reaktion ist so stark, daß die Literatur in Gefahr steht, unmittelbar in das entgegengesetzte System geworfen zu werden und auf diese Weise wiederum neue Lügen und statt des Schwulstes Flachheit zu gebären. Das ist auch ganz natürlich, wenn man, wie Zola, kaum eine Ahnung hat, daß auch andere Literaturen vorhanden sind, als die französische, wenn man Viktor Hugo ganz allgemein „le plus grand des poètes lyriques" nennt und in einem

ästhetisch-literarischen Buche von 414 Seiten vielleicht zwei oder drei Namen aufzählt, die einer andern, als der französischen Kulturgeschichte angehören. Aus solchem Mangel entspringt dann leicht die Einseitigkeit, daß man Roman und Poesie als zwei getrennte Gebiete betrachtet, daß man die Lyrik als idealistische, hohle Spielerei behandelt, daß man überhaupt es wagen kann, eine neue Aesthetik auf Principien zu basiren, welche der Beweise ebenso gewiß bedürften, wie sie ihrer ermangeln. Ob Emile Zola wohl jemals eines jener Goethe'-schen Gedichte gelesen hat, die so naturalistisch sind, wie die Natur selbst! unmöglich, sonst würde sofort in seine wirren Anschauungen von der Poesie ein Licht gefallen sein, das all die trüben Nebel zerstreut. Köstlich ist es, wie Zola den Claude Bernard benutzt. Letzterer hat die Medicin aus einer Kunst zu einer Wissenschaft „erhoben", – also muß auch der Roman eine Wissenschaft werden, d e n n Chemie und Physik beschäftigen sich mit [S. 52:] den anorganischen Wesen, Medicin und Physiologie mit den organischen, es bleibt daher einer letzten Wissenschaft die Seele mit ihren Leidenschaften und Gefühlen vorbehalten. Diese Wissenschaft muß der experimentelle Roman bilden. Nein, lieber Herr, Sie vergessen ja ganz die P s y c h o l o g i e, die Stufenleiter ist sehr einfach: Physik, Physiologie, Psychologie. Der Roman hat da gar keinen Platz. Wohin also mit ihm? Natürlich zur Poesie. Claude Bernard sieht das auch wohl ein; er sagt ausdrücklich: „Pour les arts et les lettres la personnalité domine tout. Il s'agit là d'une c r é a t i o n spontanée de l'esprit, et cela n'a plus rien de commun avec la constation des phénomènes naturels, dans lesquels notre esprit n e d o i t r i e n c r é e r." Das ist ohne Frage eine wahre und tiefe Auffassung, die das leichte Gebäude Zola's leicht über den Haufen wirft. Die Wissenschaft erforscht, seciert, ergründet die Natur, aber die Poesie s c h a f f t g l e i c h der Natur, schafft eine zweite Natur und bedarf der ersteren nur, wie der Handwerker seines Rohmaterials.

Der Wallenstein, den die Wissenschaft uns vor Augen führt, ist im besten Falle eine wohlerhaltene Leiche, der Wallenstein der Poesie ist jedoch ein vollständig neuer Mensch, ein lebendiges Wesen, das mit dem der Geschichte nicht viel mehr als den Rock, als das Aeußere gemeinsam hat. Wie verhält sich nun Zola zu der Bemerkung Claude Bernard's, der ihm im übrigen eine schier unfehlbare Autorität repräsentiert? Er meint etwas unwirsch: „Ich überrasche hier einen der hervorragendsten Gelehten bei dem Bedürfniß, der Literatur den Eingang in die Domaine der Wissenschaft zu verwehren; ohne Zweifel, er denkt blos an die Lyrik, er würde jenen Satz nicht geschrieben haben, wenn er an den experimentellen Roman, an Balzac und Stendhal gedacht hätte." Der Grund für diese Annahme? Zola's Wunsch, sonst nichts. Das Berechtigte an diesem Wunsche hat Zola, ohne es zu wollen, selbst in jenem Vergleiche zum Ausdruck gebracht, in dem er behauptet, daß der „Naturalismus" in der Literatur ebenso unserem wissenschaftlichen Zeitalter entspreche, wie Klassik und Romantik dem schola-

stischen und theologischen. Da nun klassische und romantische Poesie weder Scholastik noch Theologie s e l b s t geworden sind, sondern nur von dem Geiste [S. 53:] derselben einzelnes in sich aufgenommen haben, so ist die rechte Folgerung nur die, daß auch die Poesie der Gegenwart nicht selbst zur Naturwissenschaft werden, sondern blos an deren Geiste theilhaben muß. Das ist ein berechtigter Gedanke, jeder Schritt aber, der weiter herausgegangen wird, führt zu eben so kleinlichen Beschränkungen der Poesie, wie der falsche Idealismus der Gegner Zola's. Mag man sich die Entwicklung des Romans auch noch so eigenartig denken, niemals wird er zu einem pathologischen Lehrbuch werden, wie es Zola möchte. Die Wissenschaft sucht das Allgemeine aus dem Individuellen heraus zu extrahiren und in Begriffe aufzulösen; der Roman und nicht minder die Poesie überhaupt sucht im Individuellen das Allgemeine darzustellen und in Formen zu verkörpern. Jean Paul fordert daher vom Dichter mit sinnvoller Unterscheidung, nicht d i e Natur nachzuahmen, sondern d e r Natur nachzuahmen[7]. So verstanden ist es allerdings möglich, a u s poetischen Werken zu lernen, aber nicht anders wie aus der Natur, während man a u s der Wissenschaft nichts lernen kann, sondern nur d u r c h die Wissenschaft. Die Poesie verhält sich eben nicht zur Wissenschaft wie kindliches Empfinden zu männlichem Denken, sondern beide sind coordinirte Gebiete wie Empfinden und Denken selbst, die mit einander wachsen und sich erweitern, ohne einander Eintrag zu thun.

*

„D e r D i c h t u n g S c h l e i e r aus der Hand der W a h r h e i t !"[8] Das ist das Prinzip aller echten Poesie, das jede Einseitigkeit verhindert, — und das einzige, freilich nicht genug zu preisende, Moment, das wir den Theorien Zolas wie seinen Romanen als ewig gültig entnehmen können, das ist die Betonung der Wahrheit. Aber wie sündigen die meisten unserer deutschen Schriftsteller tagtäglich gegen dies Prinzip! Unwahrheit der Sprache, der Gedanken, der Handlung, der Charakteristik, der Weltanschauung ist der Masse unserer Roman- und Dramenschreiber fast zur Norm geworden, wie selten begegnet uns eine Figur, bei der man von Herzen sagen könnte, was man jedem dichterischen Gebilde gegenüber sagen sollte: Tat [S. 54:] twam asi, — das bist du, wie selten ist deshalb auch eine Spur von dem Sprößling der Wahrheit, von der freien, kühnen und starken Männlichkeit, zu entdecken. (...) Schon haben wir es denn auch dahin gebracht, daß ernste, begeisterte Worte von der unendlichen Größe und Schönheit wahrer Poesie als Ergüsse eines verrückten Idealismus verspottet werden und daß eine Kritik, die nicht um jedes lektüregierigen Backfisches willen aus einem bornirten Ochsen ein herziges, anspruchsloses Weidethierchen macht, für berserkerwüthig gilt. Nun, verzagen wollen wir darum nicht. Jeder großen Geschichtsperiode folgt eine Erschöpfung des geistigen, aber noch weit mehr des

Empfindungs- und Phantasielebens, und natürlich vollzieht sich dieser Prozeß am sichtlichsten in der Literaturgeschichte. Fast unsere gesammte Epigonendichtung ist ihrem Wesen nach nichts mehr, als ein zweiter Aufguß der klassischen, eine glatte, durch L e k t ü r e vermittelte Reproduktion, nirgendwo ein urendlicher Naturlaut, nirgendwo lebendige Quelle. Was ihr fehlt, ist nicht die Empfindung überhaupt, aber wohl die e l e m e n t a r e, aus dem Herzen der Natur aufquellende Empfindung, mit anderen Worten, das Genie, der N a t u r a l i s - m u s im höchsten Sinne des Begriffes, als Gegensatz zum F o r m a l i s m u s, der im antiken Hellenenthum die höchste Blüte erreichte und durch Goethe, den Dichter der „Iphigenie", unserer Literatur eingeimpft wurde. Dieser Formalismus bildete eine nothwendige Stufe der Entwicklung, aber gegenwärtig, wo er seine Vollendung bereits erreicht hat, muß er wiederum durch den Naturalismus des Genies überwunden d. h. aufgesaugt werden. In diesem Sinne ist es zu verstehen, wenn ich sage: wir müssen wieder anknüpfen an den jungen Goethe, den Schöpfer des „Werther" und „Faust", denn da ist nicht nur Wahrheit wie bei Zola, da ist poesiegetränkte Wahrheit. Nur dann wird unsre Poesie die rechte Mitte finden zwischen erdfrischem Realismus und hoher Idealität, zwischen kosmopolitischer Humanität und selbstbewußtem Nationalismus, zwischen gedankenreicher Männ- [S. 55:] lichkeit und tiefquellender Empfindung, nur dann wird sie das Höchste erreichen, nämlich aus dem vollen Born der G e g e n - w a r t schöpfend ursprüngliche, individuell gefärbte N a t u r zum I d e a l verklären. (...)

---

[1] MAX SCHASLER (1819–1903), Privatgelehrter und Schriftsteller, veröffentlichte mehrere Arbeiten zur Ästhetik: »Ästhetik als Philosophie des Schönen«, 1871/72; »Grundzüge der Wissenschaft des Schönen und der Kunst«, 2 Bde, 1886; »Studien und Kritiken aus dem Gebiet der Philosophie und Ästhetik«, 1901.

[2] RUDOLF VON GOTTSCHALL (1823–1909), siehe Seite 18.
PAUL LINDAU (1839–1919), ein gewandter und erfolgreicher Berliner Journalist, gründete die Zeitschriften ›Gegenwart‹ (1872) und ›Nord-Süd‹ (1878); er war erster Dramaturg der königlichen Schauspiele in Berlin (›Dramaturgische Blätter‹).

[3] EMILE ZOLA (1840–1902) begründet nach eingehendem Studium naturwissenschaftlicher Werke auf Grund der Milieutheorie von Hippolyte Taine und der Vererbungslehre Claude Bernards 1880 die Theorie des Experimentalromans (roman expérimental), die für den Naturalismus maßgebend war. Danach arbeitet der Schriftsteller mit wissenschaftlichen Methoden, indem er als Grundlage seines Werkes Sammlungen von Tatsachen (documents humains) anlegt. So diente Zola ein sechsmonatiger Aufenthalt in den Grubengebieten der Vorbereitung des Romans »Germinal« oder die tägliche Beobachtung der Pariser Markthallen dem Roman »Le ventre de Paris«. Diese Milieuerlebnisse, ergänzt durch Dokumente der Vererbung, bilden die Voraussetzung für das Experiment des Schriftstellers, der mit bestimmten Anlagen behaftete Menschen in bestimmte Verhältnisse stellt und mit der Analyse ihres Verhaltens die Fabel des Romans entwickelt. Bereits elf Jahre vor der Fixierung seiner Lehre entwarf Zola den Plan des zwanzigbändigen Romanzyklus' »Les Rougon-Macquart«, dessen erster Band 1871 erschien. Diese „Natur- und Sozialgeschichte einer Familie unter dem zweiten Kaiserreich" zeigt durch fünf Generationen hindurch die Macht der Vererbung und die Umweltbedingtheit des Menschen: die Familienchronik – zugleich ein Weltbild ihrer Zeit – ist die Geschichte einer unaufhaltsamen Dekadenz. Schon der 1867 erschienene Roman »Thé-

rèse Raquin« wies Zola als naturalistischen Experimentator aus – auch ohne sein Bekenntnis im Vorwort, daß er die Ehre habe, der „groupe d'écrivains naturalistes" anzugehören. Hier wie in den besten Romanen des großen Zyklus zeigt sich aber, daß das Werk mehr ist als die Lehre, mehr als nur kritisch wissenschaftlicher Bericht oder bloße Reportage; es lebt aus dem schöpferisch formenden Geist. Man mißverstand Zola als Anwalt des Abstoßenden und Häßlichen, aber „nur die Dummköpfe machen den Naturalismus zur Rhetorik der Gosse". Zola ist leidenschaftlicher Ankläger, Moralist, der mit seinen wissenschaftlich unterbauten Romanen eine soziale Funktion ausüben will. In der Romantrilogie »Les trois villes« (Lourdes, Rome, Paris; 1894–1898) nimmt er positivistisch an dem Kampf gegen den Vatikan teil, in der unvollendet gebliebenen Tetralogie »Les quatres Evangiles« (1899–1903) versucht er sich an einer sozialistischen Utopie. Mit dem mutigen Brief »J'accuse« greift er in die Dreyfus-Affäre ein (1898). – Den deutschen Naturalisten war er das große Vorbild, vor allem durch einige Romane des Rougon-Macquart-Zyklus (die im Text genannten Werke »L'Assomoir« [Der Totschläger] und »Nana« gehören in diesen Zyklus). In immer neuen Auseinandersetzungen mit seinem Werk und seinen Theorien rechtfertigen und klären sie den eigenen Standpunkt.

⁴ ARISTOTELES »Ars poetica«, Kap. 6.

⁵ CLAUDE BERNARD (1813–1878), französischer Physiologe, dessen »Introduction à l'étude de la médecine expérimentale« (1865) Zola stark beschäftigte, weil er hier die Idee des Vererbungsdeterminismus fand.

⁶ VICTOR HUGO (1802–1885), führender Dichter der französischen Romantik, befreite die französische Dichtung vom klassischen Regelzwang (Gründung der antiklassizistischen Zeitschrift ›La Muse Française‹).

ALEXANDRE DUMAS (Père) (1802–1870), Verfasser historischer Schreckensdramen und unzähliger Kolportageromane, die er zum Teil in Zusammenarbeit mit Helfern geschrieben hat; im ganzen 301 Bände.

EUGÈNE SUE (1804–1857), französischer Romanschriftsteller, der nach dem Vorbild von Cooper den Typus des spannenden Handlungsromans, oft mit sozialistischer Tendenz, begründete.

⁷ JEAN PAUL (Friedrich Richter) »Vorschule der Ästhetik«, 1. Abt. I, § 3.

⁸ Aus Goethes Gedicht »Zueignung«.

5

HEINRICH UND JULIUS HART [»WIR WOLLEN EINE NEUE, NATIONALE LITERATUR!«] (1882)

Aus: »Graf Schack als Dichter«, ›Kritische Waffengänge‹, 1883, H. 5, S. 3 f., 8 f., 59 f., 61 f., 64.

[S. 3:] Nicht das Publikum, nicht unser Volk und vor allem nicht unsre Jugend ist es, deren Seele stumpf und lau geworden, wohl aber ist der große Haufen unsrer Kritiker und Schriftsteller wie abgestandenes Wasser. Fruchtbarer Boden breitet sich heute wie immer in weiten Strecken aus, wo jedoch ist triebkräftiges Korn, wo sind Ackerer, wo ist Egge und Pflug? Die Mittelmäßigkeit schafft und die Mittelmäßigkeit richtet, was ist natürlicher, als daß die Mittelmäßigkeit Orgien feiert und gegen jeden frischen Luftzug Mauern baut! Wir rufen den

Kritikern zu: Helft uns kämpfen gegen die Tyrannei der Modedichterlinge und Poesiefabrikanten, denn die spekulative Mache und das Unkraut des Dilettantismus duldet man nicht, schont man nicht, wenn sie überhand nehmen, sondern man vernichtet sie. Wir rufen: Laßt uns einig sein, laßt uns jeden Keim, der zu einem Schößling echt moderner und tief nationaler Dichtung auszuwachsen verspricht, hegen und pflegen, laßt uns nicht müde werden, das wahrhaft Große zu finden und anzupreisen, (...) [S. 4:] (...) Ja, wir wollen eine große, nationale Literatur, welche weder auf Hellenismus noch auf Gallicismus sich gründet, eine Literatur, welche, genährt mit den Errungenschaften der gesammten modernen Kultur, den Quell ihres Blutes in den Tiefen der germanischen Volksseele hat und alles Beste, was andere Nationen geschaffen, in das eigene Fleisch und Wesen überführt, aber nicht es nachahmt und in formalen Spielereien verzettelt. Wir wollen eine Literatur, die eigenartig wurzelt und wipfelt, die dem Ernste und der Größe dieser Zeit entspricht und aus ihren Strebungen heraus geboren ist, eine Literatur, welche nicht immer wieder und wieder den ausgepreßten Ideen und Empfindungen unsrer Väter letzte magre Tropfen entkeltert, eine Literatur, welche wirkt und nicht spielt. Wir wollen eine Literatur, welche nicht dem Salon, sondern dem Volke gehört, welche erfrischt und nicht amusirt, welche führt und nicht schmeichelt. In unsren Tagen des Zweifels und der Unruhe, da die alte Religion zahllosen Seelen keinen Frieden mehr gewährt, und statt neuen Trostes nur neue Stürme drohen, in diesen Tagen hat die Poesie mehr als sonst zu leisten. Freilich nicht an die Stelle treten der Religion, diese ersetzen soll sie, wol aber muß auch sie eine Führerin sein, ein Gegenpol wider die Genußsucht und den Materialismus, nicht deren Dienerin; aus dem Leben geboren, muß sie Leben zeugen, harmonisches Leben, Gesundung und nicht Fieber. Und diesem Ziele gilt es zuzustreben durch Mahnung und That, durch Kritik und Schöpfung, diesem Ideal gilt es dienstbar zu machen alle Kräfte, so viele ihrer können und guten Geistes sind. Dieses Ideal muß aber auch, das sagen wir den Freunden, ohne Schwanken und Zweideutelei, ohne Furcht und ohne Mitleid erstritten werden. (...)

[S. 8:] (...) Was sie auch Herrliches und Göttliches hervorgebracht, die Altmeister von Homer bis Shakspeare und Goethe herauf, wie auch der Hauch des Ewig Menschlichen über ihren Werken ruht, eines fehlt ihnen doch, das Fleisch und Blut unsrer, gerade unsrer Zeit. Mit ihren Dichtungen geht es uns, wie mit der Bibel; zu allen Zeiten ist diese dem Christen der edelste Schatz gewesen, aber dennoch hat sie ihm niemals zu seiner Erbauung genügt, er bedurfte immer neuer Hymnen, Lieder, Gebete und Breviere. Die Poesie ist die Blüthe einer Weltanschauung, und ich meine, unsre Anschauungen von heute treiben einer so neuen, eigenen Richtung zu, daß unsrem Empfinden in seinen letzten Verzweigungen kein Dichter der Vergangenheit voll Genüge leistet. Deshalb sehnen wir uns nach einer modernen, in unserem eigenen Leben

wurzelnden Dichtung. Wol werden unsere Dichtungen, — wer wäre so vermessen, anders zu denken, — nicht an absolutem Werth die eines Shakspeare, eines Sophokles erreichen, aber dennoch wird unsere Tragödie an Gewalt der Konflikte dem Drama der Meister gleichkommen, in Form und Sprache ihm nacheifern und an geistiger Idealität es übertreffen. Auch unsere Lyrik ist mit Goethe nicht erschöpft; all die Zweifel, die in uns toben, all die Träume von dem Einssein der Kreatur, all die Stürme, mit welchen das brausende Treiben, Kämpfen und Wandern der gesammten Menschheit uns überrascht, all die Hoffnungen und Strebungen unserer wiedererwachten Nation, — so wie wir, hat sie noch Nie- [S. 9:] mand empfunden und also noch Niemand in Dichtung umgegossen. Und das Gleiche gilt von der Epik, vom Roman. Ein moderner Dichter wird zugleich ein Prophet sein, er wird den ringenden und müden Mitlebenden voranschreiten wie ein Tyrtäus[1], und das Ziel ihnen sichtbar erhalten, damit sie nicht erlahmen und erkalten. Er wird ein Denker sein, der alle Regungen der Zeit in sich zusammenfaßt, ein Charakter, der niemanden fürchtet und dem Gotte seines Inneren unwandelbare Treue hält, ein Helfer, der nicht aufhören wird, von Liebe zu künden und Liebe zu wecken, göttliche Liebe. Wenn die Epoche nach Goethe, welche durch Rückert und Geibel begrenzt wird, ihre hauptsächliche Bedeutung darin findet, daß sie Formen und Sprache ausgefeilt, bereichert und bis zum Zerfließen biegsam gemacht, so haben wir die Aufgabe, diesen Besitz durch großen ideal-realistischen Gehalt zu einem lebendigen zu machen[2]. Das faustische Ringen der Kleist, Immermann und Ludwig, die mitten in ihrer Laufbahn zusammenbrachen, weil sie nur eine Gesellschaft fanden, nicht ein Volk, für das sie dichten konnten[3], wir müssen es zur Wirklichkeit gestalten, denn wir haben ein Volk, und an uns liegt es, nicht um kleinlicher Mißstände willen an der nationalen Wiedergeburt zu verzweifeln, sondern auf dieser Grundlage fortzubauen, auf die Nation uns zu stützen, damit durch wechselseitiges Vertrauen, wechselseitiges Durchdringen wir uns und sie befestigen. (...)

[S. 59:] Unsre Literatur ist wie jede andre eine Schöpfung der Natur, nicht der Kunst, ein Wald, nicht ein Park. Und wenn ich oben gesagt habe, wir w o l - l e n eine neue Literatur, so wird kein Verständiger darin ein Verlangen nach künstlicher Züchtung eines Neuen, Eigenartigen erblicken, sondern er wird das Wort nehmen, wie es genommen werden will, als Ausdruck eines vielfach gährenden Gefühls, eines neuen Schöpfungsdranges. Jene Sucht nach Classifizierung aber hat zu allerlei Irrungen und Wirrungen geführt, welche manchen Dichter muthlos gestimmt und beim Publikum Zweifel und Zurückhaltung erzeugt haben. Eine jener Irrungen heißt Blüthezeit. Ich am wenigsten verkenne, daß gewissen Epochen der Kunst- und Weltgeschichte der Name einer klassischen oder einer Blüthezeit gebührt, [S. 60:] aber so richtig, so schön dieser Ausdruck ist, so verderblich kann seine Anwendung werden. Die deutsche Literatur hat bekanntlich nach der Ansicht unsrer Historiker bislang zweimal in Blüthe ge-

standen, einmal zur Zeit des 12. und 13. Jahrhunderts, das andere Mal zur Zeit des 18. und zu Anfang des 19. Säkulums. Zwischen beiden Blüthenperioden liegen also sechs Jahrhunderte.[4] Ah! sagt sich der Historiker, das ist offenbar der Zwischenraum, welchen die deutsche Dichtung braucht, um zwischen zwei Höhepunkten zu verfallen. (...) [S. 61:] (...) Ich halte es nicht für müssig, statt mich des 24. Jahrhunderts zu getrösten, schon auf die nächste Zukunft Hoffnungen zu setzen und ich meine, diese Hoffnungen seien mehr als Träumereien. Lebt denn wirklich in uns das Gefühl, daß bereits alles erfüllt sei, was die Aera Lessing-Goethe uns verheißen? Haben wir ein Theater, eine dramatische Literatur, die unsrem Verlangen voll Genüge leistet, haben uns unsre großen Dichter ein Epos beschert, das wir den Epen andrer Völker entgegenstellen können, besitzen wir einen Roman, der in jeder Hinsicht den großen Romanen der Engländer und Spanier ebenbürtig ist? Nein und abermals nein! Der Bau, den unsre Heroen aufgeführt, ist noch nicht vollendet, unsre Sache ist es, ihn auszubauen. Zwischen uns und ihnen liegt eine Epoche des politischen Gährens, Sehnens und Ringens, welche alle Geister, welche das Volk derart in Anspruch genommen hat, daß die Dichtung in den Hintergrund trat oder dienstbar wurde. Diese Epoche hat ihren Markstein gefunden, schon befriedigt das Politische die Gemüther nicht mehr und darum eben bildet das Jahr 1870 für uns einen Wendepunkt, um seiner Folgen, nicht um seiner Erfolge willen. Zwischen uns und Goethe liegt aber auch eine Zeit der Entdeckungen und Erfindungen, grundlegender Neubildungen auf ethischem und socialem Gebiete, welt- [S. 62:] umgestaltender Erkenntnisse. Und noch mehr! Ein neues dichterisches Blütheleben wird bereits mitten unter uns erkennbar und in unsren Theatern legt das Publikum redendes Zeugniß dafür ab, daß es wiederum das Gewaltige zu empfinden, an das Ideale zu glauben beginnt.

(...) [S. 64:] Wahrheit durch realistischen Gehalt, Sittlichkeit durch Erfassung der reinsten, höchsten Ideen, Schönheit durch kraftgesättigte Form, — das sind die drei Attribute, welche der moderne Dichter aufzuweisen hat. (...)

[1] *Tyrtäus* oder Tyrtaios, spartanischer Lyriker um 650, der durch kriegerische Elegien auf seine Zeitgenossen wirkte.

[2] Man kann zwar Rückert und mehr noch Platen als Vorläufer Geibels und der eklektisch klassizistischen Formkunst des Münchener Kreises ansehen – zumal Geibel sich auf Platen beruft –, nicht aber von einer geschlossenen Epoche des ästhetischen Formalismus sprechen. Sofern überhaupt von einer nachgoetheschen „Epoche" die Rede sein kann, sind es die Jungdeutschen und vor allem die großen Realisten, die ihr das Gesicht geben. Daß die ›Kritischen Waffengänge‹ nicht die Tradition des deutschen Realismus aufgreifen, die ihrer Forderung nach moderner, nationaler, „dem Volke gehörender" Literatur ungleich gemäßer ist als die hier gepriesene Formkunst von Rückert bis Geibel, macht ein Gesamtphänomen des deutschen Naturalismus sinnfällig, das ihn scharf vom französischen Naturalismus unterscheidet: die Unsicherheit des Griffes nach Werten der geistigen Vergangenheit, an die man anknüpfen könnte, das Widersprüchliche in der Wahl der deutschen Vorbilder. Denn auch die entschiedener naturalistische Bewegung unter M. G. Conrad nimmt das Erbe des Realismus nicht auf, so wie es Zola bezüglich Flaubert und Balzac getan hatte. – Die hier gebrauchte

Formulierung „ideal realistischer Gehalt" bezeichnet zunächst nur allgemein die traditions-
gebundene Haltung der Brüder Hart und – durch die Einschränkung der anerkannten ästhetischen Tradition auf ihren bloßen Formwert – den entscheidenden Schritt nach vorn: die
überlieferten Formen müssen verlebendigt, das heißt mit modernem Gehalt erfüllt werden.
Das ist zugleich Kritik an der Geibel-Heyseschen Bildungsliteratur, jedoch nicht scharf genug,
um an den grundsätzlichen Kampf der Naturalisten gegen diesen Formalismus zu erinnern.

3 Diese Begründung trifft nur ein Moment und nicht das entscheidende; am ehesten gilt
sie für den Einzelgänger KLEIST, am Rande noch für IMMERMANN, der die geistige Not
seiner Zeit – das Epigonentum – bewußt auf sich nahm, aber nicht für OTTO LUDWIG, der
sich im Ringen mit den Großen, in deren Schatten er stand, verzehrte (Shakespeare, Schiller).
Wesentlicher als dieser Hinweis ist hier die Forderung als solche: die modernen Dichter sollen den jungen Staat, der ihnen im Gegensatz zu jenen geschenkt ist, tätig kräftigen und sich
damit selbst die Basis ihrer Wirkung schaffen. Dieses nationale Moment tritt zunächst bei
den Naturalisten der ›Gesellschaft‹ zurück und wird erst wieder bedeutsam bei Lienhard,
vor allem nach seiner Loslösung vom strengen Naturalismus und der Begründung der Heimatkunst-Bewegung.

4 Gemeint ist W. Scherer, s. Anm. 3, Seite 23.

6

HEINRICH UND JULIUS HART [»DER NEUE ROMAN«] (1884)

*Aus: »Spielhagen und der deutsche Roman der Gegenwart«, ›Kritische Waffen-
gänge‹, 1884, H. 6, S. 73 f.*

[S. 73:] Das aber ist das erste und höchste Ziel einer neuen Entwicklung, daß
der Roman wieder den Händen des Schriftstellers entwunden und zu einer Sache
der Poesie wird. Niemals wird der Roman die herrlichsten Ideale der Poesie erfüllen, ebensowenig wie die Komödie, die in keiner Zeit das Allmenschliche so tief
und wirksam zur Gestaltung brachte, wie die Tragödie, aber darum sind der
Roman-, der Komödiendichter noch keine Halbgeschwister des Dichters, sondern
nur ärmere Geschwister, deren Wirkungskreis in idealer Hinsicht ein beschränkte-
rer, deren Thun zumeist ein vergänglicheres ist. Der Schriftstellerroman ist didaktisch, er sucht die Wirklichkeit für allerlei Tendenzen auszubeuten, der Dichterroman spiegelt die Realität nur durch Erzählung wieder und alles Ethische liegt
nicht anders in ihm als in der Natur. Der Dichterroman macht deshalb das Epos
nicht überflüssig, sondern er ergänzt es, er füllt die Zeiten aus, die zu steril sind
für die Schöpfung eines Epos, denn er braucht nicht so reichen Boden wie dieses.
In diesen Bestimmungen findet die Kritik ihre Grenze, sie kann die Richtung
muthmaßen, in welcher die Bildung eines Romans höchster Art liegt, sie kann
schließen, daß er ein umfassendes Zeitgemälde, realistisch packend und treu,
poesie- und humorerfüllt, einheitlich, aber breit und reich sein muß, sie kann
anspornen, in jener Richtung vorzugehen, im übrigen aber kann sie nichts als
hoffen auf ein Genie, das ihr Ahnen erfüllt und, wenn es kommt, über alles
Erwarten und auch über alles Verstehen hinaus erfüllen wird. Die Kritik kann

mahnen und warnen, aber nur das Genie kann lösen aus den Banden, in denen nicht nur der Roman, in denen die Dichtung der Gegenwart überhaupt gefangen liegt, aus den Banden der Tendenz, der Convenienz, des Dilettantismus, der alle Dämme überfluthenden Reflexion. Die Kritik kann klagen über die Verweiblichung der Poesie, die nur im Salon und in der Töchter- [S. 74:] schule noch heimisch ist, nur das Genie aber kann die Männlichkeit wiederbringen, den Sturmgeist, der alles Kleinliche niederwirft, nur das Genie kann auch den gewaltigen Einfluß des Romans, den er mittel- und unmittelbar auf die Zeitgenossen übt, wieder zu einem heilsamen, die Seele durchdringenden machen. Freilich, wenn das Gewitter verrauscht ist, wird auch der Staub von Neuem fliegen, aber wir haben doch einmal wieder Lebensluft geathmet.

Der Aufsatz enthält eine Art Poetik des Romans in Abgrenzung gegen das Epos, entsprechend den Gedankengängen der Abhandlung »Graf Schack als Dichter«, wonach das Epos das Ideal einer Epoche gestalte, der Roman aber Spiegel ihrer Realität sei. Am Beispiel Zolas und vor allem Spielhagens (1829–1911, Verfasser umfangreicher, zeitgebundener Romane: »Problematische Naturen«, 4 Bde, 1861, usw.) wird verdeutlicht, daß der herrschende Roman die gestellten Forderungen nicht erfüllt: „er ist tendenziös statt objektiv, moralisierend statt ästhetisch, er wirkt peinlich statt erhebend, statt humanistisch, er gibt einen Ausschnitt aus einer Epoche statt eines Gesamtbildes, eine Linie statt einer Fläche" (S. 15 f.). Die Forderung eines poetischen Romans entspricht keineswegs dem streng naturalistischen Programm, verdeutlicht vielmehr, daß die Brüder Hart noch 1884 an einen neuen (poetischen) Realismus denken, ohne jedoch die deutsche Tradition des 19. Jahrhunderts aufzunehmen.

7

FRANZISKA VON KAPFF-ESSENTHER »WAHRHEIT UND WIRKLICHKEIT« (1885)

Aus: ›Berliner Monatshefte für Literatur, Kritik und Theater‹, hrsg. v. H. Hart, Bd 1, 1885, S. 176–178.

Was ist Wahrheit? — In dieser Frage gipfelt das höchste und letzte Ziel des Menschengeistes. — Die Wahrheit zu suchen hinter dem trügerischen Wechsel der Erscheinung, das war seit jeher die edelste Aufgabe der Auserlesenen der Menschheit. — Der Philosoph, der Historiker, der Naturforscher, der Dichter und Künstler, sie Alle suchen die Wahrheit; — der eine auf dem vaguen Gebiet metaphysischer Forschung, wo die letzten Gemarkungen menschlicher Erkenntniß stehen, der andere in den Vorgängen der durch räumliche und zeitliche Entfernung in's Unerreichbare gerückten Weltgeschichte; der andere wieder in den ewigen Entwicklungsprozessen der Natur. Der Dichter aber bringt durch seine Gebilde die ewigen Wahrheiten der Menschheit in's Bewußtsein. — Denn die Schönheit ist nichts, als Wahrheit in sichtbarer vollendeter Gestalt. —

Jene Dichter, deren Werke ein Goldkern jener allgemein menschlichen, all-

gemein giltigen Wahrheit enthalten, welche das Bleibende in allem Wechsel bildet, bleiben unvergessen für alle Zeiten, wie verschieden nach Zeit und Sitte auch ihre Gebilde sein mögen. Jene Bücher aber, welche nur einem flüchtigen Zeitgeschmack, einer herrschenden Mode Ausdruck geben, werden von der Zeit weggeschwemmt, wie Sandgebilde von der Hochfluth des Meeres. — Wie manches Buch, das getreu der Wirklichkeit seiner Zeit nachgeschrieben wurde, ist heute gänzlich in Vergessenheit gerathen. Und wie manche Fabel, die sich nirgends zutragen konnte, die aber ein Stück echter Lebenswahrheit birgt, lebt und wird leben, so lange es Menschen giebt. —

Und unsere heutige Litteratur, welche die Naturwahrheit auf ihre Fahne geschrieben, welcher der Realismus ein ganz eigenartiges Gepräge aufgedrückt hat? Welche den „Naturalismus" erfunden, den die Italiener naiverweise **„verisma"** nennen? — Diese Litteratur hat sich mehr und mehr dem Imaginären abgewendet und der realen Welt zu, welche den Menschen von heute unerbittlich in Anspruch [S. 177:] nimmt. Unsere Dichter entnehmen ihre Stoffe nicht nur der Wirklichkeit, sie wetteifern darin, diese Wirklichkeit möglichst treu zu schildern, Partien derselben, welche bisher von der poetischen Behandlung ausgeschlossen waren, in's Licht zu ziehen. Beinahe hat sich das Verhältniß umgekehrt. Während die ältere Dichtung dem Realen förmlich aus dem Wege ging, wird dasselbe von den Dichtern jetzt nicht nur gesucht, sondern die Devise „es ist wirklich so" — rechtfertigt jede Schilderung. — So entstand der Naturalismus, der uns schonungslos, hüllenlos Natur und Leben zeigt, wie sie sind. — „Diese Schilderungen sind schrecklich, sind schmutzig," sagen die Leser Zola's, „aber das Leben ist ja wirklich so — folglich ist der Autor im Recht." — Allerdings sagen das nur die ehrlichen Leute, nicht die ästhetischen Heuchler, welche den Autor wegen seiner Wahrhaftigkeit verdammen, ohne darum eine Zeile von ihm ungelesen zu lassen. Thatsächlich aber ist jenes das letzte und einzige Argument des Naturalismus. —

Und nun entsteht die Frage: — weil unsere Litteratur, in weitgreifenderer und ausgesprochenerer Weise, als es jemals der Fall gewesen, Lebenswahrheit erstrebt, wird sie darum mehr für die Menschheit leisten, als sie es bisher vermochte — wird sie ihre Epoche überdauern und der Nachwelt bleibende, unvergängliche Schätze überliefern? — Denn — wie gesagt — nichts ist ewig, wie die Wahrheit. —

Nun, es fragt sich weiter, ob unsere Dichter, welche die Wirklichkeit so treulich schildern, auch w a h r sind in höherem Sinne. — „Welches Paradoxon!" wird vielleicht der unbesonnene Leser ausrufen, „als ob — was wirklich ist, nicht auch wahr wäre!" —

Aber Wahrheit und Wirklichkeit sind thatsächlich zwei sehr verschiedene Dinge. Wir leben in einer wirklichen Welt und doch in einer Welt des Truges und der Lüge. Die Wahrheit ist nur da, wo das Wesen und seine Erscheinung,

Gedanke und Wort, Seele und Körperlichkeit sich decken. Die Wahrheit ist durchaus nicht immer Wirklichkeit. —

Diese Wirklichkeit ist eine Unendlichkeit, eine Wirrniß einzelner Erscheinungen, welche sich gegenseitig kreuzen, aufheben, widersprechen, ein Mikrokosmos von Zufälligkeiten und Zwischenfällen. — Allerdings ist sie der Stoff, aus welchem der Dichter schöpft und schöpfen soll — aber eben nur der Stoff, aus welchem die kundige Hand Gebilde schafft, die uns das ewige, den Dingen innewohnende Leben in's Bewußtsein bringen. — Wer die Wirklichkeit sklavisch abschildert, wie sie uns erscheint, ist kein Maler, sondern ein Photograph. — Es wäre thöricht, dem Dichter aus der Schilderung des Häßlichen und Schmutzigen einen Vorwurf zu machen, sofern ihm diese Schilderung Medium ist, ein Stück Lebenswahrheit zu offenbaren. — Anders, wo ihm diese Schilderung Selbstzweck ist. — Will er das Schmutzige um seiner selbst schildern, wird er gemein — schildert er es nur, weil es da ist, hört er auf, Dichter zu sein. — (...)

[S. 178:] (...) Es ist also kein Zweifel, daß der Naturalismus die Kunst ausrottet, nicht in dem konventionellen Sinne, nach welchem der Zweck der Kunst das „Schöne" ist, sondern in jenem Sinne, daß die Kunst, die Poesie, die unvergängliche Wahrheit in den wechselnden Dingen durch ihre Gebilde offenbaren soll.

Der Naturalismus widerspricht endlich der philosophischen Erkenntnißstufe unserer Zeit, wie sie durch Kant und Schopenhauer begründet worden, wonach das „Ding an sich" in der natürlichen Erscheinung nicht zum Ausdruck kommt, wonach die Wirklichkeit nicht die Wahrheit ist.

Wir möchten die Wirkung des Naturalismus noch durch ein Beispiel erhärten. Gesagt, wir hätten Gelegenheit, von unserem Fenster aus, irgend eine Volksscene zu beobachten. Beleuchtung und Entfernung sind günstig; wir verfolgen den Vorgang mit innerm Antheil und sind lebhaft ergriffen. — Anders jedoch, wenn wir mitten im Volkshaufen sind, wüster Lärm unser Ohr füllt, schmutzige Lumpen unser Auge beleidigen, derbe Püffe unsere Seiten treffen. Der Vorgang wird uns gewiß herzlich gleichgiltig werden — wir haben nur den einen Eindruck: — „Wie häßlich ist diese Menge!" —

Genau so ist die Wirkung des Naturalismus: die Wahrheit kann gegen die Wirklichkeit nicht aufkommen! —

Das erste Heft der ›Berliner Monatshefte für Litteratur, Kritik und Theater‹, für die Heinrich Hart als Herausgeber zeichnete, erschien am 1. 4. 1885 mit der Erklärung Heinrich Harts, daß hier zum erstenmal in umfassender Weise die deutsche Literatur der Gegenwart berücksichtigt werden solle. „In der Wahl unserer Mitarbeiter lassen wir nur eine Schranke gelten, die Schranke des Talentes gegen die Mittelmäßigkeit. Eine Schule zu bilden, liegt uns fern; Realismus, Naturalismus, Idealismus und alle sonstigen Ismen haben als Embleme keinen anderen Wert als den für die Persönlichkeit. Wir unsrerseits kennen nur *eine* Poesie: die Poesie des Genies, des Talentes, und nur *einen* Feind: die Mittelmäßigkeit, den sich vordrängenden Dilletantismus. Die Poesie des Genies war zu allen Zeiten realistisch und doch auch idealistisch; sie atmete von jeher Wahrheit, Quellfrische und Natur, sie wandte sich

stets an den ganzen, gesunden, ringenden Menschen, an alles das, was in uns zur Höhe, was in die Tiefe strebt. . . . Es gibt daher nur einen Kampf, der der Mühe wert wäre, der Kampf für das Genie, für das echte Talent."

Die Mitarbeiter des Blattes waren ältere (Hamerling, Wildenbruch, Lingg, Heiberg) und jüngere Schriftsteller (Bleibtreu, Kirchbach, Henckell, Conradi, Avenarius, Mackay, Fulda), alles zweifellos Talente, aber keine Genies. Die ›Berliner Monatshefte‹ brachten literarische Originalbeiträge neben literarisch kritischen Aufsätzen und Rezensionen, unter besonderer Berücksichtigung des Theaters. Hart redigierte die Zeitschrift mit großem Geschick, konnte sie jedoch nicht über das erste Halbjahr hinausbringen. Der entscheidende Grund dafür war nicht seine Mittellosigkeit, sondern der Mangel an radikaler Entschiedenheit der geistig künstlerischen Haltung. In einem Augenblick, da der Kampf um eine Neuorientierung in der Literatur eingesetzt hatte, war die vermittelnde Haltung der Zeitschrift nicht am Platz. Man konnte jetzt nicht, wie Oskar Linke es tat, den historischen Roman verteidigen, den die Jugend ablehnte, oder dem Schriftsteller die Teilnahme an politischen Tagesfragen untersagen und fordern, er solle weder Sozialdemokrat noch Aristokrat sein, sondern „Sozialidealist" (H. Hart). Die Theaterberichte aus allen Großstädten wie Berlin, München, Kassel, Frankfurt, Wien, Prag und anderen nahmen zwar die zeitgemäße Idee einer Theaterrundschau in Angriff, es war jedoch unmöglich, darüber hinaus „einen Überblick zu bieten über das gesamte Gebiet des heutigen nationalliterarischen Schaffens", wie es im Programm hieß. Der Zeitschrift fehlte der revolutionäre Zug, sie stand zwischen traditionell und fortschrittlich Gesinnten, während es zunächst auf eine klare Entscheidung ankam. Als Hart im Oktober das Blatt aufgab, verwies er in richtiger Erkenntnis der Lage im Nachwort Mitarbeiter und Leser an die inzwischen in München begründete ›Gesellschaft‹.

Der hier gekürzte Aufsatz von Franziska von Kapff-Essenther (1849–1899, geboren als Franziska Essenther, in erster Ehe mit dem Journalisten Otto von Kapff, in zweiter Ehe mit dem Schauspieler und Schriftsteller Paul Blumenreich verheiratet, bekannter unter dem Namen Franziska Blumenreich) ist beispielhaft für die ablehnende Haltung der Zeitschrift gegenüber dem französischen Naturalismus. Dem naturalistischen Argument der „Wirklichkeit", das Ausrottung der Kunst bedeute, wird Wahrheit „in höherem Sinne" als „Offenbarung" durch die Kunst entgegengehalten, dem Naturalismus ein „spiritueller Realismus" gegenübergestellt (vgl. den entsprechenden Aufsatz in der ›Gesellschaft‹ von Irma von Troll-Borostyani; siehe Stück 13).

8

HERMANN CONRADI / KARL HENCKELL: EINLEITUNGEN

»Moderne Dichtercharaktere«, hrsg. von Wilhelm Arent. Leipzig: W. Friedrich 1885.

a) HERMANN CONRADI »UNSER CREDO« (1884), S. I–IV
„Die Geister erwachen."
Hutten.

„Unser Credo!"

Wir wissen, daß dieser Titel etwas kühn und stolz klingt. Es werden mit der Zeit sogar genug Stimmen laut werden, die ihn anmaßend schelten, womöglich noch härtere Ausdrücke dafür haben. Man wird uns in allen Farben und Tönen, die ganze prismatische Farbenkarte, die ganze Tonscala hinauf und hinunter,

„heimleuchten" und uns unsere Unbescheidenheit, unsere Vermessenheit parlamentarisch und — unparlamentarisch ad oculos demonstriren.

Ob wir aber zerknirscht sein werden?

Ob wir büßen werden in Sack und Asche?

Ich glaube kaum.

Warum auch?

Wir wissen ganz genau, was wir in dieser Anthologie ausgeben.

Wir sind uns, um diesen Punkt hier gleich zu erwähnen, ihrer Schwächen vollkommen bewußt.

Wir machen nicht den Anspruch, Vollkommenes, Makelloses nach Form und Inhalt zu bieten.

Wir begreifen vollkommen, daß manches Poem, das wir aufgenommen, nicht originell ist; daß es in tausendmal angestimmte Weisen einfällt; daß es, absolut genommen, vielleicht nicht einmal werthvoll ist.

Und doch erheben wir den Anspruch, endlich d i e Anthologie geschaffen zu haben, mit der vielleicht wieder eine n e u e Lyrik anhebt; durch die vielleicht wieder weitere Kreise, die der Kunst untreu geworden, zurückgewonnen und zu neuer, glühaufflammender Begeisterung entzündet werden; und durch die alle d i e Sänger und Bildner zu uns geführt werden, um mit uns zu Schöpfern einer neuen Lyrik zu werden, die bisher abseits stehen mußten, weil sie kein Organ gefunden, durch das sie zu ihrem Volke in neuen, freien, ungehörten Weisen reden durften, weil nur das Alte, Conventionelle, Bedingte, Unschuldige oder das Frivole, Gemeine, Schmutzige — nie aber das Intime, [S. II:] das Wahre, das Natürliche, das Ursprüngliche, das Große und Begeisternde, offene Ohren und gläubige Herzen findet.

Wir brechen mit den alten, überlieferten Motiven. Wir werfen die abgenutzten Schablonen von uns. Wir singen nicht für die Salons, das Badezimmer, die Spinnstube — wir singen frei und offen, wie es uns um's Herz ist: für den Fürsten im geschmeidefunkelnden Thronsaal wie für den Bettler, der am Wegstein hockt und mit blöden, erloschenen Augen in das verdämmernde Abendroth starrt ...

Das ist es ja eben: Wir haben wohl eine Cliquen-, eine P a r t e i litteratur, aber keine Litteratur, die aus germanischem Wesen herausgeboren, in sich stark und daseinskräftig genug wäre, um für a l l e Durstigen, mögen sie nun Söhne des Tages oder der Nacht sein, Stätte und Zehrung zu haben. Wir sind eigentlich recht arm. Was sollen wir's uns verhehlen? S c h e i n b a r zeitigt unsere Litteratur fortwährend die edelsten Früchte — wieder und wieder neue Triebe, neue Blüthen, neue Erzeugnisse: aber ist nur der dritte Theil von dem, was — und noch dazu in unabsehbaren Massen! — unsere Poeten schaffen und bilden, auch existenzberechtigt? — Existenzberechtigt, weil es lebenswahr, weil es national, weil es auch wirklich Künstlerwerk ist und nicht fein und sauber polirtes, zierlich gedrechseltes und gefeiltes und bei aller Peinlichkeit doch roh und geist-

los gebliebenes Stümperwerk — gleißende, aber in sich morsche und haltlose Fabrikarbeit?

Das ist es ja eben: Unsere Litteratur ist überreich an Romanen, Epen, Dramen — an sauber gegossener, feingeistiger, eleganter, geistreicher Lyrik — — aber sie hat mit wenigen Ausnahmen nichts Großes, Hinreißendes, Imposantes, Majestätisches, nichts Göttliches, das doch zugleich die Spuren reinster, intimster Menschlichkeit an sich trüge! Sie hat nichts Titanisches, nichts Geniales.

Sie zeigt den Menschen nicht mehr in seiner confliktgeschwängerten Gegenstellung zur Natur, zum Fatum, zum Ueberirdischen. Alles philosophisch Problematische geht ihr ab. Aber auch alles hartkantig Sociale. Alles Urewige und doch zeitlich Moderne. Unsere Lyrik spielt, tändelt. Wie gesagt: mit wenigen Ausnahmen. Zu diesen rechne ich u. A. Dranmor, Lingg, Grosse, Schack, Hamerling[1]. Vor allen Dranmor. Er ist eigentlich der Einzige, der in seinen Dichtungen, einen prophetischen, einen confessionellen Klang anschlägt. Bei ihm fließt jede Strophe aus einer ernsten, tiefen, gewaltigen, vulkanischen Dichternatur. Aus ihm spricht ein großartig erhabener Dichtergeist. Dranmor darf mit seiner hinreißenden Intimität, seiner macht- [S. III:] vollen Bildnerkraft, seiner lebendigen Künstlerwahrheit, seiner freien, kosmopolitisch-germanischen Weltanschauung, uns jüngeren Stürmern und Drängern, die wir alles epigonenhafte Schablonenthum über den Haufen werfen wollen, weil in uns ein n e u e r Geist lebt, wohl Meister und Führer sein.

Aber wir brauchen nicht blindlings seiner Spur zu folgen. Der Geist, der uns treibt zu singen und zu sagen, darf sich sein eigen Bett graben. Denn er ist der Geist wiedererwachter Nationalität. Er ist germanischen Wesens, das all fremden Flitters und Tandes nicht bedarf. Er ist so reich, so tief, so tongewaltig, daß auf unserer Laute alle Weisen anklingen können, wenn er in seiner Unergründlichkeit und Ursprünglichkeit uns ganz beherrscht. Dann werden wir endlich aufhören, lose, leichte, leichtsinnige Schelmenlieder und unwahre Spielmannsweisen zum Besten zu geben — dann wird jener selig-unselige, menschlich-göttliche, gewaltige faustische Drang wieder über uns kommen, der uns all den nichtigen Plunder vergessen läßt; der uns wieder sehgewaltig, welt- und menschgläubig macht; der uns das lustige Faschingskleid vom Leibe reißt und dafür den Flügelmantel der Poeten, des wahren und großen, des allsehenden und allmächtigen Künstlers, um die Glieder schmiegt — den Mantel, der uns aufwärts trägt auf die Bergzinnen, wo das Licht und die Freiheit wohnen, und hinab in die Abgründe, wo die Armen und Heimathlosen kargend und duldend hausen, um sie zu trösten und Balsam auf ihre bluttriefenden Wunden zu legen. Dann werden die Dichter ihrer wahren Mission sich wieder bewußt werden. Hüter und Heger, Führer und Tröster, Pfadfinder und Weggeleiter, Aerzte und Priester der Menschen zu sein. Und vor Allen die, denen ein echtes Lied von der Lippe springt — ein Lied, das in die Herzen einschlägt und zündet; das die

Schläfer weckt, die Müden stärkt; die Frevler schreckt, die Schwelger und Wüstlinge von ihren Pfühlen wirft — brandmarkt oder wiedergeboren werden läßt! Vor Allen also die Lyriker!

In dieser Anthologie eint sich ein solcher Stamm von Lyrikern, die sich das Gelübde auferlegt, stets nur dieser höheren, edleren, tieferen Auffassung ihrer Kunst huldigen zu wollen.

Keiner legt sich damit eine Widernatürlichkeit auf — zieht damit ein Moment in sein Schaffen, das seiner Individualität fremd wäre. Schrankenlose, unbedingte Ausbildung ihrer künstlerischen Individualität ist ja die Lebensparole dieser Rebellen und Neuerer. Damit stellen sie sich von vornherein zu gewissen Hauptströmungen des modernen s o z i a l e n Lebens in Contrast. Und doch steht der Dichter auch wieder, eben kraft seines Künstler- [S. IV:] thums, ü b e r den Dingen — über Sonderinteressen und Parteibestrebungen und repräsentirt somit nur das reine, unverfälschte, weder durch raffinirte Uebercultur noch durch paradiesische Culturlosigkeit beeinflußte M e n s c h e n t h u m.

Gleich stark und gleich wahr lebt in Allen, die sich zu diesem Kreise zusammengefunden, das grandiose Protestgefühl gegen Unnatur und Charakterlosigkeit; gegen Ungerechtigkeit und Feigheit, die auf allen Gassen und Märkten gepflegt wird; gegen Heuchelei und Obscurantismus; gegen Dilettantismus in Kunst und Leben; gegen den brutalen Egoismus und erbärmlichen Particularismus, die nirgends ein großes, starkes Gemeingefühl, ein lebendiges Einigkeitsbewußtsein aufkommen lassen!

In mannigfachen Tönen und Farben, bald leiser, bald lauter, bald milder, bald greller, erhebt die Phalanx diese Anklagen. Sie verschleiert und verwässert sie nicht — sie ist sogar so kühn, sie offen und deutlich in ihrem „Credo" anzudeuten. Ich sage bewußt: anzudeuten.

Denn das „Credo" soll nicht nur diese Seite der dichterischen Individualitäten bezeichnen — es soll den Modus charakterisiren, in dem die neue Richtung sich ausgiebt: Sie will mit der Wucht, mit der Kraft, mit der Eigenheit und Ursprünglichkeit ihrer Persönlichkeiten eintreten und wirken; sie will sich geben, wie sie leben will: wahr und groß, intim und confessionell. Sie protestirt damit gegen die verblaßten, farblosen, alltäglichen Schablonennaturen, die keinen Funken e i g e n e n Geistes haben und damit kein reiches und wahrhaft verinnerlichtes Seelenleben führen. S i e w i l l d i e Z e i t d e r „g r o ß e n S e e l e n u n d t i e f e n G e f ü h l e" w i e d e r b e g r ü n d e n.

Darum hat diese neue Anthologie nicht nur einen litterarischen — sie hat einen c u l t u r e l l e n Werth!

Und darum ist sie in sich und durch sich lebenskräftig, mögen ihr auch verschiedene Schwächen anhaften, die später getilgt werden können.

C h a r l e s B a u d e l a i r e [2] sagt: „Tout homme bien portant peut se passer de manger pendant deux jours; d e p o é s i e — j a m a i s!"

Ist unsere Lyrik wieder w a h r, g r o ß, s t a r k g e i s t i g, g e w a l t i g geworden, dann werden die Gesunden und Kranken wieder zu ihren Quellen pilgern.

Dann wird Baudelaire's „de poésie jamais!" zur lauteren Wahrheit werden! — „Groß ist die W a h r h e i t und übergewaltig."

Wir siegen, wenn wir dieses Wort nicht vergessen.

U n d w i r w e r d e n e s n i c h t v e r g e s s e n !

B e r l i n, November 1884.   Hermann Conradi.

b) Karl Henckell »Die neue Lyrik« (1884), S. v–vii

Freudigen Herzens spreche ich der folgenden Sammlung jüngster Lyrik ein Wort des Geleites. Freilich — sie muß und wird für sich selbst sprechen, doch ist es in diesem Falle nicht nur n i c h t überflüssig, sondern sogar g e b o t e n, Wesen und Absicht des Dargebrachten etwas eingehender zu beleuchten. Denn nicht eine neue Anthologie nach tausend anderen schleudern wir in die Welt, die ebenso, wie jene, der buchhändlerischen Speculation dienen und sich vielleicht nur durch Titel und Auswahl von ihren Vorgängerinnen unterscheiden würde, nein, u n s e r Zweck ist ein anderer, höherer, rein ideeller. Die „Dichtercharaktere" sind — sagen wir es kurz heraus — bestimmt, direkt in die Entwickelung der modernen deutschen Lyrik einzugreifen. Was das heißt, sei für weitere Kreise kurz erörtert.

Moderne deutsche Lyrik — wer nennt mir drei andere Worte unserer Sprache, bei denen eine gleich tiefe Kluft gähnt zwischen dem wahren Sinne derselben und dem Dinge, zu dessen Bezeichnung sie herabgesunken sind? In Wahrheit, es ist ein trauriges Bekenntniß, aber wir haben in den letzten Dezennien weder eine moderne, noch eine deutsche, noch überhaupt eine Lyrik besessen, die dieses heiligen Namens der ursprünglichsten, elementarsten und reinsten aller Dichtungsarten nur entfernt würdig wäre. Wie auf allen übrigen Gebieten der Poesie ohne Ausnahme hat auch auf dem der Lyrik der Dilettantismus jeder Form das unrühmliche Scepter erobert. Und zwar hat der feine, geschickte und gebildete Dilettantismus wirklich oligarchisch geherrscht und thut es noch, während sich sein gröberer, ungeschickter und ungeschliffener Mitsproß mehr denn je raupenartig fortgepflanzt hat und unheimlich wimmelnd das ganze liebe deutsche Land von Morgen bis gen Abend unsicher macht. Der Dilettantismus erster Sorte ist der wirklich gefährliche, denn weil er herrscht und sich für wahre Kunst ausgiebt, verbildet er den Geschmack des Publikums, das ihm blind dient, und untergräbt das Verständniß echter [S. VI:] Poesie, ohne welches die Cultur eines Volkes nichts als Narrethei und Lumperei ist. Der feine Dilettantismus besticht und betrügt, denn er ist eitel Phrase und Schein. Er gebraucht bunte und leuchtende Tünche, denn sein Material ist wurmstichig, urväteralt und überall löche-

47

rig wie faules Holz. Er stinkt auch nicht wie der gemeine Dilettantismus, sondern er hat Parfüm. Er ist ein getreues Abbild der Toilette seiner Zeit. Ja, liebes Publikum, die anerkanntesten und berühmtesten Dichter unserer Zeit, die vortrefflichsten und bedeutendsten Autoren, wie die kritischen Preßwürmer sie zu bespeicheln pflegen, sind nichts weiter als lyrische Dilettanten!

Von einem Phrasendrescher und Reimpolterer, wie Albert Träger[3], ließest du dich übertölpeln und machtest seinem Verleger — Gott sei's geklagt! — bald an die zwanzig Auflagen möglich, und dem gewandten Versifex Julius Wolff[4], der sein glattes Persönchen malerisch in das bunte Costüm des fahrenden Sängers gehüllt hat und seine Leier ohn' Erbarmen malträtirt wie ein kleiner Bengel sein Glasklavier, küssest du, achtungsvoll und entzückt die schreibseligen Fingerlein. Der liebenswürdige Mann amüsirt dich ja auch so gut und schmeichelt deiner geistigen Faulheit, wie solltest du ihm nicht von Herzen dankbar sein? Daß ein Dichter begeistern, hinreißen, mit ein paar herrlichen aus den unergründlichen Tiefen einer geistes- und ideentrunkenen Seele hervorströmenden Worten dich machtvoll zu erhabener Andacht zwingen und dir süßmahnend gebieten soll, dich zu beugen vor der Urkraft, die in ihm wirkt und schafft, wer in aller Welt hat dich jemals darauf aufmerksam gemacht? Der Berliner Journalist Paul Lindau[5] jedenfalls nicht, und auf diesen Mann der Gegenwart schwörst du doch in Nord und Süd unseres theuren deutschen Vaterlandes? Oder darf ich mich verbessern und sagen: h a s t du geschworen? Ist es wahr, daß die Reue in dein allzu ausgetrocknetes Herz eingekehrt ist und daß du endlich, endlich einsiehst, wie der Witz — nach Schillers Wort — auf ewig mit dem Schönen Krieg führt, und wie ein Mann, der fähig ist, die glühender Lava gleichenden, und ganz naturgemäß auch Schlacke mit sich führenden Jugenderuptionen des erhabensten und heiligsten Dichters seines Volkes behufs Verwerthung seines Witzes zu verhöhnen, wie ein solcher Mann — Schmach über ihn! — nie und nimmer die Führer auf den Pfaden der Dichtkunst und Litteratur sein und bleiben darf? Nun so wollen wir denn darauf vertrauen, daß die Herrschaft der blasirten Schwätzer, der Witzbolde, Macher und litterarischen Spekulanten, die der materialistische Sudelkessel der siebziger Jahre als Schaumblasen in die Höhe getrieben hat, ein für alle mal vernichtet und gebrochen sei, wir wollen vertrauen auf die [S. VII:] unzerstörbare Empfänglichkeit unseres Volkes für alles wahrhaft Große, Schöne und Gute, und in diesem Sinne mit dem Pfunde, das uns verliehen, zu wirken und zu wuchern streben. Wir, das heißt die j u n g e G e n e r a t i o n des erneuten, geeinten und großen Vaterlandes, wollen, daß die Poesie wiederum ein Heiligthum werde, zu dessen geweihter Stätte das Volk wallfahrtet, um mit tiefster Seele aus dem Born des Ewigen zu schlürfen und erquickt, geleitet und erhoben zu der Erfüllung seines menschheitlichen Berufes zurückzukehren, wir wollen uns von ganzem Herzen und von ganzer Seele der Kunst ergeben, deren Triebkraft in uns gelegt, und wollen unsere nach bestem Können gebildete und ver-

Die Gesellschaft.

Realistische Wochenschrift

für

Litteratur, Kunst und öffentliches Leben.

Herausgegeben von

M. G. Conrad.

I. Jahrgang. München, 1. Januar 1885. Nr. 1.

Zur Einführung.

Unsere „**Gesellschaft**" bezweckt zunächst die Emanzipation der periodischen schöngeistigen Litteratur und Kritik von der Thyrannei der „höheren Töchter" und der „alten Weiber beiderlei Geschlechts"; sie will mit jener geist- und freiheit= mörderischen Verwechslung von Familie und Kinderstube aufräumen, wie solche durch den journalistischen Industrialismus, der nur auf Abonnentenfang ausgeht, zum größten Schaden unserer nationalen Litteratur und Kunst bei uns landläufig geworden.

Wir wollen die von der spekulativen Rücksichtsnehmerei auf den schöngeistigen Dusel, auf die gefühlvollen Lieblingsthorheiten und moralischen Vorurteile der sogenannten „Familie" (im weibischen Sinne) arg gefährdete Mannhaftigkeit und Tapferkeit im Erkennen, Dichten und Kritisieren wieder zu Ehren bringen.

Fort, ruft unsere „**Gesellschaft**", mit der geheiligten Backfisch=Litteratur, mit der angestaunten phrasenseligen Altweiber-Kritik, mit der verehrten kastrirten Sozialwissenschaft! Wir brauchen ein Organ des ganzen, freien, humanen Gedankens, des unbeirrten Wahrheitssinnes, der resolut realistischen Weltauffassung!

Was für herzbrechend zahmes und lahmes Zeug läßt sich heute die Nation der Denker und Dichter als idealistische Weisheitsblüte auf den Familientisch legen! Was für breite Bettelsuppen läßt sie sich von den vielgepriesenen Familienblätter= Köchen anrichten! Das litterarische und künstlerische Küchenpersonal hat es aller= dings bis zur höchsten Meisterschaft gebracht in der Sparkunst und Nachahmung des berühmten Kartoffelgastmahls, worüber schon Jean Paul so weidlich spottete. Da kommen nämlich zwölf Gänge, jeder die Kartoffel in anderer Zurichtung bietend, und am Schluß werden, den elend getäuschten Magen wieder aufzurichten, Konfekt und Schnäpse aufgewartet, die ebenfalls aus Kartoffeln hergestellt sind. Wir werden später nicht ermangeln, Einzelfälle dieser Familienblätterkocherei gründlich zu zer= gliedern und rücksichtslos die gemeingefährlichen Praktiken zu schildern.

Unsere „**Gesellschaft**" wird keine Anstrengung scheuen, der herrschenden jammervollen Verflachung und Verwässerung des litterarischen, künstlerischen und sozialen Geistes starke, mannhafte Leistungen entgegenzusetzen, um die entsittlichende Verlogenheit, die romantische Flunkerei und entnervende Phantasterei durch das positive Gegenteil wirksam zu bekämpfen. Wir künden Fehde dem Verlegenheits= Idealismus des Philistertums, der Moralitäts-Notlüge der alten Parteien= und Cliquenwirtschaft auf allen Gebieten des modernen Lebens.

Unsere „**Gesellschaft**" wird sich bestreben, jene ächt-, natürliche, deutsche Vornehmheit zu pflegen, welche in der Reinlichkeit des Denkens, in

Empfindens und in der Lauterkeit und Offenheit der Sprache wurzelt, dage‍
heute so gepriesene falsche Vornehmheit bekämpfen, welche aus den einf‍
und verdummend wirkenden Denk= und Gefühlsweisen der höheren Kinderstub‍
pedantischen Bildungsschwätzer und der polizeifrommen Gesinnungsheuchler‍
gezüchtet worden ist.

Dabei werden wir von Zeit zu Zeit unter Mithilfe berufener Fachmänn‍
unsere kritische Leuchte auf die beliebte Instituts= und Pensions=Erziehu‍g selb‍
richten und in Studien nach der Natur jene Lebenskreise beschreiben, welche‍
gute Sitte, Weisheit und Schönheit unseres Volkstums in Erbpacht genommen‍
haben wähnen. Die Kulturlügner mögen sich auf interessante Entschleierungen ge‍
faßt machen. Wir werden den Schwindel stets beim rechten Namen nennen und‍
der überlieferten Dummheit den Spruch des ehrlichen heißblütigen Denkers ins‍
Gesicht sagen. Gerhard von Amyntor hat freilich Recht: „Es ist weit leichter, den‍
gebildeten Pöbel zehn Lügen aufzubinden, als ihm einen einzigen seiner lieb‍
wordenen Irrtümer als solchen zu entlarven." Aber die Schwierigkeit einer Sach‍
wird uns nur reizen, sie desto kühner anzugreifen, desto energischer festzuhalten.

Unsere „**Gesellschaft**" wird sich zu einer Pflegestätte jener wahrhaft‍
Geistesaristokratie entwickeln, welche berufen ist, in der Litteratur, Kunst und öffen‍
lichen Lebensgestaltung die oberste Führung zu übernehmen, wenn es den Völker‍
deutscher Zunge gelingen soll, als Vorarbeiter und Muster menschlicher Kultur si‍
in Geltung zu erhalten.

Darum laden wir alle geistesverwandten Männer und Frauen ein, sich mi‍
uns thatkräftig zu vereinen, damit wir in gemeinsamer, froher, flotter Arbeit unse‍
hochgestecktes Ziel erreichen. Denn nicht zum verschlaffenden kritischen Geplauder‍
nicht zum schöngeistigen Müßiggang wollen wir verleiten. Alles Wissen, bei dem‍
die Schaffenslust erlahmt, alle Belehrung, die nicht zugleich Belebung und treibende‍
Willenssteigerung bedeutet, alle Gelehrsamkeit, die sich nicht in den Dienst des ge‍
sunden schöpferischen Lebens stellen will, hat unsere Anerkennung verloren.

Aller Anfang ist schwer. Doch werden wir, Dank einer stattlichen Zahl aus‍
erlesener, opferwilliger Mitstrebender schon in den ersten Nummern unseres Organs‍
hervorragende Arbeiten aus dem Gebiete der realistischen Novelle, des Feuilletons‍
des wissenschaftlichen Essays und der Kritik zu bieten im Stande sein. Eine gan‍
besondere Aufmerksamkeit werden wir dem schöpferischen Kulturleben der deutschen‍
Völkerstämme des Südens widmen und die Leistungen der süddeutschen Kunst‍
Theater= und Litteraturzentren München, Wien, Frankfurt u. s. w. in den Vorder‍
grund unserer kritischen Betrachtungen stellen.

Das erste Quartal unserer realistischen Wochenschrift wird Beiträge von‍
folgenden Autoren bringen: H. v. Alten, J. Balz, H. v. Berlepsch, J. Boy=Ed, Otto‍
Braun, L. Breslau, M. G. Conrad, G. Cristaller, Gustav Diercks, Paul Dobert, Freiherr‍
Carl du Prel, M. Engels, Arthur Feldmann, Alfred Friedmann, C. v. Gagern‍
Martin Greif, Julius Goldenberg, Julius Hey, E. Hüni, Wolfgang Kirchbach‍
J. Leyser, Wilhelm Löwenthal, Alfred Meißner, A. v. Menzi, Emil Pesch‍
Maximilian Schmidt, R. Schoener, B. v. Suttner, J. v. Troll=Borostyani, Th. Vis‍
Oskar Welten, Richard Weltrich u. s. w.

In der zweiten Nummer werden wir mit dem Abdruck eines hochinteressa‍
Originalromans beginnen, den wir aus dem litterarischen Nachlaß des be‍
rühmten Münchener Humoristen Martin Schleich erworben haben. In die‍m‍
Werke gelingt es dem unvergeßlichen Spaßvogel, der einst in seinem „Pu‍
Optimismus und Pessimismus des deutschen Vaterlandsfreundes so wunderba‍ i‍
der höheren Einheit des Humorismus aufzulösen verstanden, den heute mehr d‍
je in unserer Litteratur grassierenden historischen Roman auf's ergötzlichste a‍ a‍
surdum zu führen.

Wir sind überzeugt, mit dieser humoristischen Romandichtung unsern Le‍
eine unterhaltende, geistvolle Lektüre ersten Rangs zu bieten.

edelte Persönlichkeit rücksichtslos, wahr und uneingeschränkt zum Ausdruck bringen. Wir wollen, mit einem Worte, dahin streben, C h a r a k t e r e zu sein. Dann werden wir auch des Lohnes nicht ermangeln, den wir ersehnen: eine Poesie, also auch eine Lyrik zu gebären, die, durchtränkt von dem Lebensstrome der Zeit und der Nation, ein charakteristisch verkörpertes Abbild alles Leidens, Sehnens, Strebens und Kämpfens unserer Epoche darstellt, und soll sein ein prophetischer Gesang und ein jauchzender Morgenweckruf der siegenden und befreienden Zukunft.

........Unsere Anthologie soll sich, wenn irgend möglich, zu einem dauernden J a h r b u c h gestalten, das sich aus schwachen Anfängen zu immer größerer Bedeutung entwickeln möge. Die Idee dieses jüngsten Eröffnungsbandes ist schnell entstanden und ebenso schnell durch die thatkräftige und opferwillige Liberalität unseres Freundes und Dichtgenossen W i l h e l m A r e n t in's Leben gerufen worden; die große Eile, mit der wir vorgehen mußten, um das Werk noch vor Weihnachten herauszubringen, möge es entschuldigen, wenn die Vollständigkeit, Vielseitigkeit und Auswahl noch nicht ganz nach Wunsch ausgefallen. Der Weg zur Vollendung ist eben schwer, und der Herausgeber würde vollkommen befriedigt sein, wenn von Seiten der guten und verständnißvoll Urtheilenden anerkannt würde, daß die ersten Schritte, die auf dem Wege geschehen, keine „verlorene Liebesmühe" gewesen sind. Noch manchen der Jüngeren hätten wir gern geladen, aber die Frist war zu kurz; immerhin hoffen wir, daß es ersichtlich wird: auf den Dichtern des Kreises, den dieses Buch vereint, beruht die Litteratur, die Poesie der Zukunft, und wir meinen, eine bedeutsame Litteratur, eine große Poesie........

H a n n o v e r, Mitte November 1884.   Karl Henckell.

Die Anthologie neuer Lyrik »Moderne Dichtercharaktere« (1885) ist Manifest durch die programmatischen Vorworte Hermann Conradis und Karl Henckells, in denen die bestehende Lyrik kritisch beleuchtet und – vor allem durch Conradi – das Ziel der modernen Lyrik umrissen wird. Mit Pathos heißt es da, sie solle „wahr, groß, stark geistig" sein und „eine Zeit der großen Seelen und tiefen Gefühle" begründen. Die Anthologie bringt Gedichte von 23 Autoren, darunter Arent, Conradi, Henckell, den Brüdern Hart, Arno Holz und Hartleben, während Liliencron fehlt (in seiner Lyrik vermißte man die „neue Form"). Einige dieser Stücke stellen eine Art gereimter Fortsetzung der programmatischen Forderungen der Herausgeber dar:

> „Kein rückwärts schauender Prophet,
> geblendet durch unfaßliche Idole –
> modern sei der Poet,
> modern vom Scheitel bis zur Sohle." (Arno Holz)

Die Anthologie ist als erstes Gemeinschaftsmanifest der jungen Generation bedeutsam (Motti aus R. M. Lenz: „Wir rufen dem kommenden Jahrhundert!", „Der Geist des Künstlers wiegt mehr als das Werk seiner Kunst"), wenn auch der in den Vorworten erhobene Anspruch nicht erfüllt wird und von allen hier vertretenen Autoren nur Arno Holz einen neuen lyrischen Stil entwickelt.

Der Herausgeber WILHELM ARENT (1864 in Berlin geboren, seit der Jahrhundertwende verschollen), Verfasser einer großen Zahl von Lyrikbänden, war keine starke Begabung und

ohne besondere Eigenart. Karl Bleibtreu nennt ihn zwar „das bedeutendste lyrische Talent", erkennt aber doch in seinen – nach dem Vorbild von Reinhold Lenz verfaßten – freien Rhythmen die Gefahr der Auflösung, der Monotonie und mangelnden Originalität (Besprechung der »Modernen Dichtercharaktere« in: »Revolution der Literatur«, 1886).

HERMANN CONRADI (1862–1890), radikaler Vertreter des psychologischen Naturalismus, von Dostojewskij beeinflußter Erzähler und Lyriker, rief mit seinem Roman »Adam Mensch« (1889) den sogenannten Realistenprozeß wegen Unsittlichkeit und Gotteslästerung hervor. 1887 erschien sein einziger Lyrikband »Lieder eines Sünders«. Wohl die stärkste Begabung der Frühnaturalisten, enthüllt Conradi in rücksichtsloser Selbstanalyse die Abgründe des Seelenlebens.

KARL HENKELL (1864–1929) gehörte nur anfangs dem Kreis der Naturalisten an. Bedrückt von seiner bürgerlichen Herkunft, fühlte er sich zum Dichter des Proletariats berufen. Schon 1887 sagte er sich los vom „jüngsten Deutschland", gründete in Zürich einen eigenen Verlag und lebte von 1908 an in München. Eine große Zahl Gedichtsammlungen erschien zwischen 1884 (»Umsonst«) und 1924 (»An die neue Jugend«).

Es bezeichnet das unbestimmte *Programm der »Modernen Dichtercharaktere«*, daß von der Verurteilung der älteren Lyrik – die durch „neue, freie, ungewöhnliche Weisen" überwunden werden soll – gerade Dichter der Münchener Schule ausgenommen werden, die unter Vermeidung des Alltäglichen eine zeitfremde, formstrenge Lyrik ausbildeten und eigentlich in striktem Gegensatz zu den revolutionären Tendenzen des Naturalismus stehen. Die wenig später von Karl Bleibtreu in seinem Buch »Revolution der Litteratur«, 1886, ausgesprochene scharfe Verurteilung des l'art pour l'art richtet sich zweifellos gegen diesen Münchener Kreis.

¹ DRANMOR (Ferdinand von Schmid, 1823–1888), Schweizer, lebte lange in Brasilien, wirkte durch die düstere, farbenprächtige, aber auch reflexionsreiche Lyrik besonders auf die Jugend der achtziger Jahre (siehe ›Die Gesellschaft‹, 1888, III).

HERMANN LINGG (1820–1905) gehörte zur sogenannten Münchener Schule, stand als Lyriker in der Nachfolge Platens und Uhlands.

JULIUS GROSSE (1828–1902) war von 1854 bis 1867 in München an – dem Münchener Dichterkreis nahestehenden – Zeitungen als Feuilletonredakteur tätig und von 1870 an Generalsekretär der Deutschen Schiller-Stiftung in Weimar.

ADOLF FRIEDRICH VON SCHACK (1815–1894), Lyriker in der Nachfolge Platens, formstreng, bilderreich und phantasievoll, der Münchener Dichterschule zugehörig, als Epiker unter Byrons Einfluß, veröffentlichte Arbeiten zur spanischen und italienischen Literatur und übersetzte spanische, persische und indische Dichtung.

ROBERT HAMERLING (eigentlich Rupert Johann Hammerling, 1830–1899), Österreicher, dem Münchener Dichterkreis nahestehend, epigonaler Epiker und Dramatiker, Verfasser formgewandter aber gedanklich pathetischer Lyrik.

Die Münchener Dichterschule wurde gebildet durch die Tafelrunde König Maximilians II. (Geibel, Heyse, Bodenstedt, Schack) und die literarische Gesellschaft ›Das Krokodil‹ (Name nach einem Gedicht von Hermann Lingg, Zusammenkünfte von 1856–1883) und trat geschlossen hervor im »Münchener Dichterbuch« (1826), herausgegeben von Emanuel Geibel (1815–1884), dem „Dichterfürsten" der Jahrhundertmitte, den Maximilian II. als Professor für deutsche Literatur nach München berief. Als bewußter Nachfahre der klassisch-romantischen Literatur, vor allem Platens, schrieb Geibel vornehme, unproblematische, formstrenge Lyrik und übersetzte – wie der ganze Kreis – zur Pflege der Weltliteratur griechische, römische, spanische und französische Lyrik. Historisches Epos, historisches Drama und eine bewußt zeitfremde Lyrik wurden gepflegt, auch in dem »Neuen Münchener Dichterbuch« (1882), das Paul Heyse herausgab, um den sich nach Geibels Tod die noch in München lebenden Dichter scharten. Gegen diesen Kreis wendet sich die Gruppe der Naturalisten um M. G. Conrad in der ›Gesellschaft‹.

² Daß hier CHARLES BAUDELAIRE (1821–1887) zitiert wird, ist noch aufschlußreicher für das unsichere frühnaturalistische Programm als die Anerkennung der formalistischen Münchener Lyrik. Denn für Baudelaire ist das Kunstwerk eine autonome Bildung, für die formale Kräfte entscheidend sind. Das Häßliche, Abstoßende, die Dekadenz der modernen Zivilisa-

tionswelt gewinnt in der kunstvollen Gestaltung durch das bewußt geformte Wort geheimnisvolle Schönheit, die Form wird zur Rettung vor dem drohenden Nihilismus. Baudelaire steht
am Anfang der neuen Dichtung, die in Frankreich durch Rimbaud, Mallarmé und Verlaine,
in Deutschland durch Hugo von Hofmannsthal, Stefan George und Georg Heym, in England
durch Oskar Wilde geschaffen wird. Daß Stefan George Baudelaires »Fleurs du mal« – das
architektonisch strengste Buch der europäischen Lyrik (Hugo Friedrich), – wenn auch bewußt
stark verändernd übersetzte (es ging ihm „weniger um eine getreue Nachbildung als ein
deutsches Denkmal"), kennzeichnet die Bedeutung Baudelaires für die den Naturalismus
überwindende impressionistisch-symbolistische Dichtung deutlich genug.

³ ALBERT TRÄGER (1830–1912), ein durch ›Die Gartenlaube‹ bekanntgewordener Lyriker,
der dichterisch wertlose empfindsame Familienpoesie lieferte, gehörte in den weiteren Um-
kreis der Münchener Schule; er war Rechtsanwalt, seit 1874 Mitglied des Deutschen Reichs-
tags, seit 1879 Mitglied des Preußischen Abgeordnetenhauses.

⁴ JULIUS WOLFF (1834–1910), der erfolgreichste Epiker der siebziger Jahre, behandelte
formgewandt populäre Stoffe wie »Till Eulenspiegel«, 1875, den »Rattenfänger von Hameln«,
1876, auch »Tannhäuser«, »Loreley« usw., mit eingestreuten archaisierenden Liedern. Zuletzt schrieb er bänkelsängerische Lieder, auf die hier angespielt wird.

⁵ PAUL LINDAU, siehe Seite 34.

9

KARL BLEIBTREU [»DIE NEUE LYRIK«] (1885)

*Aus: »Andere Zeiten, andere Lieder!«, ›Die Gesellschaft‹, Jg 1, 1885, H. 47,
S. 891 f.*

[S. 891:] Das eigentlich Charakteristische der meisten Produktionen unserer
neuesten Literatur ist der Mangel eines bestimmten individuellen Gepräges. Vom
Drama schweige ich; hier hindern die praktischen Verhältnisse der biedern deutschen Possenbühne. Aber auch in der epischen Poesie scheint alles über einen
Leisten geschlagen. Ein Tor sollte wähnen, das Originelle und Geniale brauche
nur aufzutreten, um erkannt zu werden. Das gerade Gegenteil ist der Fall. Wer
z. B. eine große historische Anschauung der Gegenwart oder den kulturhisto-
rischen Gegensatz der Nationalitäten unter sich und ähnliche Hauptprobleme
zur Basis genommen hat, wird sehr bald bemerken, daß das alberne Geschrei
nach dem „Modernen" und „Realistischen" jedes tieferen Gehaltes entbehrt. (...)
Und nun gar erst in der Lyrik!...

[S. 892:] Das Volkslied, auf dem Umweg über Goethe, wird von den meisten
kritischen Päpsten als einzig gültige Norm der sogen. „echten Lyrik" angenommen. Nun, da halte ich mich doch lieber an Goethe selber, der in diesem Genre
doch nie erreicht werden kann. Wozu die Kopien! N e u e s , N e u e s — das ist die
gebieterische Forderung an jeden schöpferischen Geist. Natürlich gehört aber
mehr wahres Verständnis dazu, das N e u e zu begreifen und zu würdigen, als in
doktrinärer Beschränktheit die schablonenhafte Nachahmungslyrik zu preisen.

Dies gilt auch direkt von der sklavischen Schulmeistervergötzung Goethes, der uns absolut als allumfassender Gesetzgeber der Poesie aufgedrängt werden soll. Goethe, dem der Begriff des Dramas und des Dramatischen völlig verschlossen war, der mit Geringschätzung über Heinr. v. Kleist urteilte, konnte in der Lyrik unmöglich etwas anderes, als Naturstimmung und Erotik behandeln. Soll dies etwa für uns darum der Fingerzeig sein, in diesem „ewig weiblichen" Stimmungsgedusel in alle Ewigkeit die wahre Lyrik zu suchen? Sollen wir deshalb das Historische — „das große gewaltige Schicksal, welches den Menschen erhebt, wenn es den Menschen zermalmt"[1] — aus der Lyrik verbannen, weil es Goethe an Sinn dafür gebrach? Sollen z. B. die sozialistischen Arbeiterlieder des „Jungen Deutschland", wie sie in den beiden jüngsthin erschienenen Anthologien „Moderne Dichtercharaktere" und „Bunte Mappe"[2] zu finden sind, darum als nicht zur Poesie gehörig verdammt werden, weil es Goethe beliebte, das Dogma „Ein garstig Lied, pfui ein politisch Lied!"[3] vom Stapel zu lassen?

Und dennoch steht es so. Alles wird in Deutschland vom Standpunkt der sogen. „sangbaren Lyrik" aus betrachtet, nach jenem Volksliederton bemessen, welcher dem gedankenlosen Drauflosgejauchze unsrer fahrenden Gesellen und kleinen Minnesänger in der Westentasche Tor und Tür öffnet.

Daß Schillers Lyrik als Lyrik betrachtet ungenügend sei, kann nicht bestritten werden. Aber gehört nicht eine viel bedeutendere Geistesanstrengung dazu, diese tiefsinnige Didaktik mit so hinreißendem Schwung vorzutragen, als zu den allerfeinsten Produkten der Goethe'schen Lyrik? Hier liegt gerade der Punkt. Man will keine Gedanken in der Lyrik, man will nur „Stimmung" und Gefühl.

Nehmen wir z. B. ein Gedicht wie „über allen Gipfeln ist Ruh". Ich wage als enragierter Ketzer die Behauptung: Dies Meisterwerk hätte ebensogut, wie dem kosmischen Geiste Goethes, irgend einem mäßigen Durchschnittsdichter gelingen können! Hingegen ist die Möglichkeit ausgeschlossen, daß ein andrer als ein Genie Verse wie: „Wenn der uralte heilige Vater..."[4] aufs Papier schleudern könnte. Das ist aber keine „echte Lyrik", sondern Oden-Didaktik. Ach, die „echte Lyrik" ist ja so bequem: ein wenig Stimmung, ein bischen Reim, und das Meisterwerkchen ist fertig. Das dann vornehm auf die genialsten Ideenergüsse mit der wohlfeilen Phrase herabsieht: „Das ist keine Lyrik von Gottes Gnaden". Mit andern Worten: wo Begriffe fehlen, da stellt die echte Lyrik zur rechten Zeit sich ein.

Der „sangbare" Volksliederton ist dann später von Heine in ein System gebracht, wonach Knappheit erstes Erfordernis und eine Welt von Gefühl und Stimmung in zwei, höchstens vier Strophen niedergelegt werden soll. Dann kam noch Platen mit seiner Forderung des reinen Reims[5], wonach freilich Goethe und Heine mit ihrer saloppen Reimbehandlung ungenießbar wären. Welche rigorosen Ansprüche man also heut an den Lyriker stellt, ist augenfällig. Er soll schlicht sein wie Goethe, knapp und pointiert wie Heine, formrein wie Platen.

Wenn er aber das alles auch vereinte — wäre er darum in höherem Sinne schon ein Dichter? Ich sage nein.

Neues wollen wir haben, in der Lyrik so gut wie anderswo. Wer uns Neues bringt, der soll auch als Lyriker den Vorrang beanspruchen, selbst wenn er gegen die Gesetze der reinen Lyrik hier und da verstößt. Darum ist auch die lyrische Revolution, die soeben durch die oben angeführten Anthologien des jungen Deutschland[6] eingeleitet ist, von entscheidender Wichtigkeit. Sie will dem abgedroschenen nachgepfiffenen Singsang der alten Lyrik, die von den Brosamen Goethes, Heines und Scheffels lebte, ein für allemal den Garaus machen. Schmerz und Leidenschaft — diese einzigen und ersten Bedingungen wahrer unmittelbarer Poesie sollen wieder souverän in ihre Rechte treten. Der nichtsnutzige „sangbare Volksliederton", der sich so hübsch „zur Komposition eignet", kann und darf nicht länger in dieser gedankenschwangeren, wilderregten Zeit geduldet werden. Die Lyrik muß den Glacéhandschuhen des zünftigen Dilletantismus entrissen werden, sie muß große Ideen und Stoffe behandeln und wäre es auf Kosten der löblichen „Stimmung", die dem „Gemüt" des deutschen Philisters als einzige Poesie erscheint......

In allererster Linie muß die Subjektivität entfesselt werden, um die Erstarrung in konventioneller Schablone zu brechen. Die Enge des stofflichen Gesichtskreises wird so durchbrochen werden. Man ziehe vor allem die Geschichte in das Gebiet der echten Lyrik hinein, ohne darum ins Balladeske zu verfallen. Ich meine eine epigrammatisch pointierte Behandlung, sozusagen allegorischen Inhalts trotz realistischer Vortragsweise, wie sie Heine im „Romanzero", Hans Herrig in seinen trefflichen „Mären und Geschichten", und ich in den „Historischen Hieroglyphen" versuchten.[7]

Auch möchte ich eine Seite meines „Lyrischen Tagebuchs" als neu bezeichnen und — auf Robert Burns[8] verweisend, der in seinen Naturgedichten gleichsam ein Touristenhandbuch Schottlands bot — vielleicht zur Nachahmung empfehlen. Ich meine, daß man bei Landschaftsbildern nicht an allgemeine vague Vorstellungen, sondern an bestimmte konkrete Momente anknüpfen müsse. „Mondnacht" — bah! „Mondnacht auf dem Müggelsee" — wie anders wirkt dies Zeichen auf mich ein! Dies ist, was ich den Realismus in der Lyrik nenne. Sogar in erotischer Lyrik sollte man sich nicht von den Sternen Wolkenkukuksheims, sondern von den elektrischen Laternen der Leipziger Straße beleuchten lassen.

Auf die berühmte Knappheit, mit der unsre Bratenbarden prunken, kommt es auch nicht an. Ein Gedicht von drei Seiten kann bei Lichte besehen knapper sein, als ein Liedel von drei Strophen. Denn das Liedel hat meist gar keinen nennenswerten Inhalt und wäre, wenn man einmal am Streichen ist, am liebsten ganz zu streichen!

Ich schließe hier diese Andeutungen über die neue Lyrik. Meine Geringschätzung des grassierenden „schlichten" Volksliedertons wird noch durch eine beson-

dere literarhistorische Tatsache verstärkt. Der größte Lyriker aller Zeiten, das eigentliche lyrische Urgenie, ist nämlich für mich unzweifelhaft Robert Burns. Dieses Genie war so originell, [S. 893:] so umfassend und zugleich aus dem Momentanen, Persönlichen, Zeitlichen zum Allgemeinen und Ewigen empor-gerichtet, daß selbst seine sozialen und politischen Gedichte noch heute dieselbe Bedeutung haben wie ehedem. Nun, dieser Bauernbarde, der sogar teilweise im Dialekt schrieb, brauchte sich den minnelichen Volkslied-Singsang gar nicht künstlich anzuquälen, denn als Landmann war ihm dieser Ton geläufig, und was sich Goethe reflektiv erringen mußte, besaß dieser große Volksdichter von Natur.

(...) Burns ist größer wie Goethe der Lyriker, weil er vielseitiger, schmerzvoller und leidenschaftlicher ist. Mit Minnegesäusel und Naturelegie wird man nur ein halber Dichter und auch nur ein halber Lyriker. Neues, Neues, den Zeitgeist Berührendes — und vor allem Ideen! So! Den Kopf wirds ja nicht kosten! „Weil ihr mich denn des Lebens habt versichert, so will ich euch die Wahrheit g r ü n d - l i c h sagen". (Tell) Amen.

KARL BLEIBTREU (1859–1928) war als einer der Vorkämpfer des Naturalismus von 1888 bis 1890 Mitherausgeber der ›Gesellschaft‹ und schrieb die als Programm der naturalistischen Bewegung geltende Kampfschrift »Revolution der Litteratur« (1886) (siehe Stück 14). Er selbst galt bei seinen Freunden als genial und verstand sich in starker Selbstüberschätzung als Dich-ter; zweifellos talentiert, kam er aber über große Entwürfe nicht hinaus. Über seine nicht zu zählenden mittelmäßigen Romane und Novellen geben die einschlägigen Lexika Auskunft; in verschiedenen Aspekten bringt das riesige Werk seinen Geniekult zum Ausdruck, fast ausschließlich große Persönlichkeiten sind Gegenstand seiner literarischen, historischen und kritischen Darstellungen. Von seinen literarhistorischen und kritischen Arbeiten seien genannt: »Geschichte der englischen Literatur« (1888, 1923), »Geschichte der deutschen Literatur« (1911), »Der Kampf ums Dasein der Literatur« (1888), »Die Verrohung der Literatur« (1903), »Die Lösung der Shakespeare-Frage« (1907).

[1] Aus Schiller: »Shakespeare's Schatten«.

[2] Es handelt sich um die beiden von Wilhelm Arent herausgegebenen Anthologien »Mo-derne Dichtercharaktere« (1885) und »Berliner bunte Mappe« (1886). Nur die erstere wurde bekannter und galt, vor allem ihrer Vorworte wegen, als ein Manifest der Modernen.

[3] »Faust I«, v. 2092.

[4] Aus Goethe »Grenzen der Menschheit«.

[5] Platen in »Über verschiedene Gegenstände in Dichtkunst und Sprache« (1829).

[6] Der Begriff „junges Deutschland" ist hier identisch mit dem des „jüngsten Deutsch-land", der häufig zur Kennzeichnung der Moderne diente, in deutlichem Bezug auf die liberale Dichtergruppe des Realismus, die bewußt aktuelle, tagespolitische und soziale Probleme in ihr dichterisches Programm aufnahm (vgl. Adalbert von Hanstein »Das jüngste Deutschland. Zwei Jahrzehnte miterlebter Literaturgeschichte«, 1910; aber auch die ironische Bezeichnung »Gründeutschland« von Friedrich Kirchner, 1893).

[7] HEINRICH HEINE (1797–1856) veröffentlichte seine Gedichtsammlung »Romanzero« 1851. HANS HERRIG (1845–1892) gehörte zum Berliner Kreis um die Brüder Hart, war ein Vorkämpfer für Richard Wagner und redigierte viele Jahre das ›Deutsche Tagblatt‹. Seine »Märchen und Geschichten« erschienen 1878. Bleibtreus lyrisches Tagebuch erschien 1884.

[8] ROBERT BURNS (1759–1796), der volkstümlichste Dichter Schottlands, dessen in schotti-scher Mundart geschriebene »Lieder und Balladen« zum großen Teil Volkslieder wurden, da ihre melodische Form sie leicht sangbar machte. Meist von Naturbetrachtungen oder mensch-lichen Grundsituationen ausgehend, entwickeln sie die Empfindungen einfacher, naturver-

bundener Menschen. Weltbekannt ist sein Lied »Mein Herz ist im Hochland«. Bleibtreus Hinweis auf Burns als „größten Lyriker" steht allerdings im Widerspruch zu seiner programmatischen Forderung nach Gedankenlyrik – auf die es ihm eigentlich ankommt –, im Widerspruch auch zu seiner Polemik gegen Stimmungslyrik und den „sangbaren Volksliederton", wobei er Schiller gegen Goethe ausspielt. Sein emphatischer Schlußaufruf steht infolge solcher Verworrenheit recht isoliert da. – Später wird Burns für Friedrich Lienhard, der die Lyrik des schottischen Dichters auf einer Schottlandreise kennengelernt hatte, zum Vorbild für die sogenannte Heimatkunst, die er aus dem Naturalismus entwickelte.

10

›Die Gesellschaft. Realistische Wochenschrift für Litteratur, Kunst und öffentliches Leben‹,

hrsg. v. M. G. Conrad, Jg 1, H. 1, 1. Jan. 1885, S. 1 f.

Zur Einführung.

Unsere **„Gesellschaft"** bezweckt zunächst die Emanzipation der periodischen schöngeistigen Litteratur und Kritik von der Tyrannei der „höheren Töchter" und der „alten Weiber beiderlei Geschlechts"; sie will mit jener geist- und freiheitmörderischen Verwechslung von Familie und Kinderstube aufräumen, wie solche durch den journalistischen Industrialismus, der nur auf Abonnentenfang ausgeht, zum größten Schaden unserer nationalen Litteratur und Kunst bei uns landläufig geworden.

Wir wollen die von der spekulativen Rücksichtsnehmerei auf den schöngeistigen Dusel, auf die gefühlvollen Lieblingsthorheiten und moralischen Vorurteile der sogenannten „Familie" (im weibischen Sinne) arg gefährdete Mannhaftigkeit und Tapferkeit im Erkennen, Dichten und Kritisieren wieder zu Ehren bringen.

Fort, ruft unsere **„Gesellschaft"**, mit der geheiligten Backfisch-Litteratur, mit der angestaunten phrasenseligen Altweiber-Kritik, mit der verehrten kastrirten Sozialwissenschaft! Wir brauchen ein Organ des ganzen, freien, humanen Gedankens, des unbeirrten Wahrheitssinnes, der resolut realistischen Weltauffassung!

Was für herzbrechend zahmes und lahmes Zeug läßt sich heute die Nation der Denker und Dichter als idealistische Weisheitsblüte auf den Familientisch legen! Was für breite Bettelsuppen läßt sie sich von den vielgepriesenen Familienblätter-Köchen anrichten! Das litterarische und künstlerische Küchenpersonal hat es allerdings bis zur höchsten Meisterschaft gebracht in der Sparkunst und Nachahmung des berühmten Kartoffelgastmahls, worüber schon Jean Paul so weidlich spottete. Da kommen nämlich zwölf Gänge, jeder die Kartoffel in anderer Zurichtung bietend, und am Schluß werden, den elend getäuschten Magen wieder aufzurichten, Konfekt und Schnäpse aufgewartet, die ebenfalls aus Kartoffeln hergestellt sind. Wir werden später nicht ermangeln, Einzelfälle dieser Familienblätter-

kocherei gründlich zu zergliedern und rücksichtslos die gemeingefährlichen Praktiken zu schildern.

Unsere „Gesellschaft" wird keine Anstrengung scheuen, der herrschenden jammervollen Verflachung und Verwässerung des litterarischen, künstlerischen und sozialen Geistes starke, mannhafte Leistungen entgegenzusetzen, um die entsittlichende Verlogenheit, die romantische Flunkerei und entnervende Phantasterei durch das positive Gegenteil wirksam zu bekämpfen. Wir künden Fehde dem Verlegenheits-Idealismus des Philistertums, der Moralitäts-Notlüge der alten Parteien- und Cliquenwirtschaft auf allen Gebieten des modernen Lebens.

Unsere „Gesellschaft" wird sich bestreben, jene ächte, natürliche, deutsche Vornehmheit zu pflegen, welche in der Reinlichkeit des Denkens, in der Kraft des [S. 2:] Empfindens und in der Lauterkeit und Offenheit der Sprache wurzelt, dagegen jene heute so gepriesene falsche Vornehmheit bekämpfen, welche aus den einschläfernd und verdummend wirkenden Denk- und Gefühlsweisen der höheren Kinderstuben, der pedantischen Bildungsschwätzer und der polizeifrommen Gesinnungsheuchler herausgezüchtet worden ist.

Dabei werden wir von Zeit zu Zeit unter Mithilfe berufener Fachmänner unsere kritische Leuchte auf die beliebte Instituts- und Pensions-Erziehung selbst richten und in Studien nach der Natur jene Lebenskreise beschreiben, welche alle gute Sitte, Weisheit und Schönheit unseres Volkstums in Erbpacht genommen zu haben wähnen. Die Kulturlügner mögen sich auf interessante Entschleierungen gefaßt machen. Wir werden den Schwindel stets beim rechten Namen nennen und der überlieferten Dummheit den Spruch des ehrlichen heißblütigen Denkers ins Gesicht sagen. Gerhard von Amyntor[1] hat freilich Recht: „Es ist weit leichter, dem gebildeten Pöbel zehn Lügen aufzubinden, als ihm einen einzigen seiner lieb gewordenen Irrtümer als solchen zu entlarven." Aber die Schwierigkeit einer Sache wird uns nur reizen, sie desto kühner anzugreifen, desto energischer festzuhalten.

Unsere „Gesellschaft" wird sich zu einer Pflegestätte jener wahrhaften Geistesaristokratie entwickeln, welche berufen ist, in der Litteratur, Kunst und öffentlichen Lebensgestaltung die oberste Führung zu übernehmen, wenn es den Völkern deutscher Zunge gelingen soll, als Vorarbeiter und Muster menschlicher Kultur sich in Geltung zu erhalten.

Darum laden wir alle geistesverwandten Männer und Frauen ein, sich mit uns thatkräftig zu vereinen, damit wir in gemeinsamer, froher, flotter Arbeit unser hochgestecktes Ziel erreichen. Denn nicht zum verschlaffenden kritischen Geplauder, nicht zum schöngeistigen Müssiggang wollen wir verleiten. Alles Wissen, bei dem die Schaffenslust erlahmt, alle Belehrung, die nicht zugleich Belebung und treibende Willenssteigerung bedeutet, alle Gelehrsamkeit, die sich nicht in den Dienst des gesunden schöpferischen Lebens stellen will, hat unsere Anerkennung verloren.

Aller Anfang ist schwer. Doch werden wir, Dank einer stattlichen Zahl aus-

erlesener, opferwilliger Mitstrebender schon in den ersten Nummern unseres Organs hervorragende Arbeiten aus dem Gebiete der realistischen Novelle, des Feuilletons, des wissenschaftlichen Essays und der Kritik zu bieten im Stande sein. Eine ganz besondere Aufmerksamkeit werden wir dem schöpferischen Kulturleben der deutschen Völkerstämme des Südens widmen und die Leistungen der süddeutschen Kunst-, Theater- und Litteraturzentren München, Wien, Frankfurt u. s. w. in den Vordergrund unserer kritischen Betrachtungen stellen. (...)

Die von Michael Georg Conrad (siehe unten) herausgegebene Zeitschrift ›Die Gesellschaft‹ mit dem Untertitel ›Realistische Wochenschrift für Literatur, Kunst und öffentliches Leben‹ war ein Organ der „modernen Bewegung in der Literatur" (Conrad in ›Die Gesellschaft‹, Jg IX, 1893). Sie wollte die Jugend zum Kampf gegen die überlebte traditionsgebunden epigonale Kunst und für eine zeitgemäße Literatur sammeln. Die Einführung Conrads kennzeichnet schlagwortartig die erstrebte Bedeutung der Zeitschrift als Organ des „ganzen, freien, humanen Gedankens, der resolut realistischen Weltauffassung", zugleich Fehde ansagend dem „Verlegenheits-Idealismus des Philistertums, der Moralitäts-Notlüge der alten Parteien- und Cliquenwirtschaft auf allen Gebieten des modernen Lebens". Dadurch diente sie zunächst vorwiegend der Kritik und Auseinandersetzung mit den künstlerischen, ethischen und sozialen Problemen der Zeit. In den ersten, für die Geschichte der naturalistischen Bewegung wesentlichsten Jahrgängen erschienen theoretische Abhandlungen über die Aufgabe der Demokratie, die Reform des Schulunterrichts, die Grundbesitzreform, die Frauenfrage, die Moral in der Liebe u. a. m. Im Mittelpunkt aber steht die neue Kunst. Schon im ersten Jahrgang erscheint der Name Dostojewskij, während Ibsen erst später genannt und gewürdigt wird. Das große Vorbild aber ist Zola, auch wenn es nicht immer kritiklos hingenommen wird. Um ihn selbst zu Wort kommen zu lassen, druckt Conrad ein Kapitel aus »Germinal« ab. Ein großer Aufsatz der Frauenrechtlerin Irma von Troll-Borostyani über »Die Wahrheit im modernen Roman« (siehe Stück 13) kennzeichnet Zola als „Bahnbrecher" der neuen naturalistischen Romandichtung, kritisiert aber zugleich seine Kunstprinzipien, deren Realismus jeglichen Idealismus ausschließe, ja als absoluter Gegensatz zu diesem verstanden sei. Diesen Widerspruch zu Zola teilt die Verfasserin mit mehreren Mitarbeitern der ›Gesellschaft‹, nicht aber mit dem vorbehaltlos für den verehrten Dichter begeisterten Conrad. Die grundsätzliche Kritik aller jedoch richtet sich gegen die epigonale idealistische Literatur, wobei immer wieder Paul Heyse das Ziel heftiger Angriffe ist. Storm, Freytag, Raabe, Keller, Spielhagen finden als realistische Erzähler zumindest historische Anerkennung, wenn auch zum Beispiel Alberti G. Keller als Philister, seine Erzählungen als „Dutzendgeschichten" brandmarkt. Da Conrad kein Dogma aufstellte und den Mitarbeitern freie Hand ließ, zeigen bereits die ersten Jahrgänge der ›Gesellschaft‹ gewisse Widersprüche, die Positionen werden des öfteren gewechselt, so daß der Zeitschrift kein eindeutig klares Programm des Naturalismus zu entnehmen ist. Die Mitarbeiterzahl ist groß. Anfangs sind es vor allem Süddeutsche, später ist der Berliner Bleibtreu Mitherausgeber, und Konrad Alberti, gleichfalls Berliner, wird in der Kritik tonangebend. Daneben stehen Namen wie Wilhelm Arent, John Henry Mackay, Max Kretzer, Ferdinand Avenarius, Otto Julius Bierbaum, Otto Erich Hartleben, Leo Berg, Friedrich Lienhard, Detlev von Liliencron, Johannes Schlaf, Franz Held, Peter Hille. Die Unsicherheit der Herausgeber in der künstlerischen Wertung zeigt etwa die Tatsache, daß sie Hauptmanns Drama »Vor Sonnenaufgang« ablehnten, gleichzeitig aber völlig bedeutungslose epigonale Dramatik veröffentlichten. Auch die hier erscheinende Lyrik lebte weitgehend aus überlieferten Formen, war modern nur im Pathos und im Stoff. Ohne strenge Auswahl brachte Conrad Gedichte Fontanes, Liliencrons, Martin Greifs neben solchen von Hermann Lingg oder Autoren der »Modernen Dichtercharaktere«. Am sichersten erscheinen die Herausgeber in der Wahl erzählerischer Werke; neben ausländischer Literatur (Zola, Daudet, Maupassant, Strindberg) stehen etwa Hauptmanns »Bahnwärter Thiel«, Skizzen Peter Hilles, Erzählungen Hermann Heibergs. Aber auch Wilhelm Walloth, der als Reformator des historischen Romans galt, dessen Erzeug-

nisse jedoch mit Recht vergessen sind, kam zu Wort. Im ganzen also kein klares, auf das vorgesetzte Ziel zugeschnittenes Bild. Da selbst hinsichtlich dieses Zieles von Anfang an Kontroversen bestanden, wurden aus Mitarbeitern häufig Gegner (zum Beispiel Wolfgang Kirchbach), während andererseits Mitstrebende verkannt und sogar bekämpft wurden. So greift Alberti bald die Brüder Hart an und eifert gegen die ›Freie Bühne‹, bei deren Gründung sie beteiligt sind, während Conrad selbst sich gegen den von den Berlinern vertretenen Naturalismus wendet als der „geistig armseligsten Form" des Realismus. Das beste Niveau haben zweifellos die ersten Jahrgänge der ›Gesellschaft‹, aus denen einige programmatische Aufsätze, notgedrungen gekürzt, im Text gebracht werden. – Vgl. auch Fritz Schlawe »Literarische Zeitschriften 1885–1910«, 1961, S. 17–19, mit Literaturangaben.

MICHAEL GEORG CONRAD (1846–1927) war als Schriftsteller wie als Kritiker einer der großen Anreger des Naturalismus. Nach philologischen Studien eine Zeitlang Lehrer, der Freimaurerei zugetan, für Wagner und Nietzsche schwärmend, begegnete er auf seinen Italienreisen zum erstenmal dem Werk des damals noch berüchtigten Zola (»Ventre de Paris«). Begeistert kommt er nach Frankreich, liest das gesamte Werk, besucht den Meister und veröffentlicht im Feuilleton der ›Frankfurter Zeitung‹ ein leidenschaftliches Bekenntnis zu ihm, den er den „Großmeister des Naturalismus" nennt. Daß er selbst daraufhin als „Packträger und Commis des berüchtigten Pariser Schmutzliteraturgeschäfts" angegriffen wird (Soergel), stört ihn wenig. Nach Deutschland zurückgekehrt, gründet er 1885 in München die Zeitschrift ›Die Gesellschaft‹ mit dem Ziel, eine Revolution in der deutschen Literatur nach französischem Beispiel hervorzurufen. Seine publizistische Tätigkeit wirkte auf die junge Literatengeneration stärker als seine umfangreiche Romanproduktion im Stil Zolas. (Zum Beispiel ›Was die Isar rauscht‹, 1887. Beginn eines zehnteilig geplanten Romanzyklus, der nach dem Beispiel von Zolas „Rougon-Macquart" das damalige München schildern sollte. Es folgen nur noch: ›Die klugen Jungfrauen‹, 1889 und ›Die Beichte des Narren‹, 1889).

11

MICHAEL GEORG CONRAD [„DER MODERNE ROMAN"] (1885)

Aus: »Zola und Daudet«[1], ›Die Gesellschaft‹, Jg 1, 1885, H. 40, S. 746 ff.

Der Roman ist heute diejenige Litteraturform in Frankreich, welche der gesammten schönwissenschaftlichen Jahresproduktion den Stempel aufdrückt. Ob das Jahr ein gutes, mittelmäßiges oder schlechtes gewesen an geistigem Ertrage, ob der litterarische Erntesegen ein bedeutender oder geringer, das entscheidet nicht das Drama, nicht die Lyrik, sondern der Roman. Sogar die stärksten Theatererfolge fielen in den letzten Jahren auf die Bühnenbearbeitungen der hervorragenderen Romane. Die Romandichtung beeinflußt immer nachhaltiger die Geschmacksrichtungen der modernen Bühne.

Damit werden manche konventionelle Maßstäbe zerbrochen, viele mit akademischer Sorgfalt gepflegte Begriffe über den Haufen geworfen, die Kategorien der ästhetischen Schubfächerweisheit sehr respektwidrig in Unordnung gebracht. Aber was ist dagegen zu thun? Die schöpferischen Kräfte der Litteratur sind von einer grandiosen Rücksichtslosigkeit gegen die litteraturhistorischen Etiketten-

schreiber der zünftigen Kritik. Die Schwungräder des Geisteslebens lassen sich nicht mit den dicksten, gelehrtesten Zöpfen festbinden. Keine kritische Verabredung vermag die Kreise zu stören, die sich das eherne Gesetz der Entwickelung auch in der Kunst gezogen.

Der Roman ist ein litterarischer Zwitter, ein schöngeistiger Bastard, ein künstlerischer Parvenü — und wie sonst noch die ganze Reihe von ehrenrührigen Bezeichnungen lauten mag, die ihm der Areopag der litterarischen Legitimität in den Weg geschleudert. Umsonst. Er hat seinen Weg gemacht wie ein Held — und heute ist er der Herrscher. Il tient le haut du pavé. Protestiere dagegen, wer zu unfruchtbaren Herzensergüssen Lust hat; die Thatsache wird deswegen nicht weniger eine Thatsache bleiben.

Im zeitgenössischen Sitten-Roman spricht sich das Geistesleben des Volkes nach seinen verschiedenen Gesellschaftskreisen am freiesten und umfassendsten aus. In ihm spiegelt sich die gesammte Nationalkultur nach Höhe und Tiefe. Aber wohlgemerkt, nicht im Roman der idealistischen Fabulierer, die kein zuverlässiges Organ für die Wirklichkeit der Dinge besitzen, noch im Roman der tendenziösen Schwätzer oder geistreichelnden Zeitvertreiber, die ihren Stoff nach parteigeistlicher Schablone oder phantastischer Willkür verkneten.

Diese Sorte hat genug gethan, wenn sie die Leihbibliotheken füllt, der Müßiggängerei und intellektuellen Bequemlichkeit eine entsprechende Kurzweil bietet, die Damen und Mägdlein angenehm mit Abenteuern und Gefühl unterhält, die Philister mit poetisch angestrichenen Schnurren kitzelt oder in der Gestalt der belletristischen Kunst mit den nicht laut eingestehbaren Bedürfnissen eines gewissen Leserpublikums ein sündhaftes Blindekuhspiel treibt, — das der erotischen Träumerei und dem Laster Vorschub leistet in den salonfähigsten Formen[2].

Der einzig bedeutungsvolle, geistig dominierende Roman, dessen Gestalt und Methode im Einklange mit dem wissenschaftlichen Charakter unserer Epoche steht und den konventionellen Hirngespinnsten schlankweg den Rücken kehrt; dieser Roman, der auf den Ergebnissen der Beobachtung und Wissenschaft beruht und zunächst keine anderen künstlerischen Ansprüche macht, als für die Wahrheit der Sache den zutreffendsten, knappsten, lebendigsten Ausdruck zu finden, ohne idealisierende Flunkerei, ist der realistische oder naturalistische, le roman expérimental, wie ihn Emil Zola kunstgerecht nennt. Aber nur der wahre Künstler kann ihn leisten, nicht der — Photograph, wie unsere idealistischen Kritikschwätzer flunkern.

Der Typus, das Urbild dieses Romanes ist „Madame Bovary" von Gustav Flaubert[3]. Die Hauptzüge der neuen Kunstlehre, wie sie aus der ästhetischen Analyse dieses Werkes resultiert, sind etwa folgende:

Treue Wiedergabe des Lebens unter strengem Ausschluß des romantischen, die Wahrscheinlichkeit der Erscheinung beeinträchtigenden Elementes; die Komposition hat ihren Schwerpunkt nicht mehr in der Erfindung und Führung einer

mehr oder weniger spannenden, den blöden Leser in Atem erhaltenden Intrigue (Fabel), sondern in der Auswahl und logischen Folge der dem wirklichen Leben entnommenen Szenen, in deren Faktur und gesellschaftlicher Umrahmung die höchste Wahrheit als vollendete Kunst sich darzubieten hat; keine „Helden" [S. 747:] mehr von Ueberlebensgröße, keine phantastischen Puppen in Riesenformat, sondern wirkliche Menschen, just so erhaben oder so erbärmlich, wie sie die Gesellschaft hervorbringt, also Wesen, deren Proportionen dem Maße der gemeinen Existenz entsprechen und die nicht wie Kolosse unter Zwergen, im Roman wie in einer Fabelwelt sich bewegen; die Schönheit des Werkes besteht nicht in der idealisierenden Vergrößerung im Rechten wie im Schlechten, sondern in der Harmonie und Wahrheit des Ganzen wie der Teile, in der höchstmöglichen Genauigkeit des „menschlichen Dokuments", von Künstlerhand in unvergänglichen Marmor gegraben; der Verfasser verschwindet vollständig hinter der Handlung und stört weder mit seinem Lachen oder Weinen, weder mit seinen eingeschobenen Reflexionen oder Sentenzen, noch sonst mit einer merklichen persönlichen Teilnahme den Gang der Ereignisse, die Charakterentfaltung der handelnden Person; der Roman bewahrt durchaus seine unpersönliche, objektive Einheit, die conditio sine qua non jedes durch sich selbst wirkenden, sein eigenes Leben bezeugenden Kunstwerkes.

Eine einfache Vergleichung ergiebt die größten technischen Fortschritte, welche der naturalistische Roman seit Balzac[4] gemacht hat, denn mit Ausnahme von zwei oder drei Werken hat dieser mächtige Autor sich nicht immer in den gewollten Kunstschranken zu halten vermocht; die Uebertreibungen und Abschweifungen sind zahlreich, die persönlichen Launen durchbrechen die organische Einheit, ja zuweilen nehmen ganze Kapitel die unstatthafte Form einer Plauderei des Schreibers mit dem Publikum an. Erst Flaubert und Zola haben die definitive Formel des naturalistischen Romans gefunden.

Ob letzterer diesem oder jenem Geschmack entgegenkommt, diesem oder jenem Publikum behagt, ist in diesem Augenblicke gleichgiltig. Die Hauptsache ist, daß sein Existenzgrund, seine Prinzipien und Absichten richtig erfaßt werden. Der Rest wird sich finden, d. i. die Trägheit des Geistes, die vor jedem neuen Schritte zittert, weil sie in jeder Veränderung nur Fallstricke, Abgründe, Dekadenz und dergleichen sieht, wird sich allmählich der naturalistischen Formel fügen, wie sie sich einst der klassischen und romantischen gefügt hat. Die Entwickelung der Ideenwelt spottet jeder fremden Schranke.

Emil Zola und Alphons Daudet repräsentieren heute in der französischen Litteratur die beiden Spitzen des naturalistischen Aufschwungs. (. . .)

Zola ist die personifizierte Aufrichtigkeit, der Freimut à outrance. Nicht zufrieden mit den tausend Schwierigkeiten der delikatesten sachlichen Probleme, tritt sein ungestümer Reformdrang auch an die empfindlichsten Personalfragen heran. Er kennt nur ein Heiliges [S. 748:] und Unverletzliches: die Wahrheit.

60

Die Pilatusfrage aber: „Was ist Wahrheit?" beantwortet er sich so: Es gibt keine Wahrheit außerhalb der Wissenschaft; ich stehe mit allen Kräften des Geistes und Gemütes in der Wissenschaft, folglich ist mein Wesen die Wahrheit. (. . .)

In der Kritik anerkennt Zola, wie jeder schöpferische Geist, keinen andern Gott als sich selbst, im Roman keine andere Offenbarung, als die entgötterte, wissenschaftlich erfaßte Natur. Höchstpersönlich in der Kritik, zeigt er sich unpersönlich im Roman. Sein Roman ist, wie er selbst sagt, ein Protokoll, ein allgemein menschliches Dokument, dessen Autor nirgends sichtbar wird als in der Unterschrift. Die Diktion wächst deshalb aus der Sache selbst heraus und bringt zuweilen Wendungen und Worte von einer Urwüchsigkeit hervor, die kein Autor persönlich in guter Gesellschaft verantworten möchte. Zola verantwortet sie auch nicht; er wälzt die Verantwortung auf das von seiner Person losgelöste Werk ab. Das gilt hauptsächlich vom „Assomoir" und der „Nana"[5].

Ihr findet meine Phraseologie oft unpoetisch, roh, gemein? ruft er aus; eh bien, ist es meine Schuld, daß die behandelten Zustände und Menschen unpoetisch, roh, gemein sind? Ich habe nichts davon und nichts dazu getan. Ich habe als Autor keine andere Verpflichtung, als der Wahrheit der Natur zu ihrem vollen Rechte zu verhelfen. Mein Roman erschreckt, entsetzt, beleidigt Euch, Bon, bringt Eure Lamentationen vor den Richterstuhl der Wahrheit, mich aber laßt ungeschoren, denn ich bin nur ihr auserwähltes Organ. (. . .)

[S. 749:] Zola anklagen, hieße die Welt anklagen, die er mit ihren Nöten und Gebresten und Verbrechen vor unser Tribunal schleppt. Klagt man den Richter etwa der Unsauberkeit an, wenn er einen schmutzigen Prozeß instruiert? Oder den Arzt, wenn er grauenhafte Geschwüre bloßlegt? Wie absurd! Oder soll bloß der Sittenschilderer die Verpflichtung haben, die schlimmen Wahrheiten des Menschendaseins durch sentimentale Idealisierung zu — verschlimmern?

„Wenn man so wollte," schrieb unser genialer Georg Büchner[6] schon 1835, „dürfte man auch keine Geschichte studieren, weil sehr viele unmoralische Dinge darin erzählt werden, müßte man mit verbundenen Augen über die Gasse gehen, weil man sonst Unanständigkeiten sehen könnte, und müßte über einen Gott Zeter schreien, der eine Welt erschaffen, worauf so viele Lüderlichkeiten vorfallen. Wenn man mir übrigens noch sagen wollte, der Dichter müsse die Welt nicht zeigen, wie sie ist, sondern wie sie sein sollte, so antworte ich, daß ich es nicht besser machen will, als der liebe Gott, der die Welt gewiß gemacht hat, wie sie sein soll. Was noch die sogenannten Idealdichter anbetrifft, so finde ich, daß sie fast nichts als Marionetten mit himmelblauen Nasen und affektiertem Pathos, aber nicht Menschen von Fleisch und Blut gegeben haben . . . ." (Gesamtausgabe von Büchners Werken S. 355 ff.)

Wohlan, Zola giebt uns Menschen von Fleisch und Blut, und wenn sich diese „Ebenbilder Gottes" wie Schweine aufführen, so schildert er sie eben wie Schweine

und läßt sie grunzen wie Schweine. Dem Viehstand widerfährt sein Recht so vollständig wie dem Menschenstand. Suum cuique.

Auf jedem Gebiete, auch auf dem schlüpfrigsten, ist zutreffende Erkenntnis dem männlichen, gesunden Geiste Bedürfnis. Die Heuchler mögen ihre Augen niederschlagen und fromme Grimassen reißen. Der wahre Freund der Menschen ist auch ein Freund der radikalen Wahrheit und ihrer unverblümten Aussprache. Nur Schwächlinge lallen dem Wieland'schen Schah Lalo die feige Phrase nach:

> „Ein Wahn, der mich beglückt,
>
> Ist eine Wahrheit wert,
>
> Die mich zu Boden drückt." [7]

[1] ALPHONSE DAUDET (1840–1897) gibt in seinen volkstümlich geschriebenen Pariser Sittenromanen ein Bild wirklichen Lebens, mit gemütvollem Verständnis für die Gedemütigten, die Opfer der modernen Zivilisation, darin Dickens vergleichbar. Für M. G. Conrad repräsentiert Daudet neben Zola den französischen Naturalismus.

[2] Conrad denkt hier offensichtlich an den Kreis um Paul Heyse und dessen Romane »Die Kinder der Welt« (1873) und »Im Paradiese« (1876), auch an die Familienpoeten der ›Gartenlaube‹.

[3] GUSTAVE FLAUBERT (1821–1880) war in seinem Streben nach genauer Beobachtung und durch keine Gefühlsbeteiligung gefärbter, unparteiischer Darstellung eines alltäglichen Schicksals ein Vorläufer Zolas. Sein psychologischer Naturalismus prägt vor allem den stilistisch streng gebauten Roman »Madame Bovary«. In Flauberts Werk sieht Conrad die „Hauptzüge der neuen Kunstlehre" bereits realisiert.

[4] HONORÉ DE BALZAC (1799–1850), der Begründer der „wissenschaftlichen Methode in der Dichtkunst", gestaltete in der – 1842 aus Einzelwerken in einem soziologischen Rahmen zusammengefügten – Romanfolge »La comédie humaine« die Naturgeschichte („l'histoire naturelle") des Menschen. Er schildert das Frankreich des napoleonischen Kaisertums, das Frankreich der Reaktion und des Bürgerkönigtums in eindringlichen, die seelisch-sinnlichen Triebkräfte schonungslos analysierenden Zustandsbildern und wird damit zum Schöpfer des realistischen Gesellschaftsromans, den – in seiner Nachfolge – Flaubert und Zola in Richtung des Naturalismus weiter ausbilden. Conrad sieht im Werk Balzacs den Beginn, nicht schon eine Erfüllung des naturalistischen Kunstprinzips; erst Flaubert und Zola haben die „definitive Formel des naturalistischen Romans gefunden".

[5] s. Anm. 3 zu Stück 4.

[6] BÜCHNER in seinem Brief an die Familie, 28. VII. 1835.

[7] CHRISTIAN MARTIN WIELAND: »Schach Lolo oder das göttliche Recht der Gewalthaber« (1778).

12

JULIUS HILLEBRAND »NATURALISMUS SCHLECHTWEG!« (1886)

Aus: ›Die Gesellschaft‹, Jg 2, 1886, H. 4, S. 232–237.

Jeden Unbefangenen, der nur die Litteratur selbst und nicht die Litteratur ü b e r die Litteratur kennt, muß es befremden, daß überhaupt noch ein Streit bestehen kann über die Berechtigung des r e a l i s t i s c h e n Kunststils.

Ist doch Realismus nichts anderes als die künstlerische Zurückspiege-lung des Seienden, was ja die echten, großen Dichter von jeher bewußt oder unbewußt als ihre Aufgabe anerkannten.

Hierauf nun lautet der stereotype Einwand: Der Dichter hat nicht die Natur einfach abzuschreiben, er soll nicht Photograph sein, sondern Maler der Wirk-lichkeit. Das ist nichts als ein leeres Sophisma. Kann denn der radikalste Rea-list — nennen wir gleich Zola, diesen Schrecken aller Litteraturspießbürger und solcher die es werden wollen — die Wirklichkeit anders abspiegeln, als sie sich in seiner Individualität reflektiert? Ist denn die künstlerische Arbeit des Realisten ihrer innern Natur nach eine andere als die des Idealisten? Wie unzutreffend ist daher dieser ewige Vergleich mit der Photographie! Diese wird hergestellt mit mechanischen Mitteln; an Stelle der geistigen Konzeption tritt die Technik. Die Photographie ist lediglich aus diesem Grunde kein Kunstwerk und nicht dar-um, weil sie die wirkliche Wirklichkeit darstellt.

Jede Volksdichtung (allerdings nicht immer die gedruckte, dafür desto öfter die gesungene) ist realistisch. Allerdings hat sie auch ihre idealistischen Seiten, diese treten aber weniger hervor, weil das Volk selten in der Lage ist, „die höhe-ren Regionen, wo die reinen Formen wohnen"[1] zu besuchen.

Homer und Hesiod, die Nibelungen, die schottische Ballade wie das slavische Volkslied, sie alle wurzeln in dem fruchtbaren Boden der Wirklichkeit und dar-um (weniger um ihrer formellen Vollendung wegen) ist ihr Ruhm ein unver-welklicher. Homer, um das nächstbeste Beispiel herauszugreifen, scheut sich nicht die geheimen Wünsche der Freier beim Eintritt Penelopeias also wiederzugeben (Odyssee I, 366):

„Aber nun lärmten die Freier umher in dem schattigen Saale;
Denn sie wünschten sich Alle mit ihr das Bette zu teilen."

Da höre ich meinen braven Bildungsphilister und Moralpächter: „Shocking! Wie kann man so unsittlich sein! Cela se fait, mais cela ne se dit pas. Der Dich-ter soll uns über das Gemeine des Alltagslebens erheben, nicht in demselben wohlgefällig herumwühlen. Nehmen Sie sich an Paul Heyse ein Muster, in welch' sittliche Atmosphäre der sogar den alten Sünder Don Juan erhoben hat (u. s. w. nach bekannter Melodie)!"[2]

[S. 233:] Daher die frommen Ratschläge für einen heutigen Epiker, wenn er es wagen wollte, so homerisch naturwahr zu schildern; aber den Alten verzeiht man Vieles „auf Kosten des damaligen Zeitgeschmacks."

Ueberhaupt, wenn unsere Rhadamantusse[3] keinen andern Ausweg mehr wis-sen, dann muß die Zeitrichtung des Dichters herhalten, „die solche Ausschrei-tungen zur Genüge entschuldigt." Daß der Dichter Sohn seines Jahrhunderts ist (und gerade der größte Dichter seinem Jahrhundert am ähnlichsten), das wissen wir so gut wie Ihr; daß es aber nur der Vergangenheit gestattet sein soll, wahr-haftig die Wahrheit zu sagen, das freilich ist uns neu.

Armer Aristophanes, ärmster Shakespeare, wenn Ihr Titanen durch die Kraft Euerer Poesie die heutigen Pygmäen erschreckt, dann machen sie dafür — Euere Zeit verantwortlich und glauben damit ihre eigene Jämmerlichkeit genugsam entschuldigt! Der Hauptirrtum der Gegner der neuen realistischen Kunstrichtung liegt aber noch tiefer. Sie verkennen nämlich ganz den untrennbaren Grund und Zusammenhang der Poesie mit dem sozialen Leben und der Wissenschaft. Die Kunst ist ebenso ein Produkt der jeweiligen Gesellschaftszustände wie etwa Ethik oder Politik. Es giebt daher auch keine absolute Aesthetik. Ist z. B. der Gesellschaftszustand ein religiös-feudaler, so ist auch die Poesie (infolge ihrer notwendigen Beziehung zum geistigen und materiellen Leben) religiös-feudal. Daher heißen die beiden Heroen der mittelalterlichen Poesie Dante und Calderon. Und während der letztere noch einmal die katholisch-feudale Weltanschauung in ihrem Brennpunkte Spanien poetisch verklärte, stellte schon Cervantes in Don Quixote die erhabene Dummheit des historischen Rittertums dar. Mag sein, daß der Held von Lepanto nur eine Satire auf die schlechten Rittergeschichten schreiben wollte, in Wirklichkeit schrieb er eine Satire auf die Geschichte der Ritter. Durch den Mund des sterbenden Don Quixote spricht das an sich selbst verzweifelnde, dem Tode geweihte Mittelalter. Mit Shakespeare aber offenbarte die neue Weltanschauung des Humanismus ihre welterobernde Kraft auch in der Poesie, wie sie solche schon früher in der Wissenschaft bewiesen. Aber dieser Humanismus ist noch in den Fesseln nationaler, religiöser und sozialer Beschränktheit. Daraus erklärt sich wohl zur Genüge die manchmal bis zur Widersinnigkeit getriebene Phantastik in der Fabel seiner Stücke neben dem nackt-schönen Realismus der Charaktere. Der Unsterbliche hat selbst dieser Doppelnatur seines Dichtens Ausdruck gegeben in seiner unerreichten Bildersprache:

Des Dichters Aug' in schönem Wahnsinn rollend

Blitzt auf zum Himmel, blitzt zur Erd' hinab."[4]

Shakespeare war ein, auch in wissenschaftlicher Beziehung auf der Höhe seiner Zeit stehender, aber zum Glück kein akademisch gelehrter Dichter; darum galt ihm das Leben allzeit mehr als die antiquarische Studie. Zugegeben, daß sein Troilus oder Timon keine Griechen sind (indeß wer von uns weiß, wie es so einem alten Griechen wirklich zu leben und zu sprechen beliebte?) jedenfalls sind es vollblütige Menschen, was man von berühmteren, vielleicht sogar griechischer empfundenen Gestalten Schiller's oder Goethe's sicherlich nicht behaupten kann. Macht doch Goethe selbst in seinen spätern Jahren das Geständnis, daß ihm das Griechentum mehr galt als seine frühere Göttin — die Natur!

Im vorigen Jahrhundert nun gelangte der Rationalismus, die Weltanschauung des dritten Stands, gegenüber der Kirche zur Herrschaft über die Geister. Voltaire und Lessing sind die Bannerträger des modernen Gedankens. Der dritte Stand erobert sich mit der Weltbühne auch die Schaubühne. Das erste lebensfähige deutsche Drama war zugleich ein Drama des dritten

Standes. Lessings Werk führen die Stürmer und Dränger in ihrer Weise fort. Schiller schreibt das republikanische Trauerspiel Fiesko und setzt die Menschenrechte in Jamben um. Goethe dichtet den Prometheus.

Zwar folgte der politischen Reaktion eine poetische, aber die eine war so gemacht wie die andere.

[S. 234:] Niemanden liegt es ferner als uns die Schönheit und Erhabenheit der mittelalterlichen Poesie zu läugnen; aber was im 17. Jahrhundert noch, weil dem Volksgeist entsprungen, tiefe Berechtigung hatte, das kann im 19. Jahrhunderte leicht dem Fluche der Lächerlichkeit oder Vergessenheit verfallen. Aber es gab neben dieser Litteratur der Vergangenheit noch eine andere, die gleichen Schritt hielt mit der gesellschaftlichen Entwicklung. Wie Auflösung der Solidarität, Bruch mit der Tradition das soziale Leben seit der französischen Revolution kennzeichnet, so zerbrach auf litterarischem Gebiete der Subjektivismus alle ihm seither gesetzten Schranken. Die alten Dichter vermenschlichten die Gottheit, die neuern vergöttlichen den Menschen, d. h. zumeist sich selbst. Byron ist ihr Prophet. In ihm wie in Leopardi und Lenau offenbart sich vorwiegend die philosophische, in Heine, Alfred de Musset, Giusti und Puschkin mehr die s o z i a l e Dissonanz, natürlich in verschiedenster nationaler Färbung.

Seit Darwin[5] ist nun eine neue G e d a n k e n w e n d e eingetreten: d e r E v o - l u t i o n i s m u s. Wenn sich diese Neuerung noch nicht in dem Maße geltend macht, als zu erwarten wäre, so liegt der Hauptgrund darin, daß die Bildung des größten Teils der tonangebenden Männer eine antinaturwissenschaftliche (sogenannte humanistische, besser: grammatikalisch-scholastische) ist. Daß auch in s o z i a l e r Beziehung neue Probleme ihrer Lösung harren, braucht nicht ausgeführt zu werden. Das Gegenteil könnte nur Jemand behaupten, der noch keine Großstadt betreten, keine Fabrik gesehen, keine Zeitung gelesen hätte.

Diese beiden Strömungen, die philosophisch-materialistische und die soziale andererseits haben in der Litteratur auch ein neues Kunstprinzip erzeugt — den Naturalismus. Während der Realismus so alt ist wie die Kunst, ist der Naturalismus etwas Neues, so wenig schon dagewesenes, wie etwa die Darwin'sche Abstammungslehre oder die moderne Industrie.

Skizzieren wir ihn kurz nach seiner sozial-philosophischen Doppelnatur. Zunächst erklärt sich schon aus dem oben gegebenen Begriff des Wortes, daß der Naturalismus international ist; ebenso international wie die moderne Weltanschauung und Kulturbewegung, deren Ausdruck auf litterarischem Gebiete er darstellt. In der That bricht sich das neue Kunstprinzip ja nicht bloß in Frankreich, sondern in der ganzen übrigen zivilisierten Welt Bahn, besonders in den germanischen und slavischen Sprachgebieten. Indessen die Beschränktheit will ihr Schlagwort haben; darum nennen die „mit der Nase lesenden" Kritiker die deutschen Naturalisten — „Zola-Affen".

Nun mag zugegeben werden, daß vielfach zu weit gegangen wird in der Ver-

herrlichung Zolas; allein der Personenkultus hat in der Kunst jedenfalls noch die meiste Berechtigung, weil diese in jedem ihrer Jünger sich neu gebiert, mit andern Worten: weil sie nicht wie die Wissenschaft oder Gesetzgebung Kollektiv- sondern Individualarbeit ist. Im Uebrigen bitte ich die betreffenden Kritiker, mir den französischen Schriftsteller zu nennen, aus welchem z. B. Conrad's urbaju- warische Typen im „Totentanz der Liebe"[6] oder die echt berlinerischen „Ver- kommenen" in Kretzer's[7] gleichnamigem Romane „abgeschrieben" sind! Diese antizolaistischen Kritiker sind von so enormer Geistesimpotenz, daß ihre einzige Ausflucht darin besteht, die Weisheit der von Heine gegeißelten politischen Kräh- winkler auch auf das litterarische Gebiet zu übertragen:

„Ausländer, Fremde sind es meist,
Die unter uns gesät den Geist
Der Rebellion. Dergleichen Sünder
Gottlob! sind selten Landeskinder."[8]

Wenn unsere sozialen Verhältnisse denen Frankreichs gleichen, ist denn das die Schuld der Darsteller?

„Nicht den Spiegel klage an, die Fratze rührt von dir selbst her."

Schleicht nicht auch durch unsere Straßen allabendlich „N a n a", die Ver- worfene und — Begehrte, die Rächerin ihres Geschlechtes? Braucht man sie erst von Zola [S. 235:] abzuschreiben? Die Beispiele ließen sich mit Leichtigkeit ver- mehren, das eine möge genügen. —

Der Naturalismus stellt Typen dar; aber er stellt nicht Durchschnittstypen dar, noch hat er das je beabsichtigt, Nordaus[9] Angriffe treffen ihn daher nicht. Der Naturalismus will darstellen, w a s i s t und w i e es geworden ist. Aber um ein richtiges Bild des Seienden geben zu können, muß er es in seinen c h a r a k t e - r i s t i s c h e n Momenten auffassen und nicht im Durchschnitte. Diesen stellt die Wissenschaft (z. B. die Statistik) viel besser dar als die individualisierende Kunst. Weder in „Assommoir" noch in „Nana", weder in „Pot-bouille" noch in „Abbé Mouret", noch in „Germinal" sind Durchschnittsbegebenheiten. Auch die Protago- nisten in diesen Romanen sind keine Dutzendmenschen; es mögen zum Teil geistig und körperlich herabgekommene Menschen sein, aber es sind streng i n d i v i d u a - l i s i e r t e T y p e n. Der Dichter suchte eben immer das Packende im Leben, die Katastrophe herauszugreifen, gerade wie in den Akten eines Kriminalprozesses oder in einem ärztlichen Krankheitsbericht nur das berücksichtigt wird, was auf den Fall oder auf die Krankheit Bezug hat, sie von andern unterscheidet.

Zola giebt in der Vorrede zum dramatisierten „Totschläger" folgendes muster- giltige Programm des Naturalismus:

„Das Uebernatürliche und Vernunftwidrige zu vernichten, unerbittlich alle Metaphysik zu verbannen, die Rhetorik nur als Hilfswerkzeug zuzulassen, einzig und allein die physiologische Betrachtung des Menschen festzuhalten und alle sinnlichen und sittlichen Erfahrungen auf den erfahrungsgemäß richtigen Be-

weggrund zurückzuführen in der hochmoralischen Absicht, dieser Erscheinungen Herr zu werden — danach strebe ich und aus diesem Grunde verstehen wir, die landläufige Kritik und ich, uns nie und nimmer." —

Am bewundernswertesten schien mir immer Zolas Objektivismus. Hierin ist er wirklich Shakespeare vergleichbar. Er ist einer der wenigen Autoren, die nicht sich selbst, sondern den Menschen darstellen. Daher seine plastische Kraft; er braucht nicht immer denselben Charakter in verschiedene Masken zu stecken, wie es Byron gethan (um gleich den Bedeutendsten von allen — den Gegenpol Shakespeares zu nennen), der einen Kain, Sardanapal, Childe Harold, Don Juan u. s. w., im Grunde aber immer sich selbst beschrieben hat. Wir haben aber seit dem Heiden Mark Aurel und dem alten Christen Augustin bis herein auf Rousseau und Stilling genug mehr oder minder moralische Selbstbekenntnisse[10], aber sehr wenig Dokumente des großen Lebensprozesses der Menschheit. Während nun in der Romanlitteratur das sozialphysiologische Prinzip Sieg auf Sieg erringt, ist das Bühnendrama (das deutsche noch mehr als das französische) ganz in den Banden des Konventionalismus, besonders des sexuellen und sozialen. Indessen nur das Bühnendrama; denn zum Glück giebt es in Deutschland auch ein — von den Erfolgsanbetern selbstverständlich sehr verachtetes Buchdrama, welches sich seit Goethe und Lenz bis auf unsere Zeit erhalten hat. Wie meist die Praxis der Theorie, so hinkt auch die Bühne langsam der Produktion nach; sie ist abhängig von der Laune des Tags oder des Intendanten oder des — Kassiers, abhängig vor allen vom — „verehrlichen Publikum". Daher steht in der Regel der dramatische Dichter vor dem Dilemma, entweder auf die Bühne zu verzichten, oder aber „sich möglich zu machen durch Anpassung" an den Geschmack der Logenabonnenten. Dem scheint zu widersprechen, daß noch an den Repertoires der Hofbühnen der Riese Shakespeare dominiert. Aber verdankt er diesen Erfolg seinem Genie? Nur sehr mittelbar. Zunächst verdankt er ihn der vielgeschmähten Reklame, der tausendzüngigen Fama, die einem berittenen Herolde gleich ausruft: „Platz da! Shakespeare kommt. Hamlet-Possart![11] Aufgepaßt!" Ich will dem Leser eine Illustration zu meiner oben aufgestellten Behauptung geben. Während Grabbe (den Heine mit Shakespeare vergleicht) sich aufrieb im Bemühen, die gewaltigsten Probleme der Sage und Geschichte dramatisch zu bewältigen, beherrschte Raupach, Ernst Benjamin Salomo Raupach[12], der Verfasser von „Der Müller und sein Kind" die weltbedeutenden Bretter!

Infolge der eigentümlichen Beschaffenheit unseres Theaterwesens — ist es so weit gekommen, daß das, an die mächtiger arbeitende Phantasie des L e s e r s sich wendende Buchdrama mehr den Forderungen der realistischen Kunst entspricht als das Bühnendrama. Aber den Vertretern des erstern fehlte der Erfolg. Isoliert kämpfend, müde, umsonst stets „Nesseln zu schwingen und Disteln zu köpfen" fielen die meisten einem frühen Tode, wenn nicht gar baldiger Vergessenheit anheim, so Lenz, Grabbe, Kleist, Georg Büchner u. A.

Einer drang durch — der stahlharte Dietmarsche H e b b e l[13]. Seine „Maria Magdalene" scheint mir in der dramatischen Litteratur unserer Zeit, was „Miß Sara Sampson" im vorigen Jahrhundert war. Wie nämlich mit diesem Drama das b ü r g e r l i c h e Trauerspiel begründet wurde, so ist „Marie Magdalene" als der erste Versuch des s o z i a l e n D r a m a s zu betrachten, welchem die nächste Zukunft gehört.

Dieses nun unterscheidet sich vom herkömmlichen bürgerlichen Trauerspiel vor allem dadurch, daß es nicht blos Honoratioren, also Pfarrer, Kommerzienräte, Sekretärs oder Lieutnants, sondern auch den vierten Stand auf die Bühne bringt, zweitens dadurch, daß es in tieferm Erfassen der Motive auch die physiologische und pathologische Seite des Charakters zu beleuchten und an Stelle der abgedroschenen Spießbürgerkonflikte die großen Geisteskämpfe der Wirklichkeit auf die Bühne zu bringen sucht, endlich dadurch, daß es den konventionellen Theaterjargon durch die S p r a c h e d e s L e b e n s ersetzt.

Die Kunst des modernen Dramatikers besteht mithin weder in Idealisierung, noch in der bald bei allen Denkenden wahrhaft berüchtigten „schönen Sprache", sondern einzig in der richtigen Charakterisierung der Handelnden und Konzentrierung der Idee.

Was das Leben zerstückt, durch Räume und Zeit getrennt bietet, das muß des Dichters nachschaffende Phantasie, verbündet mit der Technik des Regisseurs, in wenig Stunden zusammendrängen, etwa wie ein Maler, der mittels seiner Kunst ähnliche Affekte in uns hervorzurufen versucht wie die Natur mit ungleich gewaltigern Mitteln. Was ist uns Hekuba? Oder Klytämnestra? Warum sollen wir uns ewig in griechische oder römische Masken stecken? Aber freilich, der Fluch des Epigonentums ist die — Reminiszenz.

Zum Dichten gehört eben nicht nur Talent, sondern auch Mut. Aude sapere[14]. Wunderbar bewährt sich die Wahrheit dieses Wortes bei dem bedeutendsten der jetzt lebenden Dramatiker, bei Henrik Ibsen[15]. Das ist keiner von den Dichtern, die ein paar aus der dramatischen Kostümschneiderei geborgte Drahtpuppen und etliche Dutzend gebrochene Herzen verbrauchen, bei deren tragischem Weh und Ach man gemütlich verdauen und — einschlafen kann, das ist ein Dichter generis masculini, eine nordische Eiche inmitten von Zwerggestrüpp! —

Gerade in Deutschland, dessen größter Dichter die Verherrlichung der Weiblichkeit soweit trieb, daß er die meisten seiner Männer an den Weibern zu Grunde gehen läßt, gerade hier könnte Ibsen der Leitstern sein für die neue Generation.

Sei es, daß Ibsen unbarmherzig die scheinbar glücklichste Ehe als lasterhaften Konkubinat entlarvt, oder daß er schildert, wie das Ansehen des hochgeachteten Kaufmanns, einer Hauptstütze der Gesellschaft, auf der Lüge beruht, oder daß er unerschrocken nachweist, wie der Sohn seines Vaters Sünden und seiner Mutter konventionelle Moral zu büßen hat, oder daß er den Festredner, der in Begeisterung und Schwindel macht, an den wohlverdienten Pranger stellt, stets ist

er der Todfeind der Lüge und des Scheins. Er kämpft die Konflikte durch, die er begonnen, er löst die Zweifelfragen, die er aufgeworfen hat — deshalb ist er dem ästhetischen Philister so zuwider, der immer einen „versöhnenden" Abschluß haben will; wenigstens bei allen Stücken, welche die moderne Gesellschaft darstellt. In der historischen Tragödie ist er Dank der vereinten Arbeit einiger Genies und vieler Stümper derart an Gift, Dolch und Revolver gewöhnt, „daß ihn nichts mehr angreift".

Aber daß z. B. Nora ihre lieben Kinderchen verläßt, ist doch zu „peinlich", [S. 237:] zu herzlos; wie schön wäre es, wenn sie diesen zu Liebe das „Opfer" brächte, sich wieder mit ihrem Manne auszusöhnen! Ibsen verzichtet auf solche Taschentüchereffekte, er schließt disharmonisch ab, gerade so disharmonisch, wie die Wirklichkeit. Aber auch Ibsen in seiner nordischen Kraft und Herbheit ist erst der Marlow, bestimmt, dem künftigen Shakespeare die Wege zu bereiten. Wird er kommen? Oder ist er eine Unmöglichkeit in unserer sozial zerklüfteten, geistig blasierten, physisch degenerierten Zeit? Gehört vielleicht unsere Epoche zu jenen, in welchen der Genius der Geschichte die so oft mißbrauchte Lyra zürnend zu Boden wirft und sich ein Schwert umgürtet, ein blankes, ehrliches Schwert? —

Dieser im 2. Jahrgang der ›Gesellschaft‹ erschienene Aufsatz enthält in Form literarhistorischer Betrachtungen eine programmatische Äußerung zum Naturalismus von seltener Bestimmtheit, bemerkenswert durch den Hinweis auf Ibsen und Hebbel. Weder ›Die Gesellschaft‹ noch die gesamte Münchener Naturalistengruppe weisen sonst auf die Vorläuferschaft Hebbels für das soziale Drama hin. JULIUS HILLEBRAND (Pseudonym Julius Brand, 1862–1895) ist als Verfasser dramatischer und epischer Dichtungen hervorgetreten.

1 aus Schiller »Das Ideal und das Leben«; bei Schiller heißt es: „in den heiteren Regionen" – nicht „die höheren Regionen".

2 PAUL HEYSE (1830–1914) wurde 1854 auf Veranlassung Geibels von Maximilian II. nach München berufen, wo er als führendes Mitglied der Münchener Dichterschule bis zu seinem Tode lebte. Epigone, ohne elementare Kraft, betätigte er sein ausgesprochen formales Talent in einer Fülle von Werken: Dramen (etwa 70 Stücke, meist historische Stoffe aus Antike oder deutscher Vergangenheit), Versnovellen (in Stanzen, Terzinen, Hexameter usw.), Prosanovellen (insgesamt über 100, in 20 Sammelbänden und Einzeldrucken erschienen; meist Liebes- und Eheproblematik, auch Künstlernovellen, einfache Handlung, berechneter Aufbau, gepflegte Sprache, aber oft maniriert und ohne Tiefe), Romane (tendenziös, meist Zeitfragen behandelnd, dem jungdeutschen Zeitroman nahestehend, zum Beispiel »Merlin«, 1892, ein Roman mit deutlicher Polemik gegen den Naturalismus), Gedichte (Sonette, Ghaselen usw., epigonal formalistisch). Heyse galt als bedeutendster Novellist seiner Zeit; entsprechend der Wendepunkt-Theorie Tiecks stellte er die sogenannte Falken-Theorie auf (in der Einleitung zum »Deutschen Novellenschatz«, hrsg. v. H. Kurz, 1871 ff., und in »Jugenderinnerungen und Bekenntnisse«, 1900): jede Novelle braucht einen „Falken", ein Dingsymbol, in dem sich die Thematik des Geschehnisberichtes verdichtet (Vorbild war die sogenannte Falken-Novelle Boccaccios: »Decamerone«, 5. Tag, 9. Novelle). – In seinen formal äußerst glatten und sprachlich geschliffenen Novellen wählt Heyse fast immer psychologische Ausnahmefälle und erreicht die geforderte Konzentration und erzählerische Straffheit nur, indem er sich der mechanischen Zwangsläufigkeit psychologischer Situationen unterwirft. Daß Heyse 1910 den Nobelpreis erhielt, bezeichnet die geistige Windstille des offiziellen Deutschland

im Augenblick, da die expressionistische Bewegung sich erhob. Aber schon die Naturalisten (wie übrigens auch der späte Fontane) sahen in ihm den Epigonen, dessen allgemeine Wertschätzung ein Hemmnis für die neue realistische Dichtung darstellte. In der Einführung zur ›Gesellschaft‹ eröffnet Conrad den Kampf gegen ihn, als dem Repräsentanten „falscher Vornehmheit" in der Kunst, dem „pedantischen Bildungsschwätzer" und „polizeifrommen Gesinnungsheuchler". Bleibtreu spottet über die „rabbinerhafte Spitzfindigkeit" der Heyseschen Novellen, Alberti nennt ihn einen „geschäftsschlauen Fabrikanten ... in seiner Mischung von Lüsternheit und posierender Sentimentalität", um schließlich zu erklären: „Heyse lesen, heißt ein Mensch ohne Geschmack sein, Heyse bewundern, heißt ein Lump sein". Ohne sich dieser auf die Spitze getriebenen Kritik anschließen zu wollen, schrieb Wolfgang Kirchbach für die Faschingsnummer der ›Gesellschaft‹ (1. 2. 1885) eine Satire »Münchner Parnaß«, in der er Heyse vor die Unsterblichen zitiert (Goethe, Schiller, Klopstock, Wieland, Herder, Lessing) und ihrem Spott preisgibt. Er läßt Heyse seinerseits Goethe angreifen (mit dem er sich sonst gern verglich), weil dieser Demokrat und daher kein Dramatiker sei – das Drama aber sei eine aristokratische Kunst: tragisch sei das „Vornehme, das Adelige, das gegen das Unadelige" stets unterliege. Heyse wird jedoch von Lessing belehrt, daß er und das ganze „neunzehnhundertjährige Philistertum keine Kraft mehr" habe zum Tragischen und nur noch eines toten Formalismus fähig sei. Das ist der neuralgische Punkt der Satire, die im Grunde weniger auf die Verspottung Heyses als auf die Verteidigung des Kraftprinzips der neuen Stürmer und Dränger angelegt ist. Kirchbach selbst wandte sich bald vom Naturalismus ab und gewann später Heyse gegenüber eine anerkennendere Haltung. – Im vorliegenden Aufsatz ist Heyses »Don Juans Ende« (1883) gemeint.

[3] RADAMANTHYS, König auf Kreta, Bruder des Minos, war einer der Totenrichter der Unterwelt. Diese Funktion üben für Hillebrand die Kritiker der Zeit aus.

[4] SHAKESPEARE in dem Gedicht »The Poet«.

[5] CHARLES DARWIN (1809–1882) vertrat in seiner Schrift »Die Entstehung der Arten« (1859) die Lehre von der natürlichen Zuchtwahl („Kampf ums Dasein") und in seinem Buch »Die Abstammung des Menschen und die geschlechtliche Zuchtwahl« (1871) die Lehre von der Abstammung des Menschen aus dem Tierreich und begründete damit den Evolutionismus (vgl. auch Stück 1 Anm. 6).

[6] M. G. CONRAD: »Totentanz der Liebe« (Roman, 1885).

[7] MAX KRETZER (1854–1941) wurde von den Naturalisten als „deutscher Zola" angesehen. Seinen Roman »Die Verkommenen« stellt Bleibtreu, was die „dichterische Kraft und kulturhistorische Bedeutung" angehe, noch über Zola (›Die Gesellschaft‹, Jg I, 1885, H. 15), ja er sieht hier „eine Shakespeare'sche Wucht der Tragik" am Werk, wie sie „in der deutschen Literatur noch nicht dagewesen" sei (»Revolution der Litteratur«, 1886, S. 37 f.). Kretzer stand zweifellos unter dem starken Einfluß Zolas (aber auch Dickens'): als erster in Deutschland schrieb er soziale Zeitromane: »Die beiden Genossen« (1880); gewichtiger »Die Betrogenen« (1882) und »Die Verkommenen« (1883), die mit krasser Reportagetechnik und betont sozialer Einstellung Selbsterlebtes schildern; soziale Anklage bot auch der Roman »Meister Timpe« (1888), eine Darstellung des hoffnungslos gegen Maschine und Kapital kämpfenden Handwerkerstandes. Der am meisten umstrittene, aber auch gefeierte Roman »Das Gesicht Christi« (1897) verbindet rückhaltlose Wirklichkeitsschilderung mit der Darstellung von Wundern, die der wiedergekehrte Christus in der modernen Großstadt bewirkt. Diese Verschmelzung sozialer und religiöser Elemente mit naturalistischem Zustandsbericht charakterisiert auch die weiteren Werke (»Die Bergpredigt«, 1899; »Der Mann ohne Gewissen«, 1905; »Ohne Gott kein Leben«, 1934). Der frühe Kretzer ist ein typischer Vertreter des deutschen Naturalismus, in den achtziger Jahren stark überschätzt, heute vergessen, da er in keiner Weise seine Vorbilder erreichte.

[8] HEINES Gedicht »Erinnerung aus Krähwinkels Schreckenstagen«, in »Nachlese«, 2. Buch.

[9] MAX NORDAU (urspr. Südfeld, 1849–1923), Journalist und Kritiker, der die Schwächen seiner Zeit rücksichtslos geißelte (»Die konventionellen Lügen der Kulturmenschheit«, 16 Auflagen zwischen 1883 und 1896). Er trat auch gegen die Naturalisten auf und verwarf grundsätzlich alles, was dem sogenannten „gesunden Menschenverstande" widersprach (in

seinem Buch »Entartung«, 1893, spricht er von der Unvernunft Tolstojs, der Absurdität Ibsens, dem irrsinnigen Gefasel Nietzsches, dem Verfolgungs- und Größenwahn Wagners usw.).

¹⁰ MARC AUREL (121–180; seit 161 römischer Kaiser) »Selbstbetrachtungen«; AUGUSTINUS (354–430) »Confessiones«; JEAN JACQUES ROUSSEAU (1712–1778) »Confessions«; HEINRICH JUNG-STILLING (1740–1817) »Jung-Stillings Jugend, Jünglingsjahre und Wanderschaft«.

¹¹ ERNST VON POSSART (1841–1921, geadelt 1897), bekannter Charakterdarsteller (Hamlet) in Hamburg und München, wo er seit 1878 Schauspieldirektor war; 1887 ist er am Lessing-Theater in Berlin, seit 1892 wieder in München. 1895–1905 Generalintendant. Seine Erinnerungen veröffentlichte er 1916 unter dem Titel »Erstrebtes und Erlebtes«.

¹² Hillebrand spielt hier auf Heines Äußerung (»Die romantische Schule«, 3. Buch, IV.) über ERNST RAUPACH (1784–1851) an, derzufolge man damals von der Berliner Theaterintendanz die Bestellung eines Barbarossa-Dramas bei dem routinierten Vielschreiber erwartete — während die Hohenstaufen-Dramen bei dem Chr. Dietr. Grabbes unbeachtet blieben. Raupach beherrschte in dieser Zeit die Bühne. Sein Rührstück »Der Müller und sein Kind« pflegte man am Allerseelentag aufzuführen. Seine Hohenstaufen-Dramen entstanden zwischen 1830 und 1837.

¹³ Der Hinweis auf HEBBEL als dem Schöpfer des „sozialen Dramas" und damit die Erkenntnis seiner Bedeutung für den Naturalismus steht innerhalb der ›Gesellschaft‹ vereinzelt da. Bleibtreu etwa wertet Lenz und Grabbe höher als Hebbel. Erst in der ›Freien Bühne‹ findet Hebbel Anerkennung (Aufführung von »Maria Magdalene« und »Herodes und Mariamne«) und vor allem im ›Kunstwart‹. Doch vertritt Avenarius nicht den strengen, auf Zola gestützten Naturalismus.

¹⁴ AUDE SAPERE: das Wort des Horaz — sapere aude (Episteln I, 2, 40) — sagt in unübertreffbarer Kürze, daß es Sache der eigenen Tat sei, zur Weisheit zu gelangen. Kant bezeichnet es als Wahlspruch der Aufklärung in dem Sinne: „Habe Mut, dich deines eigenen Verstandes zu bedienen!" (»Was ist Aufklärung?«, 1784).

¹⁵ Über IBSEN vgl. Anm. 10 zu Stück 1.

13

IRMA VON TROLL-BOROSTYANI[1] »DIE WAHRHEIT IM MODERNEN ROMAN«
(1886)

Aus: ›Die Gesellschaft‹, Jg 2, 1886, H. 4, S. 215–225.

Es giebt eine ästhetische Schule[2], welche die Aufgabe des Dichters darin erblickt, in seinen Werken nicht die wirkliche Erscheinungswelt, sondern eine ideale Welt darzustellen, in welcher alle nüchterne Lebenswahrheit, wie sie sich der gewöhnlichen Erfahrung im Einzelschicksal und äußern Weltlauf aufdrängt, in die Harmonie einer absoluten Weltordnung, in welcher durch alle Einzelbrüche hindurch die Idee sich vollzieht, aufgelöst erscheine. Diese Aesthetiker behaupten, die grelle Beleuchtung der Kehrseiten des Lebens, das Ankämpfen gegen die Krebsschäden der Zeit und der Gesellschaft sei Sache des Kritikers und nicht des Dichters, und über Tendenzpoesie brechen sie einfach den Stab. Sie gestatten dem Dichter, der künstlerischen Schönheit seines Werkes die objektive

Wahrheit zu opfern, und erlauben ihm die Darstellung des Schrecklichen und Traurigen nur als Anbringung von Schlagschatten, damit das Licht der poetischen Verklärung seines Weltbildes zu lebhafterer Wirkung gelange.

Solch abstrakter Idealismus des Dichters mag die Bewunderung eines ästhetischen Thee schlürfenden litterarischen Altjungferntums erregen, aber von Nutz und Frommen für die Menschheit ist er nicht. Eine Dichtung, deren ideale Schönheit auf Kosten der realen Wahrheit errungen ist, läßt immer kalt. Zu rühren, zu ergötzen, zu erschüttern vermag nur diejenige, in welcher der Mensch sich selbst wiederfindet mit seinen Freuden und seinen Schmerzen. Die Dichtung wird zu einem anmutigen Spiel herabgewürdigt, wenn sie sich von der Bewegung ihrer Zeit scheidet und nicht bemüht ist, die bestehenden Gebrechen zu heilen und die Empfindungen zu veredeln. Und wer, statt sein Talent für das Wohl seiner Mitmenschen zu benützen, sich in artistische Formen vergräbt; wer vom Helikon herab in den Leiden seiner Zeit nur Stoff zu wissenschaftlichen Studien erblickt, und während die Erde in Blut schwimmt und die Menschheit in ihren Wehen nach einem neuen Leben ringt, von der Vollkommenheit der best-möglichen Welt singt: der mag den Beifall verschrobener Kunstkritiker erwerben, — unsere Liebe und Verehrung wird nur gewinnen, wer [S. 216:] ein Herz hat, die wirklichen Empfindungen seiner Mitmenschen zu verstehen, und die Kraft, sie künstlerisch auszugestalten.

Unsere moderne Romanlitteratur fängt an sich von diesem hohlen Idealismus energisch zu befreien. Ein gesunder Realismus hat den Romanschriftsteller vom Isolierschemel jener idealistischen, für die Interessen seiner Zeit verständnis- und teilnamslosen Sonderstellung hinweg in die Arme seines Volkes geführt, hat ihn dessen Bedürfnisse, Bestrebungen und Leiden verstehen und mitfühlen gelehrt und ihn dadurch befähigt, dasselbe auf allen seinen Wegen und in allen Entwicklungsphasen seines Lebens zu begleiten oder ihm voranzuschreiten. Im Gegensatz zu jenem Idealismus, der poetische Chimären an Stelle der empirischen Wahrheit setzte, tritt in der heutigen Belletristik immer bestimmter die Tendenz zur getreuen Wiedergabe nüchterner Lebenswirklichkeit.

Die schwärzesten Schattenseiten der sozialen Zustände, die düstersten Kapitel aus der Tragikomödie des menschlichen Daseins bilden den Lieblingsgegenstand des realistischen Romans. Der Idealist ist bestrebt, uns mit dem Leben zu versöhnen, dessen verletzende Dissonanzen harmonisch ausklingen zu lassen. Der Realist verschmäht die befriedigende Lösung mit der Begründung, daß das Leben selbst sie auch selten oder niemals biete. Er führt uns in die Höhlen des Lasters, des Verbrechens, des Wahnsinns; er zerlegt mit anatomischer Schärfe die Schwächen der menschlichen Natur und der sozialen Verhältnisse.

Nun machen sich aber in der modernen Romanlitteratur hauptsächlich zwei Richtungen bemerkbar. Zwar haben beide das gemein, daß ihre Erzeugnisse jene scharfe Luft durchweht, welche wir realistisch zu nennen pflegen. Zugleich bildet

aber gerade diese getreue Nachbildung der Lebenswirklichkeit die Wasserscheide zwischen den beiden litterarischen Strömungen.

Während der die eine Richtung verfolgende Dichter in seinen Werken der Sphäre des Wirklichen nur den Stoff entlehnt, um diesen zum Träger eines idealen Gedankens zu gestalten, sehen wir das Streben der andern Gattung nur ausschließlich auf die der Wirklichkeit entsprechende Nachbildung der realen Erscheinungswelt in ihren banalsten und trivialsten Details gerichtet. Den erstern — im Gegensatz zu den andern ideell zu nennenden — Dichtern ist die Realistik nur **Mittel** zur Erreichung idealer Zwecke; den Schriftstellern der letztern Kategorie ist sie **Selbstzweck**. Alle weitere, die beiden Gattungen dichterischen Schaffens charakterisierende Verschiedenheit ist nur die natürliche und notwendige Folge dieser Verschiedenheit ihres Ausgangspunktes.

Gewiß ist der Dichter berechtigt, mit kühner Hand den Schleier von den abscheulichsten Wunden der Gesellschaft zu reißen, so er dies als Arzt thut, der zugleich auf die Ursache der Krankheit hinweist und dadurch anregt, auf die Mittel zu deren Heilung zu sinnen. Gewiß ist es ihm gestattet, den Menschen in seiner tiefsten Gesunkenheit, in seinen furchtbarsten Verirrungen dem schaudernden Blicke seiner Leser zu enthüllen, um in ihren Herzen das Mitleid und das Streben wachzurufen, die Verlorenen aus ihrem Elend emporzuheben, statt sich mit Abscheu und Haß oder egoistischer Prüderie von ihnen abzuwenden. Wenn aber die nackte Darstellung der wiederwärtigsten Seiten des Lebens durch die Absicht zum Wohle der Menschheit beizutragen, gerechtfertigt wird: was soll man dann von jenen Sudlern sagen, die ohne idealen Zweck Kot und Fäulnis aufwühlen, weil ihnen selbst die Beschäftigung mit der Niederträchtigkeit Vergnügen gewährt; die Gefallen daran finden, im Verbrechen nicht die immer übrigbleibenden Reste der Menschheit, sondern auch in den Tugenden jene niederen Empfindungen zu suchen, welche nach ihrer Behauptung die einzige Triebfeder unserer Handlungen bilden?

Die realistische Richtung, welche darauf ausgeht, in den Dichtungen die nackte Lebenswirklichkeit in möglichster Naturtreue nachzubilden, wird durch ein in neuerer Zeit in Mode gekommenes Wort bezeichnet: Naturalismus. Ein hochbegabter französischer Schriftsteller — Emil Zola — ist als Bahnbrecher dieser neuen Romandichtung aufgetreten.

[S. 217:] Wie das große Weltbild und das des menschlichen Lebens dem Auge des denkenden Beobachters sich als ein Wechsel von Licht und Schatten, von Schönem und Häßlichem darstellt, wie jedes selbstbewußte Einzelwesen, als ethisches Objekt beurteilt, eine Mischung von relativ Gutem und Schlechtem, von Edlem und Gemeinem darbietet, so wird derjenige Künstler der echteste und eigentlichste Naturalist genannt werden müssen, der in seinen Bildwerken dieser Doppelnatur allen individuellen Lebens am meisten gerecht wird, der für die

beiden Seiten der Erscheinungswelt, Licht und Dunkel, die schärfste Beobachtung und die packendste, lebenswahrste Darstellungskraft besitzt.

In dieser der objektiven Wirklichkeit entsprechenden Auffassung des Lebens und seiner Phänomene und der naturtreuen Nachbildung derselben liegt die materielle Seite der Aufgabe des Künstlers und Dichters. In der in seinem Werke zum Ausdruck zu bringenden Idee und in der Form des Darzustellenden liegt die immaterielle, die ideale Seite seines Schaffens. (...)

Außerordentlichen Scharfblick für die Schattenseiten des Lebens und markante Vorliebe, dieselben als den herrschenden Charakter des Menschenlebens darzustellen, kennzeichnet Emil Zola. Seine vorherrschende Darstellung des Häßlichen hat dadurch, daß er gleichzeitig mit der Verbreitung seiner ersten berühmt gewordenen Romane Artikel und litterar-polemische Essays schrieb, in welchen er die moderne naturalistische Richtung in ein wissenschaftliches System zu bringen suchte, den allgemein verbreiteten Irrtum hervorgerufen, daß der Naturalismus gerade in dieser ausschließlichen Darstellung von Häßlichem und Banalem bestehe. Diese durch Zolas Eigenart hervorgerufene Begriffsverwirrung könnte überraschen, wenn man nicht wüßte, wie leicht [S. 218:] eine große, von Bildungsdünkel geblähte, aber im Grunde unwissende und urteilslose Menge sich durch ein neu auftauchendes, gelehrt klingendes Schlagwort irreführen läßt und mit demselben, weil es modern geworden, herumflunkert, ohne über dessen wirkliche Bedeutung nachzudenken.

Zolas Nachahmer schießen wie Pilze aus dem Boden. Jeder französische Skribent, der sich die Fähigkeit beimißt, die Brutalitäten und Zoten eines Schnapsbruders, das gleißende oder auch stinkende Elend einer Dirne recht drastisch zu schildern, fühlt sich von einem unwiderstehlichen Bedürfnisse gedrängt, ein Blatt von Zolas Ruhmeslorbeeren für seinen eigenen hohlen Kopf, einige tausend Franks von Zolas glänzenden Einnahmen für seine leere Brieftasche zu ergattern. Er setzt sich hin, reiht einige grob gearbeitete Szenen aus den schmutzigsten Tiefen der menschlichen Gesellschaft oder aus dem langweiligsten Getriebe des Alltagslebens, ohne jedwede geistige Bedeutung, ohne jeden inneren Zusammenhang aneinander und flugs ist ein sogenannter „naturalistischer Roman" fertig. (...) [S. 219:] (...)

Mit welchem Rechte nennt man gerade die Darstellung des Häßlichen, des Platten und Ordinären Naturalismus? Ist etwa nur jener Dichter Naturalist, der blind ist für alles Edle, Schöne und Gute, das in der Menschenseele wohnt? Ist der Genius der Menschheit, der sie nach erhabenen, idealen Zielen ringen, im Leben der Völker wie der einzelnen Individuen herrliche Thaten der Selbstbefreiung aus den Ketten niedriger Leidenschaften vollziehen läßt, tod oder von der Erde verbannt, weil es einigen Romanciers gefällt, den idealen Gehalt der Menschenseele zu leugnen und den einzigen Grund ihres Handelns in dem Trieb nach Befriedigung tierischer Begierden zu suchen?

Die Gleichstellung dieser litterarischen Richtung mit dem Realismus ist ein schmachvoller und gefährlicher Irrtum, dessen Umsichgreifen die Litteratur auf der schiefen Ebene eines verdorbenen Geschmacks in den Sumpf bodenloser Gemeinheit und ödester Banalität drängen würde. So wenig als der Mensch blos aus Bauch und Magen besteht, sondern auch Kopf und Herz besitzt, ebensowenig ist diese einseitige Auffassung des Menschlichen echter Naturalismus. Die einzig richtige Bezeichnung für litterarische Erzeugnisse dieser Art wäre T r i v i a l i s - m u s. (...) [S. 220:] (...)

Wenn der Dichter uns nichts darzustellen weiß als des Lebens alltäglichste Banalitäten, die roheste Animalität des Menschen mit absichtlicher Verleugnung seiner geistigen Seite; wenn wir in seinen Werken weder Geschmack, noch Geist, noch Poesie begegnen, wozu bedürfen wir dann seiner?

Ist etwa die Poesie keine Kunst oder gelten die Gesetze der Schönheit nur für die bildende und nicht auch für die dichtende Kunst? Emil Zola sagt: Nein! — Die Romandichtung dürfe nicht zu den Künsten, sondern müsse zu den Wissenschaften gezählt, als solche betrachtet und behandelt werden. Zola irrt. Und in diesem Irrtum liegt die Wurzel zu jener litterarischen Abart und jenem Abhub der Romandichtung, die sich ohne Berechtigung die Bezeichnung Naturalismus anmaßt, wir hingegen Trivialismus nannten, zu jener Abart, in deren Sumpf die talentlosen Nachbeter und Nachtreter Zola's bis an die Schädeldecke versinken, welchen auch der Fuß Zola's, des Führers selbst, gestreift, über den er sich aber kraft seines eminenten Talentes wieder hoch emporgeschwungen.

Um uns nicht dem Verdachte auszusetzen, Zola Behauptungen unterzuschieben, die er nie und nirgends gethan, wollen wir seine eigenen Worte hier wiedergeben. In der unter dem Titel „Le roman expérimental" erschienenen Sammlung von Essays, in welchen er seine litterarischen Prinzipien zu rechtfertigen versucht, stellt er die oben zitierte Behauptung auf und fährt fort: .... „Die Medizin wird noch von vielen Personen als eine Kunst betrachtet. Claude Bernard beweist, daß sie eine Wissenschaft sein soll .... Da die Medizin, welche eine Kunst war, eine Wissenschaft wird, warum sollte die Litteratur nicht, Dank der Erfahrungsmethode, (grâce à la méthode expérimentale) eine Wissenschaft werden? Wenn das Gebiet der Experimental-Medizin der menschliche Körper in den Escheinungen im normalen und pathologischen Zustande seiner Organe bildet, so bildet unser Gebiet ebenfalls der menschliche Körper in seiner Sinnes- und Gehirnthätigkeit im kranken und gesunden Zustand. Wenn wir uns nicht an den metaphysischen Menschen der Klassiker halten wollen, so müssen wir wohl den neuen Ideen unserer Zeit über die Natur und das Leben gerecht werden. Sobald wir das thun, treten wir auf den Boden der Wissenschaft .... Wir naturalistischen Schriftsteller unterwerfen jeden Fall der Beobachtung und der Erfahrung, während die Idealisten geheimnisvolle Einflüsse annehmen, die sich der Analyse entziehen und sich deshalb in einem Gebiet des Unbekannten bewegen, außerhalb der Naturgesetze. Ich nenne

Idealisten diejenigen, welche sich in das Unbekannte flüchten, aus Vergnügen darin zu sein, welche nur an den gewagtesten Hypothesen Geschmack finden und es verschmähen, dieselben der Kontrolle der Erfahrung zu unterwerfen unter dem Vorwande, daß die Wahrheit in ihnen selbst und nicht in den Dingen sei.... Der Naturalismus besteht einzig in der Erfahrungsmethode, in der auf die Litteratur angewendeten Beobachtung und Erfahrung. Der experimentierende Romancier ist nichts als ein Spezialgelehrter, welcher das Werkzeug anderer Gelehrter künstlerisch anwendet: die Beobachtung und Analyse. Unsere Domäne ist dieselbe wie die des Physiologen, nur ist sie weiter. Wie er, beschäftigen wir uns mit dem Menschen, denn es ist wahrscheinlich, was Claude Bernard ebenfalls vermutet, daß sich die Erscheinungen der Gehirnthätigkeit ebenso bestimmen lassen wie andere Erscheinungen. Der Experimental-Romanschriftsteller (le romancier expérimentateur) ist derjenige, der bewiesene Thatsachen annimmt, der im Menschen und in der Gesellschaft den Mechanismus der Erscheinungen zeigt, dessen Herrin die Wissenschaft ist.... Hier spreche ich nur vom Experimental-Roman, aber ich bin überzeugt, daß diese Methode, nachdem sie in der Geschichte und in der Kritik gesiegt haben wird, überall siegen wird, im Theater und selbst in der Poesie. Der metaphysische Mensch ist tot, unser Gebiet ist der physiologische Mensch.... Kurz, alles gipfelt in der großen Thatsache, daß die Experimentalmethode, sowohl in den Wissenschaften wie in der schönen Litteratur, auf dem Wege ist, die Erscheinungen in der Natur, im Individuum und in der [S. 221:] Gesellschaft zu bestimmen, von welchen die Metaphysik bis jetzt nur irrationelle und übernatürliche Erklärungen gegeben hatte."

Nach aufmerksamer Prüfung der Prinzipien Zola's über die Aufgabe der Romandichtung kann man zu keinem andern Schlusse gelangen als zu dem: „Das Gute ist nicht neu und das Neue ist nicht gut."

Unbedingt gut ist seine Forderung, daß der Romancier sich an die Wahrheit der Erscheinungen halten, dieselben mit objektiver Treue wiedergeben müsse und nicht seine subjektive Auffassung von Welt und Leben an Stelle der Daseinswirklichkeit setzen dürfe. Die Erkenntnis dieser Aufgabe des epischen Dichters ist aber nichts weniger als neu. Ein gewisser uralter Homer scheint dies Gesetz der epischen Dichtung schon gekannt zu haben, da er seine Helden mit so packender „naturalistischer" Treue zeichnete.

Neu hingegen ist Zola's Auffassung, daß die Romandichtung schlechterdings keine andere Aufgabe habe, als die Erscheinungen des Lebens in ihrer nackten Wirklichkeit nachzubilden, den „Mechanismus des Menschen und der Gesellschaft" darzustellen, und daß sie — wie die Medizin — nicht in das Reich der Kunst, sondern in jenes der Wissenschaft gehöre. Weil der Schriftsteller, um die Charaktere seiner dichterischen Gestalten richtig zu schildern und durchzuführen, psychologische und — sei es d'rum! — auch physiologische Kenntnisse besitzen muß, darum soll die Romandichtung eine Wissenschaft sein? Mit demselben Rechte

müßte man die Skulptur und Malerei Wissenschaften nennen, da Bildhauer und Maler — Anatomie studieren. Aber so wenig als die aus Marmor oder Erz geformte menschliche Figur ein physiologisches Präparat ist; so wenig als die anatomische und physiologische Kenntnis des menschlichen Organismus den bildenden Künstler ausmacht: eben so wenig ist die Romandichtung eine Wissenschaft und wird derjenige Romancier seiner Aufgabe gerecht, der sich damit begnügt, in seinen Werken die Erscheinungen des sozialen und individuellen Lebens — unbekümmert um die in der Kunst waltenden Gesetze der Schönheit — mit der trockenen, ideenlosen Naturtreue eines Kopisten nachzubilden.

Zola's Irrtum liegt in der ästhetischen Anschauung, daß die Idealität der G e - g e n s a t z des an der Wahrheit der Erscheinungswelt festhaltenden Realismus und mit diesem unvereinbar sei. Weil er — und mit vollem Recht — die realistische Treue als Hauptgebot des Schriftstellers ansieht, so will er den Idealismus, den er für deren unversöhnlichen Feind hält, bekämpft und beseitigt sehen. „Wir naturalistische Schriftsteller haben nur mit dem physiologischen Menschen zu thun, der metaphysische Mensch ist für uns tot!"

Den Idealismus in Kunst und Poesie mit einer religiös-philosophischen Auffassung des Menschen als einem „Ebenbild Gottes" mit einer unsterblichen Seele, welche in der zeitweisen Behausung des sterblichen Körpers einem bessern Jenseits entgegenreift, zu identifizieren — wie Zola thut — ist grundirrig. Der künstlerische Idealismus hat auf Sternenweite nichts zu schaffen mit den Dogmen der Religion und den Thesen der Philosophie. Sein Gott ist das Schöne — und die Wahrheit, künstlerisch schön dargestellt. Seine Mission ist, Werke zu schaffen, welche durch ihre künstlerische Vollkommenheit, durch die sanft siegende Macht der Schönheit erhebend, veredelnd und begeisternd wirken und so ein herrliches Erziehungsmittel der Menschheit bilden.

Dieser Idealismus thut der realistischen Wahrheitstreue keineswegs Abbruch. Im Gegenteil sind das reale und ideale Moment in der dichterischen Produktion höchster Ordnung von einander untrennbar und vereinen sich in versöhnender Harmonie. Die Dichtkunst ist einem Baume vergleichbar, der mit seinen Wurzeln im Boden nüchterner Lebenswirklichkeit haftet, aus dem er seine Nahrung saugt, mit seinem Wipfel aber frei und stolz der Sonne der Idealität entgegenragt. In dem Weltbilde des echten Dichters werden auch die dunkelsten Tiefen des Lebens von den Strahlen der Poesie verklärend berührt. Das Subjektive und veranlassend Gelegentliche dient nur dem Ganzen zur realen Grund- und Vorlage, zum sichern Halt der [S. 222:] idealen Stimmung, um sie vor einer Steigerung zu fantastischer Fiktion, zu süßlicher Träumerei eines überirdischen idealen Zustandes zu bewahren.

Das Objekt der Kunst- und Dichtungswerke dieser Gattung ist nicht der „metaphysische" Mensch, mit welchem Zola mit Recht nichts zu thun haben will, sondern der psychologische Mensch in seiner Totalität. Und wenn Zola die Roman-

dichtung auch mit diesem psychologischen Menschen nichts will zu thun haben lassen, weil die Wissenschaft im homme-machine die Existenz dessen, was man Gemüt nennt, nicht nachweisen kann, sondern als würdiges Objekt des Experimental-Romans nur den aus Sauerstoff, Stickstoff, Kohlensäure, Eisen, Phosphor und Kalk zusammengesetzten „physiologischen" Menschen anerkennen will, der als solcher zu seinen Handlungen nur vom Stachel animalischer Bedürfnisse angespornt wird; so antworte ich ihm, daß er seinem eigenen Prinzip, sich nur an wirkliche Thatsachen halten zu wollen, untreu wird. Denn daß das Menschenherz noch anderer Regungen fähig ist, als der im tierischen Organismus des Menschen begründeten sinnlichen Impulse; daß die Ideen des Guten und Schönen, des Edlen und Erhabenen — trotzdem Anatomie und Physiologie ihnen kein Ursprungszeugnis auszustellen vermögen — der Menschenseele tief innewohnen: das lehrt zweifellos die tägliche Erfahrung. Und derjenige Romancier, der diese Thatsache außer Acht läßt, ist in der Darstellung der Erscheinungswelt einseitig und unwahr. Vor lauter Eifer, die Metaphysiker und Dogmenreiter zu widerlegen, welche behaupteten, der Mensch sei ein übersinnliches Geschöpf, das „einen Gott im Busen" trägt, geht er einen Schritt zu weit und lehrt: der Mensch ist nichts als eine rohe, boshafte Bestie; und verfällt dadurch in den entgegengesetzten Irrtum Jener, indem s i e Dinge sahen, die nicht vorhanden sind, und e r Dinge, die da sind, nicht sieht.

Zola's eigene Romane sind besser als seine Kunst-Prinzipien. Allerdings haftet einigen derselben der Fehler an, daß sie die Menschen — in der ängstlichen Besorgnis, sie ja nicht zu idealisieren — moralisch karrikieren. Andere sind kapitelweise von trostlosester Langweile, als ob die Aufgabe des naturalistischen Romanciers darin bestünde, des Lebens Langweiligkeiten auch langweilig zu schildern. Dagegen erhebt Zola in seinen beiden Werken „La joie de vivre" und „Germinal" sich zur ganzen Höhe seiner genialen Darstellungskunst, getragen von der Kraft eines den ganzen Mechanismus des sozialen Baues umfassenden und durchdringenden Scharfblicks. Während er früher Welt und Menschen fast nur von ihren häßlichsten Seiten sah und schilderte, weitet sich in diesen Werken sein geistiges Auge und erblickt das Vollbild der menschlichen Gesellschaft und ihres Lebens.

Einige Litterarkritiker der Gegenwart sehen in der aller Idealität feindlichen, praktisch nüchternen Tendenz unserer Zeit eine Ursache des stets mehr und mehr zunehmenden Vorwiegens des realistischen Moments in der Dichtkunst. Der pessimistischen Philosophie des Frankfurter Grämlings Arthur Schopenhauer[3], der in der „totalen Verneinung des Willens zum Leben" den einzigen Weg „zur wirklichen Erlösung der Welt" erblickte, und der materialistischen Richtung der Naturwissenschaft, die der Welt mit Behagen verkündet, daß der Mensch nichts sei als eine sich selbst heizende Lokomotive, das Herz ein Pumpwerk u. s. w. wollen sie Schuld geben, daß auch die Romandichtung es aufgab, Ideale zu schaffen, d. h. Gestalten, an denen der Mensch seine Freude hat, und sich mit immer wachsender

Vorliebe in die geheimen Abgründe des Lasters und Elends versenkt und die zerstreuten Greuel der Wirklichkeit zusammenfassend, sie als das allgemeine Symbol der Weltordnung darstellt.

Der Einfluß der aus dem heutigen Standpunkt der Wissenschaft sich ergebenden Lebens- und Weltauffassung auf jene der Dichter ist unverkennbar. Während die Philosophie uns lehrt, daß es „nur einen angebornen Irrtum gebe, das sei der Glaube, daß wir da sind, um glücklich zu sein" und daß das Menschenleben nichts sei „als eine unnützerweise störende Episode in der seligen Ruhe des Nichts"; während die Naturwissenschaft dem Menschen nachweist, daß er vom Affen abstamme, und die moderne National-Oekonomie im Menschen nichts erblickt als „ein Thier, [S. 223:] das zeugen will und ernährt werden muß", sehen wir gleichzeitig, wie die Dichtkunst, indem sie den Boden des Ideals, in dem sie bis jetzt gewurzelt, sich unter den Füßen entzogen und die illusorischen Sterne, die bisher dem Pfad der Menschheit geleuchtet, erblassen sieht, mit ihren bisherigen Traditionen bricht. Nun geht sie von dem Bewußtsein der Ohnmacht und Hohlheit alles Glaubens aus. Das Leben ist ihr nicht mehr Harmonie und Genuß, sondern ein schmerzlicher, unausgleichbarer Kontrast, eine ewig unstillbare Leidenschaft. Die sittliche und physische Mißgestalt wird ihr Lieblingsobjekt. Weil der allgemein einbrechende Materialismus mit der Leugnung des Uebersinnlichen in der Erscheinungswelt auch die Leugnung der übersinnlichen Ideen in der moralischen Welt verbindet, und die Naturwissenschaft erweist, daß die Lehren der Religion und die einer auf deren Dogmen gebauten Moral nur auf Einbildungen beruhen, wird in unanalitischen Geistern, welche die Spreu vom Korn nicht zu sondern wissen, der Glaube an jedes Sittengesetz als solches erschüttert, und die Dichtungen beschränkter Talente, welche, der Kraft ermangelnd, der Menschheit in ihren moralischen Evolutionen voranzuschreiten, allen momentanen Abirrungen derselben nachgeben, gehen von demselben Standpunkte aus und bemühen sich den Menschen in seiner Gebundenheit in animalischen Instinkten darzustellen, der sich vom Tiere selbst durch nichts unterscheidet als durch sein Vermögen, die Triebe und Gelüste, die er mit demselben teilt, in raffinierterer Weise zu befriedigen.

Dieser Bruch der Romandichtung mit dem Idealismus könnte, wenn verallgemeinert, verhängnisschwer werden, denn groß ist der Einfluß, den der Dichter auf seine Leser übt. Und gerade jetzt, da die Welt immer mehr eine „entgötterte" wird, da aller religiöse Wunderglaube, der das fromme Gemüt mit dem irdischen Schicksal, das den guten Menschen so oft unglücklich und den Verworfenen in den Besitz der Güter dieses Lebens gelangen läßt, durch die Zusicherung einer waltenden göttlichen Gerechtigkeit aussöhnte, nach und nach auf die Vertrauenswürdigkeit harmloser Ammenmärchen reduziert wird; da die Wissenschaft den Glauben an einen von der Materie unabhängigen und daher unsterblichen Geist des Menschen als ein theologisches Hirngespinnst demaskiert, indem sie nach-

weist, daß es keine Gedanken, keine Bethätigung des Geistes ohne Gehirn, Blut
und Nerven giebt, und da für die große Menge der religiöse Glaube mit jenem an
die Nothwendigkeit der Sittengesetze in einen Begriff zusammenfällt und die Vernichtung des Einen — bis für den verlornen Boden ein neuer gefunden — eine
bedenkliche Erschütterung des Andern mit sich bringt: jetzt tritt an die Kunst
und Poesie das Gebot mit doppeltem Gewicht heran — festzuhalten an ihrem
hehren Beruf, das Feuer der Liebe zum Guten und Schönen im Herzen der Menschheit zu hüten. Wenn sie ihrer erhabenen Mission eingedenk bleiben, birgt die
Verödung der Altäre und Kanzeln keine Gefahr in sich für den ethischen Fortschritt der Gesellschaft. Der Priester tritt sein Lehr- und Führeramt dem Künstler, Dichter und Schriftsteller ab, und von ihnen geleitet, ringt sich die Menschheit aus den Nebeln theologischer Phantasmagorien zu jener Erleuchtung des
Geistes empor, welche sie erkennen läßt: daß alles seelische, wie vieles physische
Elend nur in Verkennung der Mittel zu dessen Beseitigung begründet ist; daß
zur Erreichung des Glücks nur Ein Weg führt, die Befolgung der Gebote der
Humanität, welche zugleich Gebote der Vernunft sind; daß die Ausübung dieser
Gesetze für das Individuum wie für die ganze Menschheit die Grundlage des
Glückes, des Friedens und der Freiheit bildet.

„Idealistische Schwärmerei!" rufen die Trivialisten; „der Romanschriftsteller
ist kein Pädagoge und Morallehrer": wie die Wissenschaft in der Analyse des
menschlichen Organismus und seiner Funktionen sich nicht durch ethische und
ästhetische Skrupeln stören lassen darf, so besteht die Aufgabe des Romanciers
darin, unbekümmert um die Eindrücke seiner Darstellungen auf das Gemüt des
Lesers, die Erscheinungen im individuellen und sozialen Leben zu beobachten
und wahrheitsgetreu nachzubilden.

Und dabei bedenken sie nicht, daß ein Werk, welches nichts bietet als den
dürren, ideenlosen Abklatsch der nüchternen Wirklichkeit zum mindesten wertlos und [S. 224:] überflüssig ist, in den meisten Fällen aber — statt „die Kraft
und das Glück des Menschen zu fördern," wie Zola behauptet — direkt schäd-
lich wirkt. Nämlich in dem Falle, wenn der Romancier aus Furcht, die Menschen für besser darzustellen als sie sind, sie als schlechter schildert. Die Anbeter
des Experimental-Romans werden dagegen einwenden, daß ein Schriftsteller,
der dies thue, dadurch schon von der objektiv wahrheitsgetreuen Wiedergabe der
Wirklichkeit und somit vom Grundprinzip des Naturalismus abweiche. Dies ist
jedoch nicht richtig, denn der Romancier kann die menschliche Gesellschaft sowohl besser als auch schlechter darstellen, als sie in Wirklichkeit ist, ohne in der
Zeichnung der einzelnen Charaktere, Situationen, ja im ganzen Lauf seiner
Erzählung von den von ihm gemachten Erfahrungen, mithin von der objektiven Treue der Darstellung abzuweichen. Die Auswahl des Stoffes macht hier
alles aus. Wer in seinem Romane durchaus korrumpierte, lasterhafte Menschen
oder umgekehrt eine Welt voll edel angelegter, von guten Neigungen beherrsch-

ter Seelen zeichnet, deren jede einzelne Gestalt mit packendster Naturtreue geschildert ist, der ist in seinen Werken zu gleicher Zeit wahr und unwahr. Wahr in den Details, indem alles Erzählte und Geschilderte der Wirklichkeit nachgebildet ist; unwahr im Ganzen, da das Gesamtbild der im Romane dargestellten Welt der Totalität der wirklichen Welt nicht entspricht, in welcher es weder durchwegs Schurken noch durchwegs Biedermänner giebt.

Wie der Mensch immer wieder von Natureindrücken und sinnlichen Trieben beeinflußt wird, so wird er auch immer wieder vom Bedürfnis nach reiner Geistigkeit erfaßt und zum Streben nach Bekämpfung der sinnlichen Naturgebundenheit, nach der Erringung der idealen Freiheit des Geistes gedrängt. Die harmonische Versöhnung dieser einander widerstreitenden Elementargewalten der menschlichen Natur darzustellen, ist höchste Aufgabe der Kunst. (...)

[S. 226:] (...) Glücklicherweise aber repräsentieren die Pseudo-Naturalisten nicht die ganze moderne Romanlitteratur. Noch giebt es Dichter, welche lebensfrische Realistik der Schilderung mit Idealität eines leitenden Grundgedankens zu vereinen wissen; welche in ihren Schöpfungen ihren Zeitgenossen nicht das bieten, was ihren Launen schmeichelt und ihrem verfaulten Geschmacke fröhnt, sondern was sie durch die Macht einer hohen Idee über den Sumpf menschlicher Gesunkenheit emporhebt. (...)

Der Aufsatz Irma von Troll-Borostyanis kritisiert den radikalen Naturalismus. Er ist eine Stellungnahme aus dem Kreis der ›Gesellschaft‹, die auch für die Bestrebungen der sogenannten Jüngstdeutschen oder Modernen (zunächst mit Ausnahme M. G. Conrads) die Kennzeichnung *neuer Realismus* rechtfertigt. Das Triviale des einseitig verstandenen Naturalismus wird beleuchtet und energisch verworfen. Die Auseinandersetzung vollzieht sich zum großen Teil auf Grund der Romantheorie Zolas: wo seine – grundsätzlich bejahte – Wahrheitsforderung zur bloßen Abschilderung der „nackten Wirklichkeit" führt, erscheint die Aufgabe der Kunst verfehlt. Kunst ist nicht Wissenschaft und hat vor allem nichts zu tun mit dem nur die „roheste Animalität des Menschen mit absichtlicher Verleugnung der geistigen Seite" darstellenden Trivialismus. Bei aller notwendigen realistischen Wahrheitstreue kann sie auf einen gewissen Idealismus nicht verzichten, denn ihr Objekt ist der ganze Mensch, zwar nicht der „metaphysische", wohl aber der psychologische Mensch in seiner Totalität. Der wahre Naturalismus ist demnach ideal-realistisch. – Die Begriffe Naturalismus, Realismus, Idealismus stehen in den Jahren 1885–1890 beständig zur Diskussion. Die Entscheidung fällt durchweg für den Realismus. Schon im 1. Jahrgang der ›Gesellschaft‹ wird der radikale Naturalismus unter gleichzeitiger Forderung eines bestimmten idealistischen Prinzips auch für die „moderne" Kunst abgelehnt (Aufsatz von Georg Christaller). Ähnlich sind die Ergebnisse in einer Diskussion des Vereins ›Durch‹ (22. 4. 1887), einer Abhandlung Wolfgang Kirchbachs (›Magazin für Literatur‹, 44/45, referiert im ›Kunstwart‹, Jg II, 1887/88, H. 15) und in einem Aufsatz von Ferdinand Avenarius im ›Kunstwart‹, Jg IV, 1890/91, H. 1.

1 IRMA VON TROLL-BOROSTYANI (1849–1912) war eine damals bekannte Frauenrechtlerin.
2 Gemeint ist die Münchener Dichterschule (Geibel-Heyse).
3 Ida von Troll-Borostyani weist auf den nach ihrer Meinung verhängnisvollen Einfluß hin, den sowohl Schopenhauers Willensverneinungslehre als auch die materialistische Naturwissenschaft auf die Dichtung ausübt: beides führe zu einem Bruch mit dem Idealismus (hier ganz allgemein als ein Festhalten an geistigen Werten, als aufgeklärter Humanismus verstanden), der sie ihres wahren Wesens beraube.

Karl Bleibtreu »Revolution der Litteratur«

Leipzig: W. Friedrich 1886, S. 13, 30 ff., 82, 86.

[S. 13:] Es ist ... die erste und wichtigste Aufgabe der Poesie, sich der grossen Zeitfragen zu bemächtigen. Zugleich gilt es, das alte Thema der Liebe in modernem Sinne, losgelöst von den Satzungen conventioneller Moral, zu beleuchten.

Von diesen hohen Anforderungen aus wird man natürlich fast die ganze bisherige Literatur verdammen müssen. Für jede Sorte von Süssholzraspelei ist die Zeit zu ernst. „Wir brauchen eine Kunst, bei der uns wohl wird", jammert die Teetischästhetik. Es ist nur die Frage, wer die „uns" sind. Wer bei dem verlogenen Gesalbader der Afterpoeten sich wohlfühlt, der hat natürlich den gesunden Sinn für das wahrhaft Sittliche eingebüsst. Müssige Spiele schwärmender Phantasie sind keine aus dem Innern geborene Dichtung. „Poesie ist nur Leidenschaft", „Ich hasse alle Poesie, die blosse Fiktion ist" — diese zwei goldenen Aussprüche Lord Byron's legen das Grundwesen der poetischen Zeugung bloss.

Das Feldgeschrei „L'art pour l'art"[1] ist schon deswegen ein Unding, weil es die Form über den Inhalt stellt. Wahre Poesie wird nie aus abstrakter Liebe zur Kunst, sondern aus leidenschaftlicher Theilnahme an den Schmerzen und Freuden der Mitwelt geboren.

Es gährt und wogt, die Dämmerung beginnt sich zu lichten. Aber die Morgenröthe wird noch von breitem Nebelwust verzögert, der Tag ist noch weit. Denn mit der blossen Erkenntnis der Nichtigkeit bisheriger Literaturentwickelung ist's nicht getan; es bedarf der schöpferischen Geister. Und diesen wird all ihr Schaffen nichts nützen, wenn sie nicht verstehen, demselben Geltung zu verschaffen. Vor Goethe und Schiller schritt wenigstens Lessing her, um die kritische Herkulesarbeit in dem Augiasstall der Pseudo-Literatur zu verrichten. Bei uns aber werden die Herkulesse schon in der Wiege verkrüppelt und die heilige Dreieinigkeit der Dummheit, Heuchelei und Trägheit hat ihren Schmutzhaufen allzuhoch getürmt. Und doch muss man heut sein eigner Lessing sein, um für positive Originalarbeit festen Grund zu finden.

Die echte Muse zieht sich meist in keuscher Scheu vom Markte zurück, wo das Hexengold und Talmi der Reklamepoetaster als geprägte Münze gilt. Diese reservierte Vornehmheit muss aber ein Ende nehmen. Wenn die Schwäne in stiller Einsamkeit ihr Sterbelied den Lüften anvertrauen, die Nachtigallen in Nacht und Dunkel schlagen, so kann wenigstens der Löwe seine donnernde Stimme erheben und im grollenden Ausbruch majestätischen Zornes das Ge-

piepse der Zaunkönige und das Heulen des Schakals übertönen. Den Löwen erkennt man an der Tatze, und wenn diese unmanierlich genug grobe Wunden reisst, so mögen nicht Diejenigen Waih schreien, die ihm am Bart gezupft. Ein solcher Leu erschien uns noch nicht, aber er muss einst kommen.

[S. 30:] *Der Realismus*

Unter diesem Namen versteht man diejenige Richtung der Kunst, welche allem Wolkenkukuksheim entsagt und den Boden der Realität bei Wiederspiegelung des Lebens möglichst innehält.... Die wirklichen sogenannten Realisten zerfallen in mehrere Klassen.

Die erste ist diejenige der Naturalisten. Es sind dies oft unreife Jünglinge, welche glauben, das Wesen des Realismus bestehe darin, gemeine Situationen und Conflicte zu pflegen. Ich enthalte mich hier der Beispiele. Wenn z. B. Voss[2] ein Cabinetstück der Lüderlichkeit „Von der Gosse" leistet, so hält er diese auf einem Misthaufen gefundene „Scherbe" für „realistisch". Guten Appetit! —

[S. 31:] Die zweite Klasse glaubt in Wiedergabe des Platten und Alltäglichen schwelgen zu müssen. Es sind dies die Niederländer, die G e n r e m a l e r des Realismus. (...)

[S. 32:] Der wirkliche Realist wird die Dinge erst recht sub specie aeterni betrachten und je wahrer und krasser er die Realität schildert, um so tiefer wird er in die Geheimnisse jener wahren Romantik eindringen, welche trotz alledem in den Erscheinungsformen des Lebens schlummert. (...)

Die n e u e P o e s i e wird (...) darin bestehen, Realismus und Romantik derartig zu verschmelzen, dass die naturalistische Wahrheit der trockenen und ausdruckslosen Photographie sich mit der künstlerischen Lebendigkeit idealer Composition verbindet. Das Haupterfordernis des Realismus ist d i e W a h r h a f t i g k e i t d e s L o k a l t o n s , d e r E r d g e r u c h d e r S e l b s t b e o b a c h t u n g , d i e d r a l l e G e g e n s t ä n d l i c h k e i t d e s A u s d r u c k s . N u r d e r i s t z u m R e a l i s t e n t a u g l i c h , d e r d i e G a b e d e s t e c h n i s c h e n S e h e n s u n d d i e K r a f t , m e c h a n i s c h e D i n g e p l a s t i s c h z u s c h i l d e r n , besitzt. Diese Gabe wird ihn dann auch befähigen, die seelischen Vorgänge in ihren intimsten Verschlingungen mit dem Mikroskop psychologischer Forschung zu verfolgen und, wie ein beliebiges mechanisches Geschehnis der Aussenwelt, mit sinnlich greifbarer Gestaltung zu photographieren. (...)

Der Dichter an sich

[S. 82:] Hirsch's Literaturgeschichte[3] schliesst folgendermassen: „Es ist wahrscheinlich, dass wir uns in einer neuen Sturm- und Drang-Periode befinden, aus welcher der Klassizismus eines nationaldeutschen Stils hervorgeht."

Ja wohl, hervorgeht! Die Stürmer und Dränger, wie gesagt, haben wir nun. Aber weder Lessing und Herder, noch Goethe und Schiller erschienen. Oder vielleicht sind sie schon da, aber man erkennt sie nur nicht? (. . .)

[S. 86:] Doch was hilft das Klagen! Die Welt wird nicht anders, Phrase und Lüge, gemeiner Egoismus mit „idealem" Maskengepränge, regieren in aller Ewigkeit, die urwüchsige Kraft steht der Welt im Wege, das Originale ist ihr verhasst und das echte Talent ein Dorn im Auge konventioneller Unfähigkeit. Aber es gilt unentwegt fortzuschreiten.

Dem Realismus allein gehört die Zukunft der Literatur. Allerdings nicht dem Pseudo-Realismus. Denn wer diesen darin sucht, des Menschen reines Wesen als Ergebnis tierischer Instinkte, als eine maschinenhafte Logik des krassen Egoismus hinzustellen — der macht sich derselben Sünde der Unwahrhaftigkeit schuldig wie der gefühllose Süssholzraspler und phraseologische „Idealist". Der Mensch ist weder Maschine noch Tier, er ist halt ein — Mensch, d. h. ein rätselhaftes, unseliges Wesen, in dem sich psychische Aspiration und physische Instinkte bis in den Tod und bis an den Tod befehden.

Mut allerdings bedürfen Dichter wie Leser, um den w a h r e n Realismus zu ertragen — Mut und Charakter. Wer einen schwachen Magen hat, mag seekrank werden beim Anblick der aufgeregten Daseinselemente. Ist das stürmische Meer darum minder schön, minder erhaben, weil ihr es nicht ertragen könnt?

Die als „Programm" der naturalistischen Bewegung geltende Kampfschrift BLEIBTREUS hätte richtungweisend wirken können, gingen nicht die wenigen fruchtbaren Gedanken in völlig subjektiven Wertungen alter und neuer Literatur unter. Selbst ›Die Gesellschaft‹ erkennt die Schrift nur mit Einschränkung als Manifest an (Besprechung von Georg Christaller: ›Die Gesellschaft‹, Jg II, 1886, H. 6). Trotz der Verkennung der wahren Größenverhältnisse und trotz seiner vieldeutigen Begriffe hatte das Buch – mit drei Auflagen im Erscheinungsjahr – ungewöhnlichen Erfolg. Auch hier die Forderung eines „wahren Realismus", der den konsequenten Naturalismus lediglich als integrierenden, wenn auch entscheidenden Bestandteil enthält, außerdem aber – um der Ganzheit des Lebens wie der „künstlerischen Lebendigkeit" willen – das „romantische" oder „ideale" Prinzip (die Dinge sub specie aeterni betrachtet) verlangt. Mit Bleibtreu ausgedrückt: »Revolution der Litteratur« fordert die Verschmelzung von Realismus und Romantik. Entsprechend sind die Vorbilder, die errichtet werden: Byron, Musset, Lenz, Grabbe, außerdem Scott und Alexis. Gleichzeitig fordert Bleibtreu historische und Zeitromane, lobt überschwänglich Max Kretzer als den deutschen Zola, verkennt aber Arno Holz, dem er Arent und Henckell vorzieht. Seine zahlreichen Rezensionen sprechen dem reinen Lyriker überhaupt die Bedeutung ab, da „ein rechter Kerl die Welt nur mit Lyrik nebenbei" belästige. In diese Kritik werden auch die „Stürmer und Drängler des Jungen Deutschland", soweit sie ausschließlich Lyriker sind, eingeschlossen.

[1] Gemeint ist wieder die Münchener Dichtergruppe, vielleicht auch die 1859 in Paris einsetzende Bewegung der Parnassiens um Charles-Marie Leconte de Lisle, die sich entschiedener als die Münchener dem Schlagwort *l'art pour l'art* unterstellten (der Begriff stammt von Theophil Gautier, 1811–1872).

[2] Gemeint ist RICHARD VOSS (1851–1918), dessen viel gelesene Romane und Dramen das Raffinement Sardous mit der Sentimentalität Dumas' verbinden. Er bekannte sich zum Naturalismus und trat dem Kreis um Heinrich Hart bei, der jedoch bald sein Trachten nach dem Augenblickserfolg der herrschenden Mode durchschaute. Auch Bleibtreu mag seine Unecht-

schen Gesichtspuncten zu betrachten, die Erscheinungen der Natur selbst haben uns allmählich das Bild einer unerschütterlichen Gesetzmässigkeit alles kosmischen Geschehens eingeprägt, dessen letzte Gründe wir nicht kennen, von dessen lebendiger Bethätigung wir aber unausgesetzt Zeuge sind. Das vornehmste Object naturwissenschaftlicher Forschung ist dabei selbstverständlich der Mensch geblieben, und es ist der fortschreitenden Wissenschaft gelungen, über das Wesen seiner geistigen und körperlichen Existenz ein ausserordentlich grosses Thatsachenmaterial festzustellen, das noch mit jeder Stunde wächst, aber bereits jetzt von einer derartigen beweisenden Kraft ist, dass die gesammten älteren Vorstellungen, die sich die Menschheit von ihrer eigenen Natur auf Grund weniger exacter Forschung gebildet, in den entscheidendsten Puncten über den Haufen geworfen [S. 4:] werden. Da, wo diese ältern Ansichten sich während der Dauer ihrer langen Alleinherrschaft mit andern Gebieten menschlicher Geistesthätigkeit eng verknotet hatten, bedeutete dieser Sturz nothwendig eine gänzliche Umbildung und Neugestaltung auch auf diesen verwandten Gebieten. Das bekannteste Beispiel hierfür ist die Religion, deren einseitig dogmatischer Theil durch die Naturwissenschaften zersetzt und zu völliger Umwandlung gezwungen wurde. Ein zweites Gebiet aber, das auch wesentlich in Frage kommt, ist die Poesie. Welche besondern Zwecke diese auch immer verfolgen mag und wie sehr sie in ihrem innersten Wesen sich von den exacten Naturwissenschaften unterscheiden mag, — eine Sonderung, die wir so wenig, wie die Sonderstellung einer vernünftigen Religion, antasten, — ganz unbezweifelbar hat sie unausgesetzt, um zu ihren besondern Zielen zu gelangen, mit Menschen und Naturerscheinungen zu thun und zwar, so fern sie im Geringsten gewissenhafte Poesie, also Poesie im echten und edeln Sinne und nicht ein Fabuliren für Kinder sein will, mit eben denselben Menschen und Naturerscheinungen, von denen die Wissenschaft uns gegenwärtig jenen Schatz sicherer Erkenntnisse darbietet. Nothwendig muss sie auch von letzteren Notiz nehmen und frühere irrige Grundanschauungen fahren lassen. Es kann ihr, was Jedermann einsieht, von dem Puncte ab, wo das Dasein von Gespenstern wissenschaftlich widerlegt ist, nicht mehr gestattet werden, dass sie zum Zwecke irgend welcher Aufklärung einen Geist aus dem Jenseits erscheinen lässt, weil sie sich sonst durchaus lächerlich und verächtlich machen würde. Es kann ihr, was zwar nicht so bekannt, aber ebenso wahr ist, [S. 5:] auch nicht mehr ungerügt hingehen, wenn sie eine Psychologie bei den lebendigen Figuren ihrer Erzeugnisse verwerthet, die durch die Fortschritte der modernen wissenschaftlichen Psychologie entschieden als falsch dargethan ist. Eine Anpassung an die neuen Resultate der Forschung ist durchweg das Einfachste, was man verlangen kann. Der gesunde Realismus ermöglicht diese Anpassung. Indem er einerseits die hohen Güter der Poesie wahrt, ersetzt er andererseits die veralteten Grundanschauungen in geschicktem Umtausch durch neue, der exacten Wissenschaft entsprechende. Mit Genugthuung gewahrt er dabei, dass die neuen Stützen

nicht nur relativ, sondern auch absolut besser sind, als die alten, und dass er bei Gelegenheit dieser Anpassung der Poesie ein frisches Lebensprincip zuführt, das nach vollkommener Eingewöhnung höchstwahrscheinlich ganz neue Blüthen am edeln Stamme des dichterischen Schaffens zeitigen wird, die vormals Niemand ahnen konnte. Das ist in abstracter Kürze die eigentlich verstandesgemässe Definition des Realismus. (...)

[S. 6:] (...) Es handelt sich nicht um Namen, um Nationalitäten, um Meister und Jünger einer Schule, sondern um zwei Dinge, die vor aller Augen sind: eine Wissenschaft, die energisch vorgeht und neue Begriffe schafft, und eine Literatur, die zurückbleibt, und mit Begriffen arbeitet, die keinen Sinn und Verstand mehr haben. Thatsächlich hat denn auch [S. 7:] ein beträchtlicher Theil unserer modernen Dichter die richtige Antwort gefunden, und es kommt hier nicht darauf an, ob Dieser ernste und wohlüberlegte Entschlüsse daran angeknüpft oder Jener bloss in kindlicher Freude ein polizeiwidrig lautes Jubelgeschrei über sein findiges Genie dazu ausgestossen hat. Man hat sich geeinigt über den Satz: Wir müssen uns dem Naturforscher nähern, müssen unsere Ideen auf Grund seiner Resultate durchsehen und das Veraltete ausmerzen.

Das Erste, worauf man im Verfolgen dieses Gedankens kam, war ein Satz, der ebenso einfach und selbstverständlich war, wie er paradox klang. Jede poetische Schöpfung, die sich bemüht, die Linien des Natürlichen und Möglichen nicht zu überschreiten und die Dinge logisch sich entwickeln zu lassen, ist vom Standpuncte der Wissenschaft betrachtet nichts mehr und nichts minder als ein einfaches, in der Phantasie durchgeführtes Experiment, das Wort Experiment im buchstäblichen, wissenschaftlichen Sinne genommen.

Daher der Name „Experimental-Roman", und daher eine ungeheuerliche Begriffsverwirrung bei allen Kritikern und Poeten, die weder wussten, was man unter einem wissenschaftlichen Experimente, noch was man unter dichterischer Thätigkeit verstand. Der Mann, der das Wort populär gemacht hat, Zola, ist selbst unschuldig an der Verwirrung der Geister. Nur hat auch er den Fehler nebenher begangen, die Definition eines Kunstwerks als Experiment nicht einzuschränken durch die Worte „vom wissenschaftlichen Standpuncte aus", womit alles klarer und einfacher wird. Vom moralischen Standpuncte beispielsweise will die Definition gar nichts besagen, denn was ist [S. 8:] moralisch ein „Experiment"? Aber wissenschaftlich passt die Sache. Sehen wir das unheimliche Wort näher an.

Der Dichter, der Menschen, deren Eigenschaften er sich möglichst genau ausmalt, durch die Macht der Umstände in alle möglichen Conflicte gerathen und unter Bethätigung jener Eigenschaften als Sieger oder Besiegte, umwandelnd oder umgewandelt, daraus hervorgehen oder darin untergehen lässt, ist in seiner Weise ein Experimentator, wie der Chemiker, der allerlei Stoffe mischt, in gewisse Temperaturgrade bringt und den Erfolg beobachtet. Natürlich: der Dichter

hat Menschen vor sich, keine Chemikalien. Aber, wie oben ausgesprochen ist, auch diese Menschen fallen in's Gebiet der Naturwissenschaften. Ihre Leidenschaften, ihr Reagiren gegen äussere Umstände, das ganze Spiel ihrer Gedanken folgen gewissen Gesetzen, die der Forscher ergründet hat und die der Dichter bei dem freien Experimente so gut zu beachten hat, wie der Chemiker, wenn er etwas Vernünftiges und keinen werthlosen Mischmasch herstellen will, die Kräfte und Wirkungen vorher berechnen muss, ehe er an's Werk geht und Stoffe combinirt.

Wer sich die Mühe nehmen will, einen ganz flüchtigen Blick auf das Beste zu werfen, was Shakespeare oder Schiller oder Göthe geschaffen, der wird den Faden des psychologischen Experiments in jeder dieser Dichtungen klar durchschimmern sehen. Bloss jene Voraussetzungen waren vielfach etwas andere, und hier ist denn eben der Punct, wo der Einfluss der modernen Wissenschaft sich als ein neues Element geltend machen und der Realismus, dessen Theorie wir zugegeben haben, practisch werden soll. [S. 9:] Es gilt, neue Prämissen für die weitern Experimente, die wir machen wollen, aufzustellen oder besser, sie uns von der Naturwissenschaft aufstellen zu lassen. Hier aber, beim Eintritt in die Praxis, wird die ganze Sache sehr schwierig. Wir haben bisheran einer allgemeinen Erörterung Raum gegeben. Der allgemeine Zustand des Denkens in unserer Zeit und des Verhältnisses von Poesie und Forschung zu einander hat uns ein Geständniss abgezwungen, indem er uns ein Dilemma zeigte, aus dem es nur einen Ausweg gab. Wir haben uns einverstanden erklärt mit der versöhnlichen Richtung eines gesunden Realismus und sind vorgedrungen bis an den Fleck, wo die Berührung der exacten Wissenschaften mit derjenigen Definition der Poesie, die von allen am wissenschaftlichsten klingt, endlich stattfinden soll. Alle Vorfragen sind damit erledigt, und ich trete jetzt an das heran, was eigentlich den Kern des Ganzen ausmacht und zugleich ein solches Gewebe ernster Schwierigkeiten aufweist, dass ich eine eingehende Betrachtung derselben für die nothwendige Basis jeder realistischen Dichtung sowohl, wie jeder realistischen Aesthetik halte.

Die Prämissen des poetischen Experiments: das sagt in einem Worte alles. Hier verknoten sich Naturwissenschaft und Poesie.

Wohlverstanden: diese Prämissen umschliessen nicht die Naturgeschichte des poetischen Genius selbst, eine Sache, die ja auch in die Aesthetik hineingehört, die aber mit dem, was ich meine, direct nichts zu schaffen hat. Geniale Anlage muss der Mensch besitzen, um überhaupt als Dichter auftreten zu können, und zwar eine ganz bestimmte Form genialer Anlage, die sich von der für andere Geistesgebiete individuell [S. 10:] unterscheidet. Jene andern Prämissen, die erworbenes Wissen darstellen, verhelfen ihm bloss in zweiter Instanz dazu, sein schöpferisches Wollen nach vernünftigen Gesetzen zu regeln und auch andern, nicht dichterisch Beanlagten durch das Medium der Logik einigermassen verständlich zu machen. Aber auch wenn wir alle Missverständnisse ausschliessen,

bleibt die Sache immer noch sehr schwierig. Es mangelt zunächst gänzlich an brauchbaren Büchern, die dem Dichter einen vollkommenen Einblick in das verschaffen könnten, was ihm aus dem ungeheuren Bereiche der wissenschaftlichen Forschung über den Menschen zu wissen Noth thut. Die in ihren Resultaten so sehr werthvolle psychologische und physiologische Fachliteratur zeigt den Bestand des Materials nur in seiner äussersten Zersplitterung. Weit entfernt, die Arbeit des einsichtigen Dichters unter der Rubrik des psychologischen Experimentes entsprechend zu würdigen, zieht sich die Fachwissenschaft in den allermeisten Fällen vornehm zurück und überlässt die Verarbeitung ihres Materials für poetische Zwecke dem Philosophen, der unter zehn Fällen neunmal die Thatsachen unter dem Vorwande der Ordnung einfach fälscht. Statt der Wissenschaft Rechnung zu tragen, suchen schaffende Poesie wie Aesthetik dann ihre Prämissen durch Studium philosophischer Systeme zu gewinnen, und der Erfolg ist, dass wir unter dem Vorwande realistischer Annäherung an die Resultate der Forschung allenthalben einer Verherrlichung Hegel'scher Phrasen, Schopenhauer'scher Verbohrtheiten oder Hartmann'scher[1] Willkür begegnen, die mit echter Wissensbasis wenig mehr zu schaffen haben, als die alten religiösen Ideen, [S. 11:] so geistvoll sie auch im Einzelnen ersonnen sein mögen.

Eine Anzahl vorsichtiger Geister, besonders ausübender Poeten, verschmäht mit Recht diese schwankende Brücke und stürzt sich kühn in die Detailmasse des exacten Fachwissens. Der Erfolg zeigt eine ernstliche Gefahr auch bei diesem Unterfangen. Die wissenschaftliche Psychologie und Physiologie sind durch Gründe, die Jedermann kennt, gezwungen, ihre Studien überwiegend am erkrankten Organismus zu machen, sie decken sich fast durchweg mit Psychiatrie und Pathologie. Der Dichter nun, der sich in berechtigtem Wissensdrange bei ihnen direct unterrichten will, sieht sich ohne sein Zuthun in die Atmosphäre der Clinic hineingezogen, er beginnt sein Augenmerk mehr und mehr von seinem eigentlichen Gegenstande, dem Gesunden, allgemein Menschlichen hinweg dem Abnormen zuzuwenden, und unversehens füllt er im Bestreben, die Prämissen seiner realistischen Kunst zu beachten, die Seiten seiner Werke mit den Prämissen dieser Prämissen, mit dem Beobachtungsmateriale selbst, aus dem er Schlüsse ziehen sollte, — es entsteht jene Literatur des kranken Menschen, der Geistesstörungen, der schwierigen Entbindungen, der Gichtkranken, — kurz, das, was eine nicht kleine Zahl unwissender Leute sich überhaupt unter Realismus vorstellt.

Ich habe den Weg gezeigt, wie klar denkende Dichter auf diese Linie gerathen können, und bin weit davon entfernt, das blöde Gelächter der Menge bei Beurtheilung derselben zu theilen. Es sind keineswegs die kleinen, rasch zufriedenen Geister, die in solche heroischen Irrthümer verfallen, und der still vergnügte [S. 12:] Poet, der im einsamen Kämmerlein von Sinnen und Minnen träumt, hat für gewöhnlich nur sehr problematische Kenntniss davon, welcher Riesenarbeit

sich gerade der dichtende Genius unterzieht, der im treibenden Banne seiner Gedanken bis zum Unschönsten, was die Welt im gebräuchlichen Sinne hat, dem Krankensaale, vordringt. Ein Irrthum bleibt die Einseitigkeit darum doch. Die Krankheit kann nicht verlangen, den Raum der Gesundheit für sich in Anspruch nehmen zu wollen, das unausgesetzte Experimentiren mit dem Pathologischen, also dem ganz ausschliesslich Individuellen, das eine Ausnahme vom normalen Allgemeinzustande bildet, nimmt der Poesie ihren eigentlichsten Charakter und verführt den Leser zu Irrthümern aller Art, die hinterher den ganzen Realismus treffen.

Ich halte es angesichts all' dieser Gefahren für durchaus an der Zeit, in einer übersichtlichen Darstellung diejenigen Puncte herauszuheben, die eigentlich in der Gesammtfülle des modernen naturwissenschaftlichen Materials als wahre Prämissen seiner Kunst den Dichter unmittelbar angehen. Ich möchte dabei ebensoweit von philosophischer Verwässerung wie von fachwissenschaftlicher Detailüberlastung entfernt bleiben. Was sich als Resultat der bisherigen objectiven Forschung ergiebt, möchte ich unter dem beständig beibehaltenen Gesichtspuncte der dichterischen Verwerthung klar darlegen. Das Metaphysische kann ich dabei nur streifen als nothwendigen Grenzbegriff des Physischen. Die Erkenntnisslehren der modernen Naturwissenschaft sind, wie schon gesagt, bisher in die weiten Kreise fast stets als Beiwerk in gewissen Systemen, als Stütze materialistischer oder pessimistischer oder sonst irgendwie auf einen Glauben getaufter [S. 13:] Weltanschauungen verbreitet worden. All' diesen Bestrebungen stehe ich durchaus fern. Was der Poet sich über das innerste Wesen der kosmischen Erscheinungen denkt, ist seine Sache. Die Puncte, um die es sich für mich handelt, sind als Wissensgrundlagen massgebend für Alle, so gut wie das Wasser das Product zweier Elemente, des Wasserstoffs und des Sauerstoffs, für jeden vernünftigen Menschen bleibt, mag er nun im Puncte des Gemüthes Christ oder Jude oder Mohammedaner sein oder die heilige Materie anbeten.

Es giebt Dinge darunter, die den Dichter stärker machen werden, als seine Vorgänger waren, wenn er sie in der rechten Weise beachtet. Es giebt auch Dinge, die ein zweischneidiges Schwert sind und mit aller Vorsicht behandelt werden wollen. Im Grossen und Ganzen kann ich nur sagen: eine echte realistische Dichtung ist kein leichter Scherz, es ist eine harte Arbeit. Die grossen Dichter vor uns haben das sämmtlich empfunden, die kommende Generation wird es möglicher Weise noch mehr fühlen. Einen Menschen bauen, der naturgeschichtlich echt ausschaut und doch sich so zum Typischen, zum Allgemeinen, zum Idealen erhebt, dass er im Stande ist, uns zu interessiren auf mehr als einem Gesichtspuncte, — das ist zugleich das Höchste und das Schwerste, was der Genius schaffen kann. Wie so der Mensch Gott wird, ist darin enthalten, — aber es wird jederzeit auch darin sich offenbaren, wie so er Gottes Knecht ist. Das Erhebendste dabei ist der Gedanke, dass die Kunst mit der Wissenschaft empor steigt. Wenn das nicht

werden sollte, wenn diese Beiden fortan im Kampfe beharren sollten, wenn Ideal und Wirklichkeit sich [S. 14:] gegenseitig ermatten sollten in hoffnungslosem, versöhnungslosem Zwiste: dann wären die Gegenwart, wie die Zukunft ein ödes Revier und die Mystiker hätten Recht, die vom Aufleben der Vergangenheit träumen. Es ist in Wahrheit nicht so. Ein gesunder Realismus genügt zur Versöhnung, und er erwächst uns von selbst aus dem Nebeneinanderschreiten der beiden grossen menschlichen Geistesgebiete. Dichtung um Dichtung, ästhetische Arbeit um ästhetische Arbeit, alle nach derselben Richtung gestimmt, müssen den Sieg anbahnen. Die rohe Brutalität, von der hitzige Köpfe träumen, wollen wir dabei gern entbehren, — ich meine, die Wissenschaft ist dazu viel zu ernst und die Kunst viel zu sehr der Liebe und des klaren, blauen, herzerwärmenden Frühlingshimmels bedürftig.

2. Kapitel: Willensfreiheit

[S. 34:] (. . .) Naturwissenschaftlich sind wir als ehrliche Beobachter gezwungen, die Bedingtheit aller menschlichen Willensacte der Art des geistigen Apparates gemäss als eine Thatsache auszusprechen, die weder juristische noch theologische Forderungen irgendwie erschüttern können.

Diese Forderungen müssen sich mit der Thatsache abfinden. Die Genesis seiner Gedanken und Handlungen zugestanden, bleibt ja praktisch der Mensch mit lauter Gedankenketten, die im Verbrechen gipfeln, schlecht und strafbar und der Mensch, der durch den Zwang seiner Gehirnfurchen zu moralischem Denken und Thun gezwungen wird, gut.

Für den Dichter aber scheint mir in der Thatsache der Willensunfreiheit der höchste Gewinn zu liegen. Ich wage es auszusprechen: wenn sie nicht bestände, wäre eine wahre realistische Dichtung überhaupt unmöglich. Erst indem wir uns dazu aufschwingen, im menschlichen Denken Gesetze zu ergründen, erst indem wir einsehen, dass eine menschliche Handlung, wie immer sie beschaffen sei, das restlose Ergebniss gewisser Factoren, einer äussern Veranlassung und einer innern Disposition, sein müsse und dass auch diese Disposition sich aus gegebenen Grössen ableiten lasse, — erst so können wir hoffen, jemals zu einer wahren mathematischen Durchdringung der ganzen Handlungsweise eines Menschen zu gelangen und Gestalten vor [S. 35:] unserm Auge aufwachsen zu lassen, die logisch sind, wie die Natur.

Im Angesicht von Gesetzen können wir die Frage aufwerfen: Wie wird der Held meiner Dichtung unter diesen oder jenen Umständen handeln? Wir fragen zuerst: Wie wird er denken? Hier habe ich die äussere Ursache: was findet sie in ihm vor? Was liegt als Erbe in seinem Geistesapparate, was hat die Bildung und Uebung des Lebens darin angebahnt, welche fertigen Gedankenlinien wird jene äussere Thatsache erregen, wie werden diese sich hemmen oder befördern, welche wird siegen und den Willen schaffen, der die Handlung macht? Ich habe das Wort

„mathematisch" gebraucht. Ja, eine derartige Dichtung wäre in der That eine Art von Mathematik, und indem sie es wäre, hätte sie ein Recht, ihr Phantasiewerk mit dem stolzen Namen eines psychologischen Experimentes zu bezeichnen.

Ich glaube gezeigt zu haben, wie gross unsere Unkenntniss im Einzelnen besonders bei der Vererbungsfrage noch ist. Jene Dichtung, von der ich rede, ist in ihrer Vollendung noch ein Traum. Aber das soll uns nicht hindern, rüstig am grossen Bau mitzuschaffen. Einstweilen möge sich vor allem die Klarheit über die Hauptprobleme Bahn brechen. Der Dichter soll anfangen, sich bei der Unzahl von Phrasen etwas zu denken, die auf seinem Gebiete umherschwirren, die Sätze wie: „Es lag in ihm so zu handeln", „Die Natur brach sich gewaltsam Bahn", „Er fühlte etwas, was seinen Gedanken blitzschnell eine andere Richtung gab" und ähnliches, sollen ihm einen Inhalt bekommen, er soll einsehen, dass es im Geiste so wenig Sprünge giebt, wie bei einem festen Verkehrsnetz, wo jede alte [S. 36:] Straße so lange wie möglich benutzt wird und eine neue nicht von heute auf morgen gebaut wird, er soll endlich alle die grossen Namen: Schicksal, Erbsünde, Zufall und wie sie heissen mögen, im Einzelnen neu prüfen und auf die Principien hin modificiren, wo es Noth thut. Ich gebe hier keine Aesthetik, sondern beschränke mich auf die naturwissenschaftlichen Grundlagen, es liegt mir fern, in jene Fragen näher einzutreten, die sich daran anknüpfen. Man sagt wohl, die Poesie werde roh und alltäglich, wenn sie sich an die Fragen der Physiologie um Auskunft wende. Wenn ich die Probleme überblicke, auf die der Gang dieser Studie mich geführt hat, so weiss ich nicht, was das heissen soll. Diese Probleme sind die höchsten, die ich mir denken kann. Wir stehen dicht vor der Schwelle des Ewigen, des Unerreichten, und wandeln doch noch auf dem sicheren Boden der Wirklichkeit. Giebt es einen höheren Genuss?

3. Kapitel: Unsterblichkeit

[S. 45:] (...) Alles was wir Menschen sehen, ist Physisches, auch das Psychische, in so fern es stets an ein Physisches geknüpft ist. Innerhalb dieses Physischen giebt es keine Unsterblichkeit. Aber wir haben Grund zu glauben, dass dieses Physische vor unsern Augen nicht das echte Cosmische, das eigentlich Wahre und Seiende ist, sondern bloss ein mattes und lückenhaftes Gleichniss desselben. Innerhalb dieses eigentlich Seienden ist allem Anschein nach das Leben, das psychische wie das moleculare, selbst etwas ganz anderes, und dort mag es Verhältnisse geben, die alle irdischen Conflicte lösen, alles Schiefe versöhnen; die Annahme kann uns nicht bestritten werden, der Naturforscher hat hier nichts mehr zu sagen. Freilich: Wissen thun wir von jener Welt an sich gar nichts, als dass sie besteht. Aber darin liegt viel. Mit ihrer Existenz haben wir einen ruhenden Punct gefunden, der ausserhalb des Irdischen liegt. Mit dem Bewusstsein eines solchen Punctes weicht die drückende Schwere des Vernichtungsgedankens sowohl im Individuellen, wie im allgemeinen Erdenloos. Mag unsere Laufbahn immer-

hin um sein für die Augen, für das enge Gehirn der verschwindenden Menschen-welle auf dem einsamen Planeten der Sonne. Alles ist damit nicht aus. Hinter dem ewig verschlossenen Vorhang wan- [S. 46:] delt ein Anderes, ein Grösseres, als wir. Indem der Forscher uns unerbittlich versagt, unsere Unsterblichkeits-träume in Bilder der sichtbaren Welt zu kleiden, eröffnet er uns zugleich durch die Feststellung von Grenzen die Ahnung einer Welt, an die jene Träume sich ungestört heften dürfen. In dem Versagen jenes ersten Punctes muss er denn allerdings seine ganze Strenge walten lassen.

Wohl eröffnet sich uns der tiefe Gedanke, dass unser Leben nicht das Absolute, nicht Leben im eigentlicheren Sinne sei, sondern nur ein seltsamer Traum, ein Wandelbild, das an uns vorüberzieht, wohl mögen wir zugeben, dass der Tod nur eine Episode in diesem Bilde, kein wirklicher Abschluss sei. Aber das ist auch nun von der andern Seite wieder alles. Jene wahre Welt greift nicht als fremder Gott in unsere Welt ein, weder in den Offenbarungen der Religion, noch den Geheim-nissen des innersten Seelenlebens, noch auch in den Idealen der menschlichen Kunst. Es giebt keine Puncte im physischen Weltbilde, das wir vor uns sehen, wo wir der Welt an sich näher oder ferner wären; überall stossen wir bei einiger Durchdringung der Erscheinungen auf die ewige Schranke.

Gleichwohl — selbst mit all' diesem Vorbehalt — scheint mir der Poesie vor allem eine mächtige Stütze in dieser Fassung des Unsterblichkeitsgedankens zu liegen. Für sie, die stets das Ganze, das Allgemeine im Auge hat, ist das Resultat des Naturforschers, das hinter der physischen Welt eine andere, wenn auch un-bekannte, nachweist, ein gewaltiger Gewinn. Dem Irdischen, das in ungelösten Conflicten auseinandergeht, wahrt sie die Fernsicht in ein Zweites, das dahinter liegt und das zugleich unsere Erkenntnissschwäche, [S. 47:] wie unsere Hoffnung einschliesst. Nur wenn sich die Poesie frei macht von dem gewöhnlichen, physi-schen Unsterblichkeitsglauben und, der Wissenschaft folgend, sich zu dem wahr-haft philosophischen Gedanken erhebt, dass diese Erscheinungen des Lebens, wie des Todes überhaupt nicht das wahre Wesen der Sache, sondern nur das getrübte Bild, wie es unser Gehirn im Zwange fester Ursachen schafft, darstellen — nur dann kann sie mit gutem Gewissen wieder gelegentlich den Schmerz der Tragödie mildern durch ein weises Betonen des tröstenden Gedankens, dass weder mit dem Leben, noch mit dem Tode, weder mit menschlichem Glücke noch menschlichem Unglücke „Alles aus sei." Und es ist dann sehr einerlei, ob sie mit Hamlet bloss unser Nichtwissen in die geheimnissschweren Worte kleidet: „Der Rest ist Schweigen," oder ob sie in sieghaftem Vertrauen emporjubelt mit dem Göthe-schen Chor: „Alles Vergängliche ist nur ein Gleichniss!"

4. Kapitel: Liebe

(...) Es ist vor allen Dingen Mission der Poesie, die hier viel gesündigt und viel gelitten, mit festem Muthe sich mehr und mehr dem Modegeschmacke ent-

gegenzustellen. Sie kann es aber nur, indem sie echt realistisch wird, das heisst: sich an die Natur anlehnt. Der einfache Realismus, der den Menschen die wahren Kleider des Lebens anzieht, ist noch lange nicht ausreichend zum wirklichen Zweck. Es gilt tiefer zu [S. 65:] gehen und die Welt wieder an den Gedanken zu gewöhnen, den sie durch Metaphysik[2], Sentimentalität und Katzenjammer so vielfach verloren: dass die Liebe weder etwas überirdisch Göttliches, noch etwas Verrücktes und Teuflisches, dass sie weder ein Traum, noch eine Gemeinheit sei, sondern diejenige Erscheinung des menschlichen Geisteslebens darstelle, die den Menschen mit Bewusstsein zu der folgenreichsten und tiefsten aller physischen Functionen hinleitet, zum Zeugungsacte. Damit eine derartige Rolle für die Poesie aber ermöglicht werde, ist es allererste Bedingung für den realistischen Dichter, sich über die näheren Puncte der physiologischen Basis des Liebesgefühls zu unterrichten. Nur eine strenge Beobachtung der Gesetze und Erscheinungen des Körperlichen in seinen verschiedenen Phasen kann zu neuen Zielen führen. Das erfordert freilich auch an dieser Stelle wieder harte Arbeit für den Poeten. Das leichte Fabuliren von den lustigen oder bösen Abenteuern verliebter Seelchen hört dabei auf, und der Dichter wird nothgedrungen sogar hin und wieder Pfade wandeln müssen, wo die landläufige Moral erschreckt zurückschaudert. Wer dazu nicht das Zeug in sich fühlt, der soll dem Liebesproblem fern bleiben; besser gar keine Liebesgeschichten mehr, als jene gefälschten: denn der Dichter mag lügen, wo er Lust hat — es ist alles harmlos gegen das Lügen auf erotischem Gebiete, dessen Folgen bei dem von Natur gesetzten Nachahmungs- und Gewohnheitstriebe des menschlichen Geistes unmittelbar in's practische Leben hineingreifen. Ich nehme keinen Anstand, zu behaupten, dass wir überhaupt eine erschöpfende dichterische Darstellung des ganzen normalen Liebeslebens in Weib [S. 66:] und Mann von seinen ersten Keimen bis zur reifen Mitte und wiederum abwärts bis zum langsamen Versiegen im alternden Organismus in der gesammten Weltliteratur noch nicht besitzen. Zola hat in seinem geistvollen und tiefen Romane „La joie de vivre" wenigstens gelegentlich einmal den Versuch gemacht, an einem gesunden weiblichen Typus ein vollkommen plastisches Bild zu entwickeln; aber bei seiner Neigung für das Pathologische, die ihm nun einmal im Blute steckt, ist das Ganze nach meisterhafter Anlage schliesslich doch einseitig und ohne die natürliche Versöhnung ausgelaufen. Was ich fordere, ist noch weitaus mehr. Ich fordere neben vollkommen scharfer Beobachtung eine bestimmte Tendenz. Man rede mir nicht davon, die realistische Dichtung müsse sich ganz frei machen von jeder Tendenz. Ihre Tendenz ist die Richtung auf das Normale, das Natürliche, das bewusst Gesetzmässige. Die Poesie hat mit wenigen, allerdings sehr hoch stehenden Ausnahmen bisher zu allen Sorten abnormer Liebe erzogen. Sie muss in Zukunft versuchen, dem Leser gerade das Normale als das im eminenten Sinne Ideale, Anzustrebende auszumalen. Nur dann giebt es noch einen Aufschwung in der erotischen Poesie. Der vermessene Ausspruch muss mit Macht widerlegt werden: das Ge-

wöhnliche, jene Liebe, die der einfache Spiessbürger auch erlebt, wenn er gesund ist, sei zu gering für den edeln Schwung der Poesie. Das ist die schwerste Unwahrheit, die je Geltung gewonnen hat in der Literatur. Ihre Folge ist gewesen, dass wir hunderttausend Bände über eine sentimentale, nervös überspannte Liebe und eben so viele über eine unter alles Natürliche herabgesunkene Liebe besitzen — eine [S. 67:] Literatur voller Göttinnen und Cocotten, aber ohne Normalmenschen.

5. Kapitel: Das realistische Ideal

[S. 69:] (...) Wir haben gebrochen mit der Metaphysik. Jenseits unseres Erkennens liegt eine andere Welt, aber wir wissen nichts von ihr; unser Ideal, so fern es eine lebendige Macht sein soll, muss irdisch, muss ein Theil von uns sein, muss der Welt angehören, die wir bewohnen, die in uns lebt und webt. Wir haben gebrochen mit den heitern Kinderträumen von Willensfreiheit, von Unsterblichkeit der Seelen in den Grenzen unseres Denkens, von einer göttlichen Liebe, die ein anderes, als das natürliche Dasein lebt. Unser Weg geht aufwärts zwischen zerborstenen Tempelsäulen, zwischen versiegenden Quellen, zwischen verdorrendem Laub. Wir wissen jetzt, dass unsere Visionen, unsere Prophetenstimmen, unsere leidenschaftlich schmachtenden und schwelgenden Gefühle nichts besseres waren, als Krankheit, Delirien des Fiebertraums, dämmernde Nacht des klaren Geisteslichts. Nun denn: wenn dem allem so ist, das Ideale geben wir damit doch nicht auf. Wenn es nicht mehr der Abglanz des Göttlichen sein darf, so ist ihm darum nicht benommen, die Blüthe des Irdischen zu sein, die tiefste, reinste Summe, die der Mensch ziehen kann aus allem, was er sieht, all' dem Unermesslichen, was sich in der Natur, in der Geschichte, in allem Erkennbaren ihm darbietet. Wenn er den Blick schweifen lässt über diese ganze Erde, über sein ganzes Geistesreich, so sieht er im Grunde all' dieser wechselnden Formen ein einziges grosses Princip, nach dem alles strebt, alles ringt: das gesicherte Gleichmass, die fest in beiden Schaalen schwebende Wage, den Zustand des Normalen, die Gesund- [S. 70:] heit. Ganz vollkommen erfüllt ist dieses Princip allerdings nirgendwo. Aber es schwebt über Allem als das ewige Ziel, niemals ganz realisirt, aber darum doch die unablässige Hoffnung des Realen. Es giebt nur einen Namen für dieses Princip, er lautet: Ideal. Vor diesem Ideale schwindet jeder Unterschied des Bewussten und Mechanischen in der Natur. Der Mensch, indem er sich seiner bewusst wird im Triebe nach Glück, Frieden, Wohlsein, harmonischem Ausleben des Zuerkannten, theilt nur den innern Wunsch, der allem Spiel molecularer Kräfte zu Grunde liegt. Das letzte Ziel des grandiosen Daseinskampfes, der zwischen den frei schwebenden Himmelskörpern wie zwischen den Elementen auf Erden, zwischen den einfachen chemischen Stoffen wie zwischen den geheimnissvollen Bildungen des organischen Lebens tobt, ist nichts anderes, als der dauernde Wohlstand von Generationen, die in Einklang mit der Umgebung gelangt sind. In diesem Sinne ist die Natur selbst

erfüllt von einer tiefen, zwangsweisen Idealität, und wo ihre volle Entfaltung zu Tage tritt, äussert sich diese in der höchsten Annäherung an das ideale Princip des grösstmöglichen Glückes der Gesammtheit, an dem jedes Individuum seinen Antheil hat. Dunkel, wie der ganze Untergrund der grossen Daseinswelle, in der wir leben, für unsere Erkenntniss bleibt, ist die ideale Richtung auf das Harmonische, nach allen Seiten Festgefügte, in seiner Existenz Glückliche und Normale überhaupt die einzige feste Linie, die wir durch das ganze Weltsystem verfolgen können. Es ist die einzige treibende Idee, die aus dem ungeheuren Wirrsal des Geschehens einigermassen deutlich hervortritt, von der wir sagen können: sie verkörpert ein Ziel, einen Endpunct. Die [S. 71:] weiteren philosophischen Träumereien, ob man sich die Welt denken solle als etwas ursprünglich Gutes, das schlecht geworden und nun im Banne eines metaphysischen Willens wieder zum Anfänglichen zurückstrebe — ob das absolute Glück denkbar sei als absolute Ruhe oder harmonische Bewegung — das alles geht mich hierbei herzlich wenig an.

Ich wahre durchaus den Standpunct des Naturforschers. Wenn aber ein derartiges ideales Princip sich von diesem aus für die ganze sichtbare Welt ergiebt, so hat auch der realistische Dichter ein Recht, sich seiner zu bemächtigen, es als „Tendenz" in seinen Dichtungen erscheinen zu lassen. Tendenz zum Harmonischen, Gesunden, Glücklichen: — — — was will man mehr von der Kunst? Giebt es einen besseren Boden für die Aesthetik, um ihren menschlichen Begriff des Schönen darauf zu bauen? (...) Der realistische Dichter soll das Leben schildern, wie es ist. Im Leben waltet die Tendenz zum Glück, zur Gesundheit als Wunsch, nicht als absolute Erfüllung. Das wird der Dichter durchaus anerkennen müssen. Er wird sich stets fern- [S. 72:] halten von dem Unterfangen, uns die Welt als ein heiteres Theater darzustellen, wo alle Conflicte zum Guten auslaufen. Eine unerbittliche Nothwendigkeit wird ihn zu den schärfsten Consequenzen zwingen, und wenn er, was nicht zu vermeiden, das Ungesunde in sein Experiment hineinzieht, so ist er verpflichtet, es in seinem ganzen Umfange zur folgerichtigen Entwicklung zu bringen. Seiner Tendenz dient er dann eben bloss im Negativen, im Contraste.

Im Allgemeinen kann ich auch hier nur wiederholen, was bereits öfter gesagt ist: der Realismus hat gar kein Interesse daran, allenthalben mit der Prätention des durchaus „Neuen" aufzutreten. Seine wesentlichste Mission ist, zu zeigen, dass Wissenschaft und Poesie keine principiellen Gegner zu sein brauchen. Das kann aber ebenso gut geschehen, indem wir wissenschaftlichen Factoren in der Dichtung zu ihrem Rechte verhelfen, wie gelegentlichen Falles auch, indem wir einen Zug zum Idealen in der Wissenschaft nachweisen. Nur allein das Metaphysische muss uns fern bleiben. Das Streben nach harmonischem Ausgleich der Kräfte, nach dauerndem Glück ist in jeder Faser etwas Irdisches. Hier auf Erden ringt der Einzelne nach Seligkeit, hier auf Erden pflanzen wir in heiterem Bewusstsein Keime zum Segen der kommenden Geschlechter. Die dunkle Welt des

Metaphysischen sagt hier nichts, hilft nichts, hindert nichts; sie kann, wie ich das ausgeführt habe, einen tröstenden Gedanken abgeben beim Tode; an Glück und Unglück im Leben ändert sie nichts.

Jene Schule des Realismus, die gegenwärtig so viel Staub aufwirbelt, hat uns mit beharrlichem Bemühen in einer langen Reihe von psychologischen [S. 73:] Gemälden mit dem traurigen Bankerotte des menschlichen Glücksgefühls in Folge krankhafter Verbildung bekannt zu machen gesucht. Ich erwarte eine neue Literatur, die uns mit derselben Schärfe das Gegenstück, den Sieg des Glückes in Folge wachsender, durch Generationen vererbter Gesundheit, in Folge fördernder Verknüpfung des schwachen Individuellen mit einem starken Allgemeinen in Vergangenheit und Gegenwart vorführen soll. Auch dafür giebt es Stoff genug in der Welt, und zwar ist das gerade der Stoff, der in eminentem Sinne das Ideale in der natürlichen Entwickelung darlegen wird. Das Ideale, von dem wir nach Vernichtung so vieler Illusionen noch zu reden wagen, liegt nicht hinter uns wie das Paradies der Christen, nicht nach unserer individuellen Existenz in einer persönlichen Fortdauer im Sinne der Jünger Mohammeds, nicht ganz ausserhalb des practischen Lebens in den Träumen des Genies, des Poeten: es liegt vor uns in der Weise, dass wir selbst unablässig danach streben und in diesem Streben zugleich das Wohl unserer Nachkommen, die Erfüllung derselben im Ideale anbahnen helfen. Das soll uns die Dichtung zeigen. Idealisiren muss für sie nicht heissen, die realen Dinge versetzen mit einem Phantasiestoffe, einem narkotischen Mittel, das Alles rosig macht, aber in seinen schliesslichen Folgen unabänderlich ein Gift bleibt, das den normalen Körper zerstört — sondern es muss heissen, den idealen Faden, den fortwirkenden Hang zum Glücke und zur Gesundheit, der an allem Vorhandenen haftet, durch eine gewisse geschickte Behandlung deutlicher herausleuchten zu lassen, ungefähr wie ein Docent bei einem Experimente sehr wohl die Aufmerksamkeit der Zuschauer auf eine bestimmte [S. 74:] Seite desselben lenken kann, ohne darum den natürlichen Lauf zu verfälschen. Die oberste Pflicht des Dichters hierbei muss freilich allezeit Entsagung sein. Wie schon betont: das Wollen, das wir in der Natur sehen, ist selbst noch keine Erfüllung. Je gesunder der Poet selbst ist, desto eher wird er in die Gefahr gerathen, einerseits das Ungesunde zu grell zu malen, andererseits seine Welt gewaltsam als ein Reich der Gesundheit ausmalen zu wollen. Das Wirkliche muss hier als ewiger Corrector die Auswüchse beseitigen. Für den Standpunct des natürlichen Ideals in der allgemeinen Werthschätzung ist es schliesslich immer noch besser, man lässt es zu schwach durchschimmern im Gange der geschilderten Begebenheiten, als man profanirt es in der Weise des alten metaphysischen Ideals durch künstliches Auffärben.

Eine realistische Dichtung aber ganz ohne Ideal — — — das ist mir etwas Unverständliches. Im Märchen mag gelegentlich alles schwarz sein. Im Leben giebt es dunkle Sterne und dunkle Menschenherzen. Aber um den finstern Bru-

der, mit dem ihn am Himmel das Gesetz der Schwere verkettet, kreist der helle Sirius — neben den kranken Seelen wandeln gesunde. Wer die Welt schildern will, wie sie ist, wird sich dem nicht verschliessen dürfen.

6. Kapitel: Darwin in der Poesie

[S. 81:] (...) Sowohl das Aufstreben des Neuen wie das Absterben des Veralteten, die geheimnissvollen Processe, wie das Gesunde verdrängt wird durch ein Gesunderes, wie es zum Ungesunden herabsinkt durch haltlose Opposition gegen das bessere Neue, ohne selbst das alles begreifen zu können — sie sind seit alten Tagen die Domäne der Poesie, ohne dass man sich in der rechten Weise über die eigentlichen Gesetze, die darin walten, und ihre Beziehungen zu den Darwin'schen Gedanken hat klar werden wollen. Man kann wohl verlangen, dass ein realistischer Dichter nach Darwin kein Bedenken mehr trägt, die Dinge beim rechten Namen zu nennen. Aber es gehört dazu in erster Linie ein ernstes Studium. Allgemeine Schlagwörter beweisen nichts. Man mache sich daran und entwickele uns zunächst, was noch nicht ordentlich versucht worden ist, die darwinistischen Linien in der Geschichte; man prüfe die Werke ausgezeichneter Beobachter wie Shakespeare im Einzelnen auf das ganze Princip. Dann wird man dahin kommen, Sätze aufstellen zu können, die den Schlagwörtern einen lebendigen Zusammenhang mit der ganzen Wissenschaft geben. Zahllose Puncte sind dabei im Auge zu behalten. Die einfache Zuchtwahl durch persönliches Emporkämpfen und dadurch ermöglichte Gründung einer Familie, die mit jener Ideenneuerung im Genie nichts zu schaffen hat, bei der neben den geistigen vor allen auch die körperlichen Fähigkeiten, [S. 82:] Arbeitskraft, weibliche wie männliche Schönheit und anderes, mitspielen, ist beim Menschen natürlich nicht erloschen und wahrt ihre alte Rolle. Das ganze sociale Leben mit all' seinen Klippen und Irrthümern, seinen Triumphen und Fortschritten fordert die Beleuchtung vom Darwin'schen Gesichtspuncte aus. Aber was schon im eng beschränkten Thier- und Pflanzenleben seine ernsten Schwierigkeiten bietet, wird hier vollends zu einem fast unentwirrbaren Gewebe. Körperliche Gesundheit als Vortheil im Daseinskampfe findet ihr Aequivalent in Geldmitteln, die Kraft der Sehnen wird gleichwerthig ersetzt durch die bessere Molecularconstruction des Gehirns, die unerbittliche Strenge des Gesetzes vom Recht der Stärkern sieht sich seltsam durchkreuzt von einem bereits gewaltig angesammelten Fond humaner Anschauungen, die wieder von einer das Gesetz überbietenden Brutalität auf der andern Seite paralysirt werden. Der Dichter, der sich mit Muth der Aufgabe unterzieht, in jeder einzelnen Thatsache hierbei ein Glied grosser Ketten nachzuweisen, sieht sich allerdings auch darin belohnt, dass er jede, auch die geringfügigste Erscheinung, so fern sie nur echt dem Leben entspricht, zum Gegenstande höchst interessanter Darstellungen machen kann. Im Lichte grosser, allgemeiner Gesetze kann die an und für sich nicht sehr poetische Chronik eines

Krämerviertels, das ein grosses Magazin im modernsten Stile nach und nach vollkommen todt macht, von höchster dramatischer Wirkung werden, ein Motiv, das Zola in einem seiner besten Romane[3] bereits mit Geschick durchgeführt hat. Die kleinen Thatsachen in dieses Licht des Allgemeinen, Gesetzlichen, höheren Zielen Zustrebenden heraufrücken: das ist ja eben die idealisirende Macht, [S. 83:] die der Dichter hat. Das werthlose Gezänk über Werth und Grenzen der Detailmalerei kann hier keine Geltung beanspruchen. Gerade das Studium der biologischen Phänomene der Artumwandlung, wie es Darwin angebahnt, führt von selbst darauf, dass wir uns gewöhnen, den kleinsten Ursachen, den winzigsten Fortschritten und Störungen unter Umständen die allergrösste Wichtigkeit beizulegen. Der Dichter, der nur Einiges von Darwin gelesen, wird mit ganz anderer Werthschätzung an die Dinge des täglichen Lebens herangehen und sich sagen, dass nicht das Ungeheuere, Welterschütternde allein die geistige Durchdringung durch die dichterische Anschauung ermögliche, sondern auch das Kleine — wofern nur der Poet den nöthigen hellen Kopf mitbringt. Denn hohe Ideen aus der Sonne zu lesen ist unverhältnissmässig viel leichter, als aus einem Sandkorn.

Eine andere Bereicherung als Frucht darwinistischer Studien erblicke ich in dem verschärften Verständniss des Dichters für die längere Zeitdauer, die jeder Entwickelungsprocess auch im Menschenleben in Anspruch nimmt. Wie die Welt nicht in sieben Tagen geschaffen ist, so schafft sich auch keine psychologische Thatsache von heute auf morgen. Unsere Bücher sind zwar voll von einer Liebe, einem Hass, die sich einer geschleuderten Dynamitbombe gleich ohne alle Prämissen entladen; der naturwissenschaftlich gebildete Dichter wird hier sceptischer zu Werke gehen.

Unsere älteren grossen Meister — Shakespeare, der Zeitgenosse Bakons, und Göthe, der unmittelbare Vorgänger Darwin's — bleiben dabei nach wie vor unsere Führer und Lehrer. Gerade auf dem darwini- [S. 84:] stischen Gebiete scheint mir der allgemeine Werth der Methode die Hauptsache, die den Dichter fördern muss — viel mehr noch als das nähere Eingehen auf Fragen der Zuchtwahl. Ich will, um noch einen dritten dahin gehörigen Punct herauszugreifen, auch Gewicht legen auf die Rolle des oft verkannten Wortes Zufall in der Dichtung. Was ist naturwissenschaftlich gesprochen — Zufall?

Nicht Wenige, die sich im Allgemeinen an das Causalprincip gewöhnt haben, wie es die logische Wissenschaft lehrt, meinen in Folge dessen jeden Zufall, der als Factor in einer Dichtung auftritt, schlechtweg als unerlaubten deus ex machina verwerfen zu müssen. Im letzten Grunde der Erscheinungen hängt ja Alles zusammen, das ist richtig. Trotzdem bietet die Welt von einem Standpuncte wie unserm menschlichen, der gewissermassen sehr weit ab in der grossen Kette liegt, das schematische Bild einer unendlichen Menge in sich geschlossener Linien dar, innerhalb deren alles causal verknüpft ist und ohne fremde Beihilfe weiter-

läuft. Jede Kreuzung zweier dieser Linien erscheint vom Standpuncte der beiden einzelnen wie ein in keinem ihrer eigenen Richtungsgesetze begründeter grober Stoss von aussen. Diesen jedesmaligen Kreuzungsstoss nennen wir Zufall. Vom hypothetischen Standpuncte einer Kenntniss sämmtlicher anfänglicher Richtungsverhältnisse aller causalen Sonderlinien zueinander, also einer mathematisch exacten Vorstellung von der anfänglichen Atomlagerung der irdischen Welt aus hörten die Empfindungen dieses unerwarteten Stosses und damit der Zufall als Sonderbegriff auf zu existiren. Der menschliche Standpunct den Dingen gegenüber ist hiervon noch sehr weit [S. 85:] entfernt. (...) Vom Dichter verlangen, dass er diesen Erscheinungen gegenüber seinen menschlichen Betrachtungsstandpunct aufgeben und uns nur noch überall geschlossene Linien vorführen sollte, hiesse denn doch gerade die Wirklichkeit in seinen Bildern antasten. (...) Ja, man kann geradezu sagen, dass eine schärfere Beachtung des Zufalls in seiner thatsächlichen Erscheinung den Dichter eher darauf führen [S. 86:] wird, ihm eine mehr, als eine weniger wichtige Rolle zuzuertheilen. (...) [S. 87:] (...) Mit jedem Schritt, den wir thun, kreuzen wir fremde ungeahnte Causalitätsreihen, die in Folge der neuen Reihe, die aus dem Contact hervorgeht, eine Macht innerhalb unserer eigenen Linie werden. Ein ganzes Menschenleben bis in dieses feine Gewebe seines Schicksals hinein zu zergliedern: das wäre ein Kunstwerk, wie wir es noch nicht einmal ahnen. In Wahrheit giebt es wenige Puncte, die dem Beobachter so schmerzlich nahe legen, wie weit unsere Kunst in all' ihrer Erfassung des Menschlichen noch hinter der Wirklichkeit zurücksteht.

Das Wort des alten Malers bei Zola muss uns trösten: „Arbeiten wir!" Arbeit steckt auch in all' diesen darwinistischen Problemen, Arbeit nicht bloss für den Naturforscher, sondern auch für den Dichter. Sagen wir uns unablässig, dass die Arbeit, das harte, mit dem Leben ringende Künstlerstreben, unser wahres Erbe von den grossen Geistern der Vergangenheit her ist, nicht das unklare Träumen. Genialität wird geboren; aber das Ausleben der Genialität ist unablässige Durchdringung des Stoffes, ist ewiges Studium; wenn sie das nicht ist, so ist sie eine Krankheit, für die der schonungslose Kampf um's Dasein die ideale Nemesis wird, indem er sie ausrottet.

Schlussbetrachtung

[S. 90:] (...) Die historische Dichtung als Ganzes war eine berechtigte Pionierarbeit — grösser und glänzender als sie, folgt ihr freilich jetzt die Aufgabe, das Geschichtliche nicht darzustellen in künstlich belebten Bildern des Vergangenen, sondern in seiner lebendigen Bethätigung mitten unter uns, in seinen fortschwirrenden Fäden, in seiner Macht über die Gegenwart.

Von diesem freien Standpuncte aus verliert der Kampf um den Realismus seine Bitterkeit. Die grosse Literatur, auf die wir stolz sind, erscheint wieder als Ganzes, wo jeder Bedeutende sein Recht erhält. Und am Ende, wenn auch bei

uns in Deutschland der [S. 91:] Realismus im neuen Sinne einmal seine grossen Vertreter gefunden hat, wird als Summe sich ergeben, dass wir, die wir auf einer stofflich reicheren und tieferen Literatur fussen, als die Nachbarländer, auch nun in jenem Gebiete fester und sicherer uns ergehen werden, als die Franzosen und Engländer oder die Russen und Skandinavier. Gerade den Jüngeren, die jetzt so viel Lärm schlagen, kann nicht genug an's Herz gelegt werden, dass Realisten sein nicht heissen darf, die Fühlung mit den grossen Traditionen unserer Literatur verlieren. Studirt Zola, achtet ihn, helft die Kurzsichtigen im Publicum aufklären, die keinen Dichter vertragen können, der im Dienste einer Idee selbst das Extreme nicht scheut; aber gebt euch nicht blind für Schüler Zola's aus, als wenn in Paris ein Messias erstanden sei, der alle alten und neuen Testamente auflösen sollte. Studirt, was Zola sich zu thun ehrlich bemüht hat, Naturwissenschaften, beobachtet, wendet Gesetze auf das menschliche Leben an, das ist alles schwere Arbeit, aber es bringt uns vorwärts. Und vor allem: vergesst nicht, dass ihr der deutschen Literatur angehört, dass hinter euch Göthe und Schiller stehen und dass ihr ein Recht habt, euch als derer Enkel selbstständig neben den Schüler Balzac's und Nachfolger Victor Hugo's[4] zu stellen, was die Vergangenheit und den Bildungsgrad eures Volkes anbetrifft. Die Wissenschaft ist internationales Gut, Jeder kann sie sich aneignen, der sich der Mühe unterzieht. Aber bildet euch nicht ein, das leere Poltern und Schreien hülfe irgend etwas. Ihr habt jetzt nach Kräften auf den historischen Roman gescholten, obwohl darin doch wenigstens ordentliche Arbeit, ordentliches Studium steckte. Ich will glauben, dass das [S. 92:] Schelten begründet war, wenn ihr zeigt, dass ihr mehr könnt, dass ihr das unendlich viel erhabenere Problem zu lösen wisst, wie die Fäden der Geschichte sich verknoten im socialen und ethischen Leben der Gegenwart, wie man historische Dichtungen schreibt, die gestern und heute spielen. Ihr habt die weiche, tändelnde Lyrik ausgepfiffen auf allen Gassen. Auch das soll gut und recht sein, wenn ihr mir eine neue Lyrik zeigt, die an Göthe und Heine organisch anknüpft und doch selbstständig das Herzensglück und Herzensweh des modernen Menschen zum Ausdruck bringt. Macht der Welt klar, dass der Realismus in Wahrheit der höchste, der vollkommene Idealismus ist, indem er auch das Kleinste hinaufrückt in's Licht des grossen Ganzen, in's Licht der Idee. Dann werden die Missverständnisse aufhören. Der Leser wird nicht mehr der Ansicht huldigen, wenn er eine realistische Dichtung aufschlüge, so umgellte ihn das Gelächter von Idioten und Cocotten, und wenn man, was überhaupt recht rathsam wäre, sich bloss genöthigt sähe, das Romanlesen bei unreifen Mädchen etwas mehr einzuschränken in Folge des Ueberwiegens der realistischen Dichtung, so sollte das unser geringster Schmerz sein. Freilich wird es auch ohne Missverständnisse noch manchen harten Kampf kosten, bis die Mehrzahl der geniessenden Leser sich an das schärfere Instrument des Beobachters gewöhnt haben wird. Das kommt nicht von heute auf morgen.

WILHELM BÖLSCHE »CHARLES DARWIN UND DIE MODERNE ÄSTHETIK«
(1887/88)

Aus: ›Der Kunstwart‹, Jg 1, 1887/88, H. 4, S. 125–126.

*Charles Darwin und die moderne Ästhetik. — Wer in kommender Zeit einmal die Geschichte der Ästhetik im neunzehnten Jahrhundert frei und ohne engere Parteiinteressen zu schreiben versuchen wird, von dem kann man heute schon kühn behaupten, daß ihm mancher Name einen wesentlich anderen Klang, manches Antlitz einen neuen — sei es nun fremden oder vertrauteren — Ausdruck gewinnen wird. Birgt nicht der kurze Rest des Jahrhunderts, der uns noch verhüllt ist, ungeahnte Wendungen der menschlichen Gedankenwelt, so mag ihm wohl die ganze Entwickelungsreihe in zwei deutlich gesonderte Hälften zerfallen: eine weniger günstige, deren treibende Idee innige Verkettung von Ästhetik und spekulativer Philosophie war, und eine von langsamem, aber stetig wachsendem Erfolge begleitete, in welcher die Ästhetik von der rein beobachtenden und experimentierenden Methode der Naturwissenschaft beherrscht wird. Unter den kraftvollen Förderern der zweiten Richtung aber werden ihm Namen glänzen, die gegenwärtig von zahlreichen Jüngern der ästhetischen Wissenschaft überhaupt noch gar nicht in Zusammenhang mit der Ästhetik gebracht werden. Ein solcher Namen ist in erster Linie der von C h a r l e s D a r w i n[1]. (. . .) Philosophen aller Art hatten seit alten Zeiten den Zwiespalt gefühlt zwischen der rohen Welt des Mechanischen in der Natur und der Welt des Idealen in der Kunst, aber anstatt den Versuch einer Versöhnung in freiem, monistischem Sinne zu machen, hatten sie durchweg die Kluft nur vertieft und waren zum Teil schließlich auf die haltlose Phrase hinausgelaufen, daß die Natur — und folgerechterweise auch alles Körperliche, Natürliche im Menschen selbst — ein Abfall von der göttlichen Idee sei. Anders Darwin! Für ihn konnte jenes Zweierlei der Welten nur ein Schein sein. Er mußte eine Brücke suchen zwischen der Welt, der unerbittlichen Auswahl des Nützlichen und der scheinbar so selbstlosen Idealwelt, und er fand sie, indem er mit einem ungeheuren Aufwande von Thatsachenreihen, die vor ihm der Naturforscher nie verknüpft und der Ästhetiker überhaupt nicht gekannt hatte, nachzuweisen suchte, daß das Ideale, die Empfindung für Schönheit ursprünglich auch etwas Nützliches, Arterhaltendes war. (. . .)

[S. 126:] Man hört es heute bisweilen wie eine vage, noch fast paradox klingende Behauptung aussprechen, daß unsere Ästhetik sich dem Zuge der Zeit, der zum Anschluß an die Naturwissenschaft drängt, nicht mehr ganz entziehen

könne. Und es fließt wohl gar ein Wort des Bedauerns mit ein, daß dem so sei. Ich denke, die Pflicht der Dankbarkeit sollte hier allein schon entscheidend sein. Darwin war Naturforscher, Fechner[2] war es nicht minder, Helmholtz[3], der noch mitten unter uns lehrt, ist der besten einer, — und wie viel verdanken wir diesen nicht! Wer heute eine Ästhetik schreiben will, wird den Philosophen manches verdanken, mehr aber noch den Naturforschern. Seine Pflicht ist es, das Vorurteil aufzugeben, als sei das Körperliche in der Welt ein Abfall vom Idealen, und als bedürfe die Ästhetik, die doch ganz unbedingt eine Wissenschaft und nicht blos eine Stätte für behagliche Schwärmerei sein soll, einer Methode, die zu der des Naturforschers in ernstlichem Gegensatze stände. Am letzten Ende kommt es auch für ihn doch darauf an, der Wahrheit, dem wirklich bestehenden Zusammenhang der Dinge auf die Spur zu kommen. Wer ihm aber dazu Bausteine reicht, der soll ihm willkommen sein!

›Der Kunstwart‹ wurde als ›Rundschau über alle Gebiete des Schönen‹ 1887 von Ferd. Avenarius begründet, erschien anfangs im Selbstverlag, seit 1894 bei Callwey in München. – Vgl. Fritz Schlawe »Literarische Zeitschriften 1885–1910«, 1961, Sammlung Metzler, S. 75 ff.
  Die Zeitschrift, deren Ziel „Erziehung zur ästhetischen Kultur" und selbständigen Geschmacksbildung war, zeigte von Anfang an eine betont bürgerlich konservative Haltung. Zwar gibt sie der sachlichen Diskussion moderner Probleme Raum, ergreift aber bewußt das Erbe der deutschen Klassik. Herder, Goethe, Schiller kommen zu Wort, in erster Linie ihr pädagogisches Anliegen. „Auf diesen Blättern soll Wacht gehalten werden für die heilige Sache der Kunst, für das Echte und Wahre, und gegen hohles Wesen, gegen das Gemachte, gegen allen bloßen Schein. Wir wollen eine Dichtung, die aus dem tiefsten Wesen unseres Volkes hervorbricht... eine lebendige Kunst, die ein Organ des nationalen Lebens sei" (Eugen Kühnemann: Zu Herders 100. Todestag, Kw. XVII, 1903/04, H. 6). Herders Kulturideen waren wegweisend, Avenarius stellt seine Zeitschrift bewußt in ihre Nachfolge. Obwohl der Kw. durch Vorzugsdrucke und Kunstmappen auch bildende Kunst zu verbreiten suchte – wobei er, gemäß seiner konservativen Einstellung, vor allem Schwind, Richter, Thoma, Böcklin bevorzugte, dagegen Liebermann, Marées und anderen gegenüber zurückhaltend war –, lag der Akzent von Anbeginn auf dem Literarischen. (Der später vom Kw. getrennte ›Literarische Ratgeber‹ hatte größeren Erfolg als dieser selbst.) Auch hier erscheinen vorzugsweise Dichter des bürgerlichen Realismus, Mörike, Keller, Storm, Raabe, sogar Hebbel, und als Vertreter der jüngsten realistischen Zeit Fontane, Wildenbruch, Liliencron. Erscheinungen mit dem Charakter einer Schule, eines bestimmten Programms (Sturm und Drang, Romantik) gegenüber verhielt man sich zurückhaltend oder ablehnend, aus dem grundsätzlichen Unglauben an den positiven Wert des literarischen Programms. Das Werk ist vor dem Programm, heißt es bei Avenarius (Kw. II, 1888/89, H. 2). Dem Naturalismus stand der Kw. abwartend gegenüber und begreift ihn schon früh als „einen Durchgangszustand unserer Kunstbildung" (Kw. IV, 1890/91). Anerkannt werden die wesentlichen Dichter Hauptmann, Holz und Schlaf [siehe Seite 238, 198 f., 241]. Die in den neunziger Jahren einsetzende antinaturalistische Strömung findet im Kw. kaum einen Niederschlag: weder Dehmel noch George kommen zu Wort, während der betont nationale, ethische Klassizismus Paul Ernsts begrüßt wird, ebenso wie Friedrich Huch, Hermann Hesse, Emil Strauß und Walter von Molo der konservativen Grundhaltung der Zeitschrift entsprechen. Langbehns Buch »Rembrandt als Erzieher« (siehe Seite 230) kam den kulturpolitischen Absichten des Kw. entgegen, nur drängte jener auf die Erneuerung der deutschen Kultur an den Quellen des Volkstums, während Avenarius eine mehr gegenwärtig praktische Kulturpolitik vertrat. 1903 gründete er zu diesem Zweck den Dürerbund, 1904 brachte er den Aufsatz »Dürer als Führer« von Momme Nissen und Langbehn. Unmittelbar nach der Begründung des Kw. forderte Avenarius Nietzsche zur Mitarbeit auf, der jedoch ablehnte und

den Musikerfreund Peter Gast (Köselitz) sowie den Schweizer Dichter Carl Spitteler empfahl. Auf Wunsch Nietzsches (den er als großen Denker der Zeit zwar verehrte, aber wohl kaum verstand) veröffentlichte Avenarius den begeisterten Aufsatz Gasts über den »Fall Wagner« (Kw. II, 1888/89); seine Nachschrift jedoch, die Nietzsche als „espritreichen Feuilletonisten" bezeichnet (worauf Nietzsche brieflich antwortet: „Der tiefste Geist muß auch der frivolste sein"), verrät, daß seiner bürgerlichen Ethik Nietzsches umwertendes Denken verschlossen war. – Verglichen mit der ›Gesellschaft‹ M. G. Conrads, verfolgte der Kw. im ganzen eine klare Richtung, die ihn nicht zu späteren Revisionen seiner literarischen Urteile zwang. So war etwa die Stellungnahme zu Zola von Anfang an zwar anerkennend, doch reserviert, so daß seine nach 1895 einsetzende Abwertung im Kw. keinen Raum fand. Ähnliches gilt von Ibsen und Richard Wagner. Unter den Mitarbeitern der ersten Jahrgänge waren auch Vertreter des Naturalismus. Avenarius selbst gehörte vor der Kw.-Gründung zu den Mitarbeitern der ›Berliner Monatshefte‹ (Brüder Hart, siehe Seite 17) und nach ihrer Auflösung zu dem Kreis der ›Gesellschaft‹ (siehe Seite 237 f.), in deren Jg 2 er schon auf den Übergangscharakter des Naturalismus und auf Zola hinwies (»Der Naturalismus und die Gesellschaft von heute«). Jetzt arbeiten die Brüder Hart ihrerseits am Kw. mit, aber auch Wilhelm Bölsche, Friedrich Lienhard, Ola Hansson und der Wiener Hermann Bahr, der sich später vom Naturalismus abwandte. Von Jg. 8 an war Adolf Bartels Literarkritiker des Kw.; nach 15 Jahren trennte sich Avenarius von ihm wegen seiner antisemitischen Haltung. Auch mit Lienhard kam es zum Bruch, obwohl sein Eintreten für Heimatkunst ganz im Sinne des Kw. war. Lienhard wurde Mitarbeiter und seit 1920 Herausgeber des ›Türmer‹, der 1898 von Freiherr von Grotthuß gegründeten Monatsschrift, die Avenarius als gegnerisch empfand und angriff, obwohl sie sich in manchem mit dem Kw. berührte.

Bölsches Aufsatz über Darwin (Kw. I, 1887/88) gehört zur naturalistischen Programmatik, insofern er die Bedeutung der Abstammungslehre für den modernen Dichter erläutert und Avenarius mit seiner Veröffentlichung sich indirekt zum Naturalismus, beziehungsweise zu einer seiner Grundforderungen bekennt.

¹ über DARWIN siehe Seite 18 und 70.
² GUSTAV THEODOR FECHNER (1801–1887), Naturforscher und Philosoph, der naturwissenschaftliche Forschung mit Spekulationen über das Übersinnliche verband und die Psychophysik begründete. Er entwarf ein Weltbild der Allbeseelung, in dem nicht nur Pflanzenseelen, auch Gestirnseelen und eine Erdenseele leben. Die Beziehungen zwischen Seele und Körper beschäftigten ihn besonders. So kam er zum Ergebnis eines psychophysischen Parallelismus (Weber-Fechnersches Gesetz, nach dem sich die Empfindungsintensitäten wie die Logarithmen der Reizintensitäten verhalten). Fechner gilt auch als Begründer der experimentellen Psychologie und der experimentellen Ästhetik, die auf Erfahrung und Induktion beruht. Hauptwerke unter anderen: »Nanna oder über das Seelenleben der Pflanzen«, 1848; »Zendavesta oder über die Dinge des Himmels und des Jenseits«, 1851; »Vorschule der Ästhetik«, 1876.
³ HERMANN LUDWIG FERDINAND HELMHOLTZ (1821–1894), Physiker und Physiologe, einer der bedeutendsten Naturforscher des 19. Jahrhunderts, der das von Robert Mayer entdeckte Gesetz von der Erhaltung der Energie begründete, die Fortpflanzungsgeschwindigkeit des Nervenreizes maß, die Bedeutung der Obertöne in der Musik entdeckte, den Augenspiegel erfand, den Seh- und Hörvorgang erklärte, eine Elektrizitätslehre aufstellte, aber auch auf Kant gestützte, erkenntnistheoretische Gedankengänge durchführte. Hauptwerke unter anderen: »Über die Erhaltung der Kraft«, 1874; »Die Lehre von den Tonempfindungen als physiologische Grundlage für die Theorie der Musik«, 1862; »Handbuch der physiologischen Optik«, 1856/67; »Das Denken in der Medizin«, 1877; »Über die Tatsachen der Wahrnehmung«, 1878; »Schriften zur Erkenntnistheorie«, 1921.

KARL BLEIBTREU »REALISMUS UND NATURWISSENSCHAFT« (1888)

Aus: ›Die Gesellschaft‹, Jg 4, 1888, Beil.: Litterarisch-kritische Rundschau, Nr 1, S. 2–3.

(...) Wie eine Idee undenkbar ohne eine bestimmte Materie-Grundlage, so muss auch jede Materie (Zeitlage) eine solche ihr konforme Kraft aus sich erzeugen. Diese Ideenkraft nun wird heutzutage unter dem vieldeutigen Namen „Realismus" zusammengefasst — Bezeichnung für eine Weltanschauung und Geistesrichtung, welche unserer neuen, auf naturwissenschaftlicher Grundlage ruhenden Ära angemessen.

(...) [S. 3:] Die hier betonten Grundlagen der naturwissenschaftlichen Anschauung müssen die gesamte Aesthetik und das künstlerische Schaffen von Grund aus umformen, da die Begriffe von Schön und Hässlich, Recht und Unrecht sich hiernach naturgemäss modifizieren und eine neue gesunde Moral sich erbaut. Höchste Moral ist höchster Intellekt, höchster Intellekt ist höchste Moral.

(...) Die realistische Poesie der Zukunft kennt keinerlei Metaphysik mehr, ausser als Symbolik für jene scheinbar transcendentalen immanenten Ideen, welche wir heute induktiv aus dem Naturleben heraus analysieren können[1].

---

[1] Ein Aufsatz von CONRAD ALBERTI über »*Die Aufgabe der modernen Romandichtung*« (Nat.-Ztg 1887) erhebt diese Forderung noch bestimmter für die realistische (naturalistische) Dichtung. Im ›Kunstwart‹ wird der Aufsatz referiert und teilweise zitiert (Kw. I, 1887/88, H. 10): „Die geistige Grundlage der Poesie jeder Zeit muß mit der jeweiligen Weltanschauung übereinstimmen"; „Der wahre Realismus besteht eben darin, die Menschen zu schildern, so wie sie sind, oder richtiger, da es ewig geltende Wahrheiten außerhalb der Mathematik nicht gibt: wie sie jede Zeit ansieht." Wie aber sehen wir die Menschen an, „wir", das heißt hier: die Zöglinge der naturwissenschaftlichen Weltanschauung? „Zunächst", meint Alberti, „sind wir verpflichtet, das Dasein des Menschen auf der *Erde* als das einzig *Erkennbare*, demnach in Bezug auf die Poesie als das einzig Reale zu halten." Der Drang nach Erkenntnis des Übersinnlichen kann poetisches Motiv werden, aber nicht der religiöse Gedanke, die übersinnliche Anschauung selbst ... Der „Widerstreit zwischen dem natürlichen unwiderstehlichen Selbsterhaltungstrieb und der Erkenntnis der Grenzen der individuellen Rechte und Pflichten, das Existenzrecht eines andern nicht zu verletzen, ist vielleicht der würdigste Gegenstand der modernen Poesie". Ein zweiter, der „die ursprüngliche Tragik der Natur noch deutlicher zeigt", sei die Vererbung. „Läßt sich ein natürlicherer, ergreifenderer Konflikt denken, als der leidenschaftliche Wille zum Leben, zum Schaffen, das ideale Bestreben, zur Fortentwicklung der Menschheit und der Kultur beizutragen, und die gemeine physische Unmöglichkeit, die das reinste und höchste Streben zu Boden drückt?" ... „Dieser Kampf der Menschen mit der Natur, der im Grunde von Uranfang an entschieden ist, ist das herrlichste tragische Grundmotiv der modernen Poesie. Dasselbe was für die griechischen Tragiker der Kampf der Menschen gegen das Schicksal war. Auch eine Fülle humoristischer Motive erblüht aus dieser neuen ästhetischen Anschauung." Und so scheint es Alberti immer deutlicher erwiesen, daß der freie Wille eine notwendige Voraussetzung der Poesie *nicht* sei. „Nur weil wir seit der

Renaissance durch Jahrhunderte hindurch eine Poesie des unbeschränkten, freien menschlichen Willens gehabt, sind wir an dieselbe gewöhnt." Die Dichtung der Zukunft würde somit wieder unter einem ähnlichen Zeichen leben wie die antike griechische unter ihrem „Schicksal".

18

EUGEN WOLFF[1] [»NATURALISMUS«] (1888)

Aus: »Die jüngste deutsche Litteraturströmung und das Prinzip der Moderne«, ›Litterarische Volkshefte‹, Nr 3, 1888, S. 271.

(...) Was ist der wahre künstlerische Naturalismus, was ist sein eigentliches Wesen und innerster Kern? Bis tief in die Kreise der litterarisch Gebildetseinwollenden (einschließlich der Schriftsteller selbst) hinein ist die nicht nur oberflächliche, ja grundfalsche Ansicht verbreitet, das bloße Berühren geschlechtlicher Verhältnisse sei „Naturalismus"! Macht denn bei diesen Leuten der geschlechtliche Trieb die ganze Natur aus?? Oder ist gar die widerlich lüsterne Art, auf welche einige pfiffige Schriftsteller diesen Pseudo-Naturalismus, d. h. das bloße Wühlen im Schmutz, als lukratives Geschäft betreiben, wirklich Natur oder nicht vielmehr raffinirte Berechnung?? Nein, der künstlerische Naturalismus, dieses Schibboleth[2] aller gesunden Theile der gegenwärtigen europäischen Jugend, bedeutet nichts anderes als d i e Z u r ü c k f ü h r u n g a l l e r s e e l i s c h e n E r s c h e i - n u n g e n a u f i h r e w a h r e, d. h. n a t ü r l i c h e U r s a c h e. Ein spezifisch naturalistisches Problem ist daher jeder künstlerische Versuch, die Seele, also das Denken, Fühlen und Wollen des Menschen im Zusammenhang mit den n a t ü r - l i c h e n Mächten in ihm (A n l a g e n) und a u ß e r ihm (V e r h ä l t n i s s e n) darzustellen. —

[1] EUGEN WOLFF (1863–1919), Literaturhistoriker, war Direktor des von ihm gegründeten Instituts für Literatur und Theaterwissenschaft in Kiel. Schriften: »Die jüngste deutsche Litteraturströmung und das Prinzip der Moderne« (siehe Stück 25), 1888; »J. E. Schlegel«, 1889; »Geschichte der deutschen Literatur in der Gegenwart«, 1896; und andere mehr.

[2] vgl. in der Bibel »Das Buch der Richter«, 12, 5 f. An der Aussprache dieses Wortes erkannten die Gileaditer ihre Feinde.

MAXIMILIAN HARDEN [»WAS WILL DER NATURALISMUS?«] (1888)

Aus: »Die Wahrheit auf der Bühne«, ›Der Kunstwart‹, Jg 1, 1887/88, H. 15.

Die naturalistische Bewegung ist viel älteren Datums, als man gewöhnlich annimmt, beinahe darf man den ganzen Romantizismus nur als eine Episode dieser langwierigen Entwicklungsgeschichte bezeichnen, welche auf das Engste mit dem weiteren Umsichgreifen der Naturwissenschaften verknüpft ist. Langsam hat der Flugsamen, den der Sturmwind der Revolution in die verschiedensten Länder verweht hatte, seine befruchtende Tätigkeit geübt in Nord, Ost und West, in Norwegen, Russland und Frankreich hat er die reichste Ernte gezeitigt. Henrik Ibsen, Zola und Dostojewski — bei aller Verschiedenheit in den künstlerischen Mitteln, die vor allem durch Rassen- und Temperamentsunterschiede bedingt sind, in den Zielen sind sie einig.

Was will der Naturalismus? Er fordert Abwendung von aller Konvention, Umkehr zur rücksichtslosesten Wahrheit ohne jedes Kompromiss, er will ein Stückchen Natur schildern, wie es sich in seinem Temperament zeigt, ohne das Bild mit dem Firniss der Schönheitsfärberei zu überpinseln. Wie die Wissenschaft zur analytischen Experimentalmethode, die Geschichtsforschung zum Quellenstudium zurückkehrt, ebenso soll die Literatur „Menschliche Dokumente" sammeln, um den Menschen als Resultat seiner Lebensbedingungen und Umgebung, nicht als Zufallsprodukt schönheitsdurstiger Phantasie erscheinen zu lassen. Menschen von festem Knochenbau, vom Dichter geschaut, in Verhältnisse, Konflikte, Leidenschaften verwickelt, wie sie das tägliche Leben jedes Einzelnen mit sich bringt, das ist der vornehmste Glaubenssatz im naturalistischen Evangelium.

MAXIMILIAN HARDEN (1861–1927; eigentlich Witkowski), Schriftsteller und Kritiker, war einer der Anreger zur Gründung der ›Freien Bühne‹ (siehe Seite 157), ein hervorragender Kenner des europäischen Theaters und der modernen europäischen Literatur, der für Ibsen, Strindberg, Dostojewskij, Tolstoj und Zola eintrat. Von 1892 an gab er die Wochenschrift ›Die Zukunft‹ heraus, in der er Wilhelm II. und seine Staatsmänner bekämpfte und für den gestürzten Bismarck gegen den „neuen Kurs" anging. – Sein Aufsatz im ›Kunstwart‹ bestimmt den Naturalismus auf Grund der Theorien Zolas und gelangt dadurch zu einer Klarheit, die aus dem deutschen naturalistischen Programm nicht zu gewinnen war.

WOLFGANG KIRCHBACH »WAS KANN DIE DICHTUNG FÜR DIE MODERNE WELT
NOCH BEDEUTEN?« (1888)

Aus: ›Litterarische Volkshefte‹, Nr 6, 1888, S. 26–27, 30–44.

[S. 26:] Was kann die Dichtung der modernen Welt noch bedeuten?! Sie kann
ihr nichts anderes bedeuten, als eben die Poesie dieser modernen Welt, welche so
viele vermissen und welche zu fühlen auch kein Leichtes ist.

Denn wahrlich! Es bedarf der stärksten Intelligenz der Dichter, starker Intelligenz auch und Frische aller Geisteskräfte im Hörer und Leser des Dichterwerks,
um neue Erscheinungen des Lebens mit dem Gehalte der Poesie zu erfüllen. (. . .)

Ein vollkommen verändertes Bild des äußeren Menschengetriebes nicht nur
will sich gestalten, sondern auch die geistige, innere Welt sieht sich vor eine Reihe
von Fragen gestellt, deren Lösung einen ganz anderen Seelenzustand der modernen Menschheit ergeben muß, als wir ihn noch im vergangenen Jahrhundert
finden. Es ist nur zu wahr, um es mit einem Worte des Jenenser Naturphiloso-
phen Ernst H a e c k e l[1] zu bezeichnen, daß die Menschheit in demselben Sinne
um ihren a n t h r o p o z e n t r i s c h e n Standpunkt der Lebensauffassung in den
letzten Jahrzehnten seit Darwins gewaltigen [S. 27:] Nachweisen betrogen ist,
wie einst die kopernikanische Weltauffassung dem Menschengeiste seine g e o -
z e n t r i s c h e, träge und anehmliche Lebensansicht nahm. Denn es ist ein Unterschied, ob die Sonne sich um die Erde dreht oder ob wir uns um die Sonne
bewegen, der eine vollkommen andere Lebensansicht zeitigen muß. Die Poeten
empfinden das am tiefsten, weil sie gerade die Aufgabe haben, sich mit einem
solchen veränderten Gesichtspunkt dichterisch abzufinden und der Mitwelt gerade
den poetischen Werth, d. i. den allgemeinen höchsten Lebenswert und Intelligenz-
werth einer solchen Weltansicht plausibel zu machen (. . .)

[S. 30:] Seit der Veröffentlichung von Darwins Werk über die „Entstehung
der Arten" hat der größte Theil der gebildeten Welt von solcher veränderten Ansicht der organischen Welt um uns Kunde erhalten, um sich freilich im Ganzen
nur in zynischer, statt in reiflicher oder wohl gar poetischer Art damit abzufinden. In weiteste Kreise ist die Ueberzeugung gedrungen, daß die Entwickelung
unserer Art aus niederen Thierformen die einzige Herkunft ist, deren wir uns
rühmen können, und es sind nicht die geringsten Aussichten vorhanden, daß eine
fernere Entwickelung der Naturwissenschaft diese Ueberzeugung etwa nur als
eine vorübergehende „Theorie" erweisen wird. Alle, die sich ernstlich im Geiste
der Wahrheit um diese Naturerkenntniß gemüht haben, müssen sich sagen: es ist
so, es war so und es wird eine Wahrheit bleiben, so lange irgend unsere physika-

lischen Ansichten, unsere astronomischen Grundgesetze gelten, so lange wir auf diese Erde mit den eigenthümlichen Erkenntnißmitteln unseres Geistes gesetzt sind. Es wird sich nur um den weiteren und consequenten Ausbau der Forschungsrichtungen handeln, in denen sich unsere Naturwissenschaft bewegt; die philosophische Erkenntniß muß sich sagen, daß es der einzig vernunftgemäße Weg ist, die Praxis des Lebens und die unzähligen technischen Errungenschaften, welche im Gefolge der erfahrungsmäßigen Wissenschaft von der Natur sind, rücken es auch dem Laien mit Macht in die Augen. Wir hätten nicht Dampfmaschinen, Telegraphen, elektrische Künste erfinden können auf Grund der Erforschung der physikalischen Gesetze, wenn die Physik nur wandelbare „Theorien" lehrte; sie lehrt Thatsachen, Wahrheiten. Wir könnten keine Pflanzenvarietäten züchten, wir müßten nie die Embryonen organischer Entwickelungen mit den vollendeten Menschen- und Thiergebilden verglichen haben, wenn wir nicht bekennen müßten: Die Natur leistet das thatsächlich, was die Theorie ausspricht; die Theorie ist also keine Theorie im gemeinen Sinne, sie ist nur das Wort für eine Thatsache, sie ist eine Wahrheit. Kein Skeptizismus kirchlich gestimmter Geister, kein Drehen und Wenden dialektischer Art wird etwas ändern an dieser Erkenntniß; kein Spott und kein Predigen von den Kanzeln wird diese Wahrheit vertuschen.

Es heißt also sich mit derselben abfinden, wie es sich mit der Erkenntniß abfinden heißt, daß wir auf unserer Erde in eine Unendlichkeit von planetarischen Welten als höchst vergängliche Augenblicksgebilde ungeheurer organischer Entwickelungen gestellt sind, daß wir [S. 31:] unmöglich irgend wie die absoluten Formenwerthe der organischen Gestaltungsgesetze sind, sondern daß das Dasein, in welcher Form es sei, stets über uns selbst hinausweist. Wir dürfen uns nicht verhehlen, daß affenartige Geschlechter unsere Stammeltern waren, wie jeder Einzelne noch als Embryo die Gestalten der Hunde und niederer thierischer Organismen durchzuleben hat. Der größere Theil der Gebildeten hat diese Thatsachen mit einer gewissen dumpfen Resignation angenommen; ein Theil derselben sucht sich in der eigentlichen Bedeutung des Wortes „cynisch" damit abzufinden, indem er mit einem Ausdruck der Blasirtheit zugibt, daß die Menschengattung allerdings die Hundsnatur noch aufweist, welche sie annähernd als Embryo auch körperlich durchmacht; die Vergleiche mit dem Affenthum in dem Sinne, daß von diesem Menschengeschlecht nicht viel Wesens zu machen sei, nimmt Mancher zum Vorwande auch eines eigenen äffischen Lebens. Solche Köpfe haben thatsächlich einen gewissen Nihilismus der Lebensauffassung in die moderne Welt gebracht, eine ideallose Leere, welche nur noch in den niederen Trieben der Seele eine berechtigte Welt menschlicher Eigenschaften und psychologischer Wahrheit sucht. Sie erscheint als das gefahrvollste Symptom dieser Uebergangsepoche. Eine stumpfe Trostlosigkeit bemächtigt sich auch so manches feineren Sinnes, wenn er sich nur als ein solches höher entwickeltes Naturwesen

betrachten muß, und wenn die stärkeren Geister dennoch einen ethischen Optimismus im Glauben an den Fortschritt der Menschheit gerade aus dieser naturwissenschaftlichen Einsicht schöpfen, so scheint man doch daran zu verzweifeln, daß irgend ein poetischer Werth in diesen Thatsachen unseres Daseins gefunden werden könne. Gerade hieraus erklären wir uns das Ueberhandnehmen des musikalischen Interesses in unserer Zeit. Man flüchtet sich in diese gedankenlose Kunst, weil man noch nicht die Energie des Geistes errungen hat, um die neuen Erkenntnisse bis in ihre poetische Consequenz zu durchdenken, weil es auch thatsächlich nur einigen wenigen erlauchten Menschengeistern beschieden sein wird und kann, diese Consequenzen zu sehen, die Gesichtspunkte für dieselben zu finden und in poetischen Gestalten zu verdichten. Denn wie Homer den Griechen, wie man sagt, ihre Götter schuf, d. h. zu der poetischen Gestalt erhob, welche sie all seinen Zeitgenossen einleuchtend machte, so werden Menschengeister unserer und kommender Zeiten die Aufgabe haben, den poetischen Werth all jener neu errungenen Erkenntnisse aufzuhellen, mit welchen man sich noch [S. 32:] trostlos und gestaltlos herumschlägt. Nachzudenken, nachzufühlen, wie poesievoll auch die veränderte Welt ist, wird den Menschen leicht, wenn einmal der Poet sein Werk gethan hat; so lange es aber nicht geschehen ist, flüchtet sich so mancher in die musikalische Welt, um in dieser Kunst ein Vergessen zu finden. Je mehr aber diese ein Surrogat wird für die poetische Bemühung der Völker, desto gefährlicher droht auch jener Nihilismus, welcher aus der Verzweiflung entspringt, daß man sich überhaupt poetisch abfinden könne mit den sogenannten Resultaten der „Wissenschaft", welche aber nicht Wissenschaft im engeren Sinne geblieben, sondern überall lebendige Theile unseres Lebens geworden sind. Es gingen ja Eisenbahnen, Telephone, Metamorphose der Pflanzen oder Descendenzlehre, sociale Fragen und Fragen der Kriegswissenschaft von den physikalischen Mächten des Dynamits die Poeten wahrhaftig nichts an, wenn all diese Dinge nur in den Büchern der Forscher gebucht ständen ohne Bezug zum wirklichen Leben; leider ist ein Eisenbahnzug nicht nur eine mechanische Theorie, sondern ein mechanischer Organismus, welcher Tausende von menschlichen Lebewesen ihrer socialen Bestimmung entgegenführt und für die materielle und geistige Befruchtung des Lebens der Menschheit mehr bedeutet, als Bienen und Schmetterlinge für die Befruchtung der Blüthenpflanzen, welchen sie den Staub zuführen. Und siehe da! Indem wir diesen Vergleich als einen innerlich begründeten aufstellen, thun wir den ersten Schritt, diesen unpoetischen Eisenbahnzug unserm poetischen Bewußtsein näher zu bringen. Die Menschheit hat sich ja gewöhnt, den Schmetterling als etwas Poetisches anzusehen; ein Vergleich hat immer den Zweck, das Ungewohnte und noch Unpoetische dadurch zu einem jener oben erörterten poetischen Lokalwerthe (lokalisirten Affecte) zu machen, daß er den Vergleichspunkt mit einem bereits bekannten und anerkannten poetischen Werthe heraussucht. Dadurch wird nach

dem logischen Grundsatz, daß wenn zwei Größen einer dritten gleich sind, sie auch untereinander gleich sind, der poetische Charakter und Affektionswerth auch des poetisch noch Ungewertheten herausgestellt. Verstehen wir nun recht das tertium comparationis zwischen dem kulturvermittelnden Eisenbahnzug und dem blüthenbefruchtenden Schmetterling, so fühlen wir wohl schon leichter, daß auch diese mechanische Errungenschaft der modernen Welt eine poetische Deutung zuläßt, die mehr Gehalt hat, als wenn wir etwa vom „schnaubenden Dampfroß" reden.

Freilich sind solche Vergleiche nur der erste Anfang und [S. 33:] Versuch, gewissermaßen nur eine mechanische Art, den poetischen Werth zu bezeichnen; die Poesie auf ihrer Höhe sucht die Dinge aus sich selbst heraus, ohne Anlehnung an bereits gegebene poetische Werthe, zu begreifen und unserer Seele nahezubringen.

Und dieses wird in der That die gewaltige Intelligenzaufgabe der modernen Dichtung sein müssen, wozu Phantasie und Leidenschaft, Verstand und Sinnigkeit ebenso erforderlich sind, wie eine innerlich versöhnte Weltanschauung im Geiste der neuen Errungenschaften dieser Zeit, zu der sich vor Allem der moderne Poet wird durchzuringen haben. Dann wird es ihm auch gelingen, in Anderen die Ueberzeugung von dem hohen poetischen Werthe all dieser wahrheitsgemäßeren Naturerkenntnisse und Kulturerrungenschaften zu erwecken und ästhetischen Genuß am eigenen Leben in seiner reichen Fülle den Zeitgenossen einzuflößen. Das ganze zeitgenössische Leben ist durchdrungen von den Wirkungen der veränderten Weltanschauung, über die wir bei jedem Schritte stolpern. Insbesondere aber ist es eine langsam aber stetig sich vollziehende sittlich veränderte Ansicht vom Leben der Menschen, deshalb eine Welt von a n d e r e n   H a n d l u n g e n und G e g e n s ä t z e n in der Menschheit, als sie noch im vorigen Jahrhundert galten, welche im Gefolge der technisch veränderten Bedingungen des Menschendaseins sind. Der Bruch zwischen diesem Zeitalter als sittlicher, ethischer Welt mit den nächstvergangenen Geschlechtern ist größer, als er jemals an früheren Wendepunkten der Menschheitsentwicklung war. Von der Zeit Homers bis zur Zeit Goethes, mehr als dreitausend Jahre lang, ist der Landverkehr der Menschheit auf zweiräderige und vierräderige Wagen beschränkt gewesen, welche mit der Langsamkeit der Pferdekraft sich bewegten; in Folge dessen ist der geistige und sittliche Austausch der Menschenmassen auf eine gewisse Spärlichkeit beschränkt gewesen. Seit fünfzig Jahren jagen statt dessen ungeheure Wagenburgen mit der Schnelligkeit des Vogelflugs um die Erde. Der Aermste kann sich den Genuß verschaffen, in kurzer Zeit weite Erdstrecken zu überblicken, veränderte Menschenzustände kennen zu lernen und so seine Ansicht zu erweitern. Die Masse der einzelnen Individuen, die der Einzelmensch im Leben kennen lernt, ist in Folge dessen eine unendlich größere, mit ihr der Austausch ethischer Wechselbeziehungen und Möglichkeiten. Langsam, den Eingeweihten und schärfer Richtenden aber deutlich wahrnehmbar, bereitet sich eine modificirte ethische Lebensauffassung vor, welche sich in Vielem von der sittlichen Lebensauffassung früherer

[S. 34:] Geschlechter unterscheidet. Kein Zweig der Dichtung, welcher mit diesen ethischen Werthen des Lebens gestaltet, bleibt unberührt davon, mag es Drama, Lyrik, Epik sein. Dichter wie Gottfried Keller, Ibsen verraten in leisen und bestimmten Zügen etwas, was bereits außerhalb all der ethischen Möglichkeiten liegt, welche noch ein Goethe und Schiller kannten; es verraten es Geister wie Heyse, Freitag („Soll und Haben"), Zola oder Daudet, jeder in seiner Art und nach dem Grade seines Talentes. Es werden es die Schöpfungen der kommenden Jahrzehnte immer bestimmter aufweisen, immer klarer und deshalb auch erquicklicher, nicht nur in den versuchsweisen, eruptiven Gestaltungen, wie sie in so manchem Ibsenschen Werke sich noch finden. Viel strenger und entschlossener nach der einen Richtung wird sich diese ethische Lebensansicht entwickeln und erstaunlich frei und manchem noch geltenten Sittengesetz widersprechend in anderer Hinsicht. (...)

[S. 35:] Dieselbe Zeit, welche so manchen edlen guten Glauben an die absolute Bedeutung des Menschengeistes begräbt, sieht doch auch wieder Triumphe dieses Geistes, welche er errungen hat, dadurch, daß er sich immer mehr den Gesetzen verschwisterte, welche das [S. 36:] ihm bekannte Weltganze regieren und gestalten. Er fährt auf Eisenbahnen, weil sein Geist das Naturgesetz zum eigenen Gesetze machte und seinem Hirn derart einimpfte, daß er lernte, durch Geistesmittel sich des Naturgesetzes zu bedienen; er spricht durch Telephone und Telegraphen über den Erdball, weil das Naturgesetz zum Gedanken ward; er wandelt die Wasserkräfte in elektrische und diese in andere Kraft zu seinen Diensten, weil das Naturgesetz in seinem Geiste lebendig ward.

Er wird die moderne Welt auch poetisch meistern, jemehr der Geist sich verschwistert mit dem großen Weltganzen und in ein innerlich vertrautes Verhältnis zu ihm gelangt. Es ist die sogen. mechanische Weltanschauung dieser Tage, welche zumeist als die Ursache der Poesielosigkeit unseres Lebens erscheint. (...)

Die Vernunft, ganz im Sinne Kants, welche mehr und mehr in alles öffentliche Tun der Menschheit als eine unabhängige Macht wirkt, führt zum Siege der mechanistischen Methode. Daß sie nur eine Methode ist, die Methode der auf die [S. 37:] wirklichen empirischen Dinge angewandten Vernunft, ist leider den wenigsten freilich bewußt und deshalb hat sich aus der an sich ganz richtigen mechanistischen Denkart ein platter Materialismus in weite Kreise verbreitet, welcher bei vielen auch die mechanische Betrachtung der Dinge in Verruf gebracht hat. Scheint doch einer großen Menschenklasse jeder Zauber von den Erscheinungen des Lebens gestreift, wenn sie erfahren, daß eine Pflanze so gut wie der denkende Mensch ein Mechanismus ist, und wäre er auch der vollkommenste.

Wo bleibt da die Poesie?! Wo bleibt da das Höhere?! Und mancher Naturforscher sieht tatsächlich in diesem Sinne die Blumen an und lacht über die Dichter, welche Mechanismen besingen!

Die einfache Antwort der Denkenden, die Antwort, welche die moderne Poesie, die Poesie der Zukunft, hundertfältig zu erteilen haben wird, kann immer nur

lauten: Wer sagt euch denn, daß ein Mechanismus, in seinem gestaltvollen poetischen Ausweise; auch der Pflanzenmechanismus, in der Fülle seiner Ursächlichkeit nichts Höheres ist?! Was kennt ihr denn Höheres, das ihr mit Augen gesehen, mit Sinnen wahrgenommen, mit Gedanken begriffen hättet, daß ihr davon sprechen dürftet, um so anmaßlich das Höhere zu vermissen an diesem Höchsten, das ihr vor euch seht? Und wenn Gott selbst sich euch offenbaren könnte, ihr würdet das „Höhere" an ihm vermissen, weil auch er sich „nur" als Mechanismus erweisen würde in seiner Offenbarung! (. . .)

[S. 38:] Sollte diejenige Weltanschauung Recht behalten, welche die Erscheinungen um uns und in uns nach einer m e c h a n i s c h e n Methode sich entwickeln und vorgehen sieht — mechanisch im weitesten und vollkommensten Sinne des Worts als einer vereinfacheren Methode des vernünftigen Denkens selbst — so würden wir Menschen, sofern auch wir selbst geistig und körperlich nach einer solchen Methode leben und vergehen, ein hohes poetisches Recht haben, die Dinge um uns zu beleben mit den Werten unsres eignen Inneren, und die moderne Poesie hätte nur die Aufgabe, diese im Sinne der Wahrheit zu modifizieren, ein Zug, der schon durch die ganze Poesie Goethes hindurchgeht, welcher im Gegensatz zu Shakespeare in all solchen Dingen bereits als vollkommen moderner Poet dasteht.

Wenn das Leben selbst nichts anderes ist, wenn die Mittel, durch welche sogar geistiges und seelisches Leben zustande kommt, nichts [S. 39:] Anderes sind, als die Mittel, durch welche auch das sogenannte Unbelebte besteht und wirkt, nun, so hat die Dichtung das herrlichste Recht, die Menschenseele allen, auch den todten Dingen zu leihen und die wahre Poesie wird in der Art beruhen, wie sie, vollkommen conform der Wirklichkeit und ihrer speziellen Aeußerungsform, diese geistige Rückwärtsbelebung und demgemäß Schätzung vollzieht.

Mit alle dem ist irgend welchen transcendentalen philosophischen Ueberzeugungen der Menschheit in keiner Weise vorgegriffen; ist eine tiefere Denkart nicht abgewiesen, welcher wir uns nie entreißen werden, daß es mit der bunten Erscheinungswelt um uns und unsre Seele, ohne transcendentale Zwecke und Aussichten des Weltganzen — mit denen des Individuums werden wir wohl bescheidentlicher philosophiren müssen — nicht allein gethan sein kann. Denn innerhalb dieser Denkart bezeichnet der mechanistische Zug der Geister eben nur eine Erfahrungsmethode, welche auf die Welt des Erfahrenen und zu Erfahrenden in diesem Leben Bezug hat.

Die Poesie hat es aber nur mit dieser Seite unsrer Existenz auf die Dauer zu thun. Weil sie durch concrete Seelenwerthe den Werth des Daseins zu genießen hat, kann sie sich nur an die irdische, concret gegebene und erkannte Wirklichkeit der Dinge halten. Die Menschenphantasie vermag nichts „Transcendentales" vorzustellen; durch die Phantasie wirkt aber die Dichtung, darum muß sie „realistisch", „irdisch" sein, denn das Reale ist ihr Material, auch wenn sie phantastisch ist und die Vorstellungen vom Wirklichen nach andrem Gesetze ver-

knüpft, als die Wirklichkeit selbst. So erkennen wir, daß die Dichtung mit denjenigen Lebensanschauungen weiter schaffen muß, welche sich auf das Erfahrene beziehen; sie hat die Aufgabe, deren innere Idealität aus sich selbst heraus den Menschen zu beweisen, indem sie in lebendigen Gestalten das Leben erfaßt, das durch solche neue Bedingungen bestimmt wird; die Idealität mechanischer Denkart so gut wie all der gesammten Weltbräuche, technischen Bedingungen, Sittenwandlungen und ethischen Errungenschaften durch wahrheitsgemäße Darstellung, mit einem Worte: die moderne Welt im gehaltvollen Sinne des Worts wird ihr Vorwurf sein. Sie wird dieser modernen Welt grade soviel bedeuten, wie diese sich selbst bedeutet, denn das Wort für diese Bedeutung heißt in jedem Zeitalter der Menschengeschichte: Dichtung! Die Dichtung wird der modernen Welt nichts Anderes sein, als was sie auch vergangenen Zeiten in ihrer Art war, denn sie entspricht einem [S. 40:] eingeborenen Triebe der Menschheit, dem Leben und den Dingen hienieden einen Seelenwerth zu leihen zur schöneren und besseren Werthung des Lebens im Sinne seines Fortschrittes. — Glücklicher und reicher wird so der Mensch der kommenden Zeitalter werden, denn ihm ist nicht nur der poetische Genuß gegeben an dem, was ihm als „modern" — gilt, sondern auch an dem, was vergangene Zeiten gedichtet. Nicht würde Homer die Poesie unserer Tage zu würdigen wissen; aber die fortschreitende Menschheit wird in ihren erlauchtern Geistern immer reinen Genuß noch schöpfen an Homer wie Shakespeare, an Goethe und allem Großen, was vergangenen Menschenseelen poetisch erschien. Was einmal wirkliche Poesie des Lebens war, bleibt es immer; eine Entwerthung der psychischen Errungenschaften findet durch fortschreitende Kultur für die wirklichen Intelligenzen nicht statt. Wie der Einzelne im embryonischen Zustande noch einmal die Entwickelungsgeschichte seiner Vorfahren und des Thierreichs durchmacht und so eine Art instinctives poetisches Verständniß auch für das niederste Wirbelthier noch fühlt, so ist es noch vielmehr im geistigen Gebiete. Die Entwickelungsstadien der Poesie behalten ihre Werthe für die Nachkommen; die Fülle aufgehäufter poetischer Werthe wird immer größer, das Seelenleben in der Zusammenfassung der Reize, welche einst galten und noch nachwirken, immer reicher, bis die Menschheit ihre Existenz einst nach jeder Richtung poetisch durchgearbeitet haben wird, wie die Wissenschaft in ihrer Art. Denn auch in der Poesie ist die wahre Lust die Arbeit; auch hier heißt es: daß das Wirken die Wollust der Geister sei.

Modern sein, modern denken heißt aber keineswegs: das Rückschauen auf die Vergangenheit zum alten Eisen werfen! Baccalaureus mag so denken; wer weiter sieht, erkennt, daß auch die Art, wie die Menschheit auf ihre Vergangenheit in Geschichte und Sage zurückschaut, in den letzten Jahrzehnten eine andere geworden ist und anders zu werden fortfährt. Gerade in der Art der Auffassung der Geschichte bewährt der moderne Geist seine gewaltigsten Errungenschaften: es wird nimmer die Aufgabe der Poesie sein können, achtlos

daran vorüber zu gehen; sie wird auch hier neue poetische Charaktere zu fixieren haben. Modern sein heißt auch nicht die mythologischen und sagenhaften Gebilde, welche in glücklichen Phantasiezeiten der Menschheit erworben wurden, als poetisch entwerthet anzusehen, denn das hieße sich poetisch Augen und Ohren abschneiden in gar vielen Gebieten der [S. 41:] Poesie; es wird auch hier nur darauf ankommen, mit welchem Gehalt und nach welcher Methode der Dichter verfährt. Unmodern freilich wäre es, wie Schiller, die antike Sagen- und Götterwelt als Vergleichspunkte zur Annäherung an poetische Begriffe auszunutzen und den Helios zu preisen, der in stiller Majestät den Wagen lenkt, wo wir den Sonnenball als ein poetisches Wesen aus sich selbst zu deuten haben, denn da wäre die antike Götterwelt nur ein Surrogat zur Poesie; etwas ganz Anderes aber ist es, wenn der moderne Dichter jene Sagenwelt als selbstständige Wesenswelt nimmt, die mit eigenem Leben erfüllt wird in eigener Gestaltenfülle. Solche gilt als ein Gleichniß des Daseins, so gut wie jeder Stoff der Poesie, mag er nun im Jahre zweitausend nach Christus oder viertausend vorher spielen. Denn auch das weiß der Mensch dieser Zeit, daß er nicht losgelöst lebt von den Dingen der Vergangenheit, sondern, wie er persönlich ein Wesen ist, das durch Vererbungsgesetze das ward, was es ist an Intelligenz und vorgeschrittener Menschenkraft, so hat er auch kein Recht, das Vergangene poetisch zu entwerthen. Denn er ist nur ein gegenwärtiges „modernes" Wesen, durch die Vererbung der Vergangenheit auf ihn, welche er in sich aufgehäuft und aufgespeichert hat, als physisches Wesen sowohl wie als geistiges; so ist auch das Vergangene ein poetisches Stück von ihm; er selbst ist Vergangenes, wie sollte er nicht seine Freude daran haben wie am Gegenwärtigen?!

Auch das lehrt diese „moderne" Naturwissenschaft. Vielleicht ist es eine Lehre für einige epigonische Baccalaureï, welche das Feldgeschrei „modern" in jüngster Zeit erhoben, aber wohl nur eine süße jugendliche Trunkenheit damit verwechselten, indem sie verächtlich von einigen überwundenen Standpunkten sprachen, als Geschichte, Mythologie, Verse und andere verdächtige Dinge sind, welche nicht ganz koscher und schlachtrein erschienen in Bezug auf Modernität. Solche bedeutet in diesen Fällen allerdings nur Neumodischkeit und wird mit ihr klanglos in sich selbst zerfallen. —

Wenn wir gegenüber solchen Schreiern einigen Glauben an die Bedeutung zeitgenössischer Dichtung für die Gesundheit und den Werth zeitgenössischen Lebens, das ja einst auch „unmodern" werden wird und in die ewige Vergangenheit zurückfliegt, erweckt haben sollten und einige Achtung vor den hohen Aufgaben der Poesie gerade in diesen und den kommenden Zeiten erzeugt hätten, wir würden uns bescheiden. (. . .)

WOLFGANG KIRCHBACH (1857–1906), Erzähler, Lyriker und Dramatiker, der sich aus streng naturalistischen Anfängen (Romanzyklus »Kinder des Reichs«) zu einer freieren Auffassung des Naturalismus entwickelt, die etwa der von Avenarius vertretenen Richtung des ‚poetischen‘

116

Realismus entspricht. Kirchbachs Schrift »Was kann die Dichtung für die moderne Welt noch bedeuten?« ist kein naturalistisches Manifest, sondern eine programmatische Äußerung individueller Prägung, die jedoch die Überzeugung vieler Gleichgesinnter ausdrückt und erneut die innere Vielschichtigkeit des deutschen „Naturalismus" beweist. Avenarius empfiehlt sie eindringlich und bespricht sie ausführlich im ›Kunstwart‹ (I, 1887/88, H. 16).

Die Grundgedanken der Abhandlung sind etwa folgende: es geht um die dichterische Bewältigung der durch die Naturwissenschaften neu geschaffenen menschlichen Situation und damit zugleich um Überwindung der aus dieser Situation entstandenen „ideallosen Leere" des Nihilismus, dem gefährlichsten Symptom der Zeit. Daraus ergibt sich für den modernen Dichter die Forderung, in der Wahrheit der naturwissenschaftlichen Erkenntnisse zu bleiben, jedoch den „poetischen Wert", das heißt den allgemeinen höchsten Intelligenz- und Lebenswert der neuen Tatsachenwelt zu ergreifen. Die mechanische Weltbetrachtung ist (wie für Bölsche) nur eine Methode der auf die empirischen Dinge angewandten Vernunft. Ihre innere Idealität ist der Vorwurf der Poesie. Denn der Mechanismus *ist* das Höchste, auch Gott würde sich nur als solcher offenbaren. Aus dieser Einsicht ist es dem Dichter möglich, den Dingen das eigene seelische Leben zu leihen, sie im Sinne der Wahrheit zu modifizieren und dabei – wie Goethe – mit ihnen übereinzustimmen. Die Poesie ist auf das Gebiet sinnlicher Erfahrung beschränkt, transzendierendes Denken (das nicht grundsätzlich abgelehnt wird!) hat hier keine Berechtigung. – Diese Gedankengänge verdeutlichen sehr genau die Zwiespältigkeit des deutschen Naturalismus, dessen Aufklärungstendenz und Fortschrittsgläubigkeit sich mit dem Ringen um eine neue „Idealität" nicht in Einklang bringen lassen (siehe die Komik des praktischen Beispiels!).

¹ ERNST HAECKEL (1834–1919), Naturforscher, bildete Darwins Abstammungslehre fort (biogenetisches Grundgesetz – Urzeugung) und dehnte sie auf den Menschen aus (»Anthropogenie«, 1874). Außer wissenschaftlichen Werken und Abhandlungen schrieb er mehr volkstümliche Bücher wie »Der Monismus. Glaubensbekenntnis eines Naturforschers«, 1898; »Die Welträtsel«, 1899; »Die Lebenswunder«, 1900. Er war von großem Einfluß auf die Weltanschauung deutscher Dichter um die Jahrhundertwende (G. Hauptmann und andere). – Kirchbach spielt auf eine Äußerung Haeckels an, wonach „durch das Weltsystem des Kopernikus ... die geozentrische Weltanschauung der Menschheit", das heißt der Irrwahn, daß die Erde der Mittelpunkt der Welt sei, umgestoßen wurde, wie entsprechend durch Darwin „die anthropozentrische Weltanschauung der Menschheit, das heißt der Irrwahn, daß der Mensch der Mittelpunkt des Erdenlebens" sei (Vortrag über die Entstehung des Menschengeschlechts, erschienen in der Sammlung gemeinverständlicher wissenschaftlicher Vorträge, III, 52, 1868, S. 35). Haeckel macht diesen Vergleich mehrfach; so nennt er Darwin in den »Welträtseln« den „Kopernikus der organischen Welt" (13. Kap.) und legt dar, wie die Lehre von der natürlichen Entstehung der Arten das „Schöpfungsproblem" löse (20. Kap.).

21

FRITZ LIENHARD »REFORMATION DER LITTERATUR« (1888)

Aus: ›Die Gesellschaft‹, Jg 4, 1888, Beil.: Litterar.-kritische Rundschau, Nr 3, S. 145–151, 227–237.

[S. 145:] Heut nun ist die Zeit des Erwachens. Maschinengedröhn, soziale Notschreie, naturwissenschaftliches Triumphgejauchze, Zorngeheul nach Wahrheit und Gerechtigkeit — sind die Fauststöße, die uns aus idealistischem Schlummer zerren. (...)

[S. 146:] Zweierlei hat uns die weckende Gegenwart zum Bewußtsein gebracht. Wir reiben uns verwundert die Augen, sehen uns um und entdecken verwundert 1) daß wir M o d e r n e, 2) daß wir G e r m a n e n sind. Bislang waren wir in Litteratur und Poesie keine Germanen, sondern nur allzu oft Griechenanbeter; keine Modernen, sondern verstaubte Heiden. Diese beiden Elemente, das Moderne im allgemeinen und im Modernen wieder das Germanische, werden und müssen zur vollen Geltung kommen, wenn die deutsche Litteratur wieder zu frischem Leben erstarken soll. Die Edlen, die bisher das eine oder das andere der beiden Momente anstrebten, haben nicht oft das Richtige getroffen: sie sind am äußerlichen haften geblieben; sie haben so und so oft den Körper erwischt, wo sie nach dem Geiste haschten. Germanisch und modern, meinten sie, sei der deutsche Dichter nur dann, wenn er seine Stoffe „der Geschichte seiner eigenen Zeit und seines eigenen Volkes" entnehme. Und in der That! Ein Ziel, des Schweißes der Edlen wert, seine Zeit- und Volksgenossen, besonders auch von der Bühne herab, zu patriotischer Begeisterung empor zu reißen! Aber das „Germanische" geht weiter und tiefer als das „Nationale"; und das „Moderne" bindet sich nicht an die Gegenwart. (. . .)

[S. 147:] (. . .) Könntet ihr nicht, ihr Poeten der Neuzeit, eurem Volke das sein, was die Propheten des alten Bundes dem ihrigen waren? Dolmetscher und Läuterer ihrer innersten Bedürfnisse, Trostbringer, Zornverkünder, Träger und Übermittler einer erhebenden, männlichen, Reich und Arm, Alt und Jung befriedigenden Weltanschauung? — Denn auf Befriedigung der innersten Seele kommt's an. Eins ist not! Ob ich hundert oder tausend formvollendete Lyrika oder fesselnde Romane gelesen, ob mein Schönheitssinn und mein „Kunst"verständnis etwas mehr oder weniger ausgebildet ist — wenn nur meine Seele nicht verloren ging. Wenn ich nur durch die Wirrnisse des Lebens klar und friedevoll dahinschreite, den Blick auf das Ewige gerichtet, vom Dichterpropheten ermutigt und geleitet — eins ist not! Bloß unterhalten, meinetwegen auch „bilden" soll die wahre Poesie nicht — sie soll euch von eurem geistigen Tode r e t t e n. (. . .)

Die Poesie hat es nur mit der Seele zu thun. Die Erscheinungsformen in Natur und Weltgetrieb und Einzelleben erhalten erst ihren Wert, wenn ich sie in die Beleuchtung des E w i g e n rücke, wenn ich ihr Verhältnis zum Innenleben dem verschleierten Alltagsauge als ein hellsehender vates klarlege. Was geht mich speziell die soziale Not der Arbeiter an? Der Dichter darf und muß a l l e s behandeln, schlechtweg alles, was ihm und [S. 148:] uns vor Herz und Augen tritt. Daß in unserer Zeit wieder einmal soziale Stoffe im Vordergrund liegen — nicht allein bei den „Arbeitern", die soziale Frage geht viel weiter — hat ja seine Richtigkeit. Aber auch hier wieder muß der Dichter vor allem nachweisen, welch' entnervende verderbliche Einflüsse die äußeren Notstände auf das i n n e r e Sein des betreffenden Individuums ausüben. Ein Unglücklicher, der nach wilden Seelenkämpfen, an sich und Gott verzweifelnd, in die Spree springt, ergreift mich

und jeden geistig Lebenden mehr, als irgend ein toter Arbeiter, der am Hungertuch nagt. Dem letzteren zu helfen brauchts bloß einen stumpfsinnigen Millionär oder einen gescheidten Staatsmann, welcher der Notlage dieser gesamten Volksschicht nach und nach ein Ende macht; der Dichter kann hierbei höchstens durch ergreifende Schilderung auf das („körperliche") Elend jener Klasse aufmerksam machen und das Nachdenken der Gesetzgeber, das Mitleid der Besitzenden wachrufen. Sollte aber dies die wahre Aufgabe des wahren großen vates sein?

Ein Herzenskündiger sei uns der Dichter; ein Ordner der wirren Lebenserscheinungen, vor dem ein Eintagsauge starrt und staunt und keine höhere Lenkerhand entdeckt. Was mit dem Sinnenauge erfaßt wird, gehört dem Bereiche des Naturforschers an; der innere Mensch, sein wahres Sein, dem Psychologen, Philosophen und Dichter. Nur muß man den schaffenden, richtenden, mitfühlenden König der Seele nicht mit dem ameisenhaften, wissenschaftlichen Kundschafter zusammenstellen. Zola, der trockene, knochige Arbeitsmann, will den Poeten zum Experimentator erniedern. Der Wissenschaftler und der Materialist wird sich vergnügt die Hände reiben, ob der Heirat, welche die entjungferte Poesie mit der Wissenschaft eingehen soll. Ladet wenigstens die wahren Dichter nicht zu solcher Hochzeit ein!

„Wahrheit über alles!" ist die Losung unseres Forschungszeitalters, auch in der Poesie und Litteratur. Aber vieles ist Wahrheit, was für die Poesie total gleichgiltig ist. In dieser Hinsicht hat z. B. Karl Bleibtreu in seiner „Schlechten Gesellschaft" mannigfach gesündigt. Ich habe vor diesem Dichter eine unbegrenzte Achtung, aber die eben angeführten Novellen muß ich als eine Verirrung bezeichnen. Bleibtreu wollte in diesem Werke Realismus mit „Poesie und höchster Sentimentalität" verbinden. Was aber gerade den Realismus Zolas auszeichnet, ist die eherne Ruhe, mit der er ebenso gelassen die leidenschaftlichsten Auftritte schildert, wie er jedes Ausspucken seines Helden getreulich bucht. Was Zola fehlt, ist 1) die ge- [S. 149:] schlossene, künstlerische Komposition, 2) das Betonen des Innern und Ewigen, das Mitfühlen, das sich in die Personen Hineinversetzen. Zola betrachtet seine Leute viel zu viel von außen, statt sie teils aus sich selbst heraus, teils nach seiner regulierenden Beobachtung, ähnlich wie Shakespeare zu schaffen und zu schildern. Von Zola können jedoch die übereifrigen „Idealisten", die Einem auf Schritt und Tritt mit sprudelnden Lippen die Sentenz unter die Nase halten; ferner die Schilderer dieser stereotypen unwirklichen Zuckercharaktere oder unirdischen Bösewichter; die Liebhaber einer geschraubten Sprache, wie sie nirgends und von keinem Erdenmenschen gesprochen wird, kurz, von Zola können alle unwahren Phantasten Wahrheit lernen. Seine Werke sind die Fauststöße, die uns aus „idealistischen" (besser pseudoidealistischen) Träumereien gerüttelt haben. All' seine Produktionen schreien uns oft nur zu brutal in die Ohren: „Aber sperrt doch die Augen auf und seht in die Wirklichkeit — es ist ja alles erträumt und verlogen, was ihr da faselt!" (. . .)

[S. 151:] Es wird von nun an weniger auf das objektive, geglättete Opus an sich ankommen, als vielmehr auf die gesamte geistige Persönlichkeit des Dichters (...)

[S. 153:] Verflacht, versinnlicht, veräußerlicht, so viel ihr wollt, spottet uns aus, laßt eure Maschinen und Hämmer dröhnen... Nein, diese Zeit tötet die Poesie nicht — im Gegenteil, sie reizt und drängt und zwingt uns auf die Königskuppe einer vulkanischen, zornvollen, majestätischen Poesie.

[S. 225:] Es ist die Poetik des Christentums, die uns aufdämmert, gegenüber der Poetik des Aristoteles und der Griechen. Letztere bilden ja freilich Kern und Grundlage aller Kunst, aber der Begriff „Kunst" wird bei der Poesie von nun ab ein etwas anderer werden. Keine „heitere Kunst" ist die Poesie, sondern ein ernster, sehr ernster Beruf! —

[S. 226:] Was kann mich's kümmern, ob hier oder dort eine Mordgeschichte passiert ist; was kümmert mich dies oder jenes ausgedüftelte, psychologische Problem, wenn nicht das Ewige, die Idee, die unmittelbare Bedeutung für mich selber — aber ja nicht tendenzhaft! — hervortritt, sondern nur immer das Stoffliche, die Fabel, die Lösung?!

[S. 227:] Sein oder Nichtsein! — nach dem Einen, was not ist, muß sich die Behandlungsweise einer männlichen Poesie richten. Nicht abziehen soll sie uns von Beruf und Werktagsleben, sondern uns erst recht in dasselbe hineinziehen. Aber uns dasselbe lieb machen, von höheren Gesichtspunkten auffassen lernen, dasselbe läutern, mit hehrer Ewigkeit durchtränken. Das nenn' ich eine gesunde Poesie! Weg mit dem Stofflichen! Die Seele, das Ewige, Innere ist allein das Bleibende und daher allein würdiger Gegenstand einer ernsten Poesie für Männer.

Wenn ich ein Dichterwerk beiseite lege, will ich denselben Ernst, dasselbe erhabene Gefühl verspüren, das den echten Christen durchdringt, wenn er aus dem Gotteshaus tritt. Nicht ernüchtert kehrt er zurück in das „Jammerthal" der Welt; nicht am Stofflichen der heiligen Geschichten, die da geschehen in Palästina, bleibt er haften, sondern am Ewigen, am Inneren. Palästina ist überall; der Heiland in jedem Jüngerherzen; der „Himmel" gleichfalls nicht irgendwo im Weltraum — alles Sehnen und Flüchten aus der „bösen" oder „prosaischen" Welt krankhaft und gänzlich ungesund. —

Die Persönlichkeit... Alle Philosophien, Systeme, Maximen u. s. w. flattern unzusammenhängend in der Luft herum. „Unser Wissen ist Stückwerk." Wir können unmöglich den ganzen abstrakten Ballast überblicken. Die geniale Persönlichkeit aber setzt an sich selber alles in zusammengedrängte Realität, Leben, Handlung um (...)

[S. 228:] Gewiß darf der Dichter bei Behandlung seines Stoffes nicht von allerlei metaphysischen oder religiösen Vorurteilen ausgehen; nicht Welt und Menschen nach seinen Hirngespinsten konstruieren. Gewiß muß eine strenge Beobachtung und Erfahrung seinen Schilderungen zugrunde liegen. Es gibt jedoch nicht allein äußere Erfahrungen, die man an Andern macht, wie

das bei Zola in den Vordergrund tritt. Bei Seelenkämpfen nützt uns äußere Beobachtung nichts. (...) Und gerade Seelenkonflikte sind uns Deutschen die Hauptsache. (...)

[S. 229:] All die Vererbungsgeschichten sollten dichterisch nicht verwendet werden. Wenn man freilich allen freien Willen, alle Sonderstellung des Einzelnen außer acht läßt, und alles einem bis aufs innerste sich erstreckenden Determinismus unterordnet — dann kann man freilich nichts gegen die Dichter, welche die Vererbung u. s. w. zum Thema gewählt, einwenden. Dann sinkt alle Poesie zu einer Thatsachen-Aufzählung herab, wobei subjektives Fühlen und Beurteilen durchaus nicht mitspielen darf. —

Der roman expérimental geht aus der Weltanschauung des Materialismus hervor. Will man die Behandlung der Vererbungsstoffe, den Determinismus in der poetischen Behandlungsweise, den roman expérimental u. s.w. bekämpfen, so nehme man zunächst mit der Einseitigkeit des Materialismus den Kampf auf, das andere giebt sich von selbst. (...)

[S. 233:] Die richtige Mitte innezuhalten: zugleich mit irdischen und ewigen Augen zu sehen—ist die einzige gesunde Vereinigung von „Realismus" und „Idealismus". (...) Immerhin verstehe ich dies rätselhafte, göttlich-bestialische Wesen am besten vom Standpunkt der christlichen Weltanschauung aus. Zetert so viel ihr wollt: die christliche Weltanschauung ist und bleibt die allein gesunde! (...)

[S. 236:] Ja, eine ernste und große, vom heiligen Geiste durchtränkte, alle verbitterten Gemüter mit reinem Himmelsfrieden erfüllende Poesie — wird die Poesie der Zukunft sein. Gott gebe, daß sie bald, bald aus ihren ewigen Himmelshöhen in die sichtbare Erscheinungswelt trete und Körper und Gestalt gewinne! Nicht mit Toben und jüngst-deutschem Gebrüll, sondern mit dem milden herzbezwingenden Friedenssäuseln des heiligen Geistes! —

[S. 237:] Ein einseitiges Überschätzen der Naturwissenschaft, ein Hereinziehen ihrer Formen und Ausdrucksweisen in die Literatur, eine naturwissenschaftlich-mechanistische Auffassung der Poesie scheint uns zu drohen. Ein geistiges Verarbeiten, ein Übersetzen der naturwissenschaftlichen Resultate in unsere Dichtersprache, ein Verschmelzen des modernen, naturwissenschaftlichen mit dem alten, christlichen Geiste hat noch nicht stattgefunden. Es muß zu der naturwissenschaftlichen Auffassungsweise, die ja nur das Gegenwärtige, Greifbare zu ordnen weiß, die weitblickende historische treten, die historische, die aus dem Vergleich mit dem Vergangenen feste Formen für die Gegenwart findet. Erst aus der Vermischung beider kann eine tiefgegründete, idealistisch-realistische Poesie erstehen.

FRITZ LIENHARD (1865–1929), als Dichter (soziales Drama: »Weltrevolution«, 1889) und Mitarbeiter der ›Gesellschaft‹ zunächst Anhänger des Naturalismus. Doch schon sein Aufsatz »Reformation der Literatur« (1888) verrät, daß er eigene Wege verfolgt: er enthält Kritik an Zola, der die Poeten zu Experimentatoren erniedrige und den Menschen von außen

betrachte; Kritik an Bleibtreus radikaler Wahrheitsforderung (für die Poesie sei vieles gleichgültig, was wahr ist); Verwerfung der „Vererbungsgeschichten" und naturwissenschaftlichen Weltbetrachtung; dagegen die Forderung der künstlerischen Persönlichkeit, eines das „innere Sein" gestaltenden „Herzenskündigers" und endlich einer „Poetik des Christentums". Daß dieser Aufsatz in der ›Gesellschaft‹ erschien, verdeutlicht außer der Großzügigkeit des Herausgebers doch auch das Unbestimmte und Widersprüchliche des „Programms". Die endgültige Abwendung Lienhards vom Naturalismus zeigen seine »Lieder eines Elsässers« (1895), die Natur- und Heimatverbundenheit gegen großstädtische Intellektualität stellen, eine Linie, die er in weiteren Werken verfolgt (»Wasgenfahrt«, 1896; »Till Eulenspiegel«, dramatische Trilogie, 1896; »Gottfried von Straßburg«, 1897), um 1900 in einer ausgesprochenen Kampfschrift (»Die Vorherrschaft Berlins«) sein Programm der Heimatkunst zu entwickeln (siehe auch »Neue Ideale«, 1901).

Die Heimatkunstbewegung, getragen von Lienhard, Adolf Bartels und Heinrich Sohnrey löste sich aus dem Naturalismus, dessen Auflösung bereits in den neunziger Jahren einsetzte. Auch ›Der Kunstwart‹ hatte zu ihrer Vorbereitung beigetragen. Lienhard selbst war eine Zeitlang Mitarbeiter von Avenarius, bis er der von Grotthuss herausgegebenen Zeitschrift ›Der Türmer‹ beitrat. Hier und in Sohnreys Zeitschrift ›Heimat‹ (seit 1900) kämpfte man für die Heimatkunst. Die Bewegung spaltete sich bald auf in landschaftsgebundene und völkische Richtungen – gemeinsam blieben die naturalistischen Darstellungsmittel und weitgehend auch die soziale Tendenz. In dem programmatischen Werk »Wege nach Weimar« (6 Bde., 1905/08) schildert Lienhard den eigenen geistigen Weg. Von seinem schriftstellerischen Werk ist nur der Roman »Oberlin« von gewisser Bedeutung (er spielt im Elsaß der Revolutionszeit und errichtet das Bild eines beispielhaften Menschen). Seine Dramen sind unbedeutend. (Gesammelte Werke, 17 Bde, 1924/26.)

22 a

Conrad Alberti »Die Bourgeoisie und die Kunst« (1888)

Aus: ›Die Gesellschaft‹, Jg 4, 1888, H. 10, S. 839–841.

[S. 839:] Künstler! Genossen! Ihr Alle — oder sage ich Ihr Wenigen? — denen noch ein Funke von jenem heiligen Feuer der großen Leidenschaft der Antike und der Renaissance im Busen brennt, jener allgewaltigen Leidenschaft, welche allein ganze Menschen und ganze Künstler macht — ihr, die ihr noch eine wahre und große Liebe hegt für die wahre und große Kunst: welch Ende soll das nehmen? Ihr habt gesehen, der heutige Niedergang der Künste ist kein bloßer arger Zufall, er ist eine soziale Notwendigkeit, es liegt im Wesen der Bourgeoisie, daß sie Alles korrumpiert, materialisiert und vergiftet, was in ihr Bereich gerät, und so auch die Kunst, daß sie dieselbe systematisch untergraben, herabziehen, vernichten muß. Kein Wesen kann gegen das Naturgesetz, dessen organischer Ausdruck es ist, und so wenig der Fisch je singen, der Löwe je fliegen wird, so wenig wird die Bourgeoisie je wahre und echte Kunstbegeisterung fühlen, je für die wahre und echte Kunst eintreten können; sie kann sie nur immer tiefer und tiefer verderben und völlig in Kleinlichkeit, Äußerlichkeit, Flachheit, Salonspielerei, Verlogenheit und Materialismus auflösen.

Und das sollte das Ende sein? Nicht ein großes, schnelles, gewaltiges Ende, wie Roms und Griechenlands Kunst trotzig sterbend unter den Fäusten der Barbaren, sondern ein langsames Siechen und Verfaulen, Glied um Glied bei lebendigem Leibe? Nein, lieber mit Ehren untergehen als solch ein schimpfliches Sklavenleben!

Horch, welch Tosen und Donnern und Rollen! ... Der Erdboden schwankt, die Paläste stürzen, Feuerwolken schnauben einher und der Würgeengel geht über die Erde. Ein riesiger Dämon mit rauch- und staubgeschwärztem, faltigem Antlitz, mit fürchterlichen Muskeln, mit eisernen Fäusten und finster gerunzelter Stirn stapft dahin, und unter seinen eisenbeschla- [S. 840:] genen Stiefeln, unter der Wucht seiner knochigen Finger zersplittern Säulen, krachen Mauern wie dürres Reis. Hui, und er bläst höhnisch pfeifend vor sich hin und zu Boden stürzen Marmorbilder mit zerbrochenen Gliedern, wie Wachs schmelzen die bronzenen Helden vor dem brennenden Dampfe seiner Nüstern, Milliarden sengender, bunter Leinwandfetzen flattern hoch in den Lüften, untermischt mit den Blättern zerrissener Pergamente, und unter seinem Fuße knirschen in grellem Mißton tausend gesprungene Saiten, und stöhnend und ächzend wälzt sich die Muse am Boden, ein blutiger Springquell spritzt auf aus ihrem Herzen. Er aber schreitet weiter, gefühllos, kalt, kein Muskel zuckt in seinem Antlitz, und gleichgültig zerschüttet sein Fuß Paläste und Kirchen, Theater und Akademieen.

Das ist der Sozialismus!

Wohlan, er vernichte uns! Er kann uns nur töten, er kann uns nicht zwingen, wie jene, zum Verstümmler zu werden am eignen Fleisch, uns selbst zu Kastraten zu machen am Gehirn, an der Begeisterung, der Fähigkeit des Schaffens, daß wir ausspucken müssen vor uns selbst. Er schlägt uns tot, doch er erspart uns die Schmerzen der langsamen Vergiftung, des geschwächten Dahinlebens im Marasmus*. Weh der Kunst, wenn sie nicht mehr den Mut hätte zu denken und zu handeln wie Emilia Galotti: lieber sterben als zur Dirne werden. Einmal werden auch die Tage des rohen Mordens und Vernichtens des siegreichen Sozialismus gezählt sein, Ruhe wird wieder einziehen in die Welt, es wird sein wie nach einer großen, schweren Krise, neue Kraft, neue Lebenslust, neue gesunde Leidenschaft wird tausendfältig erwachen aus dem allgemeinen Trümmerchaos, ein neues Zeitalter wird heraufsteigen, und mit den Bäumen der Wissenschaft, der Politik, der Technik wird auch der Baum der Kunst junge, kräftige Triebe ansetzen: denn sie sind ewig diese Bäume im Garten des menschlichen Geistes, unfällbar, unzerstörbar. Ein junger, glänzender Tag wird hereinbrechen für die Kunst, ein Tag mit neuen, gewaltigen Gedanken, neuen, großen Leidenschaften, von denen wir jetzt noch keine Ahnung haben.

Dann wird ein reiches Gedenkblatt auch unser sein, dann wird man ein Wort der Bewunderung auch weihen den mutigen Bahnbrechern dieser Wandlung, den

---

* Entkräftung, Altersschwäche.

ehrenfesten, trotzigen, wahren Künstlern, die lieber mit Ehren untergehen wollten, als mit Schande sich mästen.

Der Tag der Schlacht bricht an, der Tag der Entscheidung um die Weltherrschaft. Gott hat uns starke Waffen gegeben, damit zu wirken auf die Geister der Menschheit: die Geißel des Zornes, die Peitsche des Hohns. Wir sind die Spielleute im Heere der Gesellschaft. Wir schlagen die [S. 841:] Trommel, wir blasen, und Feuer erhitzt das Hirn, der Mut der Begeisterung bläht die Seele!

Kameraden! Rührt die Trommeln und stoßt in die Trompeten! Und wenn die Lunge birst — blast! Ihr kennt den Feind! Die Bourgeoisie ist die Fäulnis, die Bourgeoisie ist der Feind — sie falle! —

CONRAD ALBERTI (1862–1918, eigentlich Sittenfeld) erlangte in den achtziger Jahren als Kritiker der ›Gesellschaft‹ einen recht unerfreulichen Ruf: mit beißender Schärfe, oft auch hämischem Spott, griff er an: Gottfried Keller: der langweiligste, trockenste, ödeste Philister", seine Novellen: „Dutzendgeschichten"; Böcklins Meerweiber bemänteln nur die künstlerische Impotenz; P. Heyse: ein „geschäftsschlauer Fabrikant" usw. Nach Gründung der ›Freien Bühne‹, als sich die Münchener unter Michael Georg Conrad von den Berlinern um Otto Brahm lösten, war es Alberti, der am heftigsten den „konsequenten Naturalismus" angriff (er nennt ihn verlogener als den Heyseschen Idealismus) und der ›Freien Bühne‹ vorwarf, das Theater zur „Mistgrube" zu erniedrigen. Hauptmanns Drama »Vor Sonnenaufgang« – von Bleibtreu noch vor der Aufführung durch die ›Freie Bühne‹ als erstes soziales Drama der Zeit gepriesen – verdammt er als „ein Frikassee von Unsinn, Kinderei und Verrücktheit" (so bei Soergel zitiert). Um die ›Freie Bühne‹ auch in der Tat bekämpfen zu können, gründet er mit Bleibtreu im September 1890 die ›Deutsche Bühne‹, die aber wenig länger als ein Jahr bestand und mit der Aufführung ausschließlich deutscher Dramen nur geringen Erfolg hatte (Bleibtreus Napoleon-Drama »Schicksal«, Albertis bühnenwirksames Thomas-Münzer-Drama »Brot«, Hermann Bahrs »Neue Menschen«). – Albertis Romanserie »Der Kampf ums Dasein« (1888 ff.) ist ein ausgesprochenes Tendenzwerk ohne künstlerische Bedeutung.

22 b

MICHAEL GEORG CONRAD »DIE SOZIALDEMOKRATIE UND DIE MODERNE« (1891)

Aus: ›Die Gesellschaft‹, Jg 7, 1891, H. 5, S. 591.

Von einer anderen Seite angesehen, ist festzustellen, daß die Moderne in Kunst und Dichtung zwar eine stets wachsende Fülle neuer Anregungen, neuer Stoffe und Figuren dem sozialen Umbildungsprozesse, wie er sich mit Hilfe des Proletariats, vor unseren Augen in Politik und Volksleben vollzieht, Tag für Tag entnimmt, daß sie aber keine Veranlassung hat, mit der Sozialdemokratie als parlamentarischer Partei und politischer Heilskirche zu liebäugeln. Man merke wohl: die Moderne liebäugelt überhaupt nicht, nicht nach links oder rechts, nicht nach oben oder unten. Sie ist die in Geist und Charakter übersetzte Natur. Wie diese, ist sie furchtlos und rücksichtslos und anerkennt nur ein Gesetz: Wahrheit und Wahrhaftigkeit. Historisch vertritt sie den höchsten Menschheitsadel, die

In Folgerichtigkeit seines Irrtums ist nämlich Karl Frenzel wie so Viele der irrigen Meinung, der Realismus sei eine litterarische Mode. Das ist etwa so wahr, als wenn man sagen wollte, das kopernikanische System sei eine mathematisch-geographische Mode, oder die induktive Methode sei eine philosophische Mode, oder die Perspektive sei eine malerische Mode, oder die Anatomie sei eine medizinische Mode, oder die Statistik sei eine nationalökonomische Mode. Die heutige realistische Schule ist nämlich gar keine litterarische Richtung, gar kein Programm, hochverehrter Herr Doktor Frenzel, sondern sie ist einfach eine Reaktion, und nur darum ist es möglich, daß sich in derselben so viele von Seelensgrund aus diametral entgegengesetzte Naturen zusammenfinden, wie z. B. Bleibtreu und Kretzer. Unser Realismus ist einfach eine Reaktion des gesunden Menschenverstandes, der unbefangenen Augen, gegen die Lüge, die Heuchelei, die bunte Brille, die man uns auf die Nase geschoben hat. Was die realistische Schule zusammenhält, ist einfach der Widerspruch gegen die absichtliche Verfälschung der Wahrheit in der Kunst, gegen das einseitige Hervorkehren der Liebe, das heißt des Geschlechtsgenusses, als dichterisches Motiv, während derselbe in Wahrheit nicht das allein treibende Rad der Welt ist, gegen die gleißende Verhüllung der urschönen Wirklichkeit, wie sie die herrschende Heysesche Schule[3] übt, gegen die verlogene, häßliche Darstellung des Lebens, die Prüderie, die Zimperlichkeit, die konventionelle Schablone, welche alle Menschen nur unter einem Gesichtspunkte betrachtet und alle dieselbe geleckte, charakterlose Sprech- [S. 1036:] weise reden läßt, gegen die Idealisierung der Wirklichkeit, gegen das denkträge, aus künstlerischer Impotenz hervorgegangene Vorbeischlüpfen an den wirklichen Tiefen des Lebens, den wirklichen, das Dasein regelnden Motiven. Der Realismus ist keine Mode, sondern ist die Reaktion gegen die Mode, das heißt gegen den Konventionalismus, und das Eintreten für die volle und unbeschränkte Wahrheit, von der Ansicht ausgehend — nenne man sie pantheistisch, nenne man sie deistisch-materialistisch, wie man will —, daß die göttliche Schöpferkraft der Natur, das ist das Naturgesetz, sich in jedem Wesen, auch dem scheinbar abstoßendsten, offenbart und daß diese Offenbarung allein genügt, jedes Einzelwesen zu adeln und ihm einen Platz in jedem Kunstwerk zu verbürgen, da der menschliche Geist, als bloßer Teil des allwaltenden Schöpfungsgeistes, unmöglich Höheres schaffen kann, als dieser in seiner ungebrochenen Gesamtkraft. D e r   R e a l i s m u s   i s t n i c h t s   a n d e r e s ,   a l s   d e r   ä s t h e t i s c h e   A u s d r u c k   d e s   m a t h e m a t i - s c h e n   G e s e t z e s ,   d a ß   d a s   G a n z e   g r ö ß e r   i s t ,   a l s   j e d e r   s e i n e r T e i l e . Sein erstes Gesetz lautet also, die Welt nicht schöner, nicht edler zu machen, als sie ist, das heißt sie durch kindische Fratzen, Gespenster, Tugendprinzessinnen nach Art eines Böcklin, Schiller u. s. w. nicht zu schimpfieren, sondern sie so darzustellen, wie sie ist oder — wie wir vom menschlichen Standpunkte sagen müssen, da wir die Dinge an sich nicht erkennen — wie sie jede Zeit mit unbefangenen Augen anschaut, in ihrer herrlichen, wunderbaren, unnachahm-

lichen Realität: nichts besser, nichts anders zu machen, sondern einfach uns zu bestreben, die Dinge und Menschen zu erkennen, wie sie den ihnen immanenten Naturgesetzen nach sind und sie als die Wirkungen dieser Naturgesetze darzustellen. Mit einem Wort, der Realismus ist eine Methode, aber keine Mode. In diesem Sinne hat Kant Recht, die Antinomie aufzustellen, der Geschmack sei verschieden[4] und doch könne es nur einen Geschmack geben. Die Moden des Geschmacks sind verschieden und wechseln mit den Zeiten, das heißt die Entstellungen, Lügen, Übermalungen, Idealisierungen, der Konventionalismus, der sich heut Byzantinismus, morgen Romantik, übermorgen Klassizismus nennt, — das Prinzip der wahren Kunst aber bleibt ewig eines: es ist die Erkenntnis des Wesens, des gesetzmäßigen Baues und Waltens der Natur und die Nachschöpfung desselben. Wir haben den Realismus nicht entdeckt, wir haben ihn nur wieder aufgefunden und unter dem Wust des Idealismus hervorgegraben. Aeschylos, Shakespeare, Grimmelshausen, Dante, der Dichter der Nibelungen, Goethe, sie alle haben das wahre Kunstprinzip vor uns gekannt, wir haben es nur, da es scheinbar verloren war, wieder entdeckt, wie etwa Salviati[5] das Geheimnis der alten venetianischen Mosaiktechnik wieder entdeckt hat, und haben es — das [S. 1037:] ist unser Verdienst — wissenschaftlich untersucht und begründet. Von unserem Standpunkt aus ist auch der Idealismus, das heißt der Konventionalismus, eine ganz natürliche, naturgesetzmäßige Erscheinung, die Anwendung des Trägheitsgesetzes in der Kunstgeschichte. Jede Kunst sucht in der einmal eingeschlagenen Richtung so lange als möglich zu verharren, weil es eben bequemer ist, nach der Schablone zu arbeiten, als selbst die Natur zu beobachten und sich nach derselben das Muster selbst zu schaffen — und sie gerät auf diese Weise naturgemäß mit der Welterkenntnis späterer Zeiten, welche voraus eilt, in Widerspruch, bis zum Eintritt einer stärkeren Reaktion, einer gewaltsamen Reformbewegung, welche jene in die neue, der Naturerkenntnis ihrer Zeit parallele Bahn einzulaufen zwingt. Die Kenntnis dieser Thatsachen war allerdings vor unserem Auftreten unmöglich. Erst Bleibtreu und ich haben die Entdeckung gemacht, welche allerdings für die ganze spekulative Ästhetik der Todesstoß ist, daß dieselben Naturgesetze, welche die Vorgänge in der mechanischen Welt regeln, auch die geistige regieren und speziell das künstlerische Schaffen, die Entstehung des Kunstwerks und die Wandlungen des allgemeinen Geschmacks und den Entwicklungsgang aller Künste bestimmen. Diese newtoneske Entdeckung ist allerdings das Verdienst des modernen Realismus, und Karl Frenzel wird sie und ihre Bedeutung uns nicht abstreiten können. Aus diesem Grunde nimmt auch in unserer Bewegung die Kritik, die Negation, eine so hervorragende Stellung ein, weil wir eben die Wahrheit befreien müssen von den Übermalungen der Lüge, um sie in ihrer ursprünglichen, natürlichen Herrlichkeit darzustellen. Die moderne Kunst ist wie ein wunderbarer, alter Marmorpalast der Renaissance,

durch eine Anzahl scheußlicher, angeklebter, barocker Neubauten entstellt, die in rohem Stuck, stillos, das alte herrliche Werk schänden. Um dasselbe in seiner Schönheit wiederherzustellen und durch neue Anlagen zu erweitern, muß man eben erst die alten, scheußlichen Anbauten niederreißen, damit Platz und Raum für die im Geiste des Schöpfers des herrlichen Originalbaues zu machenden Erneuerungs- und Fortführungsbauten wird. Wie kann man uns also unseren Sturmlauf gegen die Vertreter des verlogenen Konventionalismus, die Heyse, Lindau, Ebers[6] und Genossen, zum Vorwurf machen? Unsere Bewegung ist eben eine Reaktion der Natur gegen die Unnatur! Das wäre gerade so, als wenn man den Umbau der Fassade des Mailänder Doms verlangte, aber mit Entsetzen die Bedingung stellte, daß von den heutigen unglücklichen Renaissancefenstern ja kein Stein weggenommen würde! (...)

[S. 1042:] (...) Uns ist die Wahrheit, die Kunst, ein heiliges, denn sie bedeutet für uns den Fortschritt der Kultur, und unser Wirken, unser Streben gilt allein unserm Volke, der ganzen Menschheit und ihrer Befreiung aus den Banden der Lüge, welche unsere Gegner um dieselbe geschlungen. Und um dieser Ziele willen werden wir wie bisher unentmutigt weiter kämpfen, schaffen, wachen, und wenn es sein muß, dulden und sterben.

[1] KARL FRENZEL (1827–1914) war von 1861 bis 1908 Feuilletonredakteur und Theaterkritiker der ›Nationalzeitung‹, dem Organ des bürgerlichen Liberalismus, und galt als „die Kritik" Berlins. Man verglich ihn mit Lessing, und er gab seine gesammelten Theaterkritiken auch als »Berliner Dramaturgie« (1877) heraus. Den Modernen wurde er nicht gerecht, jahrzehntelang setzte er sich für Ebers, Paul Lindau und andere Epigonen ein und kämpfte gegen Ibsen und Hauptmann. Seine politischen Aufsätze hingegen (»Deutsche Kämpfe«, 1874), in denen er gegen religiöse wie atheistische Orthodoxie, gegen Materialismus wie Mystizismus angeht, zeigen ihn als unabhängigen, freisinnigen Geist. Der ›Gesellschaft‹ gilt Frenzel „von der gesamten Bourgeoisie (als) der einzige, für den wir Hochachtung empfinden" (Jg 4, H. 2). Man fühlte sich verpflichtet, auf seine Kritik einzugehen und Irrtümer zu korrigieren. Frenzel selbst schätzte seine künstlerische Autorschaft höher als die kritische. Er verfaßte historische Romane und Novellen (»Watteau«, »Charlotte Corday«, »Geheimnisvolle Novellen«) und eine »Berliner Geschichte«.

[2] Gemeint ist ALEXANDER GOTTLOB BAUMGARTEN (1714–1762), dessen »Aesthetica«, 1750 und 1758 als „ars pulchre cogitandi" – Kunstlehre und Theorie der schönen Künste – geschrieben, die Kunstschöpfung als eigengesetzliche Erscheinung bestimmen. Das Buch ist allerdings nicht viel mehr als eine geordnete Zusammenstellung entsprechender Stücke aus Cicero, Horaz, Quintilian und Longinus.

[3] Gemeint ist die Münchener Dichterschule (siehe Seite 50).

[4] Alberti spielt – allerdings sehr vereinfachend – auf Kants »Kritik der Urteilskraft« an (§ 56 und 57: Antinomie des Geschmacks).

[5] ANTONIO SALVIATI (1816–1890), Verfertiger und Restaurator von Glasmosaiken, gründete in Murano bei Venedig eine Glasmosaikfabrik. Er knüpft an die venetianische Mosaiktechnik des 18. Jahrhunderts an (4. Periode).

[6] GEORG EBERS (1837–1898) war Professor für Ägyptologie; seine Entdeckung eines altägyptischen Medizinbuches (Papyrus Ebers 1875) führte zur Umorientierung der Ägyptologie. Wegen Erkrankung frühzeitig emeritiert, schrieb er archäologische Romane (»Ägypten und die Bücher Moses«, 1868; »Kleopatra«, 1894, und andere), mit denen er großen Erfolg hatte.

CONRAD ALBERTI »DIE ZWÖLF ARTIKEL DES REALISMUS. EIN LITTERARISCHES GLAUBENSBEKENNTNIS« (1889)

Aus: ›Die Gesellschaft‹, Jg 5, 1889, H. 1, S. 2–9.

1.

Die Kunst ist nicht ein überirdisches Ding, welches die gnädige Gottheit der schönheitsbedürftigen Menschheit fertig in den Schoß warf, sondern sie ist rein menschlichen Ursprungs. Sie ist ein natürliches und notwendiges Erzeugnis der Einrichtung des menschlichen Geistes, wie diese ein natürliches Ergebnis des Baues des menschlichen Gehirns ist. Sie ist eine rechte und leibliche Schwester der Politik, Technik, Wissenschaft, Religion, mit denen sie vereinigt die menschliche Kultur bildet. Sie ist ein wesentlicher Teil der menschlichen Kultur, zu der sie sich verhält wie eine Farbe aus dem Sonnenspektrum zum ungebrochenen Licht-strahl. Ursprünglich ward sie lediglich und ausschließlich zur Erfüllung realer Zwecke geschaffen, und zu solchen hat sie allen Völkern in den ersten Stadien ihrer Kultur gedient, — zu Zwecken der Religionsübung, der ehelichen Auslese, der Befestigung dynastischer Herrschaft, der Übung von Zaubereien u. s. w. — und auch in ihren höchsten Entwickelungsphasen, in den anerkanntesten und unsterblichsten Kunstwerken lassen sich ihre rein ästhetischen Zwecke niemals von eng damit verbundenen realen, praktischen, außerästhetischen trennen, also politischen, sozialen und [S. 3:] dergleichen z. B. in der Oresteia, der Göttlichen Komödie, dem Don Quixote, dem Tell, den vatikanischen Stanzen, den Medicäer-gräbern[1], der Neunten Sinfonie.

2.

Als wesentlicher Faktor der menschlichen Kultur ist die Kunst dem Gesetz der organischen Fortentwickelung unterworfen, dem obersten aller Naturgesetze. Die Kunst ist in beständiger organischer Fortentwickelung begriffen, sowohl als Gan-zes betrachtet, wie jede einzelne Kunst im besonderen. Nur von dem Gesichts-punkte einer beständigen organischen Fortentwickelung aus den in natürlicher Notwendigkeit der menschlichen Organisation in ihrer Eigentümlichkeit begrün-deten Anlagen läßt sich ein sachliches und positives Urteil über Kunstperioden, Künstler und Kunstwerke gewinnen. Da die Nationalität, die Rasse eine natür-liche und wie zu vermuten, ursprüngliche, nicht erworbene, mindestens aber ur-alte Einrichtung der Menschheit ist, so ist die Forderung einer nationalen Kultur und somit auch einer nationalen, den Charakter ihres Volkes in seinen Entwicke-lungsphasen widerspiegelnden Kunst eine berechtigte. Jede Nationalkunst ist also

ein organisches Ganzes, entweder in sich abgeschlossen, oder sich noch beständig fortentwickelnd, aus dem eigentümlichen Geiste der Nation herausgeboren und mit demselben fortschreitend, nicht aber etwa eine Pyramide zufällig entstandener und zusammengeworfener guter, schlechter, mittelmäßiger Bücher, Bilder, Statuen u. s. w.

3.

Da alle Naturgesetze, welche die mechanischen Vorgänge in der physischen Welt regeln, auch alle geistigen Vorgänge und Erscheinungen bestimmen, so ist auch die Kunst genau denselben Gesetzen unterworfen wie die mechanische Welt. Die Prinzipien des Kampfes ums Dasein, der natürlichen Auslese, der Vererbung und der Anpassung haben in Kunst und Kunstgeschichte ebenso unbedingte Geltung wie in der physiologischen Entwickelung der Organismen. Z. B. behauptet sich unter allen Kunstwerken, welche ein und dasselbe Motiv verkörpern, dasjenige am längsten und unterdrückt die andern, welches die kräftigste Organisation besitzt, das heißt, welches das ihm eigene Motiv am stärksten, deutlichsten, klarsten und einfachsten, ohne Hinzuziehung fremder, die Aufmerksamkeit ablenkender Motive darstellt, welches daher den Betrachter am leichtesten zu fesseln und am längsten festzuhalten vermag. So überstrahlt Goethes Faust alle anderen gleichzeitigen Fauste[2] und tötet dieselben litterarisch. Alle großen und ewigen Naturgesetze sehen wir auch in der Kunst herrschen. Das Gesetz der Erhaltung der Energie ist das Grundprinzip der Tragödie, besonders der Forderung der Katharsis, [S. 4:] sowie überhaupt des organischen Abschlusses eines jeden Kunstwerkes. Das Gesetz der Konstanz der Materie wird hier dadurch bewiesen, daß alle poetischen Motive der Weltlitteratur sich bereits in der ältesten aller Litteraturen, in der indischen vorfinden, und von da in immer neuen Kombinationen bis zu Shakespeare, Goethe, Dumas in allen Litteraturen auftreten und sich wiederholen, so daß nur die Erscheinungsformen, die Fassungen sich verändern, die Summe der poetischen Motive selbst sich aber nicht vermehrt. Das Gesetz des kleinsten Kraftmaßes ist das natürliche Prinzip des Reims, ja auch das Prinzips der ästhetischen Zweckmäßigkeit, welches früher irrtümlich als das oberste ästhetische Prinzip galt. Denn zweckmäßig und darum künstlerisch schön erscheint nur diejenige Handlung, zu der das Minimum der zu ihr erforderlichen Kraft aufgewendet wird, jedes Zuviel, wie jedes Unzureichend an Kraftaufwendung läßt sie unästhetisch erscheinen.

4.

Mithin erscheint jedes ästhetische Gesetz nur dann gerechtfertigt, wenn es sich als die Anwendung eines allgemeinen Naturgesetzes auf die besonderen Bedingungen der Kunst darstellt.

5.

Als notwendiges Naturprodukt hat die Kunst keinen absoluten Zweck: sie ist, weil sie sein muß. Als Kulturfaktor aber hat sie einen bestimmten Zweck. Dieser besteht nicht in der Verbreitung eines wesenlosen Vergnügens, eines unrealen, ästhetischen, scheinhaften Lustgefühls, eines bloßen Nervenkitzels, einer leeren Erhöhung der Stimmung, eines unklaren Wohlgefallens an dem dargestellten Gegenstande, wie die bisherige Ästhetik will, sondern er ist ein realer Zweck: die Förderung und Fortbildung der menschlichen Kultur, deren letztes Endziel die Erkenntnis des Wesens der Welt, die Erkenntnis unserer selbst ist. Die Kunst ist Ringen nach höchster Erkenntnis in den eigentümlichen Formen, mit den eigentümlichen Mitteln der Kunst.

6.

Alle Zweige der menschlichen Kultur, von der die Kunst ein Teil ist, streben zu diesem Ziele. Die Naturgesetze sind wohl an sich nichts wirkliches, denn die unbewußt schaffende, aus sich fortentwickelnde Natur weiß nichts von Gesetzen, aber sie sind die einzige Form, in welcher uns das Wesen der Natur, die derselben immanente Vernunft, zu erscheinen vermag. Die Wissenschaft ist die rein theoretische Analyse der Naturgesetze auf allen Gebieten des Daseins, die Politik ist die Übertragung derselben auf das Zusammenleben der Menschen, die Ethik auf das Seelenleben und Verhalten [S. 5:] des Einzelnen — die Kunst ist die Synthese der Naturgesetze, die plastische, gestaltliche, lebendige Verkörperung eines derselben oder einer Anzahl einander kreuzenden, in individuellen Formen.

7.

Alle Kunst ist symbolisch, von aussen individuell, von innen naturgesetzmäßig. Jedes Kunstwerk ist eine Diaphanie*: durch die individuellen Formen (Gestalten, Farben, Worte) scheint in jedem Augenblick das Naturgesetz oder scheinen die Gesetze hindurch, welcher oder deren Gegenwirkung das Kunstwerk verkörpern will, doch ist die gegenseitige Durchdringung eine vollständige chemische, so daß es dem Auge unmöglich ist, beides zu trennen: beides erscheint vielmehr in jedem Teile des Kunstwerks, jedem Moment des Genusses als eines einheitlichen Wesens ohne die Spur einer künstlichen Zusammensetzung, eines Widerspruchs zwischen dem ewig-naturgesetzmäßigen Kern und der zufällig-individuellen Schale. Diese Doppelnatur des Kunstwerks, die doch zugleich einen einheitlichen Eindruck hervorruft, ist der Grund des sogenannten ästhetischen Scheins. Sie ist das Wesen der Kunst, unter ihrem Gesichtspunkt erscheint die Natur selbst in ihren Einzelformen als das höchste Kunstwerk, und alle Kunstgattungen, alle ästhetischen Begriffe leiten sich aus ihr her. Das Tra-

* Ein durchscheinendes Bild.

gische z. B. ist die Selbsttäuschung des Individuums über sein eigenes Ich, die Annahme eines freien individuellen Willens und der Versuch denselben dem Naturgesetz entgegen zu setzen, indes dieser freie Wille in Wirklichkeit nur Schein ist, nur die Folge einer Gegenwirkung mehrerer Naturgesetze ist, und bei der ersten Berührung mit dem natürlichen Prinzip zerbricht. Die Alten sahen das Naturgesetz nur in der Form des Schicksals: in diesem Sinne ward für sie Ödipus eine tragische Gestalt. Der Renaissance erschien es (längst vor Kant) als der Kategorische Imperativ, als das Willengesetz, und der Versuch, dasselbe durch den individuellen Willen zu umgehen oder zu durchbrechen, galt ihr als tragisch (Hamlet, Macbeth, Wallenstein). Uns erscheint es in seiner einfachsten mechanisch-physiologischen Form, und der Kampf mit demselben ist das Prinzip der modernen Tragödie (Oswald in den „Gespenstern").

8.

Es gibt nicht eine Kunst für alle Zeiten, jede Zeit hat vielmehr ihre eigene Kunst, indem die Kunst jederzeit die Kulturhöhe ihrer Zeit verkörpert, und diese, das heißt der Umfang der Erkenntnis, in beständiger Fortentwickelung begriffen ist. Es giebt daher auch keine feste Kunstlehre mit ewigen Regeln und Wahrheiten, da dieselbe aus der Auffassung der Natur abgeleitet ist, und diese beständig wechselt. Eine Kunst ist gesund, sobald sie die Kultur- [S. 6:] höhe ihrer Zeit darstellt und widerspiegelt; krank, sobald dies nicht der Fall. Sophokles, Phidias sind die ganze Antike, Shakespeare, Raphael die ganze Renaissance. Eine Kunst, ein jedes Kunstwerk lebt so lange, als die Kulturanschauung lebt, welche sie verkörpern, und lebt wieder auf mit dem Augenblick des Wiederauflebens derselben. Homer und Virgil waren tot mit dem Beginn der Herrschaft des Christentums und lebten wieder auf mit der Renaissance, die an die Antike anknüpfte. Das deutsche Heldengedicht ging unter mit dem nationalen Rittertum, mit dem Verfall des nationalen Gedankens und lebte wieder auf zu Friedrichs des Großen Zeit, mit dem Wiedererwachen des deutschen Nationalbewußtseins.

9.

Die vier Wurzeln der modernen Kunst sind Nationalität, Demokratie, subjektiver und objektiver Realismus. Durch sie saugt die Kunst gesundes, echtes, kräftiges Leben ein, den Saft der Wahrheit, den Nahrungsstoff der festen Erde, welcher sich an ihrem Stamme zu herrlichen Blättern und Blüten umwandelt. Die moderne Kunst sei national, sie spiegle in ihren Formen, ihren Auffassungen, ihren Empfindungen den Geist der Rasse des Künstlers wieder, denn das beste, was der Mensch und der Künstler besitzt, verdankt er seinem Volke: nationale Unterschiede und Eigenheiten sind natürlich und berechtigt, nicht nur in der äußeren Erscheinung, sondern auch in der geistigen und seelischen Anlage, Weltauffassung, Charakterbildung. Je schärfer ein Künstler, ein Kunstwerk den

132

Geist seiner Nationalität widerspiegelt, eine desto schärfer ausgeprägte Eigenart sichern sie sich, desto größeres Interesse werden sie auch anderen Nationen einflößen. Die moderne Kunst sei demokratisch — freilich nicht in dem alltäglichen politischen Parteisinne, nicht als die Trägerin einer politisch-doktrinären Tendenz, sondern in dem höheren, allgemein-menschlichen Sinne, daß es vor ihr wie vor dem Gesetz keine Standesunterschiede giebt, daß vor ihrer Theorie alle Menschen gleich sind und der Kaiser so viel gilt wie der Proletarier. Nicht dadurch adelt der Künstler sein Werk, daß er nur Könige und Fürsten zu Helden seiner Darstellungen macht, sondern durch die Tiefe seiner Gedanken, die Vollendung seiner Behandlung. Im Proletarier lebt dieselbe Leidenschaft, verkörpert sich dasselbe Menschentum, dasselbe Naturgesetz so gut wie im Fürsten und in derselben Stärke, nur daß er sich in anderen, doch künstlerisch gleichstehenden Formen ausdrückt. Im Gegenteil, jede Empfindung drückt sich bei dem Manne und der Frau aus dem Volke elementarer, schlichter, natürlicher aus, weil diese durch keinerlei konventionelle Rücksichten gehemmt sind. Das geheimnisvolle, mächtige Walten der ehernen Naturgesetze, der Gegenstand der [S. 7:] künstlerischen Darstellung, prägt sich in den Vorgängen, im Leben des Volkes ebenso wohl und oft schärfer aus als in dem Leben und Treiben der Herrscher und Helden, und darum ist jenes als Gegenstand der Kunst so gut und mehr geeignet als dieses. Der Künstler sei subjektiver Realist, das heißt, er stelle nicht dar, was er nicht wirklich mit eigenen Nerven durchlebt hätte. Durchlebt, nicht erlebt! Im Geiste, in seinem Gehirn durchlebt. Nicht, was er nicht aufs genaueste erforscht, geprüft, studiert hätte, darein er sich nicht durch Autosuggestion bis zur vollendeten Selbstdurchlebung versetzt hätte. Er lasse den Stoff fallen, der ihm solche Selbsthineinversetzung unmöglich macht. Kein Klügeln, kein talmudisch-kasuistisches Kombinieren, kein Aushecken unmöglicher Probleme am Schreibtisch, die nur eine Spielerei des Geistes, die Freude gelungener Seifenblasen erwecken können! Er erhebe seine Gefühle in die höchsten Potenzen — nur daß er richtig rechne! Aber er schildere kein Gefühl, zu dem er in seinem Innern nicht die rechte Grundzahl oder nicht die zu seiner Erzeugung nötigen Faktoren besitzt, denn er wird sonst nur kalte, nüchterne, glatte Klügeleien nach Art eines Paul Heyse zustande bringen, die nicht vermögen, wie ein echtes Kunstwerk, unmittelbar, gleichsam elektrisch auf den Betrachter zu wirken, sondern Zweifel, Bedenken, Streit hervorrufen.

10.

Jedes Kunstwerk sei objektiv realistisch. Die reale Natur ist das einzig Erkennbare, mithin für uns Menschen das einzig Wahre und daher der einzig berechtigte Gegenstand künstlerischer Darstellung, ihr unablässiges Studium die einzige Aufgabe des Künstlers. Was nicht reale Natur ist, was nicht den Gesetzen und Erscheinungen derselben entspricht, ist Fratze, Thorheit, Phantasterei. Die

Natur selbst erschöpft in ihrer unermeßlichen Kraft alle Kombinationen, welche im Reiche der Materie und des Geistes kraft ihrer eigenen, ewigen, unumstößlichen Gesetze möglich sind, und jede Abweichung von der Natur, jedes Darüberhinauswollen, jedes Schminken derselben ist eine Fälschung der Natur, eine Verletzung ihrer Gesetze und ästhetisch verboten. Als solche, und daher künstlerisch verwerflich erscheinen phantastische Schöpfungen wie Engel, Centauren, Tritone und dergleichen. Das Altertum hatte ein Recht, solche Gebilde zu schaffen, weil es dieselben für wirklich hielt, weil es an ihre Existenz glaubte, weil es seine Anschauungen vom Wesen der Natur in denselben verkörperte. Wir glauben nicht mehr daran, unsere Erkenntnis der Natur ist eine andere, für uns sind sie Fratzen und Lügen.

11.

Wie die Natur das einzig Reale und darum das einzige Gebiet des Künstlers ist, so ist auch kein Winkel, kein Fleck, kein Geschöpf, kein Vorgang in derselben, der nicht der künstlerischen Verkörperung würdig und fähig wäre. Denn auch in dem unbedeutendsten Geschöpfe, dem verborgensten Winkel, dem gleichgültigsten Vorgang offenbart sich die Größe und Herrlichkeit der allwaltenden Naturgesetze. Überall ist die Natur in dem gleichen Grade von dem göttlichen Hauche ihrer Größe und Vernunft erfüllt, die uns in der Form der Gesetzmäßigkeit erscheint. Darum giebt es für den Künstler keine Stoffe zweiten oder dritten Ranges, sondern rein stofflich betrachtet, steht jedes natürliche Objekt, jeder Vorgang gleich hoch, weil der göttliche Geist in einem jeden wohnt; Sache des Künstlers ist es nur, den natürlichen Stoff zum Kunstwerk zu adeln, indem er in seiner Nachahmung das demselben innewohnende natürliche Gesetz, den Geist, der denselben beseelt, zur klaren Anschauung bringt und ihm doch seine individuelle Form und Erscheinung wahrt. Und der Künstler steht um so höher, je reiner und wahrer er in seiner Darstellung die Natur in ihrer unermeßlichen Größe, ihrer allwaltenden Schönheit, ihrer Vermischung des gesetzmäßigen Wesens und des individuellen Scheins hervortreten läßt, mit möglichster Unterdrückung seiner Persönlichkeit. Also giebt es in der Natur nichts an sich Häßliches, Schmutziges, Gemeines, Unkünstlerisches. Und in der Kunst ist häßlich und schmutzig nur das Phantastische, Naturwidrige, der realen Beziehung Entbehrende, das Gesetz seines Daseins Verschleiernde, der individuellen Erscheinung Ermangelnde.

12.

Die schlimmste, verbreitetste und gefährlichste Fälschung der Natur, welche die heute herrschende Kunstrichtung übt und welche diese jedem klar und vernünftig denkenden, modern empfindenden Menschen völlig ungenießbar macht, ist das einseitige Hervorkehren des psychischen Motivs der Liebe, das heißt des

Verlangens nach dem geschlechtlichen Genusse, welches das immer wiederkehrende Motiv aller Schöpfungen Paul Heyses, Grillparzers und der ganzen nachklassischen Litteratur[3] bildet. Die Liebe, das heißt die Sinnlichkeit, der geschlechtliche Genuß ist keineswegs der einzig würdige oder auch nur der vorzüglichste Gegenstand künstlerischer Darstellung, sie als solchen ausgeben, heißt an der Wahrheit grobe Fälschung begehen, denn das Prinzip der Zuchtwahl, das sich im Menschen als Liebe verkörpert, ist keineswegs das einzige weltbewegende Naturgesetz, oder nur das vorzüglichste derselben, sondern nur eines unter anderen. Die Liebe nimmt keineswegs im Organismus der Welt, im Dasein der Menschheit eine so allseitig beherrschende [S. 9:] Stellung ein, wie die heutigen Künstler uns glauben machen wollen, welche daher das Bild der Welt fälschen, sondern sie ist nur ein psychisches Motiv unter vielen ebenso starken und wirksamen, wie Kampf ums Dasein, Vererbung — das heißt Eigensucht, Trägheit, Stolz u. s. w. Es ist aber Aufgabe der Kunst, ein wahres und vollkommenes Bild der Welt zu geben und daher die Gesamtwirkung aller gleich starken, wichtigen und einflußreichen Naturgesetze zu verkörpern, von denen die Liebe nur eines ist. Auch Shakespeare schrieb unter seinen Macbeth, Lear, Othello, Richard nur ein „Romeo und Julia“. (. . .)

1 *Vatikanische Stanzen:* Zimmer im Vatikan mit Wandgemälden Raffaels. – *Mediceergräber:* die marmornen Grabdenkmäler für Lorenzo und Giuliano Medici von Michelangelo, mit den Figuren von Nacht und Tag, Abend und Morgen auf den Sarkophagen in der neuen Sakristei von San Lorenzo in Florenz.

2 Gemeint sind das weitschweifige Faustdrama von Friedrich Müller (genannt Maler Müller), das in Teilen erschien – »Situation aus Fausts Leben«, 1776, und »Fausts Leben«, dramatisiert, 1778 – sowie der Faust-Roman von Friedrich Maximilian Klinger »Fausts Leben, Taten und Höllenfahrt«, 1791.

3 Diese einseitige Beurteilung der „ganzen nachklassischen Litteratur“ betrifft sowohl die Auswahl ihrer Vertreter wie ihre Motivik. Die geschlechtliche Liebe erscheint eher als Hauptmotiv des Naturalismus denn des realistischen 19. Jahrhunderts (vgl. Troll-Borostyani: »Die Liebe in der zeitgenössischen deutschen Litteratur«, ›Gesellschaft‹, Jg 7, 1891, H. 8). – Der in diesem „Glaubensbekenntnis“ sich ausdrückende „kleine Realismus“ findet seinen entschiedenen Kritiker in dem 24jährigen Otto Julius Bierbaum, der unter Berufung auf Zola das von Alberti mißachtete „Temperament“ des Künstlers als entscheidende Voraussetzung des Kunstwerks postuliert (vgl. Stück 24a). Beide Aufsätze, der letztere mit einer für die Weite dieses ›Naturalismus‹ aufschlußreichen Anmerkung des Herausgebers versehen, erschienen in der ›Gesellschaft‹.

OTTO JULIUS BIERBAUM »BEMERKUNGEN ZU CONRAD ALBERTIS
›ZWÖLF ARTIKELN DES REALISMUS‹« (1889)

Aus: ›Die Gesellschaft‹, Jg 5, 1889, H. 5, S. 670–677.

Conrad Alberti nennt die zwölf Hauptsätze, welche er im ersten Hefte dieses Jahrganges aufgestellt hat, ein litterarisches Glaubensbekenntnis. Als solches, als selbstgegebenes, aus dem eigenen Temperament erwachsenes Gesetz mag es unbeanstandet gelten, aber der Bekenner seines eigenen Glaubens möge es auch den Übrigen gestatten, nach ihrer Façon selig zu werden. Er meint zwar, das Glaubensbekenntnis seiner zwölf Artikel berge in sich die Anschauungen aller „Gleichstrebenden", also wohl derer, die im realistischen Prinzip das Heil der neuen deutschen Litteratur erblicken, — aber ich glaube, daß er darin irrt. Alle, denen die Ziele und Bestrebungen, welche vorzüglich in dieser Zeitschrift vertreten werden, ehrlich am Herzen liegen, zollen sicherlich der mathematisch-scharfen und energischen Denkarbeit, deren Resultat jene zwölf Artikel sind, aufrichtige Anerkennung, Zustimmung auch in den meisten Punkten, aber schon der Versuch einer Art von Gesetzesproklamation im Reiche der Kunst geht vielen außerordentlich wider's Gefühl. Gewiß giebt es e i n Gesetz für alle Kunstübung, ein unerbittliches Gesetz: die Natur, welche zugleich Vorbild ist, aber dieses Gesetz der unendlichen Natur ist viel weiter, als Alberti dekretiert. Mit dem, was er o b j e k t i v e n R e a l i s m u s nennt, verengert er ganz unnötig die Grenzen dieses einzig berechtigten, großen Prinzipes.

*

Ist Emile Zola ein Realist? Möglich, daß Alberti die künstlerisch-schöpferischen Werke des großen Franzosen unter die realistischen rechnet, obzwar sie vielfach nicht zu seinen zwölf Artikeln stimmen, — in den Werken, welche die Kunstanschauungen des Meisters nach Art des Albertischen Glaubensbekenntnisses wiedergeben, wird Alberti den Realisten vermissen müssen, Schon der Satz: Une œuvre d'art c'est un coin de la nature vu à travers un temperament, genau verfolgt bis in die verborgensten Falten des Begriffes Temperament, spricht gegen den kleinen Realismus Albertis. Wie merkwürdig, daß Alberti, ein Mann von so ausgesprochener Temperamentsschärfe, gerade das, was ihn selbst am meisten auszeichnet, unbeachtet läßt. In seinem „subjektiven Realismus" spielt das Temperament nur ein klein wenig, als maßgebend bei der Stoffwahl, hinein. Aber [S. 671:] die Mißachtung des Temperamentes ist ein großer Mangel, der Grund-

fehler dieses Glaubensbekenntnisses; — nur durch diesen Mangel freilich ist dieses Bekenntnis überhaupt möglich geworden. Dieser Gedankengang liegt auch in den folgenden Sätzen Zolas, welche ich in der Übersetzung der „Gesellschaft" (Jahrgang I, Nr. 3, S. 53) gebe: „Jedes Kunstwerk schließt nach meiner Ansicht zwei Elemente in sich, das allgemeine Element, d. h. die Natur, und das individuelle Element, d. h. den Schöpfer (Menschen). Das allgemeine Element, die Natur, ist unveränderlich, immer dasselbe, und ich möchte sagen, daß es als allgemeiner Maßstab dienen könne für sämtliche geschaffene Werke, wenn ich einen solchen Maßstab überhaupt gelten lassen möchte. Das individuelle Element, der Mensch, ist im Gegensatz zu ersterem mannigfaltig und veränderlich bis ins Unendliche. Soviele Werke, soviele verschiedene Geister. Wenn das Temperament nicht existierte, so wären notwendigerweise alle Bilder einfache Photographien." Und zum Schluß dann noch die Regel über alle Regeln der Kunst: „Ihr sollt euch keine Regeln noch Vorschriften geben! Überlaßt euch herzhaft eurer Natur und versucht euch nicht selber zu belügen." — Man mag ja diesen Standpunkt künstlerischen Nihilismus nennen — immerhin! Er stimmt jedenfalls besser zu den von Alberti häufig angerufenen Naturgesetzen, als das Streben nach einem Codex des Realismus: „Denn das ist auch eine von den landläufigen lächerlichen Ansichten, daß es in bezug auf künstlerische Schönheit eine ewige, absolute Wahrheit gebe." (Zola).

*

Es ist möglich (wahrscheinlich sogar), daß einmal eine Zeit kommen wird, so nüchtern, so exakt, so mathematisch, so langweilig, so furchtbar klug, in welcher das Glaubensbekenntnis Albertis aktuelle Wahrheit bedeutet. Heute, und ich für meine Person mit vielen anderen, die sich ungescheut zu den Verehrern der frischen, realistischen Geistesströmung rechnen, bin herzlich froh, daß es also ist, heute herrscht immerhin noch Seelenschwung genug, daß ein Böcklin[1] mit seinen objektiv unrealistischen Gebilden durch klare Augen in empfängliche Herzen zu dringen vermag. Ja, es giebt Anhänger des realistischen Gedankens, welche diesen Malerpoeten als Realisten schätzen.* Alberti, der sich die Wege zum Verständnis dieser Poesie verrammelt hat, erblickt in diesen von wunderbarster, in der That schier über- [S. 672:] menschlicher Schaffenskraft in künstlerisches Leben gestellten Gestaltungen nichts, als „Fratze, Thorheit, Phantasterei". Sie sind ihm „ästhetisch verboten", „Fälschung der Natur" — warum? Weil wir an ihre Wirklichkeit nicht glauben. Kommt's darauf an? Mich dünkt, der Schwerpunkt liegt in der Frage: Hat der Künstler Kraft genug, uns seine Schöpfungen

* Der Begründer unserer Zeitschrift zum Beispiel. Technisch genommen, ist ihm Böcklin so gut ein Realist wie Max Klinger oder wie der Dichter des Sommernachtstraumes oder der Dichter-Komponist des Nibelungen-Ringes.　　　　M. G. C. [Michael Georg Conrad]

glaublich zu m a c h e n. Besitzt er diese, gelingt es ihm, uns in seinen Gestalten-kreis zu bannen, so mag er mir meinetwegen eine ganze Menagerie von Wasser-weibern, Cyklopen, Centauren und was ihm sonst in selbstherrlicher Kraftaus-gießung beliebt, vor Augen führen. Freilich nur dann, wenn er lediglich mit diesen Mitteln eine Stimmung nach seinem Wunsche zu erzeugen vermag.

OTTO JULIUS BIERBAUM (1865–1910) stand anfangs dem Naturalismus nahe (»Erlebte Ge-dichte«, 1892; »Studentenbeichten«, 1893) und gab 1891 den Sammelband »Modernes Leben« heraus, der die Münchener Naturalisten vereinigte; 1893 leitete er die ›Freie Bühne‹. Aber schon im Musenalmanach des Jahres 1893 und mehr noch in dem von 1894 sind stärker die Symbolisten vertreten, so daß die Bände für die Überwindung des Naturalismus von ähn-licher Bedeutung sind wie die »Modernen Dichtercharaktere« für den Aufbruch des Natu-ralismus. Konsequenterweise wurde Bierbaum 1894 Herausgeber des ›Pan‹, der kostbar aus-gestatteten Kunstzeitschrift, und 1899 der ›Insel‹, beides Dokumente des Jugendstils, der in diesem Jahrzehnt entwickelt wird. Bierbaum selbst – ein ästhetischer Genießer – nutzt alle Stile, vom Barock, Rokoko und Romantik bis zu Naturalismus und vor allem Impressionismus und Dekadenz. Seine Lyrik, die mit alten Formen und Motiven (Minnesang, Anakreontik) spielt, erschien in den Sammlungen »Nehmt, Frouwe, diesen Kranz«, 1894; »Irrgarten der Liebe«, 1901 und 1905. In Romanen und Erzählungen entwirft Bierbaum satirische Zeit-bilder, in ironischer Übersteigerung des Philistertums die realen Grenzen oft überschreitend. Sein bestes Werk ist »Stilpe. Ein Roman aus der Froschperspektive«, 1897. Es folgte »Prinz Kuckuck. Leben, Taten, Meinungen und Höllenfahrt eines Wüstlings«, ein Dokument der Kulturdekadenz, das bekannte Persönlichkeiten als Modell der Romanfiguren benutzt (1897). In Essays setzte sich Bierbaum ein für Böcklin, Liliencron, Thoma, Uhde und Stuck. Er wurde – vor allem durch »Stilpe« – Anreger der modernen Bohème-Bewegung, des deutschen ›Über-brettl‹, das Ernst von Wolzogen nach französischem Muster begründete und an dem Bier-baum selbst mitwirkte.

[1] ARNOLD BÖCKLIN (1827–1901), der Schweizer Maler schuf in seinen Bildern eine phan-tastische Welt der Nixen, Nereiden, Faune, Zyklopen und anderer Fabelwesen, die er jedoch realistisch darstellte, nicht als Bildungen der Phantasie, sondern wie real geschaute, in der Wirklichkeit lebende Wesen. So ist dieser Maler mit seinen „unrealistischen Gebilden" für Bierbaum und selbst für Conrad Realist, während Alberti, in dieser Zeit noch Verfechter eines deutschen Naturalismus, ihn seiner „Phantastik" wegen ablehnt.

25

EUGEN WOLFF [»DIE MODERNE«] (1888)

*Aus: »Die jüngste deutsche Litteraturströmung und das Prinzip der Moderne«,
›Litterarische Volkshefte‹, Nr 5, 1888, S. 44–47.*

(...) [S. 44:] „Mit dem Aufdämmern der N e u z e i t hervortretend, entspricht der volkstümliche R e a l i s m u s genau ebenso dieser Neuzeit, wie die Klassik dem Altertum und die Romantik dem Mittelalter; — oder religiös ausgedrückt lau-tet die Entsprechung: Heidentum, Christentum, Naturalismus; oder aesthetisch: Epos, Lyrik, Drama. —"

„Halt!" unterbrach der Aesthetiker, „wozu die vielen Worte? Sage uns end-

lich mit einem Namen, was dein gepriesenes neues Ideal, das Prinzip deiner neuen Dichtung ist."

Darauf der Historiker: „Wollt ihr durchaus mit einem Worte abgespeist sein, so soll euch euer Recht werden; doch ich fürchte, damit ist euch wenig gedient."

Als man nun doch von allen Seiten: „Ein Wort! Ein Ideal!" rief, sagte der Hausherr: „Nun gut, so nenne ich im Gegensatz zur Antike das moderne Ideal: die Moderne."

Hier meldete sich der Dichter zum Wort: „Wenn du verlangst, daß ich unter dieser Fahne streite, so mußt du nun schon den neuen Begriff erläutern. Also du willst gegen die Antike kämpfen?"

[S. 45:] „Ferne sei das von mir!" eiferte der Historiker. „Ich will mich ihrer auch fürder freuen, o dafür bin ich Historiker, und der historische Wert der Antike ist unermeßlich. Aber das wage ich allerdings als Historiker auszusprechen — denn ich kenne nicht nur die alte, sondern auch die neue Zeit, — daß der Einfluß der Antike auf unser Leben zu Ende ist. Das Leben ist nicht die Schule, das Leben ist nicht das Buch, das Leben ist — das Leben. Wo findet ihr da die olympische Ruhe? Alles ist Gärung und Bewegung. Das Gesetz der Wissenschaft heißt Entwicklung, das Gebot der religiösen Überzeugung: Du sollst den Werkeltag heiligen! Und alle Entdeckungen und Erfindungen unseres Jahrhunderts gründen sich auf das Gesetz der Bewegung."

„Aber die Dichtung, die Dichtung!" warf der Idealist ein.

„Ja, auch die Dichtung," fuhr jener unbeirrt fort, „auch sie hat aufgehört, erhabenen Frieden zu atmen. Schon August Wilhelm Schlegel gibt einen treffenden Beitrag zur Erklärung des modernen Kunstprinzips, wenn er sagt: „Die Poesie der Alten war die des Besitzes, die unsrige ist die der Sehnsucht."[1] (...)

[S. 46:] Nun aber meldeten sich drei auf einmal zum Wort: der Moralist wollte wissen, wo neben dem Modernen die nationale Tendenz bleibe, — der Naturforscher, auf welche Weise der Realismus oder Naturalismus in dem neuen Kunstprinzip „die Moderne" enthalten sei; der Aesthetiker aber sprach: „Wenn du deine neue Gottheit plastisch darstellst, wirst du sie nicht auch zur Ruhe nöthigen müssen?"

Ihnen allen antwortete der geplagte Historiker — er war ein williger Freund und aufmerksamer Wirth —: „Nur willkommen sind mir eure Fragen, und ich will mich deutlich erklären. Du, lieber Moralist, laß dir zunächst gesagt sein, daß nationale Dichtung nicht nationale Tendenz heißt; nicht ein Gassenhauer gegen das Ausland oder eins der ewigen Loblieder auf die deutsche Treue ist die wahrhaft nationale Dichtung: Hamlet ist germanisch, Faust ist deutsch, Werther ist deutsch, Simplicissimus ist deutsch, — jeder poetische Spiegel deutschen Geistes ist national. Das deutsche Volk ist kein antikes, es ist ein lebenskräftiges modernes Volk, und in dem modernen Leben scheint ihm vor allem die Aufgabe

angewiesen, die mechanischen Errungenschaften zu geistigen Gütern umzuwerthen, aus dem neuen Leben die neue Idee zu abstrahiren. Wenn die deutsche Dichtung in diesem Sinne modern zu sein strebt, ist sie auf dem Wege national zu werden. — Und schließlich offenbaren bereits die ältesten vorhandenen Denkmäler unserer Poesie in ihrem kraftvollen, frisch volksthümlichen Epenstil, wie verwandt für uns Deutsche die Begriffe nationale und realistische Dichtung sind.

Was dann die Frage unseres Gastes, des Nafurforschers, betrifft, so liegt die Verknüpfung des Modernen mit dem Realismus sehr nahe, natürlich auch hier des modernen Geistes. Erst mit der vorschreitenden Neuzeit haben wir eine exakte Natur- und Geschichtswissenschaft, der moderne Geist gewinnt für seine Ideale immer mehr Boden unter den Füßen, er hört auf blind zu glauben, in dem Maße er fortschreitet zu wissen. Und auf unser Gemüth wirkt nur realistisch, was modernem Empfinden entsprungen ist.

Schließlich soll auch dir Antwort werden," wandte sich nun der Sprecher an den Aesthetiker. „Stellen wir uns also das moderne Ideal plastisch vor: Denke dir, ein Weib —"

[S. 47:] „Ein Weib? Also doch ein Weib!" unterbrach ungestüm der Moralist. „Und wozu dann der männliche Zug der Poesie, wozu der Kampf gegen das Backfisch- und Altjungfernthum? O dieser Widerspruch in sich!"

„Durchaus kein Widerspruch! durchaus ein Weib!" fuhr der Historiker fort. „Allerdings kein Backfisch und keine alte Jungfer, aber ein reifes Weib. Heißen die Frauen nicht noch immer „das schöne Geschlecht"? sind sie nicht noch immer die gemüthvoller Ausgebildeten, die Wächter des Edlen und Schönen, wo die rauhe Kraft des Mannes auf die materielle Seite des Lebens geht? Und ist die Göttin wahrer Poesie für jene Aftermuse mit Backfischnatur und Altjungfergelüsten verantwortlich, die eben der heuchlerischen Vertuschung des dahinsterbenden Geschlechts entsprach? —

Also ein Weib, ein modernes, d. h. von modernem Geiste erfülltes Weib, zugleich ein Typus, d. h. ein arbeitendes Weib, und doch zugleich ein schönheitdurchtränktes, idealerfülltes Weib, d. h. von der materiellen Arbeit zum Dienste des Schönen und Edlen zurückkehrend, etwa auf dem Heimwege zu ihrem geliebten Kind, — denn sie ist keine Jungfrau voll blöder Unwissenheit über ihre Bestimmung, sie ist ein wissendes, aber reines Weib, und wild bewegt wie der Geist der Zeit, d. h. mit flatterndem Gewand und fliegendem Haar, mit vorwärtsschreitender Geberde, freilich nicht durch ihre überirdische Erhabenheit in den Staub nöthigend, aber durch ihren Inbegriff aller irdischen Schönheit begeisternd mit fortreißend, — das ist unser neues Götterbild: die Moderne!"

Als der Historiker damit geendet, trat der Dichter auf ihn zu, reichte ihm frohlockend die Hand und weihte sich zum Dienste der Moderne. (. . .)

140

Der Begriff *Die Moderne* wurde von Eugen Wolff geprägt (Vortrag im Verein ›Durch‹ kurz nach dessen Gründung im September 1886: »Die Moderne. Zur Revolution und Reformation der Literatur«). Er sollte das schöpferische Leben der Gegenwart im Gegensatz zur „stillen, kalten Antike" bezeichnen. Auch Heinrich Hart und Hermann Bahr kennzeichnen mit diesem Begriff die neue deutsche Literatur. Wolff bestreitet sowohl den entscheidenden Einfluß ausländischer Literatur auf die junge deutsche Dichtung wie auch ihren geistesgeschichtlichen Zusammenhang mit älteren literarischen Bewegungen (Sturm und Drang und Junges Deutschland). Die Moderne bedeutet ihm eine Literatur mit „durchaus unmittelbarer Urquelle" (siehe dazu Hanstein »Das jüngste Deutschland«, 1901, S. 76 f.). In Gesprächsform entwickelt Wolff in der Schrift »Die jüngste deutsche Literaturströmung und das Prinzip der Moderne« noch einmal die Bedeutung dieses Prinzips und erörtert dabei die wesentlichen Momente des Realistischen beziehungsweise des Naturalistischen und des Nationalen. Daß schließlich „die Moderne" als „ein modernes, das heißt vom modernen Geiste erfülltes Weib" – „unser neues Götterbild" – vorgestellt wird, zeigt, wie wenig „naturalistisch" auch diese Proklamation ist. Um das neue Kunstprinzip bestimmter und klarer darzulegen, verfaßt Wolff zehn Thesen, in denen er, mit Gedanken der Brüder Hart arbeitend (siehe dazu Stück 25 und 26), deutlicher den naturalistischen Charakter der Moderne betont (§ 3, 4, 5). Auch hier stellt er modern gegen antik, ruft aber auch zum Kampf gegen die Epigonenklassizität auf und fordert den Zusammenschluß aller Gleichgesinnten in einer „eng geschlossenen Phalanx". Er dachte dabei an die Mitglieder des Vereins ›Durch‹, die sich durch ihre Unterschrift zu den zehn Thesen bekennen sollten. Das geschah jedoch nicht allgemein. Man verhielt sich ähnlich wie in München gegenüber den »12 Artikeln des Realismus« von Alberti. Auch der Verein ›Durch‹ war keine auf ein Glaubensbekenntnis festzulegende Gruppe (siehe Stück 26 a). – Vgl. Fritz Martini »Modern, die Moderne« in: Reallexikon, 2. Aufl., Bd 2, 1959 ff., besonders S. 409.

[1] A. W. Schlegel »Über dramatische Kunst und Litteratur. Vorlesungen«, 1809, I. Teil, 1. Vorl., S. 24.

26

Eugen Wolff »Zehn Thesen« (1888)

Aus: ›Deutsche Universitätszeitung‹, Jg 1, 1888, Nr 1.

1. Die deutsche Literatur ist gegenwärtig allen Anzeichen nach an einem Wendepunkt ihrer Entwickelung angelangt, von welchem sich der Blick auf eine eigenartige bedeutsame Epoche eröffnet.

2. Wie alle Dichtung den Geist des zeitgenössischen Lebens dichterisch verklären soll, so gehört es zu den Aufgaben des Dichters der Gegenwart, die bedeutungsvollen und nach Bedeutung ringenden Gewalten des gegenwärtigen Lebens nach ihren Licht- und Schattenseiten poetisch zu gestalten und der Zukunft prophetisch und bahnbrechend vorzukämpfen. Demnach sind soziale, nationale, religionsphilosophische und literarische Kämpfe spezifische Hauptelemente der gegenwärtigen Dichtung, ohne daß sich dieselbe tendenziös dem Dienste von Parteien und Tagesströmungen hingibt.

3. Unsere Literatur soll ihrem Gehalte nach eine moderne sein; sie ist geboren aus einer trotz allen Widerstreits täglich mehr an Boden gewinnenden Weltanschauung, die ein Ergebnis der deutschen idealistischen Philosophie, der siegreichen, die Geheimnisse der Natur entschleiernden Naturwissenschaft und der alle Kräfte aufrüttelnden, die Materie umwandelnden, alle Klüfte überbrückenden technischen Kulturarbeit ist. Diese Weltanschauung ist eine humane im reinsten Sinne des Wortes, und sie macht sich geltend zunächst und vor allem in der Neugestaltung der menschlichen Gesellschaft, wie sie unsere Zeit von verschiedenen Seiten anbahnt.

4. Bei sorgsamer Pflege des Zusammenhangs aller Glieder der Weltliteratur muß die deutsche Dichtung einen dem deutschen Volksgeist entsprechenden Charakter erstreben.

5. Die moderne Dichtung soll den Menschen mit Fleisch und Blut, mit seinen Leidenschaften in unerbittlicher Wahrheit zeigen, ohne dabei die durch das Kunstwerk sich selbst gezogene Grenze zu überschreiten, vielmehr um durch die Größe der Naturwahrheit die ästhetische Wirkung zu erhöhen.

6. Unser höchstes Kunstideal ist nicht mehr die Antike, sondern die Moderne.

7. Bei solchen Grundsätzen scheint ein Kampf geboten gegen die moderne Epigonenklassizität, gegen das sich spreizende Raffinement und gegen den blaustrumpfartigen Dilletantismus.

8. Im gleichen Maße als förderlich für die Dichtung sind Bestrebungen zu betrachten, welche auf entschiedene gesunde Reform der herrschenden Literaturzustände abzielen, wie der Drang, eine Revolution in der Literatur zugunsten des modernen Kunstprinzips herbeizuführen.

9. Als ein wichtiges und unentbehrliches Kampfmittel zur Vorarbeit für eine neue Literaturblüte erscheint die Kunstkritik. Die Säuberung derselben von unberufenen, verständnislosen und übelwollenden Elementen und die Heranbildung einer reifen Kritik gilt daher neben echt künstlerischer Produktion als Hauptaufgabe einer modernen Literaturströmung.

10. Zu einer Zeit, in welcher, wie gegenwärtig, jeder neuen, von eigenartigem Geiste erfüllten Poesie eine enggeschlossene Phalanx entgegensteht, ist es notwendig, daß alle gleichstrebenden Geister, fern von Cliquen- oder auch nur Schulenbildung, zu gemeinsamem Kampfe zusammentreten.

Bruno Wille [»Idealismus, Naturalismus, Realismus«], (1887)

Protokoll der Sitzung des Vereins ›Durch‹ vom 22. April 1887 (Faksimiledruck durch die Wissenschaftliche Gesellschaft für Literatur und Theater, Kiel 1932).

Berg[1] hielt einen Vortrag über die Begriffe Naturalismus und Idealismus. Aus der Debatte, welche zahlreiche willkürliche und dem Sprachgebrauch entgegengesetzte Definitionen hervorbrachte, rangen sich schließlich etwa folgende Anschauungen empor, die von Wille, Lenz, Türk und wesentlich auch Münzer vertreten wurden:

1) Idealismus ist eine Richtung der künstlerischen Phantasie, welche die Natur nicht, wie sie i s t, darstellt, sondern wie sie irgend einem Ideal gemäß sein s o l l t e; (Anstandsideale der alten Griechen, des höfischen Rittertums, des modernen Salons).

2) Naturalismus ist die entgegengesetzte Geschmacksrichtung, welche die Natur darstellen will, wie sie i s t, dabei aber in tendenziöse Färbung verfällt und mit Vorliebe das auswählt, was n i c h t so ist, wie es sein s o l l t e, also das aesthetisch und moralisch Beleidigende.

3) Realismus ist diejenige Geschmacksrichtung, welche die Natur darstellen will, wie sie ist, und dabei nicht in Übertreibung verfällt. Der Realist weiß, daß die Wahrheit allein frei macht; sein Ideal ist daher Wahrhaftigkeit in der Darstellung. Durch die objektive Betrachtung der gesellschaftlichen Verhältnisse wird ferner der moderne Realist in eine Gemütsverfassung geraten, welche ihn über die Stoffe seiner Darstellung eine eigentümliche Beleuchtung ausgießen läßt (Gerechtigkeitsgefühl und Erbarmen). Der Realismus ist also ideal, aber nicht idealistisch; er stellt ideal dar, aber nicht Ideale.

Bruno Wille

Der Verein ›Durch‹ wurde 1886 von dem Arzt Dr. Konrad Küster, dem Literaturhistoriker Eugen Wolff und dem Schriftsteller Leo Berg in Berlin begründet. Diese „freie literarische Vereinigung" sollte „einen Sammelplatz vornehmlich für die jungen modernsten Dichter und Schriftsteller bilden" (›Akademische Zeitschrift‹, 12. September 1886). Den Namen gab Küster. Mitglieder waren der sozialistische Schauspieler Julius Türk, ein junger Gelehrter Rudolf Lenz, die Brüder Hart, der religiös-soziale Naturphilosoph Bruno Wille, der sozialistische Dichter John Henry Mackay, später auch Arno Holz, Johannes Schlaf und Gerhart Hauptmann. Wie die Sitzungsprotokolle erkennen lassen, diskutierte man vor allem die neue Kunst und die Bedeutung der Naturwissenschaften für sie. – Das Sitzungsprotokoll vom 22. IV. 1887 zeigt, daß man den Begriff „Realismus" als den zutreffendsten für die vorgesetzten Ziele empfand.

Die Diskussion der Begriffe *Idealismus, Naturalismus, Realismus* zieht sich durch alle geistigen Auseinandersetzungen jener Jahre. Auch in der ›Gesellschaft‹ wird wiederholt dazu Stellung genommen (zum Beispiel Troll-Borostyani, Jg 2, H. 4). Wolfgang Kirchbach schrieb eine Abhandlung mit dem Titel „Realismus, Idealismus, Naturalismus" (›Magazin für Litera-

tur‹, 1888, ref. im ›Kunstwart‹ Jg 2, 1888/89, H. 15), in der er unter Verwendung Schillerscher Begriffe (naiv, sentimentalisch) auch für die gegenwärtige Dichtung die Forderung stellt, Realität und Idealität in der höchsten Form des Poetischen zu vereinen. Die Naturalisten erscheinen hier als die „sentimentalischen Idealisten", welche die Natur *suchen*, denn „es ist eine Idee, welche sie treibt, die Natur zu suchen". Auch im ›Kunstwart‹ werden diese Begriffe diskutiert (Avenarius »Das Schema in der Kunst«, Jg 4, 1890/91, H. 1): »Auch das was wir Realismus nennen, ist idealistisch, wenn es Kunst ist... Wir sollten in der Kritik den albernen Zwist um Idealismus, Realismus, Naturalismus usw. nun wirklich endlich einmal aufgeben ... Welcher künstlerischen Partei auch unsere Neigungen angehören, wir müssen uns doch darüber klar sein, daß auch auf der andern Seite Lebensvolles geschaffen werden kann, und das Lebende hat ein Recht zum Dasein."

[1] LEO BERG (Pseudonym Ludwig Gorel; 1862–1908), Journalist und Kritiker in Berlin, war ein leidenschaftlicher Kämpfer für die literarische Revolution und einer der wesentlichen Theoretiker des Naturalismus. 1887 erschien »Ibsen und das Germanentum in der modernen Literatur«, 1888 »Wildenbruch und das Preußentum in der deutschen Literatur«, 1891 »Das sexuelle Problem in der modernen Literatur« (siehe Stück 31), 1892 »Der Naturalismus« (siehe Stück 33), 1896 »Zwischen zwei Jahrhunderten« und 1897 »Der Übermensch in der modernen Literatur«. Er übersetzte Zolas kritische Schriften (1903 ff.). 1891 gründete Berg die Zeitschrift ›Die Moderne‹, Halbmonatsschrift für Kunst, Literatur, Wissenschaft und soziales Leben, deren einziger Jahrgang in Deutschland nicht mehr auffindbar ist. Leitartikel von Heinrich Hart (Stück 27).

[2] BRUNO WILLE (1860–1928), freidenkerischer Philosoph, der 1890 die ›Freie Volksbühne‹ gründete, sie aber 1894 wieder verließ, da sie ganz unter den Einfluß der Sozialdemokratischen Partei geraten war und er nicht parteipolitisch arbeiten wollte. Er gründete daraufhin die ›Neue Freie Volksbühne‹ (1894). Schon Ende der achtziger Jahre hatte er sich wie Bölsche und die Brüder Hart aus Berlin nach Friedrichshagen am Müggelsee zurückgezogen, dem Sammelplatz all derer, die über den Naturalismus hinausstrebten und um eine neue Weltanschauung rangen. Von hier aus leitete er seine Volksbühne. (Bölsche schrieb hier seinen Roman »Die Mittagsgöttin«.) Neben Gedichten (»Einsiedelkunst aus der Kieferheide«, 1897) schrieb Wille mehrere Romane (zum Beispiel »Offenbarungen des Wacholderbaums«, 1901/03, »Die Abendburg«, 1909).

27

HEINRICH HART »DIE MODERNE« (1890)

Aus: ›Der Kunstwart‹, Jg 4, 1890/91, H. 5, S. 148–149.

„Ein Jahrhundert geht zu Ende. Das will nicht viel bedeuten. Ich sehe Größeres zu Ende gehen, nicht einen menschlichen Zahlbegriff, sondern eine menschliche Wirklichkeit. Eine Menschheitsepoche sinkt in den Abgrund der Zeit hinab, eine Epoche, so fest begrenzt und so klar bestimmbar, wie das Kindheitsalter eines jeden Einzelwesens. Und eine neue Geistesaera taucht empor. Seit Jahrhunderten schon wogt die Dämmerung, mit nachtdunklen Schatten ringt das junge Morgenlicht; noch schwebt es nur trüb und fahl durch wallende Nebel. Aber die Stunde ist nicht mehr fern, in der es Dämmer und Nebel zerreißen und welterleuchtend hervorbrechen wird. Die A n t i k e ringt in den letzten Todes-

22. April.

~~4) Geschäftliches!~~

Berg hielt einen Vortrag über die Begriffe „Naturalismus und Idealismus". Aus der Debatte, welche zahlreiche willkürliche und dem Sprachgebrauch entgegengesetzte Definitionen hervorbrachte, rangen sich schliesslich folgende Anschauungen empor, die von Wille, Lenz, Türk und wesentlich auch Münzer vertreten wurden:

1) Idealismus ist eine Richtung der künstlerischen Phantasie, welche die Natur nicht, wie sie ist darstellt, sondern wie sie irgend einem Ideal gemäss sein sollte; (die Anstandsideale der alten Griechen, des höfischen Rittertums, des modernen Salons).

2) Naturalismus ist die entgegengesetzte Geschmacksrichtung, welche die Natur darstellen will, wie sie ist, dabei aber in tendenziöse Färbung!

verfällt und mit Vorliebe das
auswählt, was nicht so ist, wie es
sein sollte, also das aesthetisch
und moralisch Beleidigende.

3) Realismus ist diejenige Geschmacksrichtung, welche die
Natur darstellen will, wie sie ist,
und dabei nicht in Übertreibung
verfällt. Der Realist weiss, dass die
Wahrheit allein frei macht;
sein Ideal ist daher Wahrhaftigkeit
der Darstellung. Durch die objektive
Betrachtung der gesellschaftlichen
Verhältnisse wird ferner der moderne
Realist in eine Gemütsverfassung
geraten, welche ihm über die Stoffe
seiner Darstellung ~~Gerechtigkeitsgefühl~~
eine eigentümliche Beleuchtung
ausgiessen lässt (Gerechtigkeitsgefühl
und Erbarmen). Der Realismus
ist also ideal, aber nicht idealistisch
er stellt ideal dar, aber nicht Ideale.

Bruno Wille.

kämpfen, die M o d e r n e hebt sich jugendlich empor. Und schon grüßt hier und da ein Amselruf die kommende Sonne.

Kopernikus und Keppler, Baco und Kant, Darwin und Bunsen sind die Minirer, welche die Antike unterwühlt haben[1]. Erst durch sie kennen wir den Boden, auf dem wir stehen, die Welt, die uns umgiebt. Sie haben die letzte Binde von unseren Augen genommen und nun ist es an uns, zu denken, zu empfinden, zu handeln, wie es Sehenden geziemt. Fort mit allen Krücken, den Wegweisern, den Führern, welche die Antike brauchte, um vorwärts zu kommen! Die eine Krücke ist die Autorität. Von dem sehenden Menschen aber sei gefordert, daß er keinem Anderen glaube, daß er alles selbst prüfe, ohne Rücksicht, ohne Vorurteil. Nichts in der Welt hat ein Recht, zu sein, nur deshalb weil es besteht; wenn es der Kritik Stand hält, erst dann ist es lebensberechtigt. Das geschichtlich Gewordene ist immer halb im Unrecht, weil es eine Stufe bedeutet, die der Vergangenheit angehört; auf einer Stufe soll man jedoch nicht länger Halt machen, als Zeit nötig ist, eine weitere zu bauen. Die Autorität hat stets in der Geschichte ihre Stütze gesucht, und gerade sie hätte ihr zum Richtschwert werden sollen; denn das, was ein hohes Alter erreicht hat, ist nicht deshalb auch schon lebenswert, sondern es hat im Gegenteil den Verdacht gegen sich, daß es von der Zeit überholt, morsch, unpassend, überflüssig geworden ist. Eine andere Krücke ist die Religion. Dem Sehenden aber geziemt es, weder Furcht zu haben vor etwas Ungewissem, noch sich abhängig zu fühlen von etwas Unbekanntem. Alle Dinge, die er sieht und empfindet, sind Fleisch von seinem Fleisch und Geist von seinem Geist, er hat weder Ursache sie als Ganzes höher zu ehren, als sich selbst, noch sie im Einzelnen zu verachten. In dieses Leben sind wir gestellt, und so haben wir nur seine Aufgaben zu lösen, für seine Forderungen zu wirken. Wer anders handelt, gleicht dem Manne, der sein auf Felsengrund gebautes Haus abbricht, um es neu auf Flugsand zu errichten. Eine dritte Krücke ist der Staat und sein Gesetz. Das frei gewordene [S. 149:] Individuum aber giebt sich selbst ein Gesetz und es findet eine Harmonie der Beziehungen und Interessen zwischen sich und allen andren Seinesgleichen auch ohne Staatsrute und -kette. Wie früh oder spät die Zeit kommen wird, diese letzte Krücke fortzuwerfen, darüber nachzusinnen, wäre müssig; aber ein Jeder kann wirken, daß sie kommt, durch unablässige Selbsterziehung. —

Alle Erscheinungen der Gegenwart deuten hin auf den Niedergang der Antike, den Anfang der Moderne. Schon ist es ein Tagesklatsch geworden, daß die Masse sich lockert, nach Individuation ringt, daß sie sich loslöst von der Religion und aller überkommenen Autorität. Gleiche Erziehung für Alle ist ein Losungswort geworden; sobald es in Wirklichkeit umgesetzt wird, ist der erste und wichtigste Schritt zur Vernichtung des Massenwesens gethan. Vor allem aber sind es die wirtschaftlichen Bestrebungen unserer Zeit, die eine Gewähr für die Befreiung des Individuums bieten. Nur scheinbar zielt der Sozialismus auf Uniformirung,

auf eine noch drückendere Einzwängung des Einzelmenschen in ein Staatsganzes hin. Sein Zweck ist es, das Individuum von der Sorge um das tägliche Brod zu entlasten, ihm seinen Lebensunterhalt unbedingt zu sichern durch eine gleichmäßige und gerechte Verteilung von Arbeit und Arbeitsertrag, die materielle Arbeit selbst aber zu erleichtern und zu vermindern. Auf diese Weise kann es erreicht werden, daß der Mensch Zeit und Kraft gewinnt, sich in höherem Maße als heute der Ausbildung alles dessen zu widmen, was ihn wahrhaft erst zum Menschen macht. Der Sozialismus wäre dann die notwendige Durchgangsstation zu einem gesunden Individualismus gewesen. — Nicht minder deutlich tritt die Hinwendung zur Moderne in der Literatur hervor. Sie steht im engsten Zusammenhang mit der Erkenntnis, welche unser Jahrhundert gewonnen hat. Einerseits strebt sie danach, diese Erkenntnis in Empfindung umzusetzen, andererseits sucht sie selbst Erkenntnis zu schaffen, nämlich da, wo sie den Menschen von heute in seinem innersten Wesen zu erfassen sucht, in seinem geistigen Zukunftswollen wie in seiner feinsten Sinnlichkeit, die hier und da mit ganz neuen Nerven zu arbeiten scheint. Der Übergangsmensch und der Zukunftsmensch sind literarische Ideale geworden und werden bald Typen sein. Die Moderne kann sich nicht offener ankünden. Eine Zeitschrift, die sich «die Moderne» nennt, wird des öfteren Anlaß und Gelegenheit haben, die Entwicklung dieser psychischen und psychophysischen Kunst, die bewußt an der geistigen Umwandlung des Menschen mitarbeitet, zu zeichnen und auch zu fördern. Neu ist sie nur in ihrer gegenwärtigen Blüteform; ihre Wurzeln finden sich bei Shakespeare und Goethe. Sie sind die Propheten der Moderne. —

Ich sehe eine Zeit kommen, die keine Tempel mehr baut und keine Gefängnisse, die nur noch Werkzeuge fertigt, aber keine Waffen. Kampf wird noch sein, aber nur ein Wettkampf in Forschen und Erfinden, in Menschheitsdienst und Schönheitsfühlen. Und im Geist sehe ich Menschen, die miteinander leben, ohne daß eine Kette sie bindet; alle gleich, weil alle frei sind; nicht gleich an Wissen, Können und Empfinden, aber gleich durch Selbstachtung und die Achtung der Andren vor dem, was jedes Einzelnen Wesen ausmacht, und sei es noch so arm. Kein Führer mehr und kein Gefolge, keine Heerde mehr, aber auch kein Hirt. Das Verbrechen hat aufgehört, weil seine Ursachen aufgehört haben. Keiner beneidet den Andern mehr, weil jeder hat, was er begehrt, und alles Begehren in Vernunft wurzelt; keiner haßt den Andern mehr, weil nie sein Weg den des Mitarbeiters feindlich kreuzen kann; keiner täuscht den Andern mehr, weil die Wahrheit vorteilhaft geworden ist. Gut und Böse sind Begriffe ohne Sinn geworden. Giltig ist nur der Gegensatz noch von Mehr oder Weniger-Leisten im Menschheitsdienst. Die Zeit wird kommen, aber tausend Kämpfe werden zuvor noch mit Blut den Acker düngen, tausend Entdeckungen und Erfindungen ihn lockern, unmeßbare Geistes- und Empfindungssaat über ihn ausgestreut werden, ehe der Tag der Ernte hereinbricht. Aber im Sinne der Zukunft, daß wir mit jedem Tag

sie entstanden ist, den Geist, welcher charakteristisch ist für eine bestimmte Epoche und nur für diese. Die Empfindungen und Ideen, welche die Menschheit beseelen, sind freilich in ihren Wurzeln zu allen Zeiten dieselben, aber sie setzen in den verschiedenen Jahrhunderten immer neue Ringe an, sie zeigen sich heute als Blüthe, morgen als Frucht, ihre Gestalt und Färbung wechselt derart, daß es oft schwer ist, die gemeinsamen Keime zu erkennen. Nach dieser Begriffsbestimmung ist es zweifellos, daß auch die Gebilde der Romantik modern sein können, aber sie sind es nur zufällig, im großen Ganzen ist Zeitlosigkeit ihr Gepräge, nur äußerlich tragen sie das Gewand einer bestimmten Periode, der Realismus jedoch ist nothwendig modern. Er ist es, weil er das Wahrscheinliche sucht und das Moderne dem Lebenden, weil es Blut von seinem Blut und Geist von seinem Geist ist, ganz von selbst wahrscheinlich, ja das Wahrscheinliche in seiner höchsten Potenz, Gewißheit, ist. Aber auch das Moderne hat seine Abstufungen. Etwas anderes ist es, die Erscheinungen des Tages aufzufassen und für den Tag zu schaffen, etwas anderes in die Tiefen der Zeit einzudringen, den Kern aufzuspüren, der auch noch morgen, der für alle Zeiten von Bedeutung ist. Der Begriff des „Modernen"[1] ist in unserer Literatur erwachsen, aus dem Gegensatze zu der neuerweckten Antike und zu den frommen Bestrebungen, den Geist des Mittelalters wieder lebendig zu machen. Der [S. 51:] Hellenismus, als mustergültiges Prinzip ist beinahe abgestorben, das Gespenst des Mittelalters spukt aber noch überall, wo es wirre Köpfe und feige Seelen giebt. Das „junge Deutschland"[2] war es, welches dieses Gespenst zuerst zu bannen suchte; aber die Losung, die es erhob, klang phrasenhaft, seine Reform blieb am Stofflichen kleben. Die Schöpfungen, die es hervorbrachte, waren ein Zwitterding, nicht Kunst, nicht Wissenschaft, mehr didaktisch, als ästhetisch werthvoll, kurzlebig wie das Tagesinteresse, dem sie ihr Dasein verdankten. Tageszeitungslyrik, konservativ oder demokratisch gefärbt, politische und soziale Tendenzromane und Tendenzdramen schossen wie Unkraut empor, als das „junge Deutschland" der literarischen Herrschaft sich erfreute, und nur zu treu folgt das „jüngste Deutschland" von heute diesen Spuren. Für modern gilt allen unreifen Schwätzern Derjenige, welcher etwa soziale Agitatoren vorführt, Parlamentssitzungen und Volksversammlungen schildert, oder bekannte Persönlichkeiten der Zeit in leichter Verkleidung auftreten läßt. (. . .) Nicht das Was bedeutet in der Literatur das Meiste, sondern das Wie. Die stoffliche Modernität, die Darstellung gegenwärtiger Parteikämpfe, die Verwerthung „brennender" Zeitfragen ist sehr geeignet, durch sich selbst die Theilnahme weiter Kreise des Publikums zu gewinnen, aber dieser Erfolg ist ein Erfolg für den Tag, wenn der Dichter nur das Stoffliche bietet, wenn er es nicht versteht, aus dem Zeitlichen das ewig Gültige herauszuarbeiten, die Charaktere realistisch und psychologisch zu Typen zu vertiefen, die Tendenz zum Ideal zu erheben. Auf die Tendenz legt sich bald der Staub der Jahre. Nach wenigen Jahrzehnten schon steht das Volk den Gegenständen ehema-

148

ligen Hasses und ehemaliger Liebe verständnißlos und gleichgültig gegenüber, und was der Dichtung, als sie entstand, zum Segen gereichte, wird ihr in der Folge zum Fluch. Eine moderne Tendenzdichtung vermag auch ein Poet zu schaffen, der dem wahrhaft modernen Geiste feindlich gegenübersteht; athmete doch der weiland berüchtigte Roman „Eritis sicut Deus"[3] die ganze Schwüle mittelalterlichen Zelotismus. Empfehlenswert ist es ja fast immer, den poetischen Stoff der Gegenwart, und zwar der u n m i t t e l b a r e n Gegenwart zu entnehmen, da die Menschen und Dinge, die um uns sind, durch kein Medium betrachtet zu werden brauchen, sondern nur das Aufthun der eigenen Sinne verlangen; empfehlenswerth vor allem für den Durchschnittsdichter. Nur [S. 52:] der große Dichter sieht klar in alle Zeiten hinein, nur er vermag auch Menschen der Vergangenheit so vor uns hinzustellen, daß ihre Adern warmes Blut durchrollt, als ob sie lebendig seien, daß wir in ihnen Fleisch von unserem Fleisch erkennen.

Der Realismus von heute, der wahre, nicht blos scheinbare Realismus, ist aber noch in besonderem Sinne modern. Und zwar als o b j e k t i v e r Realismus, als ästhetisches Prinzip, das aus dem innersten Geiste unsres Zeitalters erwachsen ist. Dieser Geist ist kein anderer, als der des v o r u r t h e i l s l o s e n F o r s c h e n s, des Forschens, das sich durch keine Wünsche und Neigungen des eigenen Ichs, durch keine Satzungen der Außenwelt, durch kein Glauben und Hoffen beirren läßt, das nur das eine Ziel vor sich sieht, die Wahrheit zu erkennen. Es ist der Geist der absoluten Objektivität, der zugleich die Hingabe an die Allgemeinheit, das Z u r ü c k d r ä n g e n des S u b j e k t s bedeutet. Dieser Geist tritt zu Tage vor allem in unsrer Naturwissenschaft, die sich über die spekulativen Hirngespinnste der Naturphilosophie empor zur Naturforschung erhoben hat, die nicht mehr mit einem philosophischen System, mit einer religiösen Offenbarung sich in Einklang zu bringen sucht, die nicht mehr irgend eine subjektive Voraussetzung beweisen will, sondern die allein die Eingeweide der Natur bloszulegen, Schritt für Schritt alle Gebiete der Natur zu erobern strebt. Er tritt aber kaum geringer zu Tage in dem sozialen und demokratischen Ringen der Zeit, dessen Voraussetzung, dessen Ziel wiederum mit der Unterordnung des Ichs unter die Allgemeinheit, des Einzelwohls unter das Wohl Aller, und der möglichst engen Beschränkung subjektiver Willkür durch objektives Gesetz gleichbedeutend sind. Auch der Literatur stellt dieser Geist der Zeit neue Aufgaben und neue Ziele, neu, eben so wenig wie in der Wissenschaft, ihrem innersten Kerne nach, aber neu wegen der Bestimmtheit, Ausschließlichkeit und Fruchtbarkeit ihrer Anforderungen. Auch die Literatur muß sich von der subjektiven Willkür befreien, von der ausschweifenden romantischen Phantasieseligkeit, die lieber in maßlosen Bildern und Träumen schwelgt, als die Wahrheit des Lebens durchdringt und gestaltet; sie muß erkennen, daß sie mehr als ein Gaukelspiel, eine Byron'sche Phantasmagorie[4], ein Schmetterlingsnippen an den Blüthen des Daseins, mehr als ein zerstreuendes Vergnügen ist, daß auch sie mitzuarbeiten hat an dem gro-

ßen Bau der Menschheit, der allumfassenden Humanität, mitzuarbeiten in erster Reihe. Auch sie muß, bildlich gesprochen, aus wirrer, wurzelloser Spekulation zur Wissenschaft emporwachsen, zu einer Psychologie in Gestalten, zu einer allumfassenden Weltansicht in lebenathmenden Bildern. Das Objekt, Natur und Menschheit, ist gegeben. Die Wissenschaft erforscht die Gesetze, welche Natur und Menschheit beherrschen, die Dichtung giebt eine Neuschöpfung beider in typischen Charakteren, in Verkörperung aller Erscheinungen, ihrem Wesen, ihrem ideellen Kerne, nicht ihren zufälligen Aeußerlichkeiten nach. Gesetze dort, hier Typen. Diese Aufgabe erfüllen kann jedoch die Poesie nur, wenn sie objektiv verfährt, wenn der Dichter schafft, wie die Natur selbst. In ihrem großen Buche giebt es nur Erscheinungen und Gestalten, keiner ist ein Zettel angehängt, welcher besagt: diese oder diese Idee vertrete ich. Und gerade deshalb vermag der Leser so vieles, so großes hineinzulegen, herauszulesen. So sei es auch mit den Büchern des Dichters. Je bedeutender er selbst [S. 53:] ist, desto bedeutender werden seine Gestalten sein, je mehr er es versteht, Wesen zu schaffen, die ein selbständiges, eigenartiges Leben führen, Wesen von Fleisch und Blut, nicht blos Phonographe, welche Ansichten nachsprechen, deren sich der Dichter gerade entledigen will, desto tiefer und reicher wird die Wirkung sein, die er erzielt. Nicht als ob der objektiv schaffende Dichter sich seiner Subjektivität entäußern sollte, — das vermag Niemand, aber das Subjekt soll nicht selbst rhetorisch oder philosophirend in seinen Werken auftreten, sondern sich in Gestalten auseinanderlegen. Je reicher das Subjekt an Empfindungs- und Phantasiekraft ist, desto mehr, desto bedeutsamere Eindrücke wird es von der Außenwelt erfahren und in sich aufnehmen; diese Eindrücke in Gestalten wiederzugeben, das ist die Art des objektiven Dichters, sie blos in Gedanken umzusetzen, das ist die Beschränktheit, an welcher der Subjektivismus leidet. G e d a n k e n s i n d b a l d a u s g e s c h ö p f t, G e s t a l t e n a b e r s i n d u n s t e r b l i c h. Diese Verschiedenheit des Schaffens hat bereits Schiller durch die Begriffe naiv und sentimental deutlich gekennzeichnet: er irrt nur, wenn er annimmt, daß das naive Schaffen das Wesen der Antike ausmache, das sentimentale dem modernen Dichter eigenthümlich sei. Ich glaube gezeigt zu haben, daß gerade in der objektiven Auffassung des gesammten Lebensinhaltes noch ein literarischer Fortschritt möglich ist, und es liegt in der Natur der Dinge, daß diese objektive Auffassung am sichersten in poetische Form umgesetzt werden kann durch ein o b j e k t i v t e c h n i s c h e s Verfahren. Eine Poesie, die in diesem Sinn modern ist, bildet dann auch kein bloses Postulat mehr, sie ist angebahnt durch Männer wie Zola, Ibsen, Tolstoi. Angebahnt, aber noch nicht verwirklicht, denn es unterliegt keinem Zweifel, daß die Weltauffassung dieser Dichter wohl eine tiefdringende, aber doch nur nach einer Richtung hin ist. Das Subjekt erscheint bei ihnen noch nicht überwunden, schon deshalb nicht, weil eine pessimistische Tendenz im allgemeinen bei ihnen unverkennbar ist, eine Tendenz, die vielfach die Gestaltung noch beeinflußt und selbst rhetorische

Ergüsse, die nur schwach verdeckt sind, zuläßt. Besonders tritt dies bei Ibsen hervor, dessen Subjekt unter der Maske irgend einer seiner Gestalten sich bestimmend geltend macht und dessen Ideen selten ganz in Gestalt umgesetzt sind; selten läuft eine ohne Zettel herum, und zwar einen sehr vollgeschriebenen Zettel. Angebahnt haben gleichwohl diese Dichter bereits auch den Weg, auf dem der moderne Realismus allein das Ziel der Objektivität erreichen kann. Dieser Weg läßt sich beschreiben durch die zwei Worte: Vertiefung des psychologischen Verfahrens und alles beachtende Genauigkeit in der Schilderung. Auch die bedeutendsten Dichter der Vergangenheit haben die Psychologie ihrer Charaktere mehr oder weniger als ein Nebensächliches behandelt, insofern, als sie sich mit Umrissen, mit Andeutungen begnügt haben. Der moderne Realismus hat dagegen die Aufgabe, auch das Innerste der Charaktere bloßzulegen, jede Handlung, jeden Gedanken bis zu ihren letzten Gründen und Quellen zu verfolgen, zu seziren und mit Tageshelle zu beleuchten. Und was von dem Einzelwesen gilt, gilt auch von der Gesellschaft, von der Menschheit. Auch von der Poesie verlangen wir, daß sie ihre Erscheinungen nicht in mystischem Halbdunkel, sondern in ihrem Kern und Wesen, in jeder Faser erkennen lasse. Nicht Phantasterei, sondern Erkenntniß. Nicht das Was ist zu betonen, sondern das Wie, stärker zu betonen denn je. Was aber die psychologische Vertiefung innerlich bedeutet, das bedeutet äußerlich die [S. 54:] Genauigkeit der Schilderung, die Ausmalung der uns umgebenden Welt in möglichst reichen Einzelzügen. Man mag diese Weise als realistische Kleinmalerei bezeichnen, aber sie ist nothwendig, wenn der Zusammenhang zwischen Natur und Mensch deutlich zur Erscheinung kommen soll. Diese Deutlichkeit des Zusammenhanges muß allerdings der Zweck sein, nicht die Kleinmalerei an und für sich. Auch der Realismus hat seine großen und kleinen Vertreter. Nur der Meister wird das Mittel nicht zum Zwecke werden lassen und über den Einzelheiten nicht das Ganze aus dem Auge verlieren. So betrachtet, bildet der moderne Realismus in keinerlei Hinsicht ein Widerspiel zum Idealismus. Der Realist geht auf der Erde, nichts aber hindert ihn, mit dem Auge in die Sterne zu dringen. Die ganze Fülle der Welt ist sein Eigenthum, er ist der berufene Ideenträger unserer Zeit; und so gewiß die Kämpfe, die wir heute zu kämpfen haben, die Weltanschauung, die sich heute aus dem Schoße neuer Erkenntnisse, neuer Bestrebungen gebiert, der Athem eines Idealismus, der mit dem jeder anderen Zeit wetteifern darf, durchweht, so gewiß ist auch der moderne Realist zugleich Idealist[5]. Idealismus ist eben ein anderes als Idealisirerei. Wer die Aufgabe des Dichters allerdings darin sieht, Menschen und Dinge zu idealisiren, statt ihre Wahrheit zu gestalten, der wird im Realismus ein Feindliches erblicken. Aber nicht der Realist, der Idealisirer geht in der Irre; die höchste Wahrheit ist das höchste Ideal. Und das wahre, vorurtheilslose Erkennen führt schließlich auch allein zum wahren Lustempfinden. Eine Lust, die aus der trüben Quelle der Idealistik fließt, die sich selbst belügt, der Träumerei, die hinwegzugaukeln sucht

über alle Abgründe des Daseins, der Beschränktheit, die lieber im Dämmer bleibt, als sich auf den lichten, klaren Höhen des Lebens ergeht, das ist keine Lust, die des Menschen von heute noch würdig ist.

(...) Die deutsche Literatur tritt mit am spätesten in die realistische Bewegung ein, soweit diese das Gepräge einer modernen Eigenart trägt. Der Vortheil liegt auf der Hand. Es wird ihr leichter sein, wenn sie nur will, die Fehler, vor allem die Einseitigkeiten zu vermeiden, denen andere Literaturen verfallen sind. Für diese bildete der Uebergang zum Realismus eine nicht nur geistige, sondern auch ästhetische Revolution; eine Revolution macht aber zumeist ungerecht und in gewissem Sinne auch unklar. Diese Unklarheit zeigt sich am deutlichsten bei allen Denen, welche in Deutschland die Realisten des Auslandes einfach nachzuahmen suchen. Ihnen [S. 55:] ist der Realismus fast einzig eine Bezugsquelle neuer Stoffe, wie sie dieselben bei Russen, Norwegern oder Franzosen vorgefunden haben. Der Eine nennt sich Realist, weil er mit Zola das Bordellleben zu schildern unternimmt, der Andere, weil er mit Ibsen den konventionellen Lügen der Gesellschaft zu Leibe geht. Und dabei guckt dem Einen wie dem Andern der alte Rock der idealistischen Phrase durch alle Risse des realistischen Mantels. In Deutschland bedarf, wie ich bereits hervorgehoben, der Realismus keiner Revolution der Anschauungen; nicht klarer tritt das zu Tage, als in der Thatsache, daß sobald die realistische Losung ausgegeben wurde, alle deutschen Dichter, die größten, wie die geringsten erklärten, „im Grunde ja auch Realisten" zu sein. Und mancher meinte das zu sein, wenn er auch nichts anderes gethan, als daß er Berlin zum Schauplatze seiner Schöpfungen gewählt und die Straßen und Häusernummern getreu nach dem Adreßbuch wiedergegeben hatte. Mit demselben Recht, wie so mancher unserer Jüngsten sich für ein Genie hält, wenn er in wüstem Wirrwarr sich ergeht, als ob unsere Literatur im Kindesalter und nicht im Mannesalter stehe, als ob Lallen genialer sei, denn Psalmiren. Vor aller Einseitigkeit also sich zu bewahren, das ist die erste Anforderung, die an den deutschen Realismus zu stellen ist. Er soll das Prinzip in seinem vollen Reichthum, in seiner ganzen Größe zur Durchführung bringen. Nicht diese oder jene Seite der Welt, des modernen Lebens sollen durch ihn zur Gestalt werden, sondern alle Ideen, welche die Menschheit bewegen, die gesammte Weltanschauung des Zeitalters soll er verkörpern. Was aber ist die neue Weltanschauung, was ist die treibende Idee unserer Tage, die uns und welche wir zum Siege führen sollen? Keine Religion mehr holt uns Frieden vom Himmel herab, kein philosophisches System mehr lullt uns ein. Hin und wieder gab es Tage in unserem Jahrhundert, da man glaubte, die Erlösung sei nahe von allem Druck, der auf uns lastet, auf unserem Leib, unserer Seele, unserem Begehren. Eine lange Friedenszeit beglückte die Länder, schien es da nicht, als würde die Menschheit verlernen, Blut gegen Blut zu tauschen, — nun brach das Gewitter der Revolution herein, durften wir da nicht glauben, für immer seien unhaltbare Ruinen ge-

fallen, die Freiheit innerhalb der Gesellschaft zum Siege gelangt? Später waren es die Erfolge der Technik, der adlerkühne Aufflug der Wissenschaft, welche unsere Hoffnungen trunken machten, soziale Propheten fanden tausend und aber-tausend Gläubige und politische Wiedergeburten von ganzen Nationen begeister-ten uns zu endlosen Hymnen auf die allmächtige Zeit, in der es uns vergönnt, zu leben. Diese Träume haben wir ausgeträumt, wir glauben nicht mehr an einen plötzlichen Umschwung des Rades von unten nach oben, wir glauben nicht mehr, daß die Blasirtheit und der Uebermuth der goldenen Zehntausend, daß die Träg-heit der Massen mit einem Dekret aus der Welt zu schaffen ist, wir glauben nicht mehr, daß die Wissenschaft unfehlbar, und die Fortschritte der Technik lauter Segensschritte der Menschheit sind. Aber wir sind darum keine Zweifler ge-worden, noch weniger verzweifeln wir. Aus der Wissenschaft haben wir uns den unüberwindlichen Glauben an das Entwickelungsgesetz gerettet, das die Welt, die Menschheit, die Individuen beherrscht, von den Religionen haben wir nur die dürren Schalen weggeworfen, aber die Mystik der eigenen Seele, die Hoff-nung auf Entführung, die Kraft der Liebe sollen in uns neue Schößlinge treiben. Und welche Zickzackwege auch die Technik macht, um die Kultur zu fördern, es ist ein Zug der Größe, des Muthes, dem nichts unmöglich dünkt, ein Zug alle Klüfte überbrückender Thatkraft in ihr, der in uns übergegangen und uns gewiß macht: die Welt ist unser, die Tage des Kleinmuthes und des Weltschmerzes, der allein Sinn hatte für die Kümmernisse des lieben Ichs, sind vorüber und das Ich ist erstarkt im opferwilligen Streben für die Allgemeinheit. Weltumspannender Muth, klares Bewußtsein von den Aufgaben der Menschheit, durch die Kenntniß ihrer Entwickelung geweckt und statt der christlichen Askese und Weltverach-tung, Weltfreude und Bestreben, die Menschheit mehr und mehr aus den Fesseln zu befreien, mit welcher Natur und rücksichtsloser Egoismus sie gekettet haben, daß schon auf Erden das Ideal, das die Vernunft fordert, sich erfülle, das sind einzelne leuchtende Merkmale der Zeit, die aller Nebel von Dummheit und Ge-meinheit, der auch über ihr lagert, nicht verhüllen kann. Freilich, unsere Welt-anschauung ist noch im Fluß begriffen, sie hat noch keine Gestalt gewonnen, sie ist noch nicht in Fleisch und Blut der Mitlebenden übergangen. Aber hatte denn das Christenthum des ersten Jahrhunderts eine festumschriebene Gestalt oder war Gautama's, des Buddhas[6] eigener Glaube mehr als ein Ringen, Kämpfen und Suchen? Heute wie zu allen Zeiten bildet der große Kampf zwischen dem Gött-lichen und Thierischen im Menschen wie in der Menschheit den Mittelpunkt allen Lebens und Treibens, aber daß er nicht mehr aussichtslos ist, aber daß er auch nicht mit einem Federstrich, nicht mit dem Worte eines Propheten zu ent-scheiden ist, sondern Schritt für Schritt in mühsamem Vorwärtsringen gewonnen werden muß, das giebt unserer Zeit ihr neues, eigenes Gepräge. Und sicherlich steckt in dieser Weltanschauung mehr, als bisher die Dichter hervorgeholt haben. Weiterhin erwarte ich von der deutschen Dichtung, daß sie das Neue aufnimmt,

ohne das Große, das sie bereits gewonnen, aufzugeben. Besonders das reiche Empfindungsleben, das unsere nationale Eigenart dem Romanismus gegenüber ausmacht, der lyrische Stimmungszauber, der über dem Besten ruht, was unsere Dichter geschaffen, mit einem Wort den poetischen Urgrund aller Poesie soll sie nicht, durch unverständiges Geschwätz beirrt, das Realismus und Poesie als Gegensätze behandelt, sich rauben lassen. Vor allem aber bewahre ein gütiges Geschick die deutsche Dichtung davor, nur diesem oder jenem Theile ein Lebensquell zu sein, oder einseitig zur Salon-, zur Gelehrten-, zur Pöbeldichtung zu werden. Was uns mehr denn je noth thut, ist eine V o l k s p o e s i e im wahren und großen Sinne des Wortes, eine Poesie, die aus der Nothwendigkeit unseres nationalen und sozialen Daseins erwächst, die eine Lebensbedingung, kein bloses Beigut ist. Nicht der Dichter, welcher den Neigungen der Masse schmeichelt, sondern wer die Seele des Volkes aufzurütteln versteht, nicht der, welcher Leckereien, sondern wer Lebensbrot bietet, nicht derjenige, welcher schafft, um sein Ich in den Vordergrund zu stellen, sondern wer sein Ich mit dem Fühlen und Wollen der Allgemeinheit durchdringt, wer es priesterlich ernst mit den Aufgaben der Nation, der Menschheit, der Literatur meint, — der wird der Volksdichter der Zukunft sein. Auch für das Volk ist das Beste eben gut genug. Das Beste aber ist das Bedeutende in lebens- und wirkungsvollster Fassung.

Das ›Kritische Jahrbuch, Beiträge zur Charakteristik der zeitgenössischen Literatur sowie zur Verständigung über den modernen Realismus‹, von den Brüdern Hart herausgegeben, erschien nur mit zwei Heften (März 1889, Februar 1890); Mitarbeiter waren unter anderen Bölsche und Wille. In literarkritischen Aufsätzen (Bleibtreu, Conrad, Schlenther) werden die Gefahren des Naturalismus deutlicher aufgezeigt und eindeutig Stellung für die jetzt „Realismus" genannte moderne Literaturbewegung bezogen. Gleichzeitig eröffnen die Harts den „Kampf um die Form in der zeitgenössischen Dichtung" (1890) und setzen sich für eine neue Versdichtung ein (Stück 34).

[1] Der Begriff Moderne wird hier von H. Hart nicht nur als Gegenbegriff zur Antike (siehe Stück 27), sondern auch zur Romantik gebraucht. In diesem Sinne wird auch das „Junge Deutschland", das sich gegen die Romantik erhob, als Vorläufer des „Jüngsten Deutschland" verstanden.

[2] Das junge Deutschland: revolutionäre literarische Bewegung im Gefolge der französischen Revolution etwa von 1830 bis 1848, gegen die Romantik und jede Art von Konvention und Dogmatismus gerichtet, für Fortschritt und Zeitgemäßheit in der Literatur, die zum Mittel politischer und sozialer Erneuerung wird. 1835 verbietet der Bundestag einen Teil der Schriften. Das kritische Schrifttum (Satire) überwiegt das dichterische. Unter dem starken Einfluß französischer Literatur (George Sand, Saint-Simon und anderen) wird vor allem die Prosa gepflegt (Entwicklung des Feuilletons). Naturalistische Bestrebungen (Milieu, Sozialismus) werden vorweggenommen, daher die Berufung der Naturalisten auf das junge Deutschland. (Der Name junges Deutschland stammt aus Ludwig Wienbargs »Ästhetischen Feldzügen« von 1834.) Hauptvertreter der nicht im Sinne einer „Schule" zusammengeschlossenen liberalen Bewegung sind: Ludwig Börne (1786–1837), Heinrich Heine (1797–1856), Karl Gutzkow (1811–1878) und Heinrich Laube (1806–1884).

[3] »Eritis sicut deus«, 1854, ein Roman von Elisabeth Wilhelmine Canz (1815–1901), einer württembergischen Pädagogin und Pietistin, die mit ihrem Buch „auf persönliches Geheiß

Christi" gegen Hegels Philosophie angehen wollte. Literarisch wertlos, war es eine Lieblings-
lektüre des Berliner Hofes.

⁴ Gemeint sind die Geistererscheinungen in Byrons Dramen »Manfred«, »Cain«, »Himmel
und Erde«.

⁵ Heinrich Hart definiert hier den *modernen Realismus* durchaus im Sinne des konsequenten Naturalismus (Objektivität, psychologisches Verfahren, exakte Schilderung), lehnt
jedoch die naturalistische „Kleinmalerei" ab und fordert statt dessen – im Gegensatz zum
französischen und nordischen Naturalismus – ein „ideales" Ganzes. Das heißt nicht, daß der
moderne Realist idealisierend vorgehen soll, sondern er muß, da sein Ideal die Wahrheit ist,
die Ideen, die „gesamte Weltanschauung des Zeitalters" verkörpern. In diesem Zusammenhang fordert Hart eine „Volkspoesie", die aus der „Notwendigkeit unseres nationalen und
sozialen Daseins" erwächst. (Zur Diskussion der Begriffe Idealismus und Realismus siehe
auch Stück 26 a.)

⁶ Der indische Religionsstifter Gautama (um 550–477 v. Chr.) wird der Buddha (= der
Erwachte, der Erleuchtete) genannt.

29

»Zum Beginn« (1890)

Aus: ›Freie Bühne für modernes Leben‹, Jg 1, 1890, H. 1, S. 1–2.

Zum Beginn.

Eine freie Bühne für das moderne Leben schlagen wir auf.

Im Mittelpunkt unserer Bestrebungen soll die Kunst stehen; die neue Kunst,
die die Wirklichkeit anschaut und das gegenwärtige Dasein.

Einst gab es eine Kunst, die vor dem Tage auswich, die nur im Dämmerschein
der Vergangenheit Poesie suchte und mit scheuer Wirklichkeitsflucht zu jenen
idealen Fernen strebte, wo in ewiger Jugend blüht, was sich nie und nirgends
hat begeben. Die Kunst der Heutigen umfaßt mit klammernden Organen alles
was lebt, Natur und Gesellschaft; darum knüpfen die engsten und die feinsten
Wechselwirkungen moderne Kunst und modernes Leben an einander, und wer
jene ergreifen will, muß streben, auch dieses zu durchdringen in seinen tausend
verfließenden Linien, seinen sich kreuzenden und bekämpfenden Daseinstrieben.

Der Bannerspruch der neuen Kunst, mit goldenen Lettern von den führenden
Geistern aufgezeichnet, ist das eine Wort: Wahrheit; und Wahrheit, Wahrheit
auf jedem Lebenspfade ist es, die auch wir erstreben und fordern. Nicht die
objective Wahrheit, die dem Kämpfenden entgeht, sondern die individuelle
Wahrheit, welche aus der innersten Ueberzeugung frei geschöpft ist und frei
ausgesprochen: die Wahrheit des unabhängigen Geistes, der nichts zu beschönigen und nichts zu vertuschen hat. Und der darum nur einen Gegner kennt, seinen Erbfeind und Todfeind: die Lüge in jeglicher Gestalt.

[S. 2:] Kein anderes Programm zeichnen wir in diese Blätter ein. Wir schwören auf keine Formel und wollen nicht wagen, was in ewiger Bewegung ist,

Leben und Kunst, an starren Zwang der Regel anzuketten. Dem Werdenden gilt unser Streben, und aufmerksamer richtet sich der Blick auf das, was kommen will, als auf jenes ewig Gestrige, das sich vermißt, in Conventionen und Satzungen unendliche Möglichkeiten der Menschheit, einmal für immer, festzuhalten. Wir neigen uns in Ehrfurcht vor allem Großen, was gewesene Epochen uns überliefert haben, aber nicht aus ihnen gewinnen wir uns Richtschnur und Normen des Daseins; denn nicht, wer den Anschauungen einer versunkenen Welt sich zu eigen giebt, — nur wer die Forderungen der gegenwärtigen Stunde im Innern frei empfindet, wird die bewegenden geistigen Mächte der Zeit durchdringen, als ein moderner Mensch.

Der in kriegerischen Tagen das Ohr zur Erde neigt, vernimmt den Schall des Kommenden, noch Ungeschauten; und so, mit offenen Sinnen wollen auch wir, inmitten einer Zeit voll Schaffensdrang und Werdelust, dem geheimnißvoll Künftigen lauschen, dem stürmend Neuen in all seiner gährenden Regellosigkeit. Kein Schlagbaum der Theorie, kein heiliggesprochenes Muster der Vergangenheit hemme die Unendlichkeit der Entwickelung, in welcher das Wesen unseres Geschlechtes ruht.

Wo das Neue mit freudigem Zuruf begrüßt wird, muß dem Alten Fehde angesagt werden, mit allen Waffen des Geistes. Nicht das Alte, welches lebt, nicht die großen Führer der Menschheit sind uns die Feinde; aber das todte Alte, die erstarrte Regel und die abgelebte Kritik, die mit angelernter Buchstabenweisheit dem Werdenden sich entgegenstemmt — sie sind es, denen unser Kampfruf gilt. Die Sache meinen wir, nicht die Personen; aber wo immer der Gegensatz der Anschauungen die Jungen aufruft gegen die Alten, wo wir die Sache nicht treffen können, ohne die Person zu treffen, wollen wir mit freiem Sinn, der ersessenen Autorität nicht unterthan, für die Forderungen unserer Generation streiten. Und weil denn diese Blätter dem Lebenden sich geben, dem was wird und vorwärtsschreitet zu unbekannten Zielen, wollen wir streben, zumeist die Jugend um uns zu versammeln, die frischen, unverbrauchten Begabungen; nur die geblähte Talentlosigkeit bleibe uns fern, die mit lärmenden Uebertreibungen eine gute Sache zu entstellen droht: denn gegen die kläglichen Mitläufer der neuen Kunst, gegen die Marodeure ihrer Erfolge sind wir zum Kampfe so gut gerüstet, wie gegen blind eifernde Widersacher.

Die moderne Kunst, wo sie ihre lebensvollsten Triebe ansetzt, hat auf dem Boden des Naturalismus Wurzel geschlagen. Sie hat, einem tiefinnern Zuge dieser Zeit gehorchend, sich auf die Erkenntniß der natürlichen Daseinsmächte gerichtet und zeigt uns mit rücksichtslosem Wahrheitstriebe die Welt wie sie ist. Dem Naturalismus Freund, wollen wir eine gute Strecke Weges mit ihm schreiten, allein es soll uns nicht erstaunen, wenn im Verlauf der Wanderschaft, an einem Punkt, den wir heute noch nicht überschauen, die Straße plötzlich sich biegt und überraschende neue Blicke in Kunst und Leben sich aufthun. Denn

an keine Formel, auch an die jüngste nicht, ist die unendliche Entwickelung menschlicher Cultur gebunden; und in dieser Zuversicht, im Glauben an das ewig Werdende, haben wir eine freie Bühne aufgeschlagen, für das moderne Leben.

Nach dem Vorbild von André Antoines Pariser ›Théatre libre‹, das – als Dilettantentheater 1886 gegründet – die Werke der Modernen aufführte und 1887 in Berlin gastierte, rief im Frühjahr 1889 ein Kreis von Schriftstellern und Kritikern den *Verein ›Freie Bühne‹* ins Leben. Der engere Kreis der Gründer bestand aus dem Kritiker und Journalisten Theodor Wolff, der 1906–1933 Chefredakteur des ›Berliner Tagblatts‹ war, dem Schriftsteller und Kritiker Maximilian Harden, der von 1891 ab als Herausgeber der Wochenschrift ›Zukunft‹ wirkte, Otto Brahm, Literarhistoriker (Kleist-Biographie, 1884) und Schüler Wilhelm Scherers, von 1894 an Leiter des ›Deutschen Theaters‹, seit 1904 des ›Lessing-Theaters‹ in Berlin, und Paul Schlenther, ebenfalls Scherer-Schüler, Theaterkritiker und von 1898–1910 Direktor des Wiener Burgtheaters. Zum weiteren Kreis der Gründungsmitglieder gehörten die Brüder Hart, der Dramatiker und Übersetzer Ludwig Fulda, der Rechtsanwalt Jonas als Rechtsbeistand des Vereins und der schwedische Hofbuchhändler S. Fischer. Zum Leiter wurde – gegen Wolff und Harden, die deshalb austraten –, Otto Brahm gewählt, der vom Januar 1890 an im S. Fischer-Verlag die *Zeitschrift ›Freie Bühne‹* herausgab (Redakteur war Arno Holz), die seit 1893 ›Neue deutsche Rundschau‹, seit 1904 ›Die neue Rundschau‹ hieß. Im Vorwort wird zwar die naturalistische Grundforderung nach Wahrheit – wenn auch mit der Einschränkung „individuelle Wahrheit" – gestellt, aber ein formel- und regelhaftes „Programm" abgelehnt. Man bekennt sich zum Naturalismus insofern, als man sieht, daß auf seinem Boden die moderne Kunst „ihre lebensvollsten Triebe" angesetzt hat und man „eine gute Strecke Weges" mit ihm gehen möchte. Aber man legt sich nicht fest, da „im Verlauf der Wanderschaft" eine Wegbiegung neue Blicke ergeben könnte. Die Zeitschrift war ihrer Haltung nach der ›Gesellschaft‹ verwandt, jedoch sicherer in der Stellungnahme für die moderne Dichtung, sicherer auch in Urteil und Wertung. Bald wurde sie zur Monatsschrift, deren Leitung oft wechselte, – auf Brahm folgte 1891 Bölsche, 1893 Julius Hart, dann Otto Julius Bierbaum – bis der Ästhetiker Oscar Bie sie 1894 übernahm. Dieses literarische Organ „für den Entwicklungskampf der Zeit" wurde eine Zeitschrift mit betont internationalen Kulturinteressen. Von Anfang an ist sie weniger aggressiv als ›Die Gesellschaft‹, in der Kritik zurückhaltender, mehr konstatierend als beurteilend. Da sie sich nicht auf den Naturalismus festgelegt hatte, konnte sie die in den neunziger Jahren erfolgende Wendung zum Impressionismus und Symbolismus mitvollziehen. Bald hatte sie die begabtesten Kritiker der Zeit zu Mitarbeitern, wie Franz Servaes, Samuel Lublinski, Artur Eloesser und Alfred Kerr (siehe auch Fritz Schlawe »Literarische Zeitschriften 1885–1910«, Sammlung Metzler, 1961, S. 25 ff.).

Der Verein ›Freie Bühne‹ veranstaltete für seine Mitglieder, obwohl er weder ein eigenes Ensemble noch ein eigenes Theater besaß, *geschlossene Vorstellungen* naturalistischer Dramen, deren öffentliche Aufführung durch die Zensur verboten war. Nach Ibsens »Gespenster« im Residenztheater 1887 wurde Gerhart Hauptmanns Drama »Vor Sonnenaufgang« herausgebracht. Das Stück entfesselte einen Theaterskandal. Mit ihm schuf Hauptmann dem deutschen Naturalismus ein Drama, dem nur noch Arno Holz und Johannes Schlaf mit ihrem gemeinsamen Werk »Die Familie Selicke« Entsprechendes an die Seite stellten. Aber schon der alte Fontane, dessen „tapfere Modernität" ihm die Sympathie der Jüngsten gewann, erkannte die über die naturalistische Manier hinausreichende „Kunst" in Hauptmanns Drama: „Er gibt das Leben, wie es ist, in seinem vollen Graus; er tut nichts zu, aber er zieht auch nichts ab. Dabei (und das ist der Hauptwitz und der Hauptgrund meiner Bewunderung) spricht sich in dem, was dem Laien einfach als abgeschriebenes Leben erscheint, ein Maß von Kunst aus, wie es größer nicht gedacht werden kann." Vier Jahre später, in den »Webern«, die den Naturalismus zum Siege zu führen schienen, gewinnt das irrationale Element der Hauptmannschen Kunst eine das Naturalistische in Wahrheit bereits auflösende Bedeutung. Auch das Maß an Poesie und Rhythmik der Sprache – schon Richard Dehmel hatte ihm

den „inneren Vers" seiner angeblich naturalistischen schlesischen Mundart nachgewiesen –
verdeutlicht, daß Hauptmann seine naturalistische Entwicklungsphase zu verlassen im
Begriff war.

Der Münchener ›Gesellschaft‹ galt die ›Freie Bühne‹ bald als gegnerisches Unternehmen,
da sie vor allem für die neuen skandinavischen Autoren eintrat, Ibsen, Björnson, Strindberg
spielte, sich für Hamsun und Herman Bang einsetzte, aber auch für die englischen Dramatiker Shaw und Wilde und selbstverständlich auch Zola anerkannte. Dies alles unter Nicht-
achtung der Autoren Bleibtreu, Alberti und Conrad. Es kam zur offenen Fehde, die vor allem
Alberti mit scharfem Ton führte, und schließlich, 1890, erschien in der ›Gesellschaft‹ die
offizielle Austrittserklärung einer Reihe von Mitarbeitern aus der ›Freien Bühne für modernes
Leben‹ (VI, 3): „Unterzeichnete erklären, daß sie jede Verbindung mit Herrn Dr. Otto Brahm
in Berlin abgebrochen haben und dieses Blatt nicht als Organ ihrer Anschauungen anerkennen.
H. Bahr (Pseudonym: Karl Linz, Globe Trotter, Schnitzel), O. J. Bierbaum, P. Ernst, A. Holz,
J. Kruse, Liliencron, B. Mänicke, J. Schlaf (Pseudonym: Karl Benda, Paul Kochlin)."

Im gleichen Jahr erfolgte die Gegengründung der ›Deutschen Bühne‹ durch Bleibtreu und
Alberti, ebenso die Gründung der ›Freien Volksbühne‹ durch Bruno Wille mit der Eröff-
nungsvorstellung von Ibsens »Stützen der Gesellschaft«. Unter dem Druck von Bebel und
Liebknecht schied Wille jedoch wieder aus und gründete die ›Neue freie Volksbühne‹ zusammen mit Bölsche, Maximilian Harden, den Brüdern Hart und anderen.

Nach dem Vorbild der Berliner ›Freien Bühne‹ wurden ähnliche, dem Naturalismus dienende Vereinigungen in München, Wien, Kopenhagen und London (Independent Theatre)
gegründet.

30

Ludwig Fulda »Moral und Kunst« (1890)

Aus: ›Freie Bühne für modernes Leben‹, Jg 1, 1890, H. 1, S. 7–9.

(...) Die Kunst ist Nachahmung der Natur. Das ist ihr Ursprung, ihr Wesen
und ihr Endziel und das ist auch ihre Wohlthat. In der Natur selbst können wir
die Dinge fast niemals rein genießen und rein erkennen, weil wir unter ihrer
Macht und ihrem Einfluß stehen, weil wir sie begehren oder fliehen, wünschen
oder fürchten, lieben oder hassen. Die Kunst aber, die uns von den Dingen nichts
giebt als das Bild, ermöglicht uns erst, die Welt ruhig und unbefangen zu betrachten. Deshalb ist sie die große Deuterin. Und zugleich erlöst sie uns vom
Drucke des Lebens, indem sie das, was sonst unser Schicksal ist, zu unserem
Spielzeug macht. Deshalb ist sie die große Befreierin. Aber sie kann nur deuten,
wenn die ganze Natur, der weite Kreis aller irdischen Dinge vor ihr erschlossen
liegt; sie kann nur befreien, wenn sie selbst frei ist. Sie will und soll die Natur
wiederspiegeln; deshalb darf sich zwischen sie und die Natur nichts Fremdes hin-
eindrängen, auch nicht die Moral.

Die Natur ist ohne Moral. Eines der tiefsinnigsten Worte, die jemals gesprochen worden sind, hören wir aus dem Munde Hamlets: „An sich ist nichts weder
gut noch böse, das Denken macht es erst dazu." [II, 2] Die Natur denkt nicht. Sie
ist weder gut, wenn sie befruchtenden Sonnenschein sendet, noch böse, wenn sie

verheerenden Sturm entfesselt. Sie ist weder gut, wenn sie Rosen, noch böse, wenn sie Unkraut schafft. Sie ist, wie sie ist, nach eisernen Gesetzen. Sie greift nicht ein in den ewigen Kreislauf des Lebens, der in den festen Schienen von Ursache und Wirkung dahinrollt; sie verdammt nicht und sie begnadigt nicht. Weil aber die Kunst Nachahmung der Natur ist, darum ist der Künstler um so größer, je mehr sein Schaffen demjenigen der Natur ähnelt, das heißt, je unpersönlicher es ist. So lange er nur Schöpfer bleibt, so lange er nur i n seinen Gestalten denkt und nicht nebenher auch noch ü b e r sie: so lange steht er jenseits von Gut und Böse, steht er auf einer höheren Warte als auf den Zinnen der Moral. Der Vorgang künstlerischer Empfängniß kann mit der Laterna magica verglichen werden. Die schöpferische Seele ist wie eine reine weiße Fläche, auf welcher die Dinge in ihren wirklichen Farben sich abbilden. Da findet, wie abermals Hamlet sagt, „die Tugend ihre eigenen Züge, die Schmach ihr eigenes Bild." [III, 2] Und so wenig die Natur unmoralisch ist, wenn sie das Ungeheuerliche hervorbringt, so wenig ist es der Künstler, wenn er es mit klarer Seele spiegelt. Man darf deshalb kühnlich behaupten: Ein Kunstwerk ist um so weniger unmoralisch, je objektiver es ist.

Moral und Unmoral fangen also genau dort an, wo die Kunst aufhört, wo sie nicht mehr rein und unvermengt ihre Zwecke in sich selber sucht. Das Ideal der lauteren Naturnachahmung wird ja niemals vollständig erreicht. So unpersönlich wie die Natur kann auch der größte Künstler nicht sein; die weiße Fläche, auf welche das Bild aufgenommen werden soll, zeigt von Anfang an einen Farbenhauch der Individualität, und dieser wirkt wieder dahin, daß die Farben der Wirklichkeit sich nicht gleichmäßig übertragen, daß die einen kräftiger, die andern blasser zur Geltung kommen, als sie in der Natur sind. So lange aber diese Färbung unbewußt bleibt, so lange bleibt das Kunstwerk rein. Denn die Wahrheit der Darstellung wird unvermindert empfunden, weil wir fühlen: Diese Augen haben so [S. 8:] gesehen, weil sie so sehen mußten, weil sie so und nicht anders sehen konnten. Und deshalb sind wir gezwungen, während uns das Kunstwerk im Banne hält, selbst mit diesen Augen zu sehen, als wären sie die unsrigen. Die Grenze der Kunst wird erst in dem Moment überschritten, wo jene persönliche Färbung nicht mehr naiv, sondern gewollt und beabsichtigt ist. In diesem Moment tritt etwas Fremdes ein, tritt in die Schöpfung, welche uns als natürlich erscheinen soll, etwas Außernatürliches, und wir haben etwa die störende Empfindung, als wenn in die Bühne eines Puppentheaters zu den täuschend bewegten Figürchen plötzlich ein lebensgroßer Kinderkopf hereinschaut. Wir sehen den Draht, an welchem die Gestalten gelenkt werden, und am andern Ende des Drahtes erblicken wir den Schöpfer, der bald wohlgefällig lächelt, bald grimmig zürnt, je nach seiner charaktervollen Ueberzeugung. Das ist nicht mehr die reine Kunst; das ist die Tendenzkunst, und weil hier der Künstler noch etwas sagt neben dem, was seine Gestalten sagen, deshalb tritt er als Person breitspurig

in seine eigene Schöpfung hinein, deshalb verläßt er seinen erhabenen Standpunkt jenseits von Gut und Böse. Erst damit unterwirft er sich der Moral und wird aus einem Souverain, der außerhalb der Discussion steht, ein verantwortlicher Minister.

Wer wollte leugnen, daß wir der Tendenzkunst große und herrliche Werke verdanken! Es kann Fälle geben, wo der Künstler sich gedrungen fühlt, aus seiner Unpersönlichkeit herauszutreten und ein Lehrer zu werden, ein Lehrer der Menschheit. Er will nicht mehr darstellen; er will eingreifen, und die Kunstform wird das gefällige Maskenkleid des Gedankens. Seine Entrüstung deutet zornig auf eine Welt, wie sie nicht sein dürfte; seine liebende Phantasie führt eine Welt herauf, wie sie sein sollte. Er wendet sich nicht nur an unsere Anschauung, sondern durch sie an unseren Willen; er weckt in uns mit flammenden Worten ein Begehren oder einen Abscheu; er ruft uns von der Betrachtung zur That. So hat er die Kunst, die nur zum Herrschen geboren ist, zur Dienerin erniedrigt; aber der Zweck, dem sie dient, hebt sie wieder empor. Das ist eine Vermengung von Moral und Kunst, die wir freudig gelten lassen dürfen.

Aber es giebt neben der moralischen Tendenzkunst auch eine unmoralische, und leider ist diese weit mächtiger und weit häufiger. Auch sie wendet sich durch die Anschauung an unseren Willen, aber nicht an unseren guten, sondern an unseren schlechten Willen. Sie ruft unser sinnliches Begehren wach, indem sie das Unsittliche nicht mehr unbefangen und objectiv spiegelt, wie es in der Natur vorhanden ist, sondern sich lächelnd daneben stellt und mit zwinkernden Augen darauf hindeutet. Sie zeigt uns das Laster in einer gefälschten Beleuchtung, indem sie von allen Seiten ein rosarothes Licht darauf fallen läßt und dadurch seinen Schatten unterschlägt. Auch sie schafft eine Welt, wie sie sein sollte; sie idealisirt das Gemeine und erlügt Lust ohne Reue, Rausch ohne Ernüchterung, Genuß ohne Katzenjammer. Das ist die unsittliche Kunst. Oder nein, das ist überhaupt keine Kunst mehr; sie ahmt nicht die Natur nach, sondern entwürdigt und entheiligt sie.

Dieser Scheinkunst geschieht nur ihr gutes Recht, wenn sie statt des unmoralischen Wohlgefallens, auf welches sie rechnet, die moralische Empörung einerntet. Aber sie weiß sehr genau, daß sie dieses verdiente Schicksal nur selten zu fürchten hat. Dazu ist sie zu amüsant und zu appetitlich; dazu ist die Zahl ihrer ehrlichen Anhänger zu groß. Denn ein überwiegender Theil der Menschen geht der reinen Kunst schon deshalb verloren, weil diese überhaupt niemals die Menschheitsstufe erreichen, auf welcher die Macht des begehrenden Willens aufhört und der Zustand der ruhigen Betrachtung anhebt. Sie sind nicht reif für den ästhetischen Genuß, und deshalb verwandeln sie denselben in einen grob sinnlichen. Kein Wunder also, wenn sie in der Kunst nicht die ganze weite Natur suchen, sondern nur Kirschen und immer wieder Kirschen, an denen sie picken können. Kein Wunder, daß sie [S. 9:] jedem Kunstwerk gegenüber einen klaren mora-

Heft 1.   Berlin, den 29. Januar 1890.   I. Jahrgang.

Zum Beginn.

Eine freie Bühne für das moderne Leben schlagen wir auf.

Im Mittelpunkt unserer Bestrebungen soll die Kunst stehen; die neue Kunst, die die Wirklichkeit anschaut und das gegenwärtige Dasein.

Einst gab es eine Kunst, die vor dem Tage auswich, die nur im Dämmerschein der Vergangenheit Poesie suchte und mit scheuer Wirklichkeitsflucht zu jenen idealen Fernen strebte, wo in ewiger Jugend blüht, was sich nie und nirgends hat begeben. Die Kunst der Heutigen umfaßt mit klammernden Organen alles was lebt, Natur und Gesellschaft; darum knüpfen die engsten und die feinsten Wechselwirkungen moderne Kunst und modernes Leben an einander, und wer jene ergreifen will, muß streben, auch dieses zu durchdringen in seinen tausend verfließenden Linien, seinen sich kreuzenden und bekämpfenden Daseinstrieben.

Der Bannerspruch der neuen Kunst, mit goldenen Lettern von den führenden Geistern aufgezeichnet, ist das eine Wort: Wahrheit; und Wahrheit, Wahrheit auf jedem Lebenspfade ist es, die auch wir erstreben und fordern. Nicht die objective Wahrheit, die dem Kämpfenden entgeht, sondern die individuelle Wahrheit, welche aus der innersten Ueberzeugung frei geschöpft ist und frei ausgesprochen: die Wahrheit des unabhängigen Geistes, der nichts zu beschönigen und nichts zu vertuschen hat. Und der darum nur einen Gegner kennt, seinen Erbfeind und Todfeind: die Lüge in jeglicher Gestalt.

FAKSIMILE DES BEITRAGES NR 29 AUF SEITE 155 f.

Kein anderes Programm zeichnen wir in diese Blätter ein. Wir schwören auf keine Formel und wollen nicht wagen, was in ewiger Bewegung ist, Leben und Kunst, an starren Zwang der Regel anzuketten. Dem Werdenden gilt unser Streben, und aufmerksamer richtet sich der Blick auf das, was kommen will, als auf jenes ewig Gestrige, das sich vermißt, in Conventionen und Satzungen unendliche Möglichkeiten der Menschheit, einmal für immer, festzuhalten. Wir neigen uns in Ehrfurcht vor allem Großen, was gewesene Epochen uns überliefert haben, aber nicht aus ihnen gewinnen wir uns Richtschnur und Normen des Daseins; denn nicht, wer den Anschauungen einer versunkenen Welt sich zu eigen giebt, — nur wer die Forderungen der gegenwärtigen Stunde im Innern frei empfindet, wird die bewegenden geistigen Mächte der Zeit durchbringen, als ein moderner Mensch.

Der in kriegerischen Tagen das Ohr zur Erde neigt, vernimmt den Schall des Kommenden, noch Ungeschauten; und so, mit offenen Sinnen wollen auch wir, inmitten einer Zeit voll Schaffensdrang und Werdelust, dem geheimnißvoll Künftigen lauschen, dem stürmend Neuen in all seiner gährenden Regellosigkeit. Kein Schlagbaum der Theorie, kein heiliggesprochenes Muster der Vergangenheit hemme die Unendlichkeit der Entwickelung, in welcher das Wesen unseres Geschlechtes ruht.

Wo das Neue mit freudigem Zuruf begrüßt wird, muß dem Alten Fehde angesagt werden mit allen Waffen des Geistes. Nicht das Alte, welches lebt, nicht die großen Führer der Menschheit sind uns die Feinde; aber das todte Alte, die erstarrte Regel und die abgelebte Kritik, die mit angelernter Buchstabenweisheit dem Werdenden sich entgegenstemmt — sie sind es, denen unser Kampfruf gilt. Die Sache meinen wir, nicht die Personen; aber wo immer der Gegensatz der Anschauungen die Jungen aufruft gegen die Alten, wo wir die Sache nicht treffen können, ohne die Person zu treffen, wollen wir mit freiem Sinn, der ersessenen Autorität nicht unterthan, für die Forderungen unserer Generation streiten. Und weil denn diese Blätter dem Lebenden sich geben, dem was wird und vorwärtsschreitet zu unbekannten Zielen, wollen wir streben, zumeist die Jugend um uns zu versammeln, die frischen, unverbrauchten Begabungen; nur die geblähte Talentlosigkeit bleibe uns fern, die mit lärmenden Uebertreibungen eine gute Sache zu entstellen droht: denn gegen die kläglichen Mitläufer der neuen Kunst, gegen die Marodeure ihrer Erfolge sind wir zum Kampfe so gut gerüstet, wie gegen blind eifernde Widersacher.

Die moderne Kunst, wo sie ihre lebensvollsten Triebe ansetzt, hat auf dem Boden des Naturalismus Wurzel geschlagen. Sie hat, einem tiefinnern Zuge dieser Zeit gehorchend, sich auf die Erkenntniß der natürlichen Daseinsmächte gerichtet und zeigt uns mit rücksichtslosem Wahrheitstriebe die Welt wie sie ist. Dem Naturalismus Freund, wollen wir eine gute Strecke Weges mit ihm schreiten, allein es soll uns nicht erstaunen, wenn im Verlauf der Wanderschaft, an einem Punkt, den wir heute noch nicht überschauen, die Straße plötzlich sich biegt und überraschende neue Blicke in Kunst und Leben sich aufthun. Denn an keine Formel, auch an die jüngste nicht, ist die unendliche Entwickelung menschlicher Cultur gebunden; und in dieser Zuversicht, im Glauben an das ewig Werdende, haben wir eine freie Bühne aufgeschlagen, für das moderne Leben.

———— ❧ ————

lischen Standpunkt einnehmen, den Standpunkt, welcher mit der Frage zusammenfällt: Kann man daran picken oder nicht?

Und dies ist denn auch die Moral, mit welcher sie an die morallose, objective Kunst herantreten. Alles Wahrhaftige, was der Künstler in sein Weltbild aufnimmt und aufnehmen muß, erscheint ihnen unsittlich, wenn es ihre Sinne nicht reizt, sondern abstößt. Sie klatschen Beifall, wenn die Gemeinheit im eleganten Gesellschaftscostüm auftritt, und schreien Zeter, sobald die Leidenschaft in ihrer furchtbaren Nacktheit erscheint. Sie ahnen nicht, daß das einzelne Häßliche sich doch zuletzt im Schönen auflösen kann durch die befreiende Harmonie eines groß gedachten Ganzen. Sie wollen keine Wahrheit. Sie haben sich im Leben ein sicheres Gärtchen abgegrenzt, wo Alles beisammen ist, was sie brauchen: Blumen, Gemüse und verschwiegene Lauben; und um dieses Gärtchen haben sie eine hohe Mauer gezogen, einen künstlichen Horizont, über den hinaus sie nicht sehen und nicht sehen wollen. Daß es jenseits dieser Mauer noch eine weite Erde giebt mit Berg und Thal, mit dunklen Wäldern und brausenden Meeren, davon wollen sie nichts wissen. Wehe dem Künstler, der zu ihnen eindringt und ihnen mit mahnender Stimme von Berg und Thal, von Wäldern und Meeren erzählt, statt ihnen vorzulügen, daß die Welt ein Gärtchen sei. Sie werden ihm ihr Ohr verschließen und ihm nicht glauben, so lange, bis eines Tages der Wald heranrückt, bis die Meere schwellen und schwellen und ihre Mauer, ihr Gärtchen und sie selbst überfluten. —

Ihre Moral ist eine Scheinmoral, welche sich zur echten Moral verhält wie die Scheinkunst zur Kunst. Es ist die Moral, auf der sich so ziemlich unsere ganze heutige Gesellschaft aufbaut, die Moral der Vertuschung. Ihr sauberes Sittengesetz hat drei Gebote. Erstes Gebot: Lassen wir die Dinge, wie sie sind. Zweites Gebot: Thun wir, so weit es möglich ist, was uns gefällt. Drittes Gebot: Sprechen wir nicht davon. Und dieses dritte Gebot, welches dem angenehmen Laster eine moralische Schutzwehr errichtet gegen den Skandal, dieses schändliche dritte Gebot schleudert man auch dem Künstler, dem Dichter entgegen. Sprich nicht davon! So befiehlt man ihm, dem ein Gott den heiligen Beruf gegeben, zu sagen, was er, und was seine Brüder leiden.

Aber er wird und er soll davon sprechen. Er wird und er soll die Kunst wieder auf jenen hohen und hellen Gipfel emportragen, auf welchem sie mit dem wahren Sittengesetz nichts anderes gemein hat als die verheißende Aussicht in die Zukunft.

LUDWIG FULDA (1862–1939) schrieb zahlreiche, bühnenwirksame aber unbedeutende Lustspiele, Schauspiele und Tragödien. Wesentlicher ist seine Übersetzertätigkeit: Molières Meisterwerke, 1892; »Cyrano de Bergerac« von E. Rostand, 1898.

Aus Begeisterung für Ibsen beteiligte er sich an der Gründung der ›Freien Bühne‹ und wurde Mitarbeiter an der gleichnamigen Zeitschrift. Sein Aufsatz »Moral und Kunst«, mit dem Brahm den 1. Jahrgang begann, veranschaulicht die im Vergleich zu den Münchener Naturalisten um Conrad gemäßigte Zurückhaltung des Vereins, vor allem gegenüber der Tendenzkunst.

Leo Berg »Das Thema der Vererbung« (1891)

Aus: »Das sexuelle Problem in Kunst und Leben«, 5. stark vermehrte Aufl. Berlin: H. Walther 1901, S. 51–55.

> Der frisch gedüngte Acker stinkt empörend!
> Doch dünkt mich dieser Stunk nicht gerade unbelehrend,
> Nur, wer das Leben überstinkt, wird siegen.
> Hermann Conradi.

Das Geschlechtsleben ist jedesmal der wichtigste Gradmesser einer Zeit, eines Volks, einer Gesellschaft. Wo dieses nicht mehr gesund und natürlich ist, da ist gewiß vieles faul im Staate! Wohin mag der Zeiger gerichtet sein, wenn fast in der gesammten modernen Litteratur nur noch ein Thema, wenn wenigstens keines virtuoser behandelt wird, als die sexuelle Gesammt-Erkrankung? Wenn alles unnatürlich ist, das Verhältniß und die Leidenschaft der Geschlechter zu einander, die Befriedigung ihrer Lüste, ihre Produktivität, ihre Sinne und ihre Offenbarungen.

Von hier aus erhält die Wahl des Vererbungsthemas durch die modernen Naturalisten erst ihre wahre, aber allerdings furchtbare Erklärung. Nicht der Realismus, nicht das Prinzip des Milieus, sondern die Erkenntniß, daß wir sexuell nicht mehr den normalen Typus Mensch bilden, mußte zu ihr führen. Was bedeutet es denn, wenn Zola eine ganze Roman-Serie, der er sein halbes Leben gewidmet hat, verfaßt, um uns eine Galerie erblich [S. 52:] belasteter, geschlechtlich degenerierter Menschen vorzuführen! Was bedeutet es, wenn Ibsen die Gebrochenheit des lebenden Menschen als eine Hinterlassenschaft seiner Zeuger darstellt! Was das ewige Zurückgehen auf Gewohnheiten und Gepflogenheiten vergangener Geschlechter! Ist dies eine Eigenthümlichkeit des Realismus? Nun, weder Goethe, der noch in einem ganz andern und höhern Sinne Realist war als irgend einer der lebenden Realisten, noch auch Shakespeare, — vielleicht das größte realistische Phänomen, das die moderne Litteratur kennt — hatten diese Eigenthümlichkeit. Am meisten erfahren wir noch, merkwürdig genug, von der Vorgeschichte der Bösewichte Richard III. und Makbeth. Von Romeo's und Julia's Eltern hat uns der Dichter kaum weiter etwas mitzutheilen, als daß sie in unerbittlicher Fehde liegen. Das genügt. Nichts von ihren geschlechtlichen Ausschweifungen, keine Nekrologe à la Frau Alwing[1]. Und was mehr! Wir vermissen auch nichts von alledem. Doch wo giebt es auch heute dergleichen Liebe! Mit Recht bemerkte Karl Frenzel gegen Hauptmanns „Vor Sonnenaufgang", daß die junge Generation beängstigend vernünftig geworden wäre. Früher liebte man sich, verführte man sich, heirathete man sich! Wo hätte man in dieser, im Grunde genommen, doch unanständigen und unverschämten Weise im Vorleben

des andern Theils herumgewühlt! Das ist Entkleidung vor der Ehe, das ist im höchsten Grade schamlos. — Frenzel verkennt dabei die historische Berechtigung dieser analytischen Kunst; aber seinen Standpunkt hat er hier mit guten Gründen vertheidigt.

Der Naturalismus, sofern er als Prinzip des Milieus sich darstellt, ist nichts anderes als eine Kritik der bestehenden Gesellschaft. Man glaubt den modernen Menschen nie unheilbarer lächerlich zu machen, nie tödtlicher kompromittieren zu können, als indem man ihn zum Embryo zurückführt, indem man zeigt, daß schon der Mutterboden nichts taugt, auf dem dies Pflänzchen gewachsen ist, daß das Alles noch so von Vatern und Muttern herstammt!

Ein geistreicher Mann hat einmal gesagt: um Geschmack an einer Kunst zu haben, muß man den Gegengeschmack noch auf der Zunge haben.

Um die heutige Bewegung in der Kunst und Litteratur zu verstehen (ich sage nicht: gutzuheißen!), muß man wissen, gegen welche frühere Welle sie den Gegenschlag bildet, wogegen heut Alles Reaktion gemacht wird. Das weiß man übrigens zum Teil auch recht gut; und daher die unversöhnliche Feindschaft, der Kampf bis auf's Messer!

Das Alles von Heut ist Rückschlag gegen ein hochmütiges Geschlecht der Vergangenheit, diesen Gott-Menschen, dem mit Faust jede Schranke zu eng, dem mit Don Juan diese Welt nur ein Garten schien, in welchem er, der Göttliche, sich nur zu bücken brauchte, um die schönsten, nur für ihn aufgeblühten Blumen zu pflücken; gegen ein Geschlecht, das mit Byronischem Stolz[2] vor diese Welt hintrat und sie zum Kampfe auf Tod und Leben herausforderte; gegen ein Geschlecht ferner von Feuerbach'schem[3] Selbstbewußtsein und Selbstdünkel; gegen ein Geschlecht endlich, das sich mit der Souveränität des Heine'schen Witzes in freventlichem Uebermute über diese Welt hinwegschwang!

Vor allem aber, worin die alte Litteratur ihre höchsten Triumphe feierte, die unerhörte Verherrlichung der Geschlechtsliebe (von Shakespeare bis herab zu den Romantikern), gegen diese hohe Burg unserer Vorfahren mußten sich die Modernen ganz besonders wappnen. Die Liebe mußte in den Staub gezogen, das Weib als Dirne, [S. 54:] die Ehe als Lasterhöhle, die Nachkommen als gebrochen und mit einem Fluche gegen ihre Erzeuger sterbend dargestellt werden.

So folgen auf die Ritterpoesie die Don-Quichotte, so auf ein Geschlecht theologischer Bevormundung die Tartüffe, so auf ein Zeitalter kosmopolitischen Schwindels die H. v. Kleiste mit ihrem patriotischen Berserkerzorn, und auf ein solches nationaler und geistiger Beklemmung die Heine's mit ihrem gott- und vaterlandslosen Witz.

Wie gesagt, das Alles ist Rückschlag.

Der Naturalismus ist Kultur-Katzenjammer, aber ohne Humor!

Nachdem einmal das große Kranken- und Irren-Haus des modernen Gesellschafts-Dramas von Zola und Ibsen aufgeführt ist, trifft die jüngeren deutschen

und ausländischen naturalistischen Dichter der Vorwurf nicht mehr, daß sie das Häßliche, Schmutzige und Krankhafte um seiner selbst willen schilderten und nicht mehr in dem großen Zusammenhange, in dem es noch bei jenen geschieht. Das Haus steht ja fertig da, man weiß nun, was — es bedeutet; man kennt seinen Zweck, man kennt seine Einrichtung. Man darf sich jetzt ungescheut mit den einzelnen Kranken beschäftigen.

Und das geschieht reichlich, nur zu reichlich von den Geschlechts-Virtuosen im modernsten Frankreich!

Schon begnügt man sich nicht mehr, Ehebruch und sinnliche Ausschweifung zum Gegenstande poetischer Behandlung zu machen; schon werden alle unnatürlichen Laster, gleichsam in Monographieen, dargestellt. Die verwegensten Motive aus dem Geschlechtsleben werden verwandt, wie die gegen den Willen der eigenen Mutter erfolgte Geburt des Helden in Strindbergs „Vater"; es giebt kaum noch eine Krankheits-Erscheinung, wenigstens so weit sie das Geschlechtsleben mittelbar oder unmittelbar betrifft, die nicht schon in eigenen Dramen, Novellen, Romanen mit [S. 55:] wissenschaftlicher Ausführlichkeit und Deutlichkeit behandelt wäre. Maupassant, Huysmans und vor allem Strindberg[4] sind hier zu nennen. Dichtungen wie Zola's „La terre" erscheinen geradezu als ein förmliches Museum von Lastern und Scheußlichkeiten.

Die naturalistische Kunstrichtung mit ihren hereditären Motiven, mit ihren Krankheits-Erscheinungen, mit ihren deprimierten und deprimierenden Gestalten, ihren gebrochenen Helden und zusammenstürzenden Welten: das ist die verzweifelte Antwort, die das gegenwärtige Geschlecht dem vergangenen gegeben hat, der Dank, den w i r unsern Vätern schuldeten.

[1] Gemeint ist die Klage Frau Alvings im ersten Akt von Ibsens »Gespenster« über den ausschweifenden Lebenswandel ihres Mannes, des Kammerherrn Alving, der des Sohnes Siechtum verschuldet hat.

[2] Anspielung auf den Weltschmerz und Titanismus umfassenden, prometheischen Trotz des englischen Dichters Lord Byron, den Unglück und persönliche Verwirrungen zum gesellschaftlich Geächteten in England machten, so daß er 1816 sein Land endgültig verließ.

[3] LUDWIG FEUERBACH (1804–1872), Bruder des Archäologen Anselm F. und Onkel des Malers Anselm Feuerbach; Philosoph des Materialismus, den er als Humanismus begreift, da infolge der Aufhebung des Widerspruchs zwischen Diesseits und Jenseits der Mensch sich auf sich selbst konzentrieren könne. An Stelle der Gottesliebe soll daher die Menschenliebe als wahre Religion treten. Feuerbach war von gewissem Einfluß auf Marx wie auch auf Nietzsche. Hauptwerke unter anderen: »Das Wesen des Christentums«, 1841; »Vorlesungen über das Wesen der Religion«, 1851; »Theogonie«, 1857; »Sämtliche Werke«, 10 Bde., 1846–1866.

[4] GUY DE MAUPASSANT (1850–1893), französischer Dichter, der als Schüler Flauberts genaue Beobachtung mit sprachlicher Präzision verbindet. Sein Pessimismus enthüllt das scheinbar Edle und Große als falsch und unwahr, jedoch fehlt seinen Analysen der menschlichen Trieb- und Begierdenwelt das kritisch gedankliche Element. Trotzdem ist Maupassants „Naturalismus" im Grunde schon sensualistisch; die ekstatischen Visionen des schließlich im Wahnsinn Untergehenden rücken ihn in die Reihe der aus dem Naturalismus hervorgehenden Impressionisten (»Le Horla«, »La vie errante«). Die bekanntesten Romane: »Bel ami«, 1885; »Notre cœur«, 1890.

JORIS KARL HUYSMANS (1848–1907), französischer Schriftsteller flämischer Abstammung,

der als Naturalist im Kreis um Médan begann (1880 erschien die Novellensammlung »Soirées de Médan«, die neben Zola und Maupassant auch Huysmans »Sac au dos« brachte und ein programmatisches Bekenntnis darstellte), aber bald gegen den Fanatismus der Darstellung von Niedrigkeit und Materie ankämpfte, der sich im Gefolge Zolas breitmachte. Als Zolas Roman »La terre« erschien, sagte er sich von ihm los und rechnete in der Einleitung seines 1891 erscheinenden satanistischen Romans »La-Bàs« mit dem platten Rationalismus ab, der den Traum und die Mysterien des Lebens verkennt. Da er die naturalistischen Errungenschaften: Wahrheitsliebe, Genauigkeit und Sprachkraft erhalten wissen wollte, forderte er einen spiritualistischen Naturalismus, der dem „großen, von Zola so tief gefurchten Weg folgen", zugleich aber „einen parallelen Weg in die Luft" ziehen sollte, aus der Erkenntnis, daß „die Neugierde der Kunst da beginnt, wo die Sinne zu dienen aufhören". Der Dichter soll Seelenschöpfer sein, „Seelenstürme" darstellen – damit wird Huysmans zum frühen Vertreter des sensualistischen Impressionismus. Der strenge Ästhetizismus seines größten Modeerfolges »A rebours« (1884) wirkte verführerisch auf Wilde, d'Annunzio und den jungen Valéry. Zuletzt wandte er sich dem Katholizismus zu (»En route«, 1895; »La Cathédrale«, 1898) und wurde 1899 Benediktinermönch.

AUGUST STRINDBERG (1849–1912), schwedischer Dichter, dessen frühe Dramen und Erzählungen – »Das rote Zimmer«, 1879 (Roman); »Heiraten«, 1884 (Novellen); »Der Vater«, »Fräulein Julie«, »Paria«, 1880–1890 (Dramen) – den schwedischen Naturalismus begründeten. Strindberg schildert das Morbide, Brüchige, Ungesunde des modernen Zivilisationsmenschen, vor allem den aus abgründigem Urhaß erwachsenden Kampf der Geschlechter, mit schonungsloser Wahrhaftigkeit. Scharfe Beobachtung und Kritik der gesellschaftlichen Mißstände rücken ihn in die Nähe Ibsens, den er an Radikalität übertrifft. Dichten ist ihm Erforschung der menschlichen und das heißt hier der eigenen reizbaren und zerrissenen Seele, Darstellung eines an die Grenze des Pathologischen reichenden Sonderfalls. Sein rastloser, selbstquälerischer Geist dringt rasch über den naturalistischen Anfang hinaus. Er fordert den Untergang alles Halben und Schwachen um des aus Seelentiefen aufbrechenden schöpferischen Traumes und Lebens willen. Ein eigenartiger mystischer Realismus ist das Ergebnis leidenschaftlich durchlebter weltanschaulicher Krisen, von denen das Bekenntnisbuch »Inferno« (1898) zeugt. Kurz darauf entsteht das dreiteilige Stationendrama »Nach Damaskus« (1900–1904), das die expressionistische Dramatik einleitet. Strindbergs Dramen sowie seine Lebensgeschichte spiegeln am beredtesten diesen durch viele Lebens- und Wissensbereiche treibenden Menschen, der wie kaum ein anderer nordischer Dichter die europäische Literatur der Jahrhundertwende beeinflußt hat.

32

IRMA VON TROLL-BOROSTYANI [»MODERNE WAHRHEITSDICHTUNG«] (1891)

Aus:»Die Liebe in der zeitgenössischen deutschen Litteratur«, ›Die Gesellschaft‹, Jg 7, 1891, H. 8, S. 1016–1022.

Unter allen Problemen des sozialen Lebens ist es vor allem das sexuelle, dessen den Forderungen des realistischen Kunstprinzips gemäße, die Wahrheit suchende und der Wahrheit dienende Auffassung und dichterische Darstellung die Litteratur-Philister unserer Zeit und Nation mit Schrecken und Abscheu erfüllt. In bezug auf alle anderen Erscheinungen des menschlichen Lebens nehmen sie die naturalistischen Unverblümtheiten lieber und geduldiger hin als im Punkte der

Liebe. Die Aufdeckung allen Elends, aller Laster und Verkommenheit, aller im geheimen Schoße unserer Gesellschaft verborgenen Verbrechen, aller Korruption, welche einerseits der Mangel, andrerseits der Überfluß an Geld und Güter erzeugen, des dumpfen Hasses, der zwischen den besitzenden und den enterbten Schichten gährt und grollt — alles dies wollen sie eher ertragen. Aber die Enthüllung der Liebesmoral unserer Gesellschaft macht sie kopfscheu.

Nur Eines giebt es noch, was sie ebensowenig wie diese sich gefallen lassen wollen; nämlich: gegen den religiösen Glauben gerichtete, aus dem Boden der materialistischen Weltanschauung geschaffene Tendenzdichtungen. (. . .) Der mit seiner philosophischen Naturauffassung in der materialistischen Weltanschauung wurzelnde Dichter glaubt nicht an die Freiheit des Willens. Er weiß, daß der Charakter des Menschen und mithin seine Handlungen das notwendige Produkt sind der beiden gegebenen Faktoren: seiner Naturanlage und der äußeren Einflüsse, „Umgebung", „milieu" oder wie man es nennen will. Und er weiß, daß alles, was der Mensch denkt und fühlt, was er liebt und haßt, was er thut und unterläßt, die notwendige Folge der gegebenen Prämissen ist. Von diesen Voraussetzungen ausgehend, sieht er die Erscheinungen des sozialen Lebens mit ganz anderen Augen an wie derjenige, der an die Freiheit des Willens glaubt. Und der mächtige Naturdrang, genannt Liebe, in all seinen aus den gesellschaftlichen Zuständen hervorgehenden, vielgestaltigen Äußerungen wird von ihm wesentlich anders aufgefaßt und demgemäß in seiner Nachdichtung des Lebens anders dargestellt als von Jenen. Von demselben Drange nach Erkenntnis der Wahr-
[S. 1017:] heit erfüllt, wie der die physiologischen Funktionen und pathologischen Veränderungen der Organe erforschende Arzt, sucht er die Lebensthätigkeit des seelischen Organismus im kranken und gesunden Zustande zu ergründen und mit derselben unbarmherzigen Wahrhaftigkeit bringt er das im Geiste Erfaßte in künstlerischer Nachbildung zur Darstellung. Nicht seine Schuld ist es, wenn er im Lebensprozeß der Gesellschaft mehr krankhafte Zustände zu sehen bekommt als gesunde, mehr Häßliches als Schönes, mehr Gemeinheiten und Verkehrtheiten als Bethätigungen von Edelsinn und sittlicher Hoheit. Er kann nicht dafür, daß die Wahrheit so bitter ist und grausam. Er schildert sie ja nur, er schafft sie nicht. Kann er daran helfen, daß das rührselige Bild zarter, wonniglich idealer Empfindungen, welches die Höheren-Töchterschulen-Dichter unserer Zeit von der Liebe geschaffen haben, der Wirklichkeit des Lebens so selten, ach gar so selten entspricht? Daß die Liebe, der gewaltige Drang eines rücksichtslosen, nur nach seiner Befriedigung lechzenden Naturbedürfnisses meistens ganz anders aussieht, als sie sich hinter den blumenduftigen Mondscheingeweben präsentiert, welche jene Salon- und Familienzimmer-Poeten über sie zu flechten belieben? Daß die unserer Gesellschaft nachgerühmte Moral nur in den Novellen-, Romanen- und Bühnendichtungen dieser Poeten ihre Triumphe feiert, von welchen Triumphen im wirklichen sozialen Leben gar wenig zu sehen ist? Und daß eben

diese vielgepriesene Moral, von welcher unsere Sozietät den Mund so voll nimmt, bei genauerer Prüfung sich als ein gefällig drapierter Deckmantel erweist, den diese Sozietät über die in ihrem Schoße üppig wuchernde, rohe Selbstsucht und aus derselben geborenen Laster und Verbrechen breitet, um sich selber heuchlerisch weismachen zu können, weiß Gott wie tugendhaft sie sei?

Ja, dieser die wirkliche Liebesmoral unserer Zeit und Gesellschaft verhüllende Deckmantel ist es, den das deutsche Lesepublikum in den litterarischen Werken nicht gelüftet sehen will, weil es das wahre Spiegelbild der sozialen Moralzustände nicht erblicken mag. (...)

[S. 1018:] (...) Die Moral, das ethische Prinzip ist es vor allem, dessen Ermangelung man der naturalistischen Dichtung zum Vorwurfe macht. Als ob der Ausdruck der Wahrheit nicht moralischer wäre als die unter dem Banner des Idealismus einherstolzierende Lüge, die feige, in den Schlaf lullende Schmeichelei, welche uns in den Traum wiegen soll, viel besser zu sein, als wir wirklich sind.

Also fort endlich mit der poetischen und doch so poesielosen Schönfärberei unseres Gesellschaftslebens, mit den litterarischen Zuckerbrötchen, die den Gaumen leckern, aber den Magen verderben! Möge jeder deutsche Leser, dem ernstlich und wahrhaft an der Größe seines Vaterlandes und an der Gesundung der vaterländischen Dichtkunst gelegen ist, sich dazu ermannen, sein Lesebedürfnis, statt wie bisher, durch lächerlich krasse Schauerromane und Süßholz raspelnde Backfisch-Novellen zu befriedigen, nach Werken greifen, in welchen der Dichter, unbekümmert um die jetzt noch herrschende Modeströmung, es erstrebt, wahrhafte Offenbarung der Menschenseele in ihren stolzesten Höhen und dunkelsten Tiefen, unerschrockene Darstellung des Lebens in seinen vielgestaltigen Bildern und Phänomenen zu bieten, und es wagt, die noch ungelösten Probleme der ringenden Menschheit nach seiner Weise zu deuten. (...)

[S. 1019:] (...) Ist aber erst einmal die Bahn frei gemacht für die von der litterarischen Schablonenarbeit sich scheidenden Wahrheitsdichtung — in welcher wir den triebkräftigen Keim einer nach herrlicher Entfaltung ringenden idealrealistischen Zukunftsdichtung zu sehen haben — dann werden auch die der Produktion einiger Vertreter derselben anhaftenden antikünstlerischen Auswüchse von selbst wegfallen. Das wildtobende Kraftgebrülle der noch mutierenden „Jüngsten" wird milderen Tönen weichen; die sengende, brennende Sinnlichkeit, die für lauter Nymphomanen und Satyriatiker zu dichten scheint; die absichtliche Aufsuchung der Reversseite des menschlichen Lebens, wie ja alle Dinge unter der Sonne, ja doch auch eine Aversseite hat; die, einer kindischen Originalitätshascherei entstammenden, unmöglichen Wortbildungen; die aus einer mißverstandenen Wahrheitsliebe entspringende, vierschrötige Ausdrucksweise; die mit größenwahnwitziger Selbstverherrlichung gepaarte, gehässige Blindheit für das Gute, was sich doch auch in den nicht die gleichen Wege wandelnden dichterischen Produktionen findet: — alle diese von den Gegnern der

neurealistischen Schule derselben zur Last gelegten künstlerischen Vergehen, welche keineswegs, wie behauptet wird, dem naturalistischen Kunstprinzip inhärente Schäden, sondern lediglich individuelle Ausschreitungen einzelner Vertreter derselben bilden, alle diese Auswüchse werden beseitigt werden. (...)

[S. 1020:] (...) Der jetzt hin und wieder sehr grobkörnig auftretende Realismus wird durch Verfeinerung der Begriffe veredelt, vergeistigt werden, und die Stürmer und Dränger von heute werden in gerechter Würdigung der Erkenntnis, daß es mit der Darstellung des dürren Rohstoffes nackter Wirklichkeit, ohne ethische Idee und künstlerische Umprägung, nicht gethan ist, aus **Thatsachen-Abschreibern** zu **echten Wahrheitsdichtern** emporwachsen (deren wir ja auch jetzt schon glücklicherweise besitzen), in deren Dichtungen die Wahrheit des äußeren und des innerlichen Menschenlebens poetisch wiedergeboren und künstlerisch verklärt zum Ausdruck gelangt.

In diesem naturgemäßen Entwickelungsprozeß der neuen Schule haben auch Sprache und Stil künstlerischer Verfeinerung zu gewärtigen. Brutalität der Ausdrucksformen ist durchaus kein notwendiges Attribut des naturalistischen Schaffens. (...) [S. 1022:] (...) Von Gegnern und Freunden wird die naturalistische Dichtkunst so gerne mit der Thätigkeit des Arztes verglichen. Der Vergleich ist richtig. Nur vergesse man nicht, daß des Arztes Aufgabe nicht bloß das E r k e n - n e n der Krankheit ist, sondern auch deren H e i l u n g.

Aus dem Häßlichen zum Schönen, aus der Rohheit zur Veredelung, aus Gebundenheit und Knechtschaft zur Freiheit geht der Weg des Menschengeschlechts. Alle Krankheiten — physische und sittliche — sind Rückschläge auf dieser Entwickelungsbahn. Die Krankheiten des Körpers zu heilen, ist Aufgabe des Arztes; als die Mission des Priesters betrachtete man die Heilung der Krankheiten der Seele. Doch Seele und Körper sind eines, sind untrennbar im Prozesse des Lebens, in ursächlichem, wechselwirkendem Zusammenhange. Und hier ist es, wo die Aufgabe des Dichters einsetzt. Arzt und Priester zugleich ist der Dichter. Denn die moderne Wissenschaft, welche die Menschheit von der Führergewalt des unhaltbare Dogmen verkündenden Zionswächters entmündet, ruft den Dichter heran, an die leergewordene Stelle als Führer des ringenden Menschengeschlechts zu treten. Er sei der Streiter für eine bessere, freiere, lichtere Zukunft, der Lenker der Menschheit dieser Zukunft entgegen.

Auf welche Weise er dies vermag? — Indem er im Dienste der Wahrheit und der Schönheit Bilder und Gestalten schafft, welche auf dem realen Boden der Gegenwart und Wirklichkeit ruhen, neben diesen aber Gestalten und Bilder, welche die Zukunft zeichnen, jene Zukunft, welche die folgerichtige, also naturgesetzliche Weiterentwickelung der Menschheit zur Darstellung bringen und auf diese Weise den Menschen der Gegenwart zu der großen Aufgabe der Menschheit, ihres stetigen ethischen und geistigen Fortschrittes heranziehen wird.

Das ist das erhabene Ziel der modernen, der echten Wahrheitsdichtung. Heil ihr!

Der in der ›Gesellschaft‹ (im Augustheft 1891) erscheinende Aufsatz der IRMA VON TROLL-BOROSTYANI kennzeichnet in programmatisch-emphatischem Stil das pädagogische Anliegen des naturalistischen Dichters, der – an die Stelle der kirchlichen Instanz tretend – der durch die modernen Wissenschaften mündig gewordenen Menschheit Arzt und Priester zugleich sein soll. Die junge literarische Bewegung, deren antikünstlerische Auswüchse als entwicklungsbedingte Übergangserscheinungen erklärt werden, ist erst die Keimzelle eines Prozesses, der aus bloßen „Tatsachen-Abschreibern" „echte Wahrheitsdichter" und aus der naturalistischen eine „ideal-realistische Zukunftsdichtung" machen wird. Auf dem Boden der materialistischen Weltanschauung (Ablehnung von Metaphysik und menschlicher Willensfreiheit) soll die sittliche Idee der Wahrheit das neue Kunstideal sein, das den geistigen Fortschritt der Menschheit verbürgt. – Der Aufsatz, in dem gegen Schluß sogar der Begriff der Schönheit auftaucht, beweist wieder, daß im Münchener Kreis von einem konsequenten Naturalismus nicht die Rede sein kann.

33

LEO BERG »DER NATURALISMUS« (seit 1888)

Aus: »Der Naturalismus. Zur Psychologie der modernen Kunst«. München: M. Poessl 1892, S. 2–242.

Naturalismus. Was heisst das Wort alles auf deutsch? So viel Werte, so viel Begriffe das Wort enthält, eben so viel Verdeutschungen sind möglich, von denen aber, wohl [S. 4:] gemerkt! keine einzige den ganzen Begriff „Naturalismus" wiedergiebt, deckt oder ausfüllt. Hier stehen einige davon: Natürlichkeit, Naturwahrheit, Naturgemässheit, Naturempfindung, Naturerkenntnis, Naturkraft, Natursinn, Naturgefühl, Rückkehr zur Natur, Annäherung an die Natur, Liebe zur Natur, Naturfreiheit, Natureinfachheit, Naturreinheit, Naturschönheit, Naturwirklichkeit, Naturwissenschaft, Naturfreude, Kampf gegen Unnatur u. s. f. u. s. f. Man kann den Begriff aber noch anders erläutern, ohne das Wort „Natur" selbst zur Hülfe zu nehmen. Man denke nur an die vielen möglichen Gegensätze, die man zum Naturalismus anwenden kann; z. B. Kunst, Convention, Kultur, Gesellschaft, Sitte, Gesetz, Gebundenheit, Formalismus, Schule, Akademismus, Raffinement, Phrase, System, Verhüllung, Romantik, Phantastik, Metaphysik; — Wissenschaft, Philosophie, Idealismus, Personalismus; — das Ueberirdische, Gemachte, Ersonnene, Erfundene, Erlogene, Kranke, Verderbte u. s. w.

Allen diesen vielen Bestimmungen und Gegensätzlichkeiten liesse sich indess noch leicht eine dreifache Anzahl hinzufügen, sofern es auf Vollständigkeit hier irgendwie abgesehen wäre. Ich glaube aber, dass sich aus Allem eine dreifache Erklärung des Naturalismus herleiten wird. Wer im Naturalismus eine Reaction erkennt, ist eben so im Recht, als wer ihn als einen Fortschritt ansieht. Und zugleich ist er etwas an die Gegenwart Gebundenes. Also etwas Vergangenheit,

etwas Vergängliches, etwas Zukünftiges. Ich bestimme ihn als: Rückkehr zur Natur, als Annäherung an die Natur und als Zeichen der „Zeit der Naturwissenschaften", d. h. als den speziellen Ausdruck der modernen Weltanschauung, insbesondere der sozialen Bewegung. (. . .)

[S. 23:] (. . .) Es giebt einen d r e i f a c h e n Naturalismus d. h. eine d r e i - f a c h e Möglichkeit, Schranken zu durchbrechen, Neuerungen einzuführen in der Kunst: hinsicht- [S. 24] lich des Stoffs, hinsichtlich der Form und hinsichtlich der Idee.

Man denkt heute in erster Linie gewöhnlich an den S t o f f , wenn man von Naturalismus oder Verismus spricht; und meist nur an eine bestimmte Art, die niedrigste Gattung von Stoff, an das Stofflichste am Stoff. Es ist auch ein Fortschritt der Kunst, wenn der Beweis geliefert wird, dass Dinge, die scheinbar mit der Kunst gar nichts zu thun haben, doch im hohen Grade künstlerisch wirken oder künstlerisch verwertet werden können. (. . .)

[S. 85:] Hart, trocken, grausam und schlicht, wie das Leben jugendlicher Völker, ist auch ihre Poesie. Der eigentliche Naturalismus der Kunst findet sich nur, wo auch der Naturalismus des Lebens noch vorherrscht, wenn noch ein Volk in der Gegenwart lebt, in der Natur und in sich selbst. Was ist aller Naturalismus der Deutschen, der Franzosen und Skandinavier gegen den Naturalismus der Russen? Nichts Anderes, als was der Naturalismus eines Juvenal[1] gewesen gegen die früheste Poesie der Germanen! Man vergleiche die älteste deutsche Poesie mit dem Vollendetsten, was Römer und Griechen geschaffen! Bei aller Kunstlosigkeit, welch ungeheurer Fortschritt im Inhalt, in der Realität, eine Realität, die der Römer niemals mehr zu erleben, geschweige denn darzustellen vermochte! Was der Germane erlebte, war etwas ganz Neues — er sah, hörte ja mit anderen Organen, fühlte anders und stellte sich zu allen Dingen des Lebens anders. Er lebte in einer andern, einer neuen Welt; er sah, er erlebte neue Realitäten. Mithin war seine Poesie notgedrungen realistisch. Selbst seine Götter waren Realitäten, selbst sein Mythus wurde eine furchtbare Realität; er machte Alles, selbst das Absurdeste, das Phantastischste zu einer Realität, er glaubte es dieses Absurdeste und Phantastischste, er wusste es, er wollte es und er schuf es. Was sich während der Völkerwanderung ereignete, was war es anderes, als eine Realisierung, ein Wirklich-Werden, ein Sich-Vernehmbar-Machen seines Mythos?!

Diesen Lebens-Realismus und diese vom Leben in die Kunst hinüberspringenden Realitäten finden wir heute, wie gesagt, nur bei den Russen. Wir Deutschen, wir West-Europäer, können eigentlich bloss im andern, im negativen Sinne Realisten sein (wenn wir von den psychologischen Raffinements absehen) — so im Grossen gesprochen. Der Russen Litteratur ist realistischer als unser Leben, d. h. lebensvoller, kräftiger, fernwirkender. Die russischen Dichter leben alle auf Neuland, sie leben gefahrvoller, aufgeregter, [S. 86:] von einer grösseren Fülle umströmt. Und mit herzerschütternder Wahrheit dringt überall dieses Neue auf den

Leser ein. Das sind Alles neue Erlebnisse, neue Lebenserfahrungen, Ueberraschungen der Seele, die er hier sich herausliest. Die Lektüre selbst wird zum Ereignis. (...)

[S. 123:] Der Begriff der Natur, sobald er im Leben, in der Wissenschaft oder Kunst auftritt, hat nun einmal keine andere Bedeutung als ein Gestern oder ein Morgen, meist ein Vorgestern oder ein Uebermorgen. Und so lange er nicht auftritt, hat er gar keine Bedeutung. Man will zur Jugend seines Volkes, des ganzen Menschengeschlechtes oder seiner eigenen Jugend zurück; oder man will — eine neue Jugend. Man sehnt sich nach seiner alten Heimat, oder man wandert aus mit Weib und Gut, mit Kind und Kegel und siedelt sich irgend in einem Teile der neuen Welt an: das Land unserer Väter oder das Land unserer Enkel steht uns vor Augen. Von ihm träumen wir und nach ihm streben wir, und von ihm erzählen wir uns am liebsten, wenn wir unserem Herzen eine Genugthuung verschaffen wollen. Es giebt daher nur eine romantische und eine prophetische Kunst. Ihr Inhalt ist immer, was wir waren, und was wir werden müssen, und wohl niemals, was wir sind. Der Realismus als Thatsächlichkeits-Glorifizierung findet nirgends seine Rechnung.

In unserem Zeitalter aber hat die Natur noch eine dritte spezifische Bedeutung erhalten: als Wissenschafts-Objekt. Doch hier haben wir es mit keinem allgemeinen Begriff des Naturalismus zu thun, sondern nur mit einem relativ zeitlichen, vorübergehenden, wenn auch eine wichtige Stufe der Entwicklung bezeichnenden. Hier ist der Naturalismus fast gleichbedeutend mit Wissenschaftlichkeit (wenigstens in der [S. 124:] Theorie), das künstlerische Verfahren der wissenschaftlichen Methode abgelauscht. Man spricht von einem „wissenschaftlichen Roman" („roman experimental"). Man will Kunst und Wissenschaft wieder zusammenbringen, aber nicht in dem alten Sinne, als Kunst und Wissenschaft noch eins waren, was ja auch schon wieder Romantik wäre: nein, die Kunst soll Wissenschaft werden, ein neues Ausdrucks- und Hilfsmittel der Wissenschaft. Ihre Technik soll zur wissenschaftlichen Methode ausgebildet werden. (...)

[S. 129:] Was der Romantik die Geschichte, ist der modernen Litteratur die Naturwissenschaft. Sie bietet ihr die Messer und Dynamite, mit der sie schneiden und zerstören kann. Dem genetischen Roman folgt der analytische, dem historischen Schauspiele das soziale, der philosophischen Dichtung die naturwissenschaftliche; hinsichtlich der Behandlung der ideellen die materialistische. Ist jene individuell, die moderne ist generell in ihrer Auffassung und Tendenz, dem humanistischen Ideal jener, entspricht das altruistische der andern; wo jene der Freiheit singt, verkündigt diese die ehernen Gesetze der Notwendigkeit; und wenn jene in ungebändigtem Drange oft ziel- und sinnlos von dannen stürmt, geht diese langsam einher, fest und kompakt, in riesigen Formen und wie mit eisernen Klammern ineinander gekettet. Sie ist architektonisch, jene rhythmisch

und melodisch. Hinsichtlich der Kreise, denen sie sich weiht, ist jene bürgerlich, die moderne ist die Muse des vierten Standes, fast kann man sagen: des Arbeiterstandes, sie ist tendenziös und hochpolitisch — trotz allem Leugnen — während die ältere auf ihre Objektivität und Zwecklosigkeit sich etwas zu Gute that. Pantheistisch war sie in ihrem religiösen Kern, hedonistisch[2], Natur- und Weltvergötternd, überhaupt bejahend, die moderne hingegen ist atheistisch, „kritisch", entheroisierend, negativ. Schönheit war die Devise der älteren, Wahrheit ist der Schlachtruf der neueren Poesie. Dem L'art pour l'art gegenüber steht die hochmoralische Absicht zu bessern u. s. f. (...)

[S. 131:] Zugegeben also und tausendmal zugegeben, der Naturalismus ist in vielen Stücken das absolute Gegenteil naiver Natur-Auffassung und Wiedergabe der Natur. Ja, er ist auch gewissermassen ein Anti-Naturalismus! Ihm ist es gar nicht immer um die Natur, das moderne Leben oder den modernen Menschen zu thun. Es ist vielmehr sein Schicksal, der Rächer des modernen Lebens zu sein. (...)

[S. 134:] Jeder entarteten oder hässlichen oder widerwärtigen Natur wird sich der Künstler, der Geist und Geschmack und selbst neue, frische Natur in sich hat, feindlich gegenüberstellen. Und dann heisst es nicht mehr, die Natur nachahmen. die Natur enthüllen und anbeten! Hier geht die Losung: naturam expellere, die Natur austreiben, die Natur vernichten. Und das ist auch ein Naturalismus der Kunst, doch ein durchgeistigter, cultivierter, oder wollte man in Schillers Sprache reden, ein sentimentalischer! Ist es denn Schuld des Künstlers, dass so viele Natur um ihn herum verderbt ist? Soll er ein Idealist werden und die Natur fliehen, weil sie seinen Sinnen nicht mehr gefällt? Oder ist es nicht ein höherer Idealismus und ein stärkerer Mut, ihr gegenüberzutreten und sie herauszufordern auf Leben und Tod, um die Welt von dem Anblick eines Hässlichen zu befreien?! Und hat man sich nicht schon von ihm befreit, wenn man es schon als ein Hässliches, Widerwärtiges ansieht? (...)

[S. 135:] Und dann ist auch zu bedenken, dass bei jedem Fortschritt des Menschen gleichsam ein Stück Natur, wie ein Zaubergewand von ihm abfällt; in jeder neuen Epoche entfernt er sich um einen Schritt weiter von der Natur. Vielleicht lernt er es noch einmal — wer weiss es! — sie ganz zu überwinden, — am Ende schwingt er sich eines Tages ganz über sie hinweg, ganz Geist, ganz frei geworden, fähig, in völliger Ungebundenheit zu leben, hoch oben in der reinsten, hellsten, kältesten Luftschicht des Gedankens. Aber jedem Fortschritt muß (...) ein um so größerer Rückschritt vorausgehen, ein Atavismus, ein um so heftigerer Rückfall in die Natur, ein Naturalismus der Kunst und des Lebens. Das Auftreten jugendlicher Völker in der Geschichte (z. B. der Germanen in alter und der Slaven in neuerer Zeit), oder neuer Stände (z. B. mit der Reformationszeit des dritten und gegenwärtig des vierten Standes) ist ein politischer Natu-

ralismus von welthistorischer Bedeutung. Wie viel Zivilisation muss da jedesmal verschüttet werden, wie viel Barbarei walten! Auf dass immer tiefere Quellen des Geistes springen können, müssen sie immer auf's Neue und immer höher verschüttet werden durch den Schutt ganzer Völker und ganzer Culturen. Ein neues grösseres Chaos muss erst hereinbrechen, auf dass neue und schönere Welten geboren werden können!

Die gegenwärtige Litteratur hat noch einstweilen mehr vom Chaos als von diesen neuen Welten selbst. Noch ist man viel zu sehr mit der alten, der bestehenden Gesellschaft beschäftigt, der man nach dem berühmten Beispiel Hebbel's „den Totenkopf auf die Tafel wirft". Man will beleidigen, man will peinigen, man will schrecken und verwirren. Man ist Richter und Rächer in einer Person und muss zerstören, um erst irgend einen chaotischen Zu- [S. 136:] stand wieder herbeizuführen, den man vielleicht selbst nicht wünscht, aber der notwendig ist.

Die neue Welt aber? Sie ahnt man nur, von ihr träumt man vielleicht. Noch weiss man nichts von ihr, doch hofft man auf sie, als auf das Wunderbare. Unsere Zeit ist eine grosse Zeit des Wartens. Die schlaflose Nacht eines Schwer-Kranken, der den Morgen nicht erwarten kann! —

[S. 143:] (...) Für meine Behauptung, dass die moderne naturalistische Dichtung die Wandlung der Poesie zur entschlossenen Tendenz, eine Abwehr von der bisherigen ästhetischen Formel bedeutet — der Thatsache zum Trotz, dass ihre Schöpfer selbst vor- [S. 144:] geben, eine tendenzlose Kunst zu üben — für diese Behauptung stütze ich mich auf ein paar Momente, die freilich nicht auf der Oberfläche liegen. Aber was bedeutet denn, im Grunde genommen, der Realismus, wenn nicht ein Eingreifen in's Leben? Ist denn ein Künstler noch Realist, wenn er in interesseloser Objektivität über dem Leben schwebt?

Aber ich habe noch ein greifbareres Argument. (...) Ueber das, was eine neue Kunst Neues will, lässt sich stets viel streiten. (...) Dagegen über das Nichtgewollte, Weggewünschte, zu Tode gegeisselte, herrscht seitens der Schaffenden beinahe Uebereinstimmung.

Was ist es! Welches ist das Land, von dem man heute so entschlossen, mit so wildem Grimme fortrudert, zunächst, um nur wegzukommen, und eher gewillt unterzugehen, als hierher zurückzukehren?

Welches ist dies Land? Ist es nicht gerade das Land des ästhetisch Schönen, Reinen, Interesselosen? Man achte nur einmal darauf: Wer bildet in beinahe allen modernen Werken den negativen Pol? Ist es nicht gerade der oder das Aesthetische? Der Interesselose, der unthätige Genüssling, der gerade, weil er nur geniesst und nicht schafft und [S. 145:] nicht wertet, jedes Objekt seines Genusses entwertet, oder, um mit H. v. Kleist zu sprechen, „tief entwürdigt". (...)

Allein dies ist nur die eine Seite der Erscheinung. Das spezifisch Moderne an derselben ist die Tendenz gegen die Tendenzlosigkeit, wie sie die

ältere Aesthetik gelehrt hat, die von einer Tendenz d e r Tendenzlosigkeit sprach, — die Negation einer Negation. — (...)

[S. 147:] Tendenz? Was ist Tendenz? Was versteht man nicht Alles unter Tendenz? Macht die leitende Idee eine Dichtung zur Tendenz-Dichtung? Oder sind es die Zwecke, die ein Künstler mit seinem Werke verfolgt, welche es zu einem Tendenz-Stücke machen?

Bald ist es die Idee, bald ist es der Zweck, bald wieder die mathematische Beweisform (die Thesenstücke der Franzosen, Echegaray's etc.[3] und dann die programmmässige Komposition (Faust, Brand, die göttliche Komödie u. a.); bald wieder die Rhetorik, die Beredsamkeit und Ueberredsamkeit des Künstlers. Alle diese Dinge gelten als unkünstlerisch; denn die Dichtung soll nichts beweisen, sie soll keine Zwecke verfolgen und auch selbst nicht als Zweck dienen. Die Kunst soll nicht auf den Willen wirken und keine Idee die Komposition beeinflussen. Sie sei realistisch!

Vielleicht lassen sich alle diese Forderungen, resp. Negationen von Forderungen aber dennoch auf e i n Grund-Prinzip zurückführen? Liegt denn nicht eine gewisse Folgerichtigkeit in diesen Theoremen?

[S. 148:] Vielleicht!

Der Kampf um die Tendenz ist im letzten Grunde ein Kampf um die Einheitlichkeit der Poesie! (...)

[S. 149:] Der Kunst ist, wie von Alters her, eine Tendenz aufgeprägt; und wenn ich die moderne Kunst recht verstehe, noch kräftiger, noch handgreiflicher! (...)

[S. 153:] (...) Die meisten Einwände gegen die Tendenz in der Kunst sind nur deshalb so thöricht, weil sie sich immer an Nebendinge, Kleinigkeiten und Zufälligkeiten halten, die zum teil dem Autor selbst gar nicht von Wichtigkeit waren. Aber selbst, wo auch der Autor bereits auf diese Nebensächlichkeiten Wert legt, sie mit Prätensionen vortrug, haben wir noch nicht das Recht, hier die Tendenz des Werkes zu suchen. Was uns allein angeht, ist immer nur die künstlerische Ten-[S. 154:]denz (die psychologische, formale Tendenz — die soziale, politische nur in grossem Stil, nur insofern als sie zugleich auch formale, psychologische Tendenzen enthält). (...)

[S. 168:] Was ist der Zweck der Dichtung? Und hat sie überhaupt einen Zweck? Oder — die Beantwortung dieser Frage würde in's Endlose führen — was haben die Dichter selbst von dem Zweck ihrer Dichtungen gehalten? Oder hatten sie gar keine Zwecke und bildeten sich nur ein, welche zu haben?

In unserem naturwissenschaftlichen Zeitalter und in unserem alexandrinischen Jahrhundert[4], in dem man die Poesie durchaus als Wissenschaft behandelt wissen will (erst als Geschichte und Philosophie, dann als Naturwissenschaft, als Psychologie und Physiologie), sind wir sehr geneigt, das Letztere anzunehmen. Wie der Gelehrte steht der Dichter über seinem Stoff, kalt und gefühllos, unbekümmert um die Resultate seines Ruhmes, nur schauend und immer

schauend, trennend und wieder zusammenfügend, rechnend und das Gerechnete und Geschaute aufzeichnend.

Also: die Dichtkunst als Dienerin der Wissenschaft, mithin nicht mehr Selbst-Zweck! Denn welch ein Unterschied ist es, ob am Ende die Poesie Dienerin der Theologie oder abhängig von der Physiologie und Soziologie ist?

Die Kunst soll Wissenschaft werden! ruft Zola aus. Die hirnverbrannten Lügen lassen wie den alten Idealisten und Romantikern. Wir, die wir uns der wissenschaftlichen Hilfsmittel bedienen, sind allein im Besitz der Wahrheit, wir sind die eigentlich moralischen Dichter.

Bei uns die Wahrheit, bei uns die Moral! Klingt das wie Zwecklosigkeit? (...)

[S. 169:] Zwecklos sei die Dichtung, so wie die Natur, sagen wir heute; vor dreissig bis fünfzig Jahren sagten wir: sie sei es, wie die Geschichte.

Aber ist denn die Natur tendenzlos? Ist es die Geschichte? Für uns Menschen gewiss niemals! Für uns beginnt erst Natur und Geschichte dort, wo wir Zwecke sich realisieren sehen, wo wir eine Entwickelung erkennen. Was sich entwickelt, muss sich doch irgendwozu entwickeln! (...)

[S. 170:] Für wen und wozu schreibt der Dichter, schafft der Künstler? Um wessentwillen schafft er? Was ist der Hauptfaktor der Kunst? Ist es die Form, der Stoff, die Idee, das Publikum, das ganze Werk selbst, Gott, die Menschheit, oder was?

Man hat zu sehr verschiedenen Zeiten alle diese Dinge einzeln zur Hauptsache gestempelt. Gegenwärtig ist es wieder vorwiegend der Stoff. Denn der Realismus beugt sich dem Stoffe oder der Natur, dessen oder deren T r e u e ihm das Ideal ist, welches er zu erreichen trachtet. Er will die Realität noch einmal. Das Publikum will dasselbe, oder wenigstens doch die Realität zum ersten Male, in all' den Fällen, wo die Realität selbst noch ungekannt ist. Es will seine Neu-, im besseren Falle, auch seine Wiss-Begierde befriedigt sehen; deshalb verlangt es Romane aus der Grossstadt, historische Romane, auch Proletarier-Romane u. s. w. Alles soll möglichst w a h r sein, damit der gute Leser sich nicht zuletzt betrogen sehe! Man geniesst die Dinge noch einmal, wenn man sie schon kennt, nur will man sie jetzt reiner geniessen; oder man geniesst sie, z. B. das Grossstadt-, Hof-, Demimonde-Leben, ehedem das Land-, Gebirgs-, Indianer- und Seeräuberleben, weil man es in natura nicht geniessen kann oder wenigstens noch nicht genossen hat.

Oder der Dichter schreibt und soll schreiben, um sein Volk zu bessern, um auf bessere Staatsformen hinzuwirken; d. h. er soll ideal sein, sich der Idee beugen. In beiden Fällen ist er passiv, ganz dem Eindruck der Ideen und Dinge dahingegeben, selbst Zweck des Publikums.

In Wahrheit aber dient dem Künstler Stoff und Idee nur zu Mitteln, das Publikum zu Zwecken. Er muss, je grösser er ist, und vor allem als tragischer Künstler, in fortgesetzter Activität sich bewegen.

175

Der Künstler schafft nicht für das Publikum, und er [S. 171:] schafft nicht um des Stoffes willen; und deshalb kann ihm nicht Objektivität in diesem Sinn als die höchste Norm gelten. Aber er bedient sich des Stoffs, er wirkt auf das Publikum, und deshalb muss er die Eigenschaften beider kennen! Sie dürfen ihm unter Umständen Norm werden. Er ist jetzt objektiv, wenn das Geschaffene, Gesehene auch thatsächlich s e i n Objekt geworden ist; und dann ist die subjektivste Darstellung auch zugleich die objektivste. (. . .)

[S. 173:] (. . .) Der belastete Dichter sucht sich zu entlasten. Er ist immer der Schuldige und Held seiner Schöpfungen zugleich. Wenn schon keine andere, die Tendenz der Rechtfertigung spricht aus jedem tragischen Kunstwerk.

A l l e   t r a g i s c h e   K u n s t   i s t   i m   l e t z t e n   G r u n d e   n i c h t s   a l s   e i n Versuch, s i c h   z u   r e c h t f e r t i g e n,   d a s s   m a n   ü b e r h a u p t   g e b o r e n i s t! Und   g e w ö h n l i c h   n o c h   ü b e r d i e s s   d a s   U n v e r m ö g e n   d a z u.

So ist es auch bei den Modernen, nur bei diesen passiver und negativer. Ihre Helden sind negative Helden, aber deshalb nicht weniger Helden; denn jene wissen noch eigentlich mehr, besser und genauer, was sie nicht wollen. Es sind Helden der Komödie. Die Tartüffe und Hjalmars[5] sind beides Ideale von Charakteren, die der Dichter ganz besonders mit seiner Liebe und Hochachtung bedacht hat. —

Hat ein Volk erst seine grössten politischen Thaten gethan, dann rafft es sich noch einmal, aber nur zu einer Reflex-That zusammen, und schafft sich nun zu einem Volk von Künstlern. Hat es diese That vollbracht, dann bringt es dasselbe nur noch zu einem Reflex der Reflexe, d. h. zu einer Wissenschaft von sich.

Das Kunstwerk ist also keineswegs der Zweck des [S. 174:] Kunstschaffens. Es ist nicht einmal das Beste am Künstler. Es ist das, was er von sich stösst, der Ballast seines Geistes, seine Seelen-Sekremente, oder wenn dies schöner klingt: die Flamme, die entsteht, wenn der Explosiv-Stoff in ihm sich entzündet hat. Dass diese Flamme nun wieder Leuchte einem kommenden Geschlechte wird, ist aber erst die Folge und nicht die Ursache des Kunst-Schaffens. (. . .)

Kurz, um dies Alles in ein Wort zusammen zu ziehen: D i e   K u n s t   i s t   d i e F l a m m e,   i n   d e r   s i c h   e i n   V o l k   o d e r   e i n   Z e i t a l t e r   s e l b s t   v e r - b r e n n t;   d i e   W i s s e n s c h a f t   d i e   T o t e n f a k e l,   d i e   z u r   f e i e r l i c h e n B e s t a t t u n g   d e r   l e t z t e n   A s c h e n r e s t e   a n g e z ü n d e t   i s t.

Und ist dem so, was ist denn aber das Geschaffene? Was schafft der Künstler, wenn sein Werk nur ein Effekt seines Schaffens ist? Er schafft sich selbst, aus sich einen neuen Menschen, und mit sich sein Volk und mit seinem Volke seine Zeit —, d. h. eine neue Zeit. Das Schauspiel des Vogel Phönix.

Zweck und Absicht ist weder das Werk noch die Form, noch der Stoff und die Idee. Zweck und Absicht ist der Mensch selber, er ist die geheimste, die eigentliche Hinter-Absicht.

Die neue Aesthetik wird sich daran gewöhnen müssen, den Künstler auf

diese seine Hinter-Absicht hin sich anzusehen; d. h. die neue Aesthetik wird Psychologie. (. . .)

[S. 193:] Was die Tendenz in der Kunst als spezielle p o l i t i s c h e T e n - d e n z m a c h e r e i betrifft, so muss ich gleichfalls offen bekennen, dass ich es auch in diesem engeren Sinne mit der Tendenz halte; — aber um dies gleich ein für alle mal zu sagen: es muss sich auch hier um künstlerisch verwertete Tendenzen handeln; denn das blosse Politik-Treiben, nur um der Politik willen, gehört gar nicht in den Kreis meiner Betrachtung, und völlig blosses Phrasen-geschwätz verdient es [S. 194:] auch sonst nicht, hier, wie anderswo, dass man sich dabei aufhält. (. . .)

[S. 197] Ein Kunstwerk kann tendenziös sein und braucht doch keine Ten-denzen zu haben. Tendenzen sind Zwecke für Andere. Tendenzen sind Absich-ten für Andere, sind Ideen, Abstraktionen, wie das Vaterland, die Freiheit u.s.w. Was ist die Tendenz m e i n e s Stückes? Es ist eben m e i n e Tendenz, die durch nichts ausser mir, nichts Uneigennütziges ausgedrückt werden oder paraphra-siert werden kann! National soll der Dichter sein, aber nicht patriotisch. Weshalb nicht umgekehrt? Des nationalen Dichters Tendenz ist d a s Vaterland, vielleicht auch sein Vaterland, also ein abstraktes, [S. 198:] ideelles! Des patriotischen Dichters Tendenz aber ist s e i n P a t r i o t i s m u s, also ein Stück von ihm selbst.

Hier liegt auch der Grund, weshalb von den Realisten gegen die Tendenz gekämpft wird, denn sie sehen in ihr immer etwas Ideelles und Abstraktes, die Tendenzdichter sind ja gewöhnlich die Idealisten, wie diese wieder gegen die Tendenz ankämpfen, weil sie auf irdische Zwecke gerichtet, zu real ist. (. . .)

[S. 199:] (. . .) Der von der Tendenz ganz eingenommene, ergriffene Zuhörer weiss von keiner Tendenz mehr, so völlig hat sie gesiegt. Das best überwundene Volk fühlt sich als Sieger; z. B. die christianisierten Germanen!

Das ist, wenn man will, das „Befreiende" in der Kunst. Also gerade die Ten-denz befreit. —

Also entweder ist d a s K u n s t w e r k s i c h s e l b s t Z w e c k. Dann hat es auch seinen eigenen Willen und ist a u s s i c h h e r a u s t e n d e n z i ö s; oder es ist Mittel zum Zweck für den Dichter, und dann ist es erst recht, sogar im ge-wöhnlichen Sinne, Tendenzstück.

Die Kunst ist sich selbst Zweck! — Wir nehmen ihr nichts von ihrer Selbst-Herrlichkeit.

Wir sagen hinfort: D i e K u n s t i s t s i c h s e l b s t T e n d e n z! (. . .)

[S. 241:] (. . .) Unsere Kritik, auch die wohlmeinendste, glaubt nichts Schlim-meres gegen ein modernes Werk ausgesagt zu haben, [S. 242:] als, es sei ein krankhaftes Produkt, das Produkt eines Kranken. Auch wo dies wahr ist, ist das ein Grund, ein Werk zu schmähen? Kuriert man K r a n k h e i t e n, indem man sie verschweigt oder schmäht? Wie weit kam die Menschheit, so lange dies noch die Regel war, so lange man in jedem Kranken ein Curiosum, einen Besessenen

oder einen Schuldigen sah und als den Auswurf der Menschheit betrachtete? Man ist freilich auch heute noch nicht ganz über diese Periode hinaus, man weiss auch heute noch nicht, welchen Lebens- und Erkenntnis-Wert dem Menschen gerade das Phänomen der Krankheit bietet. In der Kunst völlig weiss man noch nicht, dass die krankhaften Erscheinungen weitaus die wichtigsten, weitaus die interessantesten sind. Krankheit und Unbehagen sind stets die Voraussetzungen neuer Culturen, Glück und Gesundheit höchstens das Resultat derselben. Von einem modernen Werke von vornherein Ausstrahlungen von Glück und Gesundheit verlangen, ist das sacrosanct gewordene Verlangen nach episodischen, schwächlichen Produkten, nach Spätgeburten. Heiterkeit ist nicht die Tugend einer jungen Generation.

LEO BERGS Buch »Der Naturalismus. Zur Psychologie der modernen Kunst« entstand zwar seit 1888, wurde aber erst 1892 veröffentlicht, so daß es auf den ersten Blick als Rückschau auf eine eben überwundene Kunstrichtung erscheint. In Wahrheit proklamiert es, wenn auch aus gewisser Distanz, den Naturalismus als die moderne Dichtung. Berg gibt zwar zu, daß die gegenwärtige Literatur noch mehr vom Chaos in sich habe als von einer neuen Welt, sieht aber darin die notwendige Voraussetzung der neuen Weltbildung. Sehr bestimmt grenzt er den modernen Naturalismus ab gegen den Realismus „im Sinne der Alten" (den es nicht mehr geben kann, weil der Glaube an die Realität verlorengegangen ist) wie auch gegen den Idealismus (der Glaube an Ideen ist ebenso machtlos geworden). Er verteidigt vor allem die naturalistische Tendenzdichtung, die geradezu die „Wandlung der Poesie zur entschlossenen Tendenz" darstelle. Allerdings denkt er ausschließlich an die der Dichtung gemäße künstlerische Tendenz, die er psychologisch und formal begreift. Die soziale und politische Tendenz ist nur im „großen Stil" gerechtfertigt. Es geht Berg überhaupt um den Naturalismus der Form, nicht des Stoffes – im Gegensatz zu früheren Verteidigern des Naturalismus, die diesen vorwiegend stofflich und weltanschaulich interpretierten. Es ist aufschlußreich, daß das naturalistische Formproblem erst diskutiert wird, als die Bewegung bereits im Abklingen ist. Und doch liegen hier die eigentlichen Neuerrungenschaften des Naturalismus.

[1] JUVENAL, DECIMUS, Junius Juvenalis (um 58–140 n. Chr.), römischer Satirendichter, dessen Gedichte (5 Bücher) die Sittenverderbnis seiner Zeit (Nero) geißelten.

[2] Hedonismus (griechisch ἡδονή = Lust), die Lehre, daß Lust das höchste Gut sei, wird zuerst von Aristippos (435–355), einem Schüler des Sokrates, vertreten. Neuere Hedoniker: Helvetius (1715–1771) und Lamettrie (1709–1751).

[3] JOSÉ ESCHEGARAY (1832–1916), spanischer Dichter, von Beruf Ingenieur, Mathematiker, Physiker in Madrid, mehrmals Minister, schrieb über sechzig Schauspiele, meist mit sozialer Tendenz. 1904 erhielt er den Nobelpreis.

[4] Alexandrinisches Zeitalter: Zeit der Ptolemäer und der römischen Herrschaft in Alexandria, das nach dem Untergang der Freiheit Griechenlands zum glanzvollen Mittelpunkt der Wissenschaften und Literatur wird (3. und 2. Jahrhundert v. Chr.). Hier im übertragenen Sinn gemeint: als Zeitalter, in dem die Künste als Wissenschaften angesehen werden.

[5] Tartuffe in Molières »Tartuffe« und Hjalmar in Ibsens »Wildente«.

HEINRICH HART »DER KAMPF UM DIE FORM IN DER ZEITGENÖSSISCHEN
DICHTUNG« (1890)

Aus: ›Kritisches Jahrbuch‹, I, 1890, H. 2, S. 58–76.

[S. 58:] (. . .)
Die alltägliche Umgangssprache, sowie die Sprache der Wissenschaft ist begrifflicher Natur, Sprache der Erkenntniß, die
an unser Denken sich richtet und ihre wesentliche Aufgabe
darin sieht, das rein Thatsächliche zu berichten und so unser
„Wissen" zu bereichern. Die Sprache der Poesie hingegen ist
Ausdruck des menschlichen Gefühls- und Phantasielebens, erweckt in uns Empfindungen und Vorstellungen, wie die Natur
selbst es thut, erregt [S. 59:] wie diese unmittelbar unser Gefühl und unsere Phantasie und mittelbar erst durch Gefühl
und Phantasie unsere Intelligenz.

Nicht die Alltagssprache ist, wie eine ästhetische Schule der Gegenwart, behauptet, eine der Natur entsprechende, sondern gerade umgekehrt, sie vernichtet
sie, die Poesiesprache hingegen führt zur Natur zurück, indem sie wie diese
reine Anschauungen und Empfindungen übermittelt, was der Sprache der Vernunft unmöglich ist. Für die tiefere Auffassung ergiebt sich also alle Poesiesprache als die eigentliche Wirklichkeitssprache, indes die Alltagssprache auf
Abstraktionen beruht.

Die Verssprache ist eine Erscheinungsform der allgemeinen Poesiesprache,
nicht an und für sich Poesiesprache und wesenseins mit ihr.

Der Vers ist nur ein Mittel zur Erreichung ihres eigentlichen Zweckes der Phantasie und Gefühlserregung.

Nur dann wird die Verssprache zur Poesiesprache, wenn sie dieses Ziel erreicht.
Erreicht, erstrebt sie es überhaupt nicht, dann ist sie in ihrem
Wesen der unrhythmisirten Prosa völlig gleich und nicht das Er-
gebniß einer besonderen genialischen Naturveranlagung, die schöpferisch um-
formend in die allgemein menschliche Vernunftssprache einzugreifen vermag,
sondern ein nur äußerlich besonderes Erzeugniß rein technischer Geschick-
lichkeit.

Damit haben wir einen sicheren Grund gewonnen, um jene in Laien-
kreisen weitverbreitete Anschauung, daß alles Poesie ist, was
gereimt oder in Rhythmen einhergeht, als eine durchaus haltlose zurückweisen zu können, und Wilhelm Scherer, welcher sie in sei-

ner Poetik befürwortet, bewies sich, wie in so vielem, so auch hierin als ein ganz in der Trivialität befangener Kopf.

Beugen wir uns seiner Ansicht, so werden wir zu dem Zugeständniß gezwungen, daß auch die Genusregeln einer Grammatik, welche man um der leichteren Erlernbarkeit willen in gereimte Verschen gebracht, unter die Erzeugnisse des dichterisch schaffenden Geistes gehören, allein um der Sprachform willen. In Wirklichkeit ist aber diese Sprachform in ihrem Grundwesen verschieden von der des Poesieverses, insofern als der Verfasser der Regel: „Was man nicht dekliniren kann — das sieht man als ein Neutrum an" nichts als eine Thatsache uns lehren, keineswegs aber unser Empfinden durch ein Vorstellen derselben mächtig erregen wollte. Halten wir daran fest, daß der Vers, der sich ä u ß e r l i c h durch eine geordnete rhythmische Reihe und zuweilen auch durch den Reim kennzeichnet, zum dichterischen Verse nur dann wird, wenn er lebendiger Phantasie- und Empfindungsausdruck ist, daß dieses letztere Vermögen allein das W e s e n d e r p o e t i s c h e n S p r a c h e ausmacht, dann haben wir das Mittel in der Hand, um sofort das Dichterische und Undichterische eines Verses und der Sprache überhaupt zu erkennen und auch den Dilettantismus, der das Versgewand sich umgeworfen, aus dieser Löwenhaut herauszuholen.

D i e B e g r i f f e v o n V e r s u n d p o e t i s c h e r S p r a c h e d e c k e n s i c h n i c h t.

Wie wir einen Vers kennen, der nichts mit der poetischen Sprache zu thun hat, so giebt es auch eine poetische Sprache, die nicht in der Form des Verses uns entgegentritt. (. . .)

[S. 60:] Viel und mancherlei ist bereits über die geistigen Umwandlungen geschrieben worden, welche die Kunst der Gegenwart unter den Einwirkungen des Realismus an sich vollzogen hat. Das Wort Realismus ist allerdings zuletzt nur ein Schlagwort, unter dem wir die Gesamtheit des neuen Gedankens „Empfindungsinhaltes und Vorstellungsinhaltes begreifen, welchen die [S. 61:] europäische Kulturmenschheit in der zweiten Hälfte des neunzehnten Jahrhunderts in sich aufgenommen hat. Die Welt spiegelte sich in der Seele eines Calderon ganz anders wieder, als in der Seele eines Goethe, und das Geschlecht unserer Zeit sieht wiederum, je nach der Weite und Vielfachheit, mit der es die neuen politischen, gesellschaftlichen, religiösen und wissenschaftlichen Ergebnisse in sich verarbeitet hat, die Welt anders an, als der Zögling der Bildung des achtzehnten Jahrhunderts. Poesie ist die reichste und mannigfachste Gestaltung solcher Weltbilder, und ihr Charakter wechselt, wie die Geschlechter sich ändern. Daher müssen wir es als etwas Natürliches und Nothwendiges hinnehmen, daß die immer kraftvoller heranwachsende neue Dichtung, die sogenannte realistische Dichtung, in ihrer ganzen Eigenart sich ziemlich schroff von dem bisher Gewohnten und Bekannten unterscheidet und weder die reingeformten edlen Züge unserer Klassik, noch auch den träume-

risch-schwärmerischen Ausdruck der Romantik zur Schau trägt. Alles echt Künstlerische ist aber etwas vollkommen Organisches und die im Innern sich vollziehenden Wandlungen, die Veränderungen des Gefühls, Phantasie- und Gedankenlebens ziehen auch Veränderungen im Ausdruck derselben nach; wie der Inhalt, so wechselt die Form, das ganze Gefühl der Sprachen, welche die Verkörperung der Poesie ermöglicht. Im kleinen und einzelnen sehen wir, wie jeder Dichter — wir müssen nur nicht zu verschwenderisch mit dieser Bezeichnung umgehen — eine besondere Form sich schafft (Form nicht in der rein äußerlichen Auffassung unserer Lehrbücher der Poetik), und so erzeugt sich auch jede neue allgemeine Kunstrichtung einen besonderen und eigenartigen sprachlichen Ausdruck. Man kann es voraussagen, daß die neu aufgehende realistische Dichtung, ebenso wie in ihrem Inhalt, so auch in ihrer Form sich von der unserer klassischen und romantischen Poesie deutlich unterscheiden wird, und man vermag sogar in großen allgemeinen Zügen die kennzeichnenden Umänderungen intuitiv anzugeben, sobald man richtig das Wesen der Form, das Verhältniß der Dichtung zur Sprache, wie auch das Wesen des neueren Realismus erfaßt hat.

Wir stehen heute im Anfang einer solchen Formenbewegung, inmitten einer litterarischen Revolution, die sich hoffentlich zu einer Reformation klären wird. Da ist es ganz natürlich, daß die Bestrebung sich zunächst negativ äußert, und dieses wesentlich Negative sehe ich in der Feindschaft gegen den Vers, die für unsere deutsche Poesie anhebt mit dem Auftreten der Gutzkow und Laube, des jungen Deutschlands, und heute so weit um sich gegriffen hat. Die Anschauungen Ibsens, Zolas, die Thatsache, daß so viele hervorragenden Vertreter des neuen Geistes die Prosa an Stelle des Verses einführen, sind hochbedeutsamer Natur und aufs schärfste kennzeichnend für die Entwickelung, die unsere Kunst genommen, für den Charakter, der sie augenblicklich beherrscht. Auch unsere jüngeren deutschen Dichter schwören zum Theil, es sind einige der Besten darunter, auf die Fahne der Prosa. Das Neue ist aber nicht immer das Ewige, das Moderne zur Hälfte immer nur ein Modisches, und es sei mir gestattet, das Auge über den Tag hinaus in die Zukunft zu richten. (. . .)

[S. 65:] (. . .) Nicht nur bei uns, sondern auch in den übrigen Litteraturen Europas artete die gebundene Rede in leere und hohle Formalistik aus und hier wie dort bedeutet die Aufnahme der Prosa zunächst eine Rückkehr zu jener wahren und echten Form, die ganz etwas anderes geben will, als nur schöne äußerlich blendende Reize, nämlich die getreueste lebendigste Wiederspiegelung des Inhaltlichen — eine Rückkehr zur Natur, deren Bilder wir selbständig mit eigenen Sinnen aufnehmen wollen, mit unserem eigenen Ich, nicht aber unter dem Gesichtswinkel, unter dem sie von Klassik und Romantik betrachtet ward. Diese Einkehr bei den Quellen der Natur selber, die Aufnahme der Weltbilder durch eigene Anschauung, im Gegensatz zu der Anschauung, die, in Nachahmung befangen, Welt und Natur aus den Büchern, den Werken der großen Meister

nur kennen lernt, ist der eigentliche Naturalismus in der Kunst, keine Neuentdeckung unserer Zeit, sondern ein in der Kunstgeschichte sich immer von neuem Wiederholendes. Der Satz hingegen, daß das Wesen des Naturalismus in der Nachahmung und Kopie der Wirklichkeit und der Natur bestehe, zeugt von einem oberflächlichen Denkvermögen, das im Schall des Wortes befangen bleibt und die großen Unterschiede, die zwischen dem Schaffen der Natur und der Kunst [S. 66:] vorhanden, nicht bemerkt, vor allem nicht die große Verschiedenheit der Mittel, deren Kunstschöpfung und Naturschöpfung sich bedienen.

Zu einem ähnlichen ästhetischen Irrthume sind auch die heutigen Vertreter und Vorkämpfer der Prosaform befangen, wenn sie die Behauptung aufstellen, daß die ungebundene Rede, wie sie in den Zolaschen Romanen, den Dramen Ibsens und Tolstois zur Verwendung kommt, Sprache der Wirklichkeit und des Alltags sei und so etwas wesentlich anderes, als die Versrede von Goethe und Schiller. Die Dichtung, sagt man, ist Nachahmung der Natur und so muß auch der Dichter reden, wie es die Wirklichkeit thut. Aber ebensowenig wie ihre Werke im großen und ganzen Nachahmung der Natur sind — sie sind es nicht mehr und nicht weniger, als es alle echten dichterischen Schöpfungen von Anfang an gewesen sind — so ist auch ihre Prosasprache nicht wesentlich eins mit der des Alltags. Um dieser Erkenntniß willen mäkeln wir nicht an ihrer künstlerischen Bedeutung; sie bleibt darum ganz bestehen, nur als Aesthetiker täuschen sie sich über das wahre Wesen ihrer eigenen Form, vermögen dasselbe nicht zu erfassen, wie ja oft ein großer Künstler doch ein schwacher Aesthetiker und Kunstbeurtheiler sein kann.

Wir haben gesehen, daß gebundene und poetische Rede durchaus nicht ein und dasselbe ist, Verse kennen gelernt, denen das Wesen der dichterischen Sprache vollkommen fremd gegenübersteht. Es liegt dieses Wesen also nicht in Reim und Rhythmus eingeschlossen. Sollte es daher nicht eine dichterische Sprache geben, die ihren eigentlichen und wahren Zweck auch ohne Zuhülfenahme dieser mächtigen Mittel erreicht? Dieser eigentliche Zweck ist, wie wir wissen, möglichst unmittelbare Erregung von Phantasie und Gefühl; die dichterische Sprache haben wir, das Wesentliche kennzeichnend, als eine Phantasie- und Empfindungssprache bestimmt. Erstrebt und erreicht der Künstler diese Wirkungen durch die ungebundene Rede, so erstrebt und erreicht er doch nichts anderes, als ein anderer Künstler durch Zuhülfenahme des Verses gewinnt. Er schreibt eine dichterische Prosa, die sich nur durch Aeußerlichkeiten, aber keineswegs im inneren Wesen vom dichterischen Vers unterscheidet. Mit der Prosa des Alltags, der sogenannten Wirklichkeit, der Prosa der Wissenschaft hat diese dichterische Prosa der Zola, Ibsen und Tolstoi jedoch ebenso wenig zu thun, ist von ihr durch eben dieselbe Kluft getrennt, wie auch der künstlerische Vers es ist.

Das Wesen der Alltagssprache würde der dramatische Dialog nur dann auf-

weisen, wenn er sich ausschließlich darauf beschränkte, das rein Thatsächliche zu berichten, das für das Verständniß und die Entwickelung der äußeren Handlung nothwendige, wenn er sich, wie die Reporternachrichten einer Zeitung, auf reine Berichterstattung beschränkte. Gewiß, in ganz schlechten Schwänken und Possen treffen wir auch diesen Dialog an, aber wir wollen doch nicht die Oede und Flachheit solcher Arbeiten als das ansehen, was die naturalistische Kunst erstreben soll, wir wollen die nüchterne platte Zeitungssprache mit Spott und Hohn verfolgen, auch wenn sie in sogenannten naturalistischen Romanen und Dramen auftritt, deren Verfasser uns über ihren vollkommenen Mangel an dichterischer Fähigkeit mit dem schönen Worte hinwegtäuschen wollen, daß sie Realisten seien und schreiben müßten, wie man spricht.

Der dramatische Dialog der echten Dichter des Naturalismus will durch [S. 67:] ungebundene Rede genau dasselbe erreichen, was die Shakespeare und Goethe mit dem Vers erstrebten. Es wird wohl nicht Einer bestreiten, daß auch ganz formell genommen der Prosadialog, wie ihn Hebbel in seiner „Maria Magdalena" geschrieben, im wesentlichen völlig dem der Neuesten gleich ist, daß die Reinhold Lenz[1] genau in denselben Wegen einhergingen, auf dem wir heute die Ibsen und Tolstoi und von den jüngeren Deutschen die Gerhart Hauptmann und Hermann Bahr erblicken[2]. Es sind da individuelle Verschiedenheiten reichlich vorhanden, gewiß, aber doch nicht mehr und nicht größere, als zwischen der Verssprache eines Shakespeare und eines Goethe, eines Schiller und eines Kleist. Aber auch Hebbel, einer der Vorkämpfer der Prosaform, bezeichnet als Ziel und Wesen aller dramatischen Sprache, daß diese eine charakteristische Verkörperung des Geistes- und Gefühlslebens eines Menschen ist, deren Eigenart bestimmt wird durch die Allgemeinheit seines Wesens, wie sie durch Geburt, Erziehung, soziale Stellung und alle sonstigen Einwirkungen erzeugt wird, und ebenso durch die vorübergehende zeitweilige Stimmung, in der sich der Betreffende befindet, und die über der einzelnen Szene ausgebreitet liegt[3]. Es ist also genau dasselbe, was (...) die Verssprachen erreichen will. Und wenn wir das Prosadrama unserer echten und wirklichen Dichter durchgehen, ob sie nun unserer Zeit oder der Vergangenheit angehören, so finden wir durch die Thatsachen diese Theorie bestätigt. Da ist auch nicht ein Einziger, der die Sprache der Wirklichkeit „abschreibt", jeder schafft nur nach, indem er Einzelbeobachtungen in sich aufnimmt, auch einzelne Redewendungen, und dieselben dem jeweiligen Zwecke gemäß „komponirt". Alle Diejenigen, die, einem frommen Selbstbetruge hingegeben, in der Kunst eine Nachahmung der Natur sehen, werden durch die Logik zu vollkommenen Abstrusitäten, in den Wahnsinn hineingetrieben. Um der Wirklichkeit „nachsprechen" zu können, müßte der Dichter einen wirklichen Oswald Alwing oder einen wirklichen Stockmar zur Verfügung haben[4], sowie die sämtlichen anderen Personen seines Dramas, müßte, als eine überirdische Gewalt, deren Herzen und Gedanken lenken und deren Schicksale bestimmen, müßte unsichtbar

in jedem Augenblicke bei ihnen zugegen sein, stenographisch oder phonographisch jedes ihrer Worte aufnehmen. Wann aber soll er überhaupt aufhören? Jeder Schluß, jeder Abschnitt, jedes Aufhören ist ein willkürlicher Eingriff in die Wirklichkeit! Die Volksversammlung, in welcher Stockmar als Feind des Volkes erklärt wird, dauert auf der Bühne eine Viertelstunde lang, im Leben zieht sich so etwas viel länger hin und der Zuhörer im Theater müßte sich zunächst einmal so einige vierzig Minuten lang dem beschaulichen Genusse hingeben und zusehen, wie die Gäste allmählich, Einer nach dem Anderen, kommen und Platz nehmen. Wie kann denn der Dichter eine Sprache reden, genau wie die Wirklichkeit, wenn er nicht alles sagt, was sie sagt, und alles, wie sie es sagt. Die Dichter müßten Francesco Francia[5] Folge leisten, der, wie die Legende berichtet, um eines Christusmodelles willen seinen Schüler ans Kreuz schlug. Hatte er aber dadurch ein Christusmodell gewonnen? War dieser Schüler im Augenblicke des Leidens nicht von ganz anderen Gefühlen und Gedanken bewegt, als sie Christus in seinem Schmerzenszustande bewegten? So hülfe es uns radikalen Poeten nicht einmal etwas, wenn wir um des lieben Studiums halber eine weitverzweigte Mörderbande [S. 68:] bildeten, für unglückliche Liebende, die sich ersäufen wollen, besondere Anstalten einrichteten und ähnliche Scherze trieben. Nein, die Poesie ist keine Naturnachahmung, sondern eine Naturnachschaffung, und alles kommt auf unsere Phantasiekraft an, auf unser Vermögen, uns in den Seelenzustand eines Jeden hineinzuversetzen und uns in unsere Geschöpfe zu verwandeln. Die ganze Welt müssen wir in unser Inneres aufnehmen, ihr Leid und ihre Lust, und sie dann neu gebären.

Der Dichter, der den Prosadialog anwendet, sei es, wo es wolle, schreibt eine Sprache, welche mit der Sprache der Wirklichkeit nichts als ein Negatives gemein hat, nichts als das Eine, daß weder diese noch jene in einem unmittelbar uns zum Bewußtsein kommenden Rhythmus einhergehen. Ihrem geistigen Wesen nach sind sie durchaus getrennt. Wenn es ihm auch nicht zum Bewußtsein kommt, so richtet sich doch sein Bestreben ebenso gut, wie das des Versdichters, darauf, den Gegensatz, in welchem die Vernunft- und Wirklichkeitssprache zum Wesen der Dichtkunst steht, auszugleichen und auszumerzen. Er beobachtet dabei auch dieselbe Methode! Wie verarbeitet er denn nun das Material, welches die nur an unser Verständniß gewandte Sprache des Alltags ihm bietet, wie bildet er aus dem rohen Stoff eine Sprache, die Phantasie und Gefühl entzündet? Er faßt das, was in der Wirklichkeit weitschweifig ausgedrückt wird, in gedrängter Kürze zusammen und schreibt nur das Nothwendige nieder; aus hundert zufälligen Worten greift er ein das Wesen kennzeichnendes heraus, aus zehn charakteristischen das am meisten charakteristische, gruppirt Worte und Sätze, damit die Lichtpunkte deutlich hervortreten, er thut im Wesen genau dasselbe, was, wie wir gesehen, den Anfang aller Verssprache bildet; er wiederholt ein einziges Wort. In der Alltagssprache spricht ein Jeder, wie es ihm gerade in den Sinn

kommt, ohne lange zu wägen und zu messen, der Prosadichter aber feilt an seinem Ausdrucke gerade so, wie der Versdichter; in der Alltagssprache theilen wir wesentlich nur Thatsächliches mit, Prosa- und Versdichter formen so, daß das bloß Berichtende aufgesaugt wird vom Wesensausdruck. So viel unsere Naturalisten alles „Komponiren" verachten und verwerfen, die Zola, Ibsen, Tolstoi, sie alle komponiren, vielleicht besser, mehr und anders, als ihre künstlerisch unbefähigteren Gegner. Sie verweisen immer wieder auf die Beobachtungen, die sie mit dem Notizbuch in der Hand anstellen. Mit oder ohne Notizbuch, das ist Sache der Gedächtnißstärke! Gewiß, ohne Beobachtung ist eine Kunst überhaupt unmöglich. Selbständig und unmittelbar von der Natur lernen soll jeder Dichter, und jeder große und echte Dichter hat es von Anfang der Welt an ausgeübt. Aber auch der Naturalist schreibt doch nicht alles auf, was er hört, untersucht nicht jedes Blatt am Baume, sondern nur das, was ihm charakteristisch erscheint. Während des Beobachtens und Hörens scheidet er bereits aus, komponirt er, entwickelt er eine künstlerische Thätigkeit.

Ich habe bis jetzt nur Rücksicht auf den Dialog im Drama genommen. Vom Dialog im Roman gilt natürlich dasselbe. Aber wie ist es nun mit Schilderung und Erzählung, wo der Dichter selber das Wort nimmt? Wen soll er da nachahmen, wo liegen in der Wirklichkeit und Natur auf Straßen und Plätzen die Schilderungen umher, die er kopiren kann? Zuweilen werden uns ja am Biertisch oder sonstwo Geschichten erzählt, der Eine oder Andere berichtet uns auch Abenteuer seines Lebens, aber wessen Vortragsweise [S. 69:] soll nun maßgebend für uns sein? Ein Bauer erzählt anders als eine überspannte Erzieherin, ein Fabrikarbeiter anders als ein Gelehrter, aber all ihre Erzählungen sind Alltags- und Wirklichkeitserzählungen. Unter unseren sogenannten Naturalisten giebt es ja einige, deren Stil an Zeitung und an Gasse bedenklich genug erinnert, welche die Grammatik gründlich in die Pfanne hauen und mit der glücklichen Naivität von Narren in die Welt hinausrufen, daß sie eine neue Kunst entdeckt hätten. Die Sudelköche und Dilettanten bleiben doch immer dieselben! Aber sie täuschen die Welt durch ihr Geschrei nicht, und es gelingt ihnen doch nicht auf die Dauer, die echte, wahre und große Kunst des Naturalismus zu kompromittiren und in Verruf zu bringen.

Fassen wir aber die Schilderung eines Zola z. B. ins Auge, oder die Prosa Goethes in „Werthers Leiden", so wird uns noch viel klarer, daß die ungereimte und unrhythmische Sprache der Dichtung mit der des Alltags nichts zu thun hat. Gerade die peinliche Genauigkeit, die bis ins Kleinste gehende Ausführlichkeit bei dem Dichter des „Germinal" beweist dessen wildes, zehrendes Verlangen, unserer Phantasie, all unseren Sinnen tönende, duftende, farbige Bilder der Wirklichkeit so scharf wie nur eben möglich vorzustellen. Niemals begnügt er sich mit dem platten Alltagswort der Wirklichkeit: „Da stehen ein paar alte Bäume", sondern all seine Sprachgewalt wendet er an, nicht genug kann er sich in der

Ausführlichkeit thun, damit unser geistiges Auge nur eine ganz scharfe individuelle Anschauung empfängt, damit unsere Seele in die Stimmung wirklich versetzt wird, die er gerade bei uns hervorrufen, die er selber empfunden und nun gestalten will. Es kann ja ein anderer Dichter mit Kürze und Knappheit, mit zehnmal so wenig Worten doch dasselbe erreichen, was Zola durch sorgfältige Malerei bis ins Einzelne hinein erstrebt..., aber sein Ziel ist genau dasselbe.

Wir wollen uns deshalb länger keiner Täuschung hingeben, am S c h e i n e nicht länger haften bleiben und bloß äußerliche Unterschiede nicht für wesentliche hinnehmen; die Dichtung verkörpert sich in Prosa und Verssprache, aber zwischen der Prosa und der Versform einer vollen echt poetischen Dichtung besteht kein innerlicher Unterschied; auch die Prosa des naturalistischen Dramas ist von der Sprache des Alltags und der Wirklichkeit genau so weit entfernt, wie die Versrede es ist.

D i e ä s t h e t i s c h e n T h e o r i e n , v o n d e n e n d i e e i n e g r u n d s ä t z - l i c h d e n V e r s , d i e a n d e r e g r u n d s ä t z l i c h d i e P r o s a v e r w i r f t , s i n d b e i d e f a l s c h , w e i l s i e a u f e i n e r V e r k e n n u n g d e s i n n e r e n W e s e n s d e r S p r a c h e b e r u h e n u n d n i c h t d e n W e s e n s u n t e r s c h i e d e r f a s s e n , d e r z w i s c h e n d e r A l l t a g s s p r a c h e u n d a l l e r d i c h t e - r i s c h e n S p r a c h e l i e g e n m u ß , n i c h t d i e W e s e n s g e m e i n s c h a f t e r k a n n t h a b e n , w e l c h e d i e d i c h t e r i s c h e P r o s a u n d d i e d i c h t e - r i s c h e V e r s r e d e m i t e i n a n d e r v e r k n ü p f t . Immer gab es eine Prosa und immer gab es eine Versdichtung, und unsere ästhetische Theorie erkennt als berechtigt an, was als berechtigt durch die Thatsächlichkeit die Dichtkunst erwies. Daß unsere Theorie so mit der Erfahrung übereinstimmt, ist vielleicht auch ein Beweis für ihre Wahrheit. (...)

[S. 71:] (...) Wenn die Kunst auf nur stoffliche Wirkungen ausgeht, allein durch bunte Geschehnisse, abenteuerliche Handlungen uns fesselt, dagegen auf tiefere und innere Bedeutung verzichtet, auf die Darstellung menschlichen Seelen- und Geisteslebens, diese verkümmern läßt, dann wird ihr auch das Verständniß für die eigentliche Bedeutung der Verssprache verloren gehen. Dieselbe Erscheinung beobachten wir in der europäischen Litteratur des neunzehnten Jahrhunderts. Das Emporgehen der nur formalistischen Verssprache fällt zusammen mit dem Aufkommen der Prosa! (...)

Aber es kann auch die Prosa Ausdrucksform einer Kunst sein, welche im Emporgange begriffen ist, eines erhöhten dichterischen Empfindens und Könnens. So verdrängte Lessingsche Prosa den Alexandriner von der Bühne, als dieser zu einem leeren Schellengeklapper herabgesunken war, die kraftvolle, genialische Poesie des Sturmes und Dranges die blasse und innerlich erstarrte Verstandesdichtung des klassischen Franzosenthums. Ich habe schon gesagt, daß auch in der Gegenwart die naturalistische Prosa eine gesunde und heilsame Reaktion gegen den kalten Formalismus bedeutet, dem unsere Verssprache ver-

fallen. Es ist die Prosa des Zolaschen Romans, der Dramatik Ibsens und Zolas und unserer jungen Deutschen — soweit diese echtes Talent besitzen, auch eine wesentlich andere, als die, welche in unseren Unterhaltungserzählungen herrscht, in den Werken der Dumas, Sardou und Augier[6] und ihrer deutschen Nachahmer. Diese besticht uns im besten Fall durch ihre Glätte und gefällige Abrundung, geistreiche Zuspitzung und durch Witz, und thut doch nichts anderes, als die vielverspottete Zauberdramatik, deren glatte, mit schönen klingenden Worten verzierte Versrede, gleich eintönig aus dem Munde der Könige, wie der Stallburschen hervorklingt. Die naturalistische Prosa stellt dem gegenüber wieder das höchste Kunstideal der charakteristischen Rede entgegen, welche die Wesenseigenthümlichkeit einer jeden Person wiedergeben will. Sie kümmert sich daher nicht um die Schönheit und Gefälligkeit des Ausdrucks, sondern opfert sie einem höheren Zwecke, für den unser älteres Geschlecht gar kein Verständniß mehr hat. Den Gemeinen lassen unsere Naturalisten plump und gemein, den Bauern bäuerisch reden und thun recht daran, daß sie das Wort nicht säuberlich glätten, waschen und kämmen, damit es „salonfähig" wird.

Wenn wir jedoch näher in das Verhältniß von Vers zur Prosa eindringen, so können wir uns nicht der Ueberzeugung verschließen, daß die ungebundene Rede ausschließlich in Zeiten des Ueberganges zum Ausdruck der Dichtkunst wird. Sie ist auch heute ein Kennzeichen der Stärke wie der Schwäche des zeitgenössischen Naturalismus. Wie die Lessing[7] [S. 72:] und Diderot[8] erst Vorläufer einer neuen wahrhaft großen Kunst waren, ihr eine Bahn brachen, so verheißen auch die Zola, Ibsen und Tolstoi eine neue Blüthezeit, ohne daß sie deren Erfüllung bringen[9]. Gewiß, für sie selber, für die ganze Eigenart ihrer Kunst ist die Prosaform die beste, die einzig mögliche, möcht' ich sagen! (. . .)

[S. 73:] (. . .) Die naturalistische Poesie sucht ausschließlich den Durchschnitts- und Alltagsmenschen auf. Auch hier ist Ibsen wieder besonders charakteristisch. Große Ideenkämpfe spielen sich in engen und beschränkten Kreisen ab. Das Bedeutende wird in dumpfe Bezirke hinabgezogen, und wenn er geistig nach Faustischen und Prometheischen Naturen ausblickt, als Künstler bewegt er sich in den Niederungen des Lebens und verquickt allgemein menschliche Kämpfe mit dem Kampf um eine Badeanstalt[10]. Wir haben die dichterische Sprache als eine Sprache des Empfindungs- und Phantasielebens kennen gelernt, gesehen, wie Reim und Rhythmus in der unmittelbaren Erregung von Gefühl und Anschauung besondere Kraft besitzen. Der Wanderer in Goethes „Faust", Faust selber, die ganze Welt, die in diese Dichtung gebannt . . ., da ist überall ein mächtiges, erdenüberfliegendes Fühlen, gewaltigste Phantasiekraft, erhabenstes Denken. Umgekehrt in den Werken des heutigen Naturalismus. Sie wollen uns den Durchschnittsmenschen zeigen, gerade sehen lassen, wie klein und niedrig wir sind, von thierischen Begierden erfüllt, im Staube kriechen, wie, trotz all unseres Selbstdünkels

und unserer Hoffart, das Gemeine doch das Mächtigste in uns ist, und wie sehr wir uns Alle belügen, wenn wir auf die Erhabenheit unserer Menschlichkeit pochen. Die Menschen, die sie uns vorführen, sind eben Menschen von geringer Intelligenz, von niedrigem Empfinden, oft geradezu von viehischer Gefühllosigkeit, trocken, nüchtern und ohne allen Schwung der Phantasie. Suchen sie nach der wesenseigenthümlichen Form dafür, so müssen sie auch eine Sprache reden, in welcher Empfindung und Phantasie nicht allzu starken Ausdruck findet, und werden dahin gebracht, Reim und Rhythmus auszustoßen, weil diese zu heftig auf uns einwirken müßten. Wohl kann auch Trockenheit und Plattheit des Seelenlebens durch den Vers charakteristisch wiedergegeben werden. Das Höchste, wie das Niedrigste bleibt ihm nicht verschlossen. Aber, wenn Goethe im „Faust" seinen Wagner reden läßt, so geht er darauf aus, geradezu die eigentlichen Schönheiten des Reimes und Rhythmus zu tödten, indem er ein möglichst eintöniges Geklapper hervorruft, freiwillig begiebt er sich aller besondren Vorzüge der Verssprache, seine ganze Tendenz ist gegen dieselbe gerichtet, und es kann der Dichter dadurch gerade ganz besonders charakteristisch [S. 74:] wirken. Wären jedoch die Helden der Goetheschen Dichtung alle nur Wagnernaturen, sprächen sie alle nur in einer Verssprache, die mit Absicht die Farbe einer gereimten Prosa angenommen, so würde diese uns auf die Dauer zuletzt doch unausstehlich erscheinen, es hätte keinen Zweck mehr, in gebundener Rede zu schreiben, nur um sie nicht zu schreiben, um die Zerstörung ihres Wesens vorzuführen. Die vielen Wagnernaturen, die uns Ibsen und der Naturalismus vorführt, sprechen daher besser in ungebundener Redeform.

Einer der großen Vorzüge der naturalistischen Dichtung der Gegenwart besteht in der geistigen und seelischen Erneuerung, welche die Poesie durch sie erfährt. Sie hat es zum erstenmal unternommen, die Umwandlungen, welche durch all die neuen Entdeckungen und Erfindungen, sowie durch die neuen Erkenntnisse in unserem Gedanken- und Empfindungsleben wachgerufen wurden, künstlerisch zu gestalten, den neuen Inhalt in neuer Form auszuprägen. Aber wir stehen noch in den Anfängen dieser großen allgemeinen Geistesumwälzung, noch sind wir von dem Neuen allzu mächtig erregt und ergriffen, müssen uns geistig noch darüber völlig klar werden, zunächst den Verstand von der Wahrheit überzeugen, bevor unser an das Alte gewöhnte, unser ererbtes Empfindungs- und Phantasieleben wieder eigenartig, der neuen Weltanschauung angepaßt, die Vorgänge und Bilder der Wirklichkeit in sich aufnehmen kann. Wir streiten und reden noch zu viel über das Neue, sind in einer Periode des Kampfes begriffen und brechen zunächst kritisch dem Neuen Bahn. Die Mehrheit versteht noch gar nicht die Ideen, welche die Helden Ibsens und Tolstois verkörpern, und diese sind gezwungen, über sich selbst zu reden, ihre Gedanken und Absichten rein und

verstandesmäßig auseinanderzusetzen, nicht wie es der Dichter thut, sondern wie der Philosoph, der Moralist. So gleicht denn oft eine naturalistische Dichtung mehr einem platonischen Dialog, als daß sie eine volle und reine künstlerische Durchgestaltung empfangen hätte, und ihre Menschen tragen einen Zettel im Mund, auf dem ihre geistigen Ueberzeugungen niedergeschrieben stehen. Die Tendenz hat noch das Uebergewicht, das Stoffliche übt zu sehr eine Vorherrschaft aus, und das Was erdrückt das Wie. Auch hierin erblicke ich eine Ursache der Hinneigung zur Form der Prosarede. Der naturalistische Dichter spricht mehr zu unserem Verstande, will unsere Ueberzeugung gewinnen, den Glauben an die Wahrheit seiner Ideen, als daß er schon unmittelbar den Gefühls- und Empfindungswerth ausschöpfen kann. Dieses agitatorische, rhetorische Element, dieses Element des bloß Verständigen, das Sprechen über die Dinge, statt sie in Gestalten und Bilder rein hinzustellen, widerstrebt dem Verse, der reinsten Kunstsprache, die wesentlich Schöpfung der künstlerisch schaffenden Geister ist, mehr als der dichterischen Prosa, welche besser als diese zu rein theoretischen Auseinandersetzungen paßt und das nur Verständige leichter verarbeiten kann.

[S. 75:]

Die naturalistische Versdichtung. Vorzug des Verses vor der Prosa.

Die ganze Eigenart und das Wesen der naturalistischen Poesie, ihre Vorzüge in gleicher Weise wie ihre Fehler zwingen also mit einer gewissen Nothwendigkeit den Dichter zu der Form der ungebundenen Rede. Alle Erwägungen sprechen aber dafür, daß sie in fortschreitender Entwickelung das Einseitige, das ihr jetzt noch anhaftet, überwinden wird, und ihre Schwäche, die vorwiegend dem Zeitlichen entspringt, abthut. Wenn erst die Ideen, die sie zu gestalten sucht, mehr Allgemeingut geworden sind, wenn sie das Uebergewicht des Tendenziösen und Stofflichen gebrochen hat und aufhört, mit der Einseitigkeit der Gestaltung nur des Alltäglichen, Niederen und Gemeinen, dann wird auch die Prosa wieder zurücktreten und dem Verse Platz machen, wie sie es zu allen Zeiten höchster Kunstentfaltung gethan hat. Denn der vielverschriene „Kultus des Häßlichen" ist nur litterarhistorisch zu begreifen, verständlich als ein nothwendiger Gegenschlag gegen die schwächliche Ueberzierlichkeit, Weibischkeit und schönfärberische Verschwommenheit der älteren Litteratur. Um diesen Geist zu überwinden, mußte die Dichtung durch den Naturalismus radikal-terroristisch vorgehen, mußte den Werth des Charakteristischen betonen. Aber die bloß negative Erkenntniß, daß die Ideale der Vergangenheit zerstört werden müssen, kann auf die Dauer nicht befriedigen, es muß die neue Kunst auch positiv ihre Ideale aufstellen und selbstverständlich kann sie diese nur in großen mächtigen Menschennaturen verkörpern; diese treten alsdann in den Vordergrund, die Gemeinen und Niedrigen zurück, und statt der Menschen von thierischer Intelligenz, des bruta-

len Empfindens, erstrebt auch der Naturalismus die Darstellung des Höchsten, Geistigen an, die Wiedergabe der Faust-, Hamlet- und Manfredcharaktere.

Eine solche Kunst wird mit derselben Nothwendigkeit in der Form der gebundenen Rede sich ausdrücken, wie der Naturalismus von heute zur Prosa greifen mußte.

Die höchste Macht des Empfindens und der Phantasiekraft bedarf der Aussprache durch den Vers.

Worin liegt es, daß die Prosa das Allerhöchste nicht wiederzugeben vermag?

Wir können bei dieser Frage mit vollem Recht auf das Gesetz vom kleinsten Kraftmaß zurückgreifen. Durch viel geringere Mittel erreicht der Vers doch besser und unmittelbarer das Ziel der Gefühls- und Phantasieerregung, als es die dichterische Prosa vermag. Das Eisen wird zu Stahl gehärtet, drückt sich Victor Hugo aus. Im Verse liegt das musikalische Element, dessen die dichterische Sprache gar nicht entrathen kann, schon von vorneherein gebannt, und was da durch einen einzigen Reimklang erreicht werden kann, durch den rein sinnlichen, inhaltsleeren Ton, darnach müht sich die Prosa ganz vergebens ab, oder sie muß doch, um dieselbe Wirkung zu erzielen, weit mehr Klangworte aufeinanderhäufen, bevor diese aufgefaßt werden. Auch der Prosadichter wird, wenn auch unbewußt, schon infolge des Sprachmaterials, bei der Darstellung des Lieblichen z. B. die weichen Laute mehr verwenden, als die dunklen a, o und u, aber er muß häufen, während der Versdichter weniger häuft, als an bedeutsamer Stelle hinsetzt. Durchbreche ich ein Jamben- [S. 76:] gefüge charakteristisch durch einen Daktylus oder einen Anapäst[11], so erziele ich durch eine rein formelle Aenderung eine höchste Sinnlichkeit. Wir glauben ordentlich ein Stürzen oder Aufspringen zu sehen, wie wir die Pferde laufen hören, wenn der Rhythmus etwas Beflügeltes und Rasches an sich hat.

Der Vers wirkt aber deshalb so unmittelbar, weil Inhalt des Wortes, Klang und Rhythmus sich völlig durchdrungen haben, weil alle drei Faktoren zu gleicher Zeit auf unsere Phantasie und unser Gefühl zustoßen, während die Prosa vorwiegend nur durch ihr Inhaltliches anregt. Sie kennt keine plötzlichen Klang- und Rhythmuswirkungen, ihre Daktylen und Reime empfinden wir nicht, weil sie nicht durch den Gegensatz hervorgehoben werden, wie es geschieht, wenn ein Daktylus sich in lauter Jamben eindrängt, und so ist ihre Formbedeutung und ihr Formwerth für die Zwecke der Poesie ziemlich gering.

Um die Sinnlichkeit und Bildlichkeit der Verssprache zu erreichen, muß sie noch mal so inhaltreich sein, wie diese; was in einem einzigen Verse der Dichter konzentrirt, dazu bedarf sie vielleicht einer halben Seite. Ihr droht daher immer die Gefahr der Weitschweifigkeit und der Ueberladung, und gerade die von stärkstem poetischen Geiste erfüllten Prosadichtungen zeugen dafür. Schon jetzt nach hundert Jahren sind für uns ganze Stellen in Werthers Leiden fast unlesbar geworden, und kein Anderer als Zola selbst hat am besten die Uebelstände der

dichterischen Prosa erkannt. Er, der von den modernen Naturalisten wohl die höchste künstlerische Kraft besitzt und darum am meisten nach echt dichterischer Prosasprache drängt, der Sinnlichkeit und Bildlichkeit der Verssprache am nächsten kommt, fragt bang, was zu seinem „klingenden und duftenden Stil" wohl die Zukunft sagen wird.

Nein, wie wir noch in den Anfängen einer neuen Kunst überhaupt stehen, so stehen wir auch in den Anfängen der Formbewegung, die, wie früher, von der Prosa zum Verse wieder emporführen wird. Die Dichter des heutigen Naturalismus, der Prosadichtung sind Vorboten eines Kommenden, wie die Lessing und die Dichter des Sturmes und Dranges die Klassik ankündeten. Geklärt und neu wird dann der Vers vor uns stehen, in anderer Kraft, als heute, erlöst und befreit aus den Fesseln des nur äußerlichen Formalismus. Er strebt nicht, wie der Geibelsche, nach dem bloßen Wohllaut, nach einer gefälligen Schönheit, die gleichmäßig einförmig über alles sich ausgebreitet hat, sondern er wird charakteristisch sein und den Schrei des Schmerzes mit der ergreifenden Wahrheit der Natur auch als Schmerzensschrei in der Brust des Zuhörers wieder erklingen lassen.

Charakteristische Verkörperung des Inhalts, das ist sein allgemeines Wesen, wie auch der Vers Goethes es war. Unterscheidet sich die neue Kunst in ihrem Stoff, ihrem ganzen geistigen Wesen, in ihrer Anschauung und Auffassung der Welt, in ihren Empfindungen von der Kunst der Klassik und Romantik, und wir dürfen es mit einer gewissen Bestimmtheit annehmen, da ja die Kunst eines jeden Zeitalters ihr besonderes und bestimmtes Gepräge hat: so wird auch die Verssprache der Dichtung der Zukunft im einzelnen wesenseigenthümliche Unterschiede von der unseres jüngsten Blüthezeitalters aufweisen[12]. (...)

Die Forderung, dem neuen Inhalt die höchste poetische Form des Verses zu geben, macht *Harts Aufsatz* programmatisch. Die literarische Revolution soll sich nun, da die alten, nicht mehr tragfähigen Ideale abgebaut sind, in eine Reformation wandeln und neue positive Ideale aufrichten. Stofflich soll sie über die Alltagsnaturen hinaus wieder Höchstes und Geistigstes einbeziehen (Hart erinnert an Shakespeares »Hamlet«, Goethes »Faust« und Byrons »Manfred«), formal aber von der Prosa zum Vers übergehen. Die poetische Prosa eines Zola, Ibsen und Tolstoj begreift Hart als notwendige Stufe auf dem Weg von der Entartung des Verses in leerer Formalistik zur gebundenen Rede künftiger Dichtung, für die er durchaus am Begriff des Naturalismus festhält. Im Grunde weist er damit bereits über den Naturalismus hinaus, der die hier geforderte Wandlung nicht vollziehen könnte, ohne sich selbst aufzuheben. Nicht mehr innerhalb des Naturalismus, sondern erst in seiner Ablehnung und Überwindung wird Harts Programm verwirklicht. Wieder zeigt sich, daß es den deutschen Theoretikern um anderes und mehr geht als um den konsequenten Naturalismus.

[1] REINHOLD MICHAEL LENZ (1751–1792) schrieb seine Komödien »Der Hofmeister« (1774) und »Die Soldaten« (1776) in Prosa, wie auch die anderen Stürmer und Dränger (Klinger, Maler Müller, Leisewitz) ihre Arbeiten in Prosa geschrieben haben.

[2] Gedacht ist an Ibsens gesellschaftskritische Stücke »Volksfeinde«, »Gespenster«, »Ein Puppenheim«, »Wildente«, an Tolstojs »Macht der Finsternis«, an Gerhart Hauptmanns naturalistische Dramen und Hermann Bahrs Schauspiele und Komödien, die alle in Prosa geschrieben sind.

³ Hart denkt hier an HEBBELS Äußerungen über Stil und Sprache des Dramas in »Mein Wort über das Drama« (1843), im Vorwort zu »Maria Magdalene« (1844) und in dem Aufsatz »Über den Styl des Dramas« (1847).

⁴ *Oswald Alving* in Ibsens »Gespenster« und Dr. Thomas *Stockmann* in »Volksfeind«.

⁵ FRANCESCO FRANCIA (eigentlich Francesco Raibolini), italienischer Maler, Goldschmied, Medailleur und Baumeister (um 1450–1517).

⁶ ALEXANDRE DUMAS (1824–1896), Sohn des Autors der »Drei Musketiere« und des »Grafen von Monte Christo«, begründete mit seinem Drama »Die Kameliendame« (1852) die moderne realistische Sittenkomödie und wurde so ein Initiator des neueren Theaters (Vorbild des jungen Ibsen).

VICTORIEN SARDOU (1831–1908), weniger bedeutend, schrieb Sittenkomödien und historische Dramen, im Stil an Scribe erinnernd.

EMILE AUGIER (1820–1889), bürgerlicher als Dumas, begann mit Verskomödien und schrieb dann, unter dem Einfluß der »Kameliendame« Gesellschaftsstücke verwandten Stils.

⁷ GOTTHOLD EPHRAIM LESSING (1729–1781), der klarste und unabhängigste Geist der deutschen Aufklärung, wird hier vor allem als Vorläufer der Klassik – als Schöpfer des neueren deutschen Dramas und Bahnbrecher der Dichtungstheorie – gesehen. In seiner Spätzeit bildete er, über die Aufklärung hinauswachsend, das klassische Humanitätsideal vor.

⁸ DENIS DIDEROT (1713–1784), Vermittler der freidenkerischen und naturwissenschaftlichen Zeitströmungen, deren Skeptizismus er durch die englische Tugendlehre aufzuheben suchte (Übersetzung Shaftesburys 1745). Es gelang ihm jedoch nur eine geniale Konfrontierung in dem Dialog »Le neveu de Rameau« (1762–1773), den Goethe übersetzte (»Rameaus Neffe«, 1805). Dieses wie auch andere Werke (»Rêve d'Alembert«, 1769) ließ er unveröffentlicht, um dem großen Werk, das er – zuerst mit d'Alembert – herausgab, keine Zensurschwierigkeiten zu bereiten: die »Encyclopédie ou Dictionnaire raisonné des sciences, des arts et des métiers« (1751–1780, 33 Bde.) ist bedeutsam nicht nur durch die Ausbreitung französischer Aufklärungsideen und die Anwendung der positiven Wissenschaften auf alle Kulturgebiete, sondern auch durch ganz neue realienkundliche Artikel. (Dem Kreis der Enzyklopädisten gehörten Voltaire, Montesquieu und einige Zeit auch Rousseau an.) – Diderot schrieb außerdem einen Roman im Stil Sternes (»Jaques le fataliste«, 1773) und bürgerliche Rührstücke mit moralischer Tendenz.

⁹ Die Einstufung der großen Naturalisten Zola und Ibsen als Vorläufer einer künftigen Blütezeit ist weniger selten als man zunächst annehmen mag und geht Hand in Hand mit einer Kritik des Naturalismus: so nennt Avenarius Ibsen den „Propheten des kommenden Heils für unsere Kunst", nicht aber den „neuen Messias", als den ihn vor allem die ›Freie Bühne‹ feiert (›Kunstwart‹, Jg I, 1887/88, Nr 13). Der große Dichter darf – nach Avenarius – kein Tendenzdichter mehr sein. Der Naturalismus ist deshalb nur eine Übergangserscheinung (Avenarius »Der Naturalismus und die Gesellschaft von heute«, ›Die Gesellschaft‹, Jg 2, 1886). Wenn Heinrich Hart im Kampf um die Form die ungebundene Rede als „ein Kennzeichen der Stärke wie der Schwäche des zeitgenössischen Naturalismus" bezeichnet, so weist er damit zugleich voraus auf eine vollendetere Dichtung, die nur noch den Vers kennen wird. Erst diese Dichtung – befreit von dem jetzt noch lastenden Übergewicht des Stofflichen und Tendenziösen, des Agitatorischen und Rhetorischen – wird wieder Kunst im strengen und hohen Sinne sein. Auch Hermann Bahr – Ibsen gegenüber von ähnlicher Reserve wie Avenarius und Hart – erkennt schon früh den Übergangscharakter des Naturalismus (»Zur Kritik der Moderne«, 1890).

¹⁰ Faustische und prometheische Naturen in Ibsens Dramen sind Brand und Peer Gynt. Allgemein menschliche Konflikte sind mit dem Kampf um eine Badeanstalt verknüpft in seinem Schauspiel »Der Volksfeind«.

¹¹ *Jambengefüge:* der Jambus ist die metrische Einheit einer unbetonten und einer betonten Silbe (◡–). Eine Verszeile kann aus zwei-, drei-, vier-, fünf- und sechshebigen Jamben bestehen: der fünfhebige Jambus, der Blankvers, ist seit Lessings »Nathan« der eigentliche Vers des deutschen Dramas; der vierhebige Jambus bildet die typische Volksliedzeile; der sechshebige Jambus den zweischenkligen Alexandriner, der vorzugsweise in Barock und

Aufklärung gebraucht wird, usw. Durch die Auflockerung mit regelmäßigen zweisilbigen Senkungen (Daktylus: – ◡ ◡, Anapäst: ◡ ◡ –) gewinnt der Vers stärkere Bewegung, die sowohl fröhlichen wie feierlichen Charakter haben kann.

[12] Die Wertung der naturalistischen Prosaisten als „Vorboten eines Kommenden" und ihr Vergleich mit Lessing und den Stürmern und Drängern als den Wegbereitern der deutschen Klassik findet sich bei den Münchener wie auch den Berliner Programmatikern (vgl. Bleibtreu »Revolution der Literatur«, 1886; siehe Stück 14).

35

ARNO HOLZ »ZOLA ALS THEORETIKER« (1887/90)

Aus: ›Freie Bühne für modernes Leben‹, Jg 1, 1890, H. 4, S. 101–104; wiederabgedruckt in: »Das Werk von Arno Holz«, Bd 10: »Die neue Wortkunst«, Berlin: Dietz 1925, S. 51–61.

Als Praktiker geht Zola von Balzac aus, als Theoretiker von Taine. Seine „Oeuvres critiques" stehen genau in dem selben Abhängigkeitsverhältnisse zur „Philosophie de l'art" des einen, wie sein Rougon-Macquart-Zyklus zur „Menschlichen Komödie" des anderen. Beide Werke wären ohne diese Vorgänger nicht geschrieben worden. Den Beweis für diese Behauptung, wenigstens insofern sie den Praktiker Zola berührt, erlasse ich mir hier, ich halte mich nur an den Theoretiker.

1.

Mit Taine hob in der Kunstwissenschaft eine neue Aera an. Er war der erste, der die naturwissenschaftliche Methode in sie einführte; der sie nicht mehr auf Dogmen gegründet wissen wollte, sondern auf Gesetzen. Hat er dieses sein Ideal verwirklicht? Ist es ihm tatsächlich gelungen — wie er es beabsichtigte — aus der Kunstwissenschaft eine Naturwissenschaft zu machen, „une sorte de botanique appliquée, non aux plantes, mais aux oeuvres humaines"? Nein! Seine „Philosophie de l'art" ist ein Gemisch aus Gesetzen u n d Dogmen!

Welches nun s i n d diese Gesetze, und welches s i n d diese Dogmen?

Beide von diesen Gruppen lassen sich mühelos auf je einen Kerngrundsatz zurückleiten, und es leuchtet also wohl ein, daß man nur d i e s e beiden wiederzugeben braucht, um auch zugleich j e n e beiden damit anzudeuten. Das Gesetz, aus dem sich dann alle übrigen von Taine [S. 52:] gefundenen entwickelt haben, lautet: „Jedes Kunstwerk resultiert aus seinem Milieu", das Dogma: „In der exakten Reproduktion der Natur besteht das Wesen der Kunst n i c h t."

Das Gesetz war urneu, das Dogma uralt.

Noch nie und nirgends hat es eine Aesthetik gegeben, deren tiefunterstes Fundament dieses Dogma n i c h t gewesen wäre. In ihm wurzelte und wurzelt auch

heute noch alles, was je über Kunst gedacht und geschrieben worden ist; und so erbittert allenthalben auch sonst der Kampf tobte und tobt, über ihm reichte und reicht man sich auch heute noch versöhnt die Hände; in ihm begegnen sich ganz ernsthaft Sophokles und Schmidt-Cabanis.

Doch ist es vielleicht darum, frage ich, auch nur um ein Haar breit weniger ein Dogma?

Falls man unter einem „Dogma" nichts anderes versteht, als was ich darunter verstehe, nämlich eine unbewiesene Behauptung, dann sicher nicht! Oder — irre ich mich? Hat sie schon jemand bewiesen? Dann tausend Verzeihung! Die Beweise, die Taine anführt, und die, soweit wenigstens meine Kenntnisse davon reichen, die üblichen zu sein scheinen, leiden leider an einer derartigen Fadenscheinigkeit, daß es vollkommen unverständlich wäre, wie ein so kluger und scharfsinniger Kopf wie Taine sich überhaupt ihrer hatte bedienen können, wenn man sich nicht eben sagte, daß er sie offenbar nur so pro forma angeführt hatte. Wozu etwas verteidigen, was noch niemand angegriffen? Er hatte sich in diesem Pünktchen offenbar so total eins mit aller Vergangenheit gefühlt, so durchaus kongruent mit allem bis dahin Gewesenen, daß ihm das Problematische darin [S. 53:] offenbar gar nicht zum Bewußtsein gekommen war. Er war darüber hinweggeglitten, wie man über ein Axiom hinweggleitet. „Wenn zwei Größen einer dritten gleich sind, so sind sie untereinander gleich." „In der exakten Reproduktion der Natur besteht das Wesen der Kunst nicht." Der eine von diesen beiden Sätzen ist aus Granit gehauen, der andere aus Wachs geformt; und es wäre nur die herrliche Krönung seiner eigenen Methode gewesen, die er ja selber die nicht dogmatische genannt hat, wenn Taine eben dieses Wachs zum Schmelzen gebracht hätte! Aber seine Energie war nicht groß genug, gerade im entscheidendsten Momente verließ ihn sein Positivismus, und so kam es denn, daß die Welt auch heute noch jenes Wachsklümpchen für einen Granitblock hält.

2.

Und Zola? Wie verhält sich nun Zola zu Taine? Ist er über ihn als Theoretiker ähnlich hinausgegangen, wie über Balzac als Praktiker? Lassen seine „Oeuvres critiques" die „Philosophie de l'art" gleich weit hinter sich zurück oder auch nur annähernd so weit, wie sein Rougon-Macquart-Zyklus die „Menschliche Komödie?"

Wollte man so liebenswürdig sein und gewisse Rhetorika von ihm für bare Münze hinnehmen, so müßte mindestens das Letzte der Fall sein. Mit zwanzig Jahren war ihm Taine seinem eigenen Geständnisse nach „die höchste Offenbarung unseres Erkenntnisdranges" gewesen, „unseres modernen Bedürfnisses, alles einer Analyse zu unterwerfen, unseres unwiderstehlichen Hanges, alles zu dem einfachen Mechanismus der mathematischen Wissenschaften zurückzuführen;" mit vierzig Jahren nannte er [S. 54:] ihn einen „zimperlichen Akademikus", einen „Trembleur" der Philosophie, einen „Equilibristen" der Kritik.

Nun, er hätte sich diese Titulaturen sparen sollen. Er besaß kein Recht auf sie. Der „Equilibrist" hielt die Intelligenz des Vierzigjährigen noch mit genau den selben Brettern umnagelt, die die „höchste Offenbarung" bereits um die Intelligenz des Zwanzigjährigen gehämmert hatte. Irgendein Sonnenstrahl von außen her war unterdessen auf sie auch nicht durch ein einziges Ritzchen geschimmert! Alle die hundert und aber hundert Kritiken, die uns Zola heute in sieben dickleibigen Bänden gesammelt vorgelegt hat, sind nichts weiter als immer nur wieder und wieder machtvoll wiederholte Variationen über ein und das selbe Doppelthema: „Jedes Kunstwerk resultiert aus seinem Milieu" und: „In der exakten Reproduktion der Natur besteht das Wesen der Kunst n i c h t". Irgendein Zweifel, ob diese beiden, ihrem innersten Bau nach so grundverschiedenen Melodieen nicht am Ende doch in eine unauflösliche Dissonanz ausklingen möchten, ist ihm, dem Schüler, ebensowenig aufgestiegen, wie vordem seinem Meister. Er hat nur einfach weitergegeben, was ihm von diesem überliefert worden war. Nichts weiter. Mit einem Wort: der Praktiker Zola bedeutete einen Fortschritt, der Theoretiker Zola einen Stillstand.

3.

Aber, wendet man mir hier vielleicht ein, stammen denn nicht wenigstens gewisse Schlagworte von Zola? Schlagworte, ohne die wir in unserer modernen literarischen Diskussion einfach gar nicht auskommen [S. 55:] können? Und widerlegt nicht schon diese eine Tatsache allein meine Behauptung? Meine Behauptung nämlich, daß die „Oeuvres critiques" dem durch die „Philosophie de l'art" so erheblich emporgeschraubten Niveau unserer Kunstwissenschaft auch nicht die Höhe eines Sandkörnchens hinzugefügt hätten?

Nein! Denn diese berühmten Schlagworte gliedern sich, wie alle derartigen Zeitprodukte, naturgemäß in zwei scharf voneinander abgesonderte Rubriken: die eine enthält alle diejenigen, denen eine Wahrheit zugrunde liegt; die andere alle diejenigen, die ihr — wahrscheinlich nur sehr kurz bemessenes — Dasein einem Irrtume verdanken. Und es ist das eigentümliche Mißgeschick Zolas, daß immer nur die Nummern der zweiten Rubrik sein geistiges Eigentum sind. Die recherche de la paternité, die in der Wissenschaft ja gottseidank noch nicht untersagt werden kann, führt uns darauf, daß die Nummern der ersten durchweg „anderweitigen Ursprungs" sind.

Ich wähle zwei Beispiele: „documents humains" und „roman expérimental"; also vielleicht gerade diejenigen beiden Wortverbindungen, die heute im Anschluß an Zola am häufigsten gebraucht werden. Von diesen sind mir die „documents humains" ebenso charakteristisch für die erste Rubrik, wie der „roman expérimental" mir charakteristisch für die zweite zu sein scheint.

Die documents humains würden in der Tat heute in unsere Diskussion geplatzt sein, auch wenn Zola sie nie zu Papier gebracht hätte. Man gestatte mir

hier die folgende kleine Stelle von G e o r g B r a n d e s[1] zu zitieren, aus seinem bekannten, prächtigen Essay über den Dichter:

[S. 56:]

„Nichts von dem, was Taine geschrieben, hatte solchen Eindruck auf ihn gemacht, wie der Aufsatz über Balzac, in dem er seinen zweiten großen Führer fand. Dieser Aufsatz, der damals für eine der verwegensten literarischen Handlungen galt, stellte mit einem herausfordernden und übertreibenden Vergleich einen noch umstrittenen Romanverfasser an die Seite Shakespeares; er machte Epoche und führte in die Literatur einen neuen Ausdruck und einen neuen Maßstab für den Wert dichterischer und historischer Werke ein: Zeugnisse darüber, wie der Mensch ist.

Taine schloß nämlich folgendermaßen: „Mit Shakespeare und Saint-Simon[2] ist Balzac das größte Magazin von Zeugnissen, das wir über die Beschaffenheit der menschlichen Natur besitzen (documents sur la nature humaine).

Zola machte hieraus sein ungenaues Stichwort: „documents humains".

Dieser letzte Passus beruht auf einem kleinen Versehen von Brandes. Nicht Zola war es, der aus der Taineschen Phrase das „ungenaue Stichwort" machte, sondern das Brüderpaar der G o n c o u r t s[3]. In ihren gesammelten „Préfaces et manifestes littéraires" (Paris 1888, pag. 60) heißt es in einer Fußnote zu dieser Wendung ausdrücklich: „Cette expression, très blaguée dans le moment, j'en réclame la paternité, la regardant, cette expression, comme la formule définissant le mieux et le plus significativement le mode nouveau de travail de l'école qui a succédé au romantisme: l'école du document humain."

[S. 57:]

Mithin liegen die Tatsachen so, daß Taine die Idee dieses Schlagwortes gehört, den Goncourts seine Form und Zola nur seine Verbreitung. Man versuche einmal eine ähnliche Probe mit den übrigen Formeln dieser Rubrik, und die Resultate werden sicher keine allzu auseinandergehenden sein!

Bleibt also nur noch die zweite übrig, deren Urheberschaft ich Zola allerdings nicht bestreiten kann, von der ich aber behauptet habe, daß sie, weit entfernt die Diskussion zu fördern, diese vielmehr nur wieder mit neuen Irrtümern und neuen Mißverständnissen belastet hätte. Als das typische Beispiel dieser Rubrik war mir das Schlagwort „roman expérimental" erschienen. Daß es schon vor Zola in Gebrauch gewesen, dürfte wohl schwerlich jemals nachweisbar sein. Es scheint ihm in der Tat zuzugehören, als das natürliche Produkt seiner Individualität, wie sein „L'Assommoir" oder sein „Germinal". Enthielte es also eine Neuerkenntnis, das heißt, wäre es wirklich der adäquate Ausdruck eines bis dahin völlig übersehn gebliebenen Tatsachenbestandes, so würde meine Behauptung damit freilich eine irrige gewesen sein, und Zola hätte unsere Wissenschaft allerdings um jenes Sandkörnchen bereichert.

Sehn wir zu! Zunächst: was i s t ein Experiment?

Ein Chemiker hält in seiner Hand zwei Stoffe; den Stoff x und den Stoff y. Er kennt ihre beiderseitigen Eigenschaften, weiß aber noch nicht, welches Resultat ihre Vereinigung ergeben würde. Seiner Berechnung nach freilich x plus y, vielleicht aber auch u, vielleicht sogar z. Selbst weitere Möglichkeiten sind keineswegs ausgeschlossen. Um sich also zu überführen, wird ihm [S. 58:] nichts anderes übrig bleiben, als jene Vereinigung eben vor sich gehn zu lassen, das heißt ein Experiment zu machen — „une observation provoquée dans un but quelconque", eine Definition, die uns Zola in Anlehnung an Claude Bernhard, seinen dritten großen Meister, selbst gegeben hat, und gegen die ich durchaus nichts einzuwenden habe. Sie genügt vollkommen.

Inwiefern identifiziert sich nun mit diesem Chemiker der Romanschriftsteller? Auch er hält, wie wir annehmen wollen, zwei Stoffe in seiner Hand, auch er kennt, wie wir annehmen wollen, ihre beiderseitigen Eigenschaften, aber auch er weiß, wie wir annehmen wollen, noch nicht genau, welches Resultat ihre Vereinigung ergeben würde. Wie nun zu diesem gelangen? Nichts einfacher als das, erwidert darauf Zola, der Theoretiker: er läßt eben genau wie sein gelehrter Musterkollege jene Vereinigung vor sich gehn, und die Beobachtung der selben gibt ihm dann das gewünschte Resultat ganz von selbst! „Ce n'est là qu'une question de degrés dans la même voie, de la chimie à la physiologie, puis de la physiologie à l'anthropologie et à la sociologie. Le roman expérimental est au bout". Freilich, freilich! Aber vielleicht ist es gestattet, vorher noch eine kleine Einwendung zu machen?

Jene Vereinigung der beiden Stoffe des Chemikers, wo geht sie vor sich? In seiner Handfläche, in seinem Porzellannäpfchen, in seiner Retorte. Also jedenfalls in der Realität. Und die Vereinigung der beiden Stoffe des Dichters? Doch wohl nur in seinem Hirn, in seiner Phantasie, also jedenfalls nicht in der Realität. Und ist es nicht gerade das Wesen des Experiments, daß [S. 59:] es nur in dieser und ausschließlich in dieser vor sich geht? Ein Experiment, das sich bloß im Hirne des Experimentators abspielt, ist eben einfach gar kein Experiment, und wenn es auch zehn Mal fixiert wird! Es kann im günstigsten Falle das Rückerinnerungsbild eines in der Realität bereits gemachten sein, nichts weiter. „Ein in der Phantasie durchgeführtes Experiment", wie man ja allerdings den Rougon-Macquart-Zyklus bereits „geistvoll" betauft hat, ist ein einfaches Unding; ein Kaninchen, das zugleich ein Meerschweinchen ist, und ein Meerschweinchen, das zugleich ein Kaninchen ist. Ein solches Kaninchen und ein solches Meerschweinchen hat es nie gegeben und wird es nie geben, gottseidank! Abgesehen natürlich in den Vorstellungen der Theoretiker. Bei denen ist eben alles möglich, auch Mondkälber und Experimentalromane ...

4.

Nein, nicht die Funkelnagelneuheit seiner „Ideeen" war es, nicht die mehr als zweifelhafte Tiefe seiner „Wahrheiten", die Zola auch als Theoretiker so hoch

über den trivialen Haufen emporragen ließ, sondern die wunderbare Wärme seiner Überzeugung, das Pathetische seiner Perioden, das ganze Machtvolle seiner Persönlichkeit, das, wie seinen übrigen Werken, so auch seinen kritischen Schriften zur Folie dient.

Man höre hier nur ihr Präludium, ihr fanatisch schönes:

„Der Haß ist heilig! Er ist die gerechte Entrüstung der großen und starken Herzen, die kampffrohe Verachtung derjenigen, die da außer sich geraten über die [S. 60:] Mittelmäßigkeit und die Dummheit! Hassen heißt lieben, heißt sich feurig, sich hochherzig fühlen, heißt aufgehen, aufatmen in dem einen großen und schönen Abscheu vor allem Niedrigen und Erbärmlichen!

Der Haß kühlt und erquickt, der Haß spricht gerecht, der Haß macht groß!

Nach jeder meiner Revolten gegen die Seichtheiten meines Zeitalters fühlte ich mich jugendfreudiger und mutiger. Ich lud mir den Haß und den Stolz als meine beiden Lieblingsgenossen; es gefiel mir, mich zu vereinsamen und in meiner Vereinsamung zu hassen, was die Billigkeit verletzte und die Wahrheit. Und wenn ich wirklich heute etwas gelte, so gelte ich es, weil ich für mich allein dastehe, und weil ich hasse!"

Das sind große Worte, und das sind herrliche Worte, und Ehre, ja mehr als das: Achtung, unsere volle und ganze Achtung, unser H e r z, dem, der sie niedergeschrieben!

Buckle[4], der Unvergessene, hat in seiner großen Einleitung zur „Geschichte der englischen Zivilisation", wie bekannt, folgenden Satz aufgestellt: „Der Fortschritt der Menschen hängt ab von dem Erfolge, mit welchem die Gesetze der Erscheinung erforscht werden, und von der Ausdehnung, in welcher eine Kenntnis dieser Gesetze verbreitet ist." Dann fährt er fort: „Bevor eine solche Erforschung beginnen kann, muß ein Geist des Zweifels erwachen, welcher zuerst die Forschung unterstützt, um nachher von ihr unterstützt zu werden."

Mir scheint, dieser Geist des Zweifels ist heute in Deutschland bei uns erwacht. Ich erinnere hier nur an einen, dessen Intellekt ganz von ihm erfüllt war: Friedrich Nietzsche. Zwar sein „Hammer" ist seinen müden [S. 61:] Händen bereits entsunken, aber seine ganze Arbeit hat er darum noch nicht getan. Es wäre hohe Zeit, mit ihm endlich auch an das alte Götzenmysterium zu klopfen, das sich „Kunstphilosophie" nennt. Vielleicht, daß man dann die Entdeckung macht: es gibt keins, das hohler klingt! ...

ARNO HOLZ (1863–1929) ist der Begründer und Theoretiker des *konsequenten Naturalismus*. Nach frühen, formal traditionellen Gedichten (»Klinginsherz«, 1882; »Deutsche Weisen«, 1884) erschien 1886 »Das Buch der Zeit. Lieder eines Modernen«. Diese Gedichtsammlung ist bewußt modern in Haltung und Stoff (soziale Tendenz, sozialrevolutionäre Bekenntnisse, Großstadtbilder), aber im Stil noch konventionell. Der geringe Erfolg weckte in Holz Zweifel an der überlieferten lyrischen Form (Vers, Reim, Strophe), die sich nicht mit der neuen Wirklichkeitserfahrung zu decken schien. Durch das Studium von Zolas theoretischen Schriften, von Aristoteles, Lessing, Mill, Comte, Spencer und Taine, die Beschäftigung mit den modernen Naturwissenschaftlern, suchte er das naturalistische Kunstgesetz zu entdecken,

analog etwa der Formel, die Marx für die Nationalökonomie gefunden hatte. Das erste Ergebnis war ein Essay von 1887, der aber erst 1890 im Februarheft der ›Freien Bühne‹ erschien: er legt die Unselbständigkeit des Theoretikers Zola dar und führt seine Ideen auf ihren geistesgeschichtlichen Ursprung zurück (siehe Stück 35). Ein Jahr darauf erscheint die Schrift: »Die Kunst. Ihr Wesen und ihre Gesetze« (1891). Sie bringt die Entdeckung des Kunstgesetzes in der mathematischen Formel: „Kunst = Natur — x", das heißt: „Die Kunst hat die Tendenz, wieder die Natur zu sein. Sie wird es nach Maßgabe ihrer jedweiligen Reproduktionsbedingungen und deren Handhabung". Kunst hat nichts zu sein als Wiederholung der Wirklichkeit; was die absolute Gleichung verhindert, ist der Mensch, das — x. Um die räumlich und zeitlich möglichst lückenlose Bestandsaufnahme der Wirklichkeit zu erreichen, führte Holz den sogenannten „Sekundenstil" ein. Damit glaubte er den konsequenten Naturalismus auf die einzig mögliche Weise zu verwirklichen. Heinrich Hart schildert in seinen Erinnerungen, wie Holz den Freunden im ›Café Monopol‹ seinen Stil zu erklären suchte: „Er entwickelte seine Ansicht am Beispiel eines vom Baume fallenden Blattes. Die alte Kunst hat von dem fallenden Blatt weiter nichts zu melden gewußt, als daß es im Wirbel sich drehend zu Boden sinkt. Die neue Kunst schildert diesen Vorgang von Sekunde zu Sekunde; sie schildert, wie das Blatt, jetzt auf dieser Seite vom Licht beglänzt, rötlich aufleuchtet, auf der andern schattengrau erscheint, in der nächsten Sekunde ist die Sache umgekehrt, sie schildert, wie das Blatt erst senkrecht fällt, dann zur Seite getrieben wird, dann wieder lotrecht sinkt, sie schildert – ja, der Himmel weiß, was sie sonst noch zu berichten hat. Ich hab's vergessen" (zitiert aus Albert Soergel »Dichtung und Dichter der Zeit«, 1911).

Holz verzichtete zunächst darauf, sein Gesetz theoretisch weiterzuentwickeln. Zusammen mit Johannes Schlaf veröffentlichte er 1889 unter dem Pseudonym Bjarne Peter Holmsen drei novellistische Skizzen. Die wesentlichste, die der Sammlung den Titel gibt – »Papa Hamlet« – ist schon stark dialogisch aufgelöst und drängt zur dramatischen Gestaltung, die dann ein Jahr später in dem Drama »Die Familie Selicke« (1890) realisiert wird, dem letzten Produkt gemeinsamer Arbeit, wobei Schlaf den Stoff, die Fabel schuf, Holz im wesentlichen die sprachliche Form. Wieder handelt es sich um eine exakt wirklichkeitsabgezogene Zustandsschilderung des bürgerlichen Alltags. Die Erzählungen und das Drama sind die ersten Werke des konsequenten Naturalismus und strenggenommen auch die einzigen. Gerhart Hauptmann widmete sein erstes Drama »Vor Sonnenaufgang« – „Bjarne Peter Holmsen, dem konsequenten Realisten, Verfasser von »Papa Hamlet«, zugeeignet in freudiger Anerkennung der durch sein Buch empfangenen entscheidenden Anregung. Erkner, den 8. Juli 1889". Holz plante noch einen Zyklus von Bühnenwerken, die innerhalb des gleichen Milieus ein umfassendes Bild der Zeit geben sollten – entsprechend den »Rougon-Macquart« von Zola – aber nur die Komödie »Sozialaristokraten« erschien (1896), eine Satire auf den „edelanarchistischen" Friedrichshagener Kreis. Holz wandte sich wieder der Lyrik zu und veröffentlichte 1898 zwei Bändchen reimloser Gedichte mit wechselndem Rhythmus unter dem Titel »Phantasus«. In einer Selbstanzeige (in Hardens ›Zukunft‹), sodann in seinem Buch »Die Revolution der Lyrik« entwickelte Holz die neue Lyriktheorie. »Phantasus«, bis 1921 immer wieder umgearbeitet und erweitert, ist sein Hauptwerk geworden. Aber es blieb ohne Nachfolge, denn die hier durchgeführte lyrische Form führt letztlich zur Formauflösung. Die satirisch-parodistische Gedichtsammlung »Die Blechschmiede« (1902) stellt eine Auseinandersetzung mit von der eigenen Kunstauffassung abweichenden Theorien dar. Seine formale Virtuosität führte Holz zur Nachahmung barocker „Freß-, Sauf- und Buhllieder" in der Art Caspar Stielers, die er als »Lieder auf einer alten Laute« (1903) und unter dem Titel »Dafnis« (1904) herausgab. 1922 folgen »Neue Dafnis-Lieder«, 1908 entstand das Drama »Sonnenfinsternis«, eine von verzweifeltem Pessimismus geprägte Künstlertragödie; auch das breit angelegte Weltanschauungsdrama »Ignorabimus« (1913) ist tief pessimistisch. Gemeinsam mit dem Jugendfreund Oskar Jerschke schrieb Holz die Theaterstücke »Traumulus« (1904), »Gaudeamus« (1908) und andere, in der Form konventionell, nach alten Mustern. Da kam der Erfolg: »Traumulus« wurde aufgeführt, »Dafnis« gelesen – aber der Revolutionär der Lyrik (»Phantasus«) und der Verfechter des konsequenten Naturalismus (das theoretische Werk sowie »Die Familie Selicke« und »Papa Hamlet«) wurde vergessen.

¹ GEORG MORRIS BRANDES (1842–1927; eigentlich Cohen), dänischer Literaturkritiker. Er schrieb seine Dissertation über Taine, reiste durch ganz Europa und wurde zum Vorkämpfer des Materialismus und der naturalistischen Dichtung. Von Hegel und J. S. Mill beeinflußt, war er stark sozial interessiert. In seinem bedeutendsten Werk »Hauptströmungen in der europäischen Literatur des 19. Jahrhunderts« (6 Bde, 1872–1890) legte er seine radikalen Ideen nieder. Er verfaßte außerdem eine Reihe von Monographien (unter anderen über Goethe und Heine) und zahlreiche Essays (1903–1919), darunter den hier angeführten über Zola.

² Louis, Herzog von SAINT-SIMON (1675–1755); seine Memoiren sind ein sittengeschichtliches Dokument der Zeit Ludwigs XIV.

³ BRÜDER GONCOURT: Edmond de Goncourt (1822–1896) und Jules de Goncourt (1830–1870) schrieben gemeinsam sittengeschichtlich dokumentarische Romane (»Germinie Lacerteux« und andere), von denen Zola entscheidende Anregungen erhielt. Auf Grund unaufhörlicher Studien der menschlichen Gesellschaft entstanden in losem Zusammenhang und lockerem Stil geschriebene Aufzeichnungen, die »Idées et sensations« (1866) und das »Journal des Goncourt« (1851–1895), das nur teilweise veröffentlicht wurde (9 Bde, 1887–1896). Zur Unterstützung avantgardistischer Schriftsteller gründete Edmond die Académie Goncourt.

⁴ THOMAS BUCKLE (1827–1862), englischer Geschichtsphilosoph, der eine soziologisch determinierte Geschichtsauffassung vertrat: »History of Civilisation in England«, 2 Bde, 1857–1861.

36

ARNO HOLZ »DIE KUNST. IHR WESEN UND IHRE GESETZE« (1891)

Berlin: G. Schuhr 1891, S. 86–146.

1.

Unter all jenen Errungenschaften, deren wohlthätige Wirkungen die Menschheit im Laufe ihrer Entwicklung bereits zu verzeichnen gehabt hat, giebt es Eine, deren Tragweite so ungeheuer ist, dass man heute, wo man jene Entwicklung zu begreifen besser in den Stand gesetzt ist, als je zuvor, wohl kaum noch einen irgendwie fortgeschrittenen Denker finden wird, der auch nur einen einzigen Augenblick zögern würde, sie nicht etwa blos für die unverhältnismässig grösste unserer Zeit, sondern geradezu für die weitaus wichtigste der Zeiten [S. 87:] überhaupt anzuerkennen. Ja, es darf selbst bezweifelt werden, ob auch in Zukunft eine der nach dieser noch möglichen gewaltig genug sein wird, um überhaupt auch nur an sie heranzureichen. Es ist dies die endliche, grosse Erkenntniss von der durchgängigen Gesetzmässigkeit alles Geschehens.

Mit ihr ist der Menschheit ein neues Zeitalter aufgedämmert! Seine Sonne wird aufgegangen sein, wenn jene Wahrheit, die ihr Keim ist, und deren überwältigende Grösse erst noch von verhältnissmässig wenigen, hervorragenden Geistern voll erfasst wird, aus den Schädeln dieser Vereinzelten restlos in das Bewusstsein der Menge übergegangen sein wird.

Erst durch sie ist uns die Welt aus einem blinden, vernunftlosen Durcheinanderwüthen blinder, vernunftloser Einzeldinge, dessen Widersinnigkeit unserer

wachsenden Erkenntniss um so empörender dünken musste, je ernsthafter wir in ihm das Walten eines uns gütigen Wesens verehren sollten, das uns Hunger und Pest, Tod und Krankheit erleiden liess, um uns seiner Liebe zu vergewissern, [S. 88:] zu einem einzigen, riesenhaften Organismus geworden, dessen kolossale Glieder logisch ineinandergreifen, in dem jedes Blutskügelchen seinen Sinn und jeder Schweisstropfen seinen Verstand hat. Erst durch sie haben wir jetzt endlich gegründete Hoffnung, durch Arbeit und Selbstzucht, vertrauend auf nichts anderes mehr, als nur noch auf die eigene Kraft, die es immer wieder und wieder zu stählen gilt, dermaleinst das zu werden, was zu sein wir uns vorderhand wohl noch nicht recht einreden dürfen, nämlich: „Menschen!"

2.

Es ist ein Gesetz, dass jedes Ding ein Gesetz hat.

Die frühsten Vorahnungen dieser Erkenntniss sind nachweisbar fast so alt wie die Menschheit selbst. Ihr erstes Werden und dann, im Anschlusse daran, ihr allmähliches Wachsen durch die Zeiten hindurch darstellen wollen, hiesse die Geschichte der Entwicklung unseres Menschheitsthums selbst darstellen wollen. Natürlich kann dies hier unmöglich meine Aufgabe sein. Es genügt die einfache Erwähnung der That- [S. 89:] sache, die als solche wohl kaum mehr zu leugnen ist, dass, obgleich jene Erkenntniss bereits von den bedeutendsten Geistern fast aller voraufgegangenen Epochen mehr oder minder deutlich vorgefühlt worden ist, es dennoch erst unserer Zeit vorbehalten war, ihr, allen lichtscheueren Elementen zum Trotz, die mit Recht von jeher ihre Todfeindin in ihr witterten, zum Durchbruch zu verhelfen.

Es ist freilich wahr, der Bauer hinter seinem Pfluge, der Pfarrer auf seiner Kanzel und noch hunderttausend Andre wissen von ihr entweder noch nichts, oder wollen von ihr noch nichts wissen; aber nichtsdestoweniger ist es ebenso wahr, dass, so verhältnissmässig gering zur Zeit auch noch die Zahl derjenigen Männer sein mag, in denen ihre Wahrheit bereits lebendig geworden ist, es doch gerade diese und nicht jene sind, in denen wir die wahren Repräsentanten unserer Zeit zu erblicken gewohnt sind. In den Comtes, den Mills, den Taines, den Buckles, den Spencers[1], mit einem Wort, in den Männern der Wissenschaft! Ihr verdanken wir, was wir sind. Und sie wäre gar nicht denkbar, wenigstens in ihrer heutigen [S. 90:] Gestalt nicht, ohne jene grundlegende Erkenntniss.

Auf ihr als Fundament basirt die ganze, grosse, geistige Bewegung unserer Tage. Abstrahirt von ihr, und die Luft, die ihr athmet, die Erde, die euer Fuss tritt, sind euch unverständlich geworden.

3.

Es ist ein Gesetz, dass jedes Ding ein Gesetz hat! Erst dadurch, dass man diese Erkenntniss endlich in ihrer Ganzheit auf sich wirken liess, erst dadurch, dass

man endlich aufhörte, an ihr zu drehen und zu deuten, erst dadurch, dass man endlich rund annahm, was sie rund aussagte, und nicht etwas andres, was sie nicht aussagte, erst dadurch ist es möglich geworden, thatkräftig an die Verwirklichung jener grossen Idee von einer einzigen, einheitlichen Wissenschaft zu schreiten, deren natürlichen Abschluss die Wissenschaft von der Menschheit als Menschheit bildet, die Sociologie.

Ihr Wollen ist das Wollen unserer Zeit!

Welches ist dieses Wollen?

[S. 91:] Es ist das Wollen, durch die Erforschung derjenigen Gesetze, die die Zustände der menschlichen Gesellschaft regeln, nicht allein vollständig zu begreifen, durch welche Ursachen dieselben jedes Mal in allen ihren Einzelheiten zu denen wurden, zu denen sie jedes Mal thatsächlich geworden sind, sondern auch, und das ist das weitaus wichtigste, zu erkennen, zu welchen Veränderungen dieselben wieder hinstreben, welche Wirkungen jeder ihrer einzelnen Bestandtheile voraussichtlich wieder hervorbringen wird, und durch welche Mittel etwa eine oder mehrere dieser Wirkungen, uns zur Wohlfahrt, verhindert, verändert, beschleunigt oder andre Wirkungen an deren Stelle gesetzt werden können. Mit andren Worten, es ist ihr Wollen, die Menschheit, durch die Erforschung der Gesetzmässigkeit der sie bildenden Elemente genau in demselben Masse, in dem diese ihr gelingt, aus einer Sclavin ihrer selbst, zu einer Herrscherin ihrer selbst zu machen.

Noch nie hat es in der Welt eine Aufgabe gegeben, die dieser gleichkam. Jener Erkenntniss haben wir sie zu verdanken und jener [S. 92:] Erkenntniss auch zugleich die Gewissheit, dass wir auch befähigt sind, sie zu lösen. Dass wir sie noch nicht gelöst haben, thut ihrer Wahrheit keinen Abbruch. Jeder Tag, der sich neigt, jede Minute, die verrinnt, bringt uns unserm Ziele näher.

4.

Wie unser Körper, trotzdem er ein Ganzes bildet, dieses Ganze doch erst durch die vereinigte Thätigkeit der verschiedenen Organe ist, die ihn zusammensetzen, und wie es nicht denkbar ist, dass irgend eins dieser Organe functioniren kann, ohne durch die Functionen aller übrigen fortwährend beeinflusst zu werden, so auch jener grosse, noch bei Weitem complicirtere Körper, der die Gesellschaft ausmacht. Auch aus ihr lässt sich kein einziges Phänomen herausschälen, das unabhängig von allen übrigen eine eigene Existenz besässe, das nur seinem eigenen Gesetz gehorchte und nicht fortwährend durch die aller übrigen in der Offenbarung desselben beeinträchtigt wäre.

Allein genau so, wie sich in unserm Körper wieder Organe vorfinden, deren Constitution [S. 93:] eine so kräftige ist, dass sie durch die Functionen der übrigen in einem nur sehr geringen Grade beeinflusst werden, und wie es sich trifft, dass grade diese seine Haupt-Organe sind, genau so giebt es auch eine Classe von

gesellschaftlichen Erscheinungen, die, trotzdem ihre augenfällige Abhängigkeit von den jedesmaligen Gesammtzuständen der Gesellschaft gar nicht geleugnet werden kann, doch derart beschaffen ist, dass sie der Hauptsache nach weniger von ihnen, als vielmehr von gewissen gegebenen Ursachen unmittelbar und in erster Reihe abhängig ist. Und es kann wohl keinen Augenblick zweifelhaft sein, dass grade sie es ist, die die wichtigsten von allen umfasst.

Auf diese Thatsache gründet sich das Bestehen von Spezialwissenschaften der Sociologie, wie sich auf ihr das Bestehen von Spezialwissenschaften der Physiologie gründet. Und es ist wohl einleuchtend, dass die Zahl derselben nicht nur vermehrt werden kann, sondern in unserm eigensten Interesse auch vermehrt werden muss, genau in demselben Masse, als es sich erweist, dass sociale Phänomene vorhanden sind, die jene Eigenschaft, [S. 94:] nämlich eigenen Gesetzen stärker unterworfen zu sein, als fremden, besitzen.

5.

Bei dem noch so jugendlichen Alter unserer Wissenschaft ist es wohl ziemlich selbstverständlich, dass der Kreis dieser so gearteten gesellschaftlichen Erscheinungen noch lange nicht als geschlossen angesehn werden darf. Es ist der Zukunft sicher vorbehalten, noch eine ganze Reihe von ihnen zu ermitteln. Zu denjenigen aber, die wir mit den uns zu Gebote stehenden Hülfsmitteln bereits heute als solche hinstellen dürfen, scheint mir nun namentlich auch diejenige zu gehören, deren Thatsachen wir in den Sculpturen eines Michel Angelo ebenso zu erblicken gewohnt sind, wie in den Tragödien eines Shakespeare, in den Fresken eines Raphael ebenso wie in den Symphonieen eines Beethoven. Thatsachen, deren Aufzählung ich hier nicht unnütz anschwellen lassen will, da sie jedermann bekannt und jedermann zugänglich sind, und deren Gesammtheit wir unter der Bezeichnung Kunst begreifen.

[S. 95:] Dass diese Kunst von der allgemeinen Regel eine Ausnahme bildet, dass sie ihre Werke k e i n e n Gesetzen unterworfen sieht, behauptet heute freilich kein auch nur einigermassen gebildeter Mensch mehr. Auch hat man die speziellen Nachweise für das Gegentheil längst gebracht. Ich erinnere nur an die grossen Leistungen Taines und Spencers. Allein so verdienstvoll, ja so nothwendig diese Arbeiten auch gewesen sind: niemand, der bereits fest auf dem Boden jener Erkenntniss, in dem der Gedanke an eine Wissenschaft von der Gesellschaft überhaupt erst Wurzeln zu schlagen vermochte, stand, wird sich verhehlen, dass sie ihm eigentlich nur nachträglich das bewahrheitet haben, was zu bezweifeln ihm bereits von vornherein auch nicht einen Augenblick lang hätte einfallen können. Nämlich, dass die Kunst als ein jedesmaliger Theilzustand des jedesmaligen Gesammtzustandes der Gesellschaft zu diesem in einem Abhängigkeitsverhältniss steht, dass sie sich ändert, wenn dieser sich ändert, und dass das grosse Gesetz der Entwicklung, dem Alles unterthan ist, auch von ihr nicht verletzt wird.

[S. 96] Dass alle diese Nachweise, und zwar in der ganz speziellen Form, in der sie uns heute vorliegen, nothwendig gewesen sind, ich betone es nochmals, verkenne ich nicht; aber ich verkenne auch zugleich nicht, dass sie leider noch lange nicht genügen, um für die künstlerische Thätigkeit der Menschheit bereits eine ähnliche Wissenschaft zu ermöglichen, wie sie uns etwa seit Marx[2] für die wirthschaftliche Thätigkeit derselben in der Nationalökonomie vorliegt. Dass aber der Aufbau einer derartigen Wissenschaft nichtsdestoweniger äusserst wünschenswerth wäre, und zwar nicht blos im Hinblick auf die Kunst selbst, für deren fernere Entwicklung sie von unberechenbarem Nutzen sein müsste, wird jeder zugeben, der davon unterrichtet ist, wie die einzelnen Wissenschaften dazu berufen sind, sich nicht blos gegenseitig zu ergänzen, sondern sich auch gegenseitig zu berichtigen.

6.

Ich habe eben die Behauptung niedergeschrieben, dass all unser gegenwärtiges Wissen von der Kunst, so umfangreich und so treff- [S. 97:] lich geordnet dasselbe auch, verglichen mit dem der früheren Zeiten, bereits sein mag, doch noch keineswegs ausreichend ist, um sich bereits für eine Wissenschaft von derselben auszugeben. Inwiefern nicht? Ich glaube, meine Gründe hierfür bereits angedeutet zu haben. Indessen, man kann nicht deutlich genug sein. Ich will hier noch einmal auf sie zurückkommen, indem ich sie zugleich präcisire.

All unser gegenwärtiges Wissen von der Kunst kann sich deshalb noch keine Wissenschaft von der Kunst nennen, weil die Gesetze, die seine einzelnen Thatsachen mit einander verknüpfen, noch sammt und sonders auf ein solches letztes, ursächliches zurückweisen, das ihnen allen ausnahmslos zu Grunde liegt, und das jene Thätigkeit, in deren regelrechten Verlauf sie eben fortwährend störend eingreifen, überhaupt erst ermöglicht. Nie z. B. hätte man nachweisen können, dass das, was wir Kunst nennen, auch der Entwicklung unterworfen ist, wenn das, was wir eben Kunst nennen, gar nicht existirt hätte. Aber es existirt, und eben [S. 98:] deshalb können wir heute auch nachweisen, dass es sich entwickelt hat. Welches aber ist nun das Gesetz dieser seiner Existenz selbst? d. h. welche Form hätte diese angenommen, wenn nicht blos das Gesetz jener Erscheinung, die wir Entwicklung nennen, sondern auch die Gesetze aller jener übrigen Erscheinungen, deren Einflüsse auf sie wir in den meisten Fällen noch nicht einmal genügend nachweisen können, obgleich wir durchgehends von ihnen überzeugt sind, keine Macht über sie gehabt hätten?

Es ist klar, dass erst die Erkenntniss dieses Gesetzes unser Wissen von ihr zu einem vollständigen machen würde, d. h. zu einer Wissenschaft von ihr. Erst durch die endliche Leistung dieser Arbeit wären wir in den Stand gesetzt, nicht blos sämmtliche uns bis heute bereits vorliegenden Thatsachen der Kunst zu „erklären", indem wir sie als nothwendige Folgeerscheinungen eben dieses einen

Gesetzes, fortwährend modificirt durch die Summe aller jener übrigen, nachwiesen, sondern — und das ist wieder das weitaus wichtigste — wir könnten uns dann endlich auch an die Lösung [S. 99:] jenes für uns noch so ungleich bedeutsameren, weil im Gegensatz zu diesem ersten, mehr theoretischen, rein practischen zweiten Problemes unserer Wissenschaft heranwagen, dessen Beantwortung durch uns bereits eine zufriedenstellende genannt werden müsste, wenn es uns gelungen wäre, von den zur Zeit noch ausstehenden Thatsachen der Kunst auch nur die ungefähre Reihe vorherzusagen. Denn es ist wohl nur selbstverständlich, dass, falls sich als Folge dieses durch jene wahrscheinlich nie ganz von uns zu detaillirenden Einflüsse in seiner vollen Entfaltung stets behinderten Gesetzes in deutlichen Umrissen jene bisherige, bekannte, historisch von uns controllirbare Linie ergeben hätte, zugleich mit ihr sich auch diese uns zur Zeit noch vollständig unbekannte ergeben müsste. Und zwar mit einer — wohlverstanden im Verhältniss! — nicht minder grossen Wahrscheinlichkeit, als sie beispielsweise die Astronomie für sich in Anspruch nimmt, wenn sie etwa die zukünftige Stellung irgend einer Anzahl Planeten am Himmel berechnet. Was für uns damit gewonnen wäre, liegt auf der Hand . . .

[S. 100:] Dieses Gesetz ist bisher noch nicht gefunden worden. Weder von Taine noch von Spencer, noch von sonst jemand.

Ja, es scheint sogar, man hat es bisher noch nicht einmal als „Problem" gefühlt!

Wenigstens d i e s herbeizuführen und so, damit aus unserm Wissen von der Kunst endlich eine Wissenschaft von der Kunst wird, den ersten vorläufigen A n s t o s s zum Anstoss zu geben, war für mich der Z w e c k dieser kleinen Arbeit.

Damit war das Rad in Gang getreten, und ich spulte nun weiter runter:

Es ist klar: Das Gesetz einer Erscheinung kann nur aus der Betrachtung dieser Erscheinung selbst geschöpft werden. Um hinter das Gesetz zu kommen, dessen Verkörperung die Kunst ist, würde es also meine erste Aufgabe sein, diese einer Analyse zu unterziehen. Diese Aufgabe ist jedoch für mich unlösbar. Denn, selbst angenommen, das betreffende Thatsachenmaterial wäre bereits ein nach allen Richtungen hin scharf abgegrenztes, was es [S. 101:] indessen noch keineswegs ist: der Umfang desselben wäre ein so ungeheurer, dass auch eine weit stärkere Kraft als die meine bereits an dieser einen Klippe ohnmächtig scheitern müsste.

Ich bin also gezwungen, mich nach einem anderen Verfahren umzusehn. Nach einem Verfahren, das geeignet ist, mich auf einem anderen Wege zu demselben Resultat gelangen zu lassen.

Ich sage mir: liegt ein Gesetz einem gewissen Complex von Thatsachen zu Grunde, so liegt dieses selbe Gesetz auch jeder einzelnen Thatsache desselben zu Grunde. Liegt der Kunst in ihrer Gesammterscheinung ein Gesetz zu Grunde, so liegt eben dieses selbe Gesetz auch jeder ihrer Einzelerscheinungen zu Grunde.

Ich würde also bereits in den Besitz desselben gelangen, falls es mir glückte, auch nur eine einzige Thatsache derselben einer Analyse zu unterziehen.

Es schien, als ob meine Aufgabe, auf diese Form reducirt, eine leicht zu bewältigende geworden war. Ich brauchte jetzt aus der Masse des Vorhandenen nur die erste beste heraus- [S. 102:] zugreifen, die von mir als nothwendig erachtete Analyse an ihr zu vollziehen, das Ergebniss derselben durch ein mehr oder minder grosses Material zu bewahrheiten, respective betreffend zu rectificiren, und mein Problem war gelöst. Gleichgültig, ob diese Thatsache nun eine indische Pagode, ein Wagner'sches Musikdrama, ein Garten aus der Rokkokozeit, oder eine Kielland'sche Novellette[3] gewesen wäre.

Allein bereits aus diesen vier angeführten Beispielen leuchtet vielleicht ein, dass es hier mit einem willkürlichen Draufzugreifen nicht gethan war. Denn was berechtigte mich wohl, von vorn herein anzunehmen, dass eine Kielland'sche Novellette und eine indische Pagode Ausdrucksformen ein und derselben menschlichen Thätigkeit seien? Dass ein Wagner'sches Musikdrama nichts anders als die Verkörperung desselben Gesetzes sei, dem eine Le Nôtre'sche[4] Gartenanlage ihre verschnörkelte Pedanterie verdankt? Doch wohl nur der Sprachgebrauch. Derselbe, der den Walfisch kein Säugethier sein lässt und das Nilpferd unter die Einhufer rechnet! Aber, wie [S. 103:] sich schon Engels[5] damals so drastisch in seiner prachtvollen „Umwälzung" ausdrückte: „Wenn ich eine Schuhbürste unter die Einheit Säugethiere zusammenfasse, so bekommt sie damit noch lange keine Milchdrüsen"!

Und dieser Satz war so köstlich, so ü b e r w ä l t i g e n d, dass ich, als er mir einfiel, laut auflachen musste. Und ich sagte mit Jobst Sackmann[6], dem alten biedern Pastor und Bierhuhn: „Ek hebbe düssen Veersch nich maaket, man he dreept gladd in!"

Ich sah also, dass meine Wahlfreiheit nur eine sehr beschränkte war. Der alte Plato, den sie den Göttlichen nannten, zog die Hebeammen- und die Schuhmacherkunst der tragischen vor, der Volkswitz kennt die „unnütze Kunst, Linsen durch ein Nadelöhr zu werfen", ein Mann wie Herder phantasirte noch von der „schönen Bekleidungskunst"[7], Barnum[8] hat von der „Kunst, reich zu werden", ein Anderer über die „Kunst, verheirathet und doch glücklich zu sein" geschrieben, Julius Stettenheim[9] neulich erst eine Broschüre über die „Brodlosen Künste", unter denen, als letzte, die „Kunst — eine Cigarre anzubieten" [S. 104:] florirt, und Goethe, der grosse Goethe, setzt sogar an einer Stelle die Kunst diametral der Poesie gegenüber. Die Poesie wäre ebenso wenig eine „Kunst", wie eine „Wissenschaft". Künste und Wissenschaften „erreichte" man „durch Denken, Poesie nicht"; denn diese wäre „Eingebung": sie wäre in der „Seele" „empfangen", als sie sich „zuerst regte". Man solle sie daher „weder Kunst noch Wissenschaft" nennen, sondern „Genius". Wortwendungen, die, wie man heute vielleicht bereits das Ohr hat, nicht einmal den Vorzug haben, dass sie schön klingen!

Die Grenze zwischen dem, was Kunst ist, und dem, was nicht Kunst ist, soll eben noch erst gezogen werden. Und ich sagte mir, sie zu ziehen, ist naturgemäss erst dann möglich, nachdem das Problem, das hier in Frage steht, gelöst worden ist. Es ist aber noch nicht gelöst, und daher muss ich in der Wahl meiner That-sache so vorsichtig, als nur irgendwie möglich zu Werke gehn. Ich muss mich nach ihr auf einem Gebiete der Kunst umsehen, das als solches noch nie und nirgends in Frage gestellt worden ist.

[S. 105:] Ein solches schien mir nun vor allen anderen dasjenige der Malerei zu sein. Oder irrte ich mich? Sollte es bereits thatsächlich jemand eingefallen sein, ein Werk wie z. B. die Sixtinische Madonna als nicht der Kunst angehörig hinzustellen? Ich durfte das wohl bezweifeln. Und ich glaube auch heute noch: die Malerei hat man überall und zu allen Zeiten als „Kunst" gelten lassen!

Mithin, sagte ich mir, würde es allerdings alle Wahrscheinlichkeit für sich haben, dass jedes ihr angehörige Werk, und zwar ganz gleichgültig welches, einer ausreichenden Analyse unterworfen, mir zur Erkenntniss des von mir gesuchten Gesetzes verhelfen müsste. Ein Bild wie die Sixtinische Madonna musste mir dieses Gesetz eben so gut liefern, wie eine Pompejanische Wandmalerei oder das Menzelsche „Eisenwalzwerk"[10]. Nur sah ich mich aber leider bereits nach dem oberflächlichsten Nachdenken über diese Werke zu dem Geständniss gezwun-gen, dass sie mir durchweg zu complicirt waren. Eine ausreichende Analyse irgend eines derselben, darüber durfte ich mich gar keinen Augenblick einer leichtsinnigen Hoffnung [S. 106:] hingeben, wäre mir schlechterdings unmög-lich gewesen.

Und ich war mir nun also darüber klar geworden: Wenn es mir nicht gelang, andere als diese grossen Thatsachen der Geschichte ausfindig zu machen, deren Bedingungen ich nicht mehr controlliren konnte, so musste ich auf die Lösung meines Problems wohl oder übel endgültig verzichten. Es waren einfache That-sachen, die mir noth thaten! Thatsachen, deren Zusammensetzung mir weniger zu rathen gab! Thatsachen, die ich übersehn konnte! Denn es war und ist eben auch heute noch nur ein alter naturwissenschaftlicher Satz: „Die Erkenntniss eines Gesetzes ist um so leichter, je einfacher die Erscheinung ist, in der es sich äussert."

Die Idee der Entwicklung, die unsre ganze Zeit beherrscht, die endliche Er-kenntniss der Wesenseinheit der höheren und niederen Formen jedoch machte mir glücklicher Weise die Auffindung dieser einfachen Thatsachen zu einer spielend leichten. Auf ihr als Basis war ich gezwungen, die Kritzeleien eines kleinen Jungen auf seiner Schiefertafel für [S. 107:] nichts mehr und nichts weniger als ein Ergebniss genau derselben Thätigkeit anzusehn, die einen Rubens seine „Kreuzabnahme" und einen Michel Angelo sein „Jüngstes Gericht" schaf-fen liess, und die wir, zum Unterschiede von gewissen andern, eben als die „künst-lerische" bezeichnen. Es fragte sich jetzt also nur noch, ob es mir möglich sein

würde, eine dieser Thatsachen einer hinreichenden Analyse zu unterziehen. Ich war gezwungen, zu folgern, ich hätte dann thatsächlich gegründete Aussicht, mein Problem zu lösen.

Und ich wagte den Versuch!

Ich grabe ihn hier aus aus meinen Papieren:

„Vor mir auf meinem Tisch liegt eine Schiefertafel. Mit einem Steingriffel ist eine Figur auf sie gemalt, aus der ich absolut nicht klug werde. Für ein Dromedar hat sie nicht Beine genug, und für ein Vexirbild: „Wo ist die Katz?" kommt sie mir wieder zu primitiv vor. Am ehesten möchte ich sie noch für eine Schlingpflanze, oder für den Grundriss einer Landkarte halten. Ich würde sie mir vergeblich zu erklären versuchen, wenn ich nicht wüsste, daß ihr Urheber ein kleiner [S. 108:] Junge ist. Ich hole ihn mir also von draussen aus dem Garten her, wo der Bengel eben auf einen Kirschbaum geklettert ist, und frage ihn: „Du, was ist das hier?"

Und der Junge sieht mich ganz verwundert an, dass ich das überhaupt noch fragen kann, und sagt: „Ein Suldat!"

Ein „Suldat!" Richtig! Jetzt erkenne ich ihn deutlich! Dieser unfreiwillige Klumpen hier soll sein Bauch, dieser Mauseschwanz sein Säbel sein und schräg über seinem Rücken hat er sogar noch so eine Art von zerbrochenem Schwefelholz zu hängen, das natürlich wieder nur seine Flinte sein kann. In der That! Ein „Suldat"! Und ich schenke dem Jungen einen schönen, blankgeputzten Groschen, für den er sich nun wahrscheinlich Knallerbsen, Zündhütchen oder Malzzucker kaufen wird, und er zieht befriedigt ab.

Dieser „Suldat" ist das, was ich suchte.

Nämlich eine jener einfachen künstlerischen Thatsachen, deren Bedingungen ich controlliren kann. Mein Wissen sagt mir, zwischen ihm und der Sixtinischen Madonna in Dresden besteht kein Art- sondern nur ein Gradunterschied. [S. 109:] Um ihn in die Aussenwelt treten zu lassen und ihn so und nicht beliebig anders zu gestalten, als er jetzt, hier auf diesem kleinen Schiefterviereck, thatsächlich vor mir liegt, ist genau dasselbe Gesetz thätig gewesen, nach dem die Sixtinische Madonna eben die Sixtinische Madonna geworden ist, und nicht etwa ein Wesen, das z. B. sieben Nasen und vierzehn Ohren hat. Dinge, die ja sicher auch nicht ausser aller Welt gelegen hätten! Man braucht nur an die verzwickten mexikanischen Vitzliputzlis[11] und die wunderlichen Oelgötzen Altindien zu denken. Nur, dass eben die Erforschung dieses Gesetzes mir in diesem primitiven Fall unendlich weniger Schwierigkeiten bereitet."

Dass sie mir indessen trotzdem welche bereiten würde, und zwar wahrscheinlich gar nicht einmal so unerhebliche, glaubte ich bereits voraussehn zu dürfen. Denn wonach ich suchte, war ja ein sogenanntes „ursächliches" Gesetz und über diese hatte schon Mill ausgesagt: „Alle ursächlichen Gesetze sind einer sie scheinbar vereitelnden Gegenwirkung ausgesetzt, indem sie mit anderen Gesetzen in

Conflict gerathen, deren Sonder-Ergebniss dem [S. 110:] ihrigen entgegengesetzt oder mehr oder weniger unvereinbar ist." Woraus denn natürlich resultirt, dass sie dem naiven Verstand überhaupt nicht in Erfüllung zu gehen scheinen!

Ich durfte also auf keinen Fall hoffen, das Gesetz, das alle Kunst regiert, durch meine kleine „Thatsache" sofort klar und deutlich wie durch ein Krystall zu sehn. Im Gegentheil! Ich musste mich bereits darauf gefasst machen, es, falls ich es überhaupt fand, fast bis zur Unkenntlichkeit entstellt zu finden. Was aber wieder natürlich absolut nicht verhindern konnte, dass ich mich dann endlich trotzdem in der erwünschten Lage befand. Nämlich aus ihm nicht nur die Gesetzmässigkeit jener complicirteren Thatsache ableiten zu können, zu deren Analyse ich mich platterdings hatte für unfähig erklären müssen, sondern auch die aller übrigen der Kunst. Und zwar ohne Ausnahme! Ganz gleichgültig, ob sie nun der Malerei oder irgend einem anderen ihrer Gebiete angehörten. Die Induction bereits dieses einzigen Falles musste, falls es überhaupt möglich war, sie zu vollziehen, genügen, um, vorausgesetzt natürlich, dass sie richtig vollzogen worden war, hinreichendes Material für die Deduction aller übrigen zu liefern. Und ich versuchte es. Ich sagte mir:

„Durch den kleinen Jungen selbst weiss ich, daß die unförmige Figur da vor mir nichts anders als ein Soldat sein soll. Nun lehrt mich aber bereits ein einziger flüchtiger Blick auf das Zeug, dass es thatsächlich kein Soldat ist. Sondern nur ein lächerliches Gemengsel von Strichen und Punkten auf schwarzem Untergrund.

Ich bin also berechtigt, bereits aus dieser ersten und sich mir geradezu von selbst aufdrängenden Erwägung heraus zu constatiren, dass hier in diesem kleinen Schiefertafel-Opus das Resultat einer Thätigkeit vorliegt, die auch nicht im Entferntesten ihr Ziel erreicht hat. Ihr Ziel war ein Soldat No. 2, und als ihr Resultat offerirt sich mir hier nun dies tragikomische!

Dass ich zugleich in der Lage wäre, auch noch etwas Anderes constatiren zu können, nämlich dass der Junge, seinem eigenen Geständnisse nach, ganz naiv davon überzeugt war, dass das gewesene Ziel seiner Thätig- [S. 112:]keit und das erzielte Resultat derselben sich „deckten", davon will ich vorderhand einmal absehn, weil es offenbar zu meiner Analyse nur mittelbar gehört, aber ich will es mir merken; vielleicht kann ich es noch einmal brauchen.

Ich habe also bis jetzt constatirt, dass zwischen dem Ziel, das sich der Junge gestellt hatte, und dem Resultat, das er in Wirklichkeit, hier auf dem kleinen schwarzen Täfelchen vor mir, erreicht hat, eine Lücke klafft, die grauenhaft gross ist. Ich wiederhole: dass diese Lücke nur für mich klafft, nicht aber auch bereits für ihn existirte, davon sehe ich einstweilen noch ganz ab.

Schiebe ich nun für das Wörtchen Resultat das sicher auch nicht ganz unbezeichnende „Schmierage" unter, für Ziel „Soldat" und für Lücke „x", so erhalte ich hieraus die folgende niedliche kleine Formel: Schmierage = Soldat—x.

Oder weiter, wenn ich für Schmierage „Kunstwerk" und für Soldat das beliebte „Stück Natur" setze: Kunstwerk = Stück Natur — x. Oder noch weiter, wenn ich für Kunstwerk vollends „Kunst" und für Stück Natur „Natur" selbst setze: Kunst = Natur — x."

[S. 113:] Bis hierher war unzweifelhaft alles richtig und die Rechnung stimmte. Nur, was „erklärte" mir das?

Das erklärte mir noch gar nichts! Damit stand ich leider immer noch da wie das bekannte alte schöne vierbeinige Thier vorm Berge. Ich musste mir sagen, und zwar ganz deutlich, dass ich es auch ja recht hörte: so schlau war der gute Emil, der dicke Bürgermeister von Medan[12], auch schon! Nur freilich, dass er zugleich auch noch so draufzutäppisch war, das verschmitzte Löchelchen x, das ich einstweilen noch so fein vorsichtig offen gelassen, gleich ganz mit seinem dummen, klobigen Temperament zustopfen zu wollen; wodurch sich dann natürlich alles sofort wieder in den schönsten Unsinn verkringelte und der alte Blödsinn wieder in vollster Blüthe blühte.

Als ob z. B. daran, dass an meinem Suldaten keine blanken Knöpfe glitzerten, für die doch der Soldat unter allen Umständen aufzukommen hat, einzig das „Temperament" meines kleinen Bengelchens die Schuld trug! Ich wusste ganz genau: wenn ich ihm zu Weihnachten einen [S. 114:] Tuschkasten geschenkt hätte, in dem dann aber natürlich auch noch so ein kleines Muschelschälchen mit Goldbronze hätte drin sein müssen, und der Junge hätte so sein Conterfei, statt mit einem Steingriffel auf eine schwarze Schieferplatte, mit einem Pinsel auf ein weisses Stück Pappe gemalt — die blanken Knöpfe wären sicher nicht ausgeblieben! Und ebenso wenig der blaue Rock und die rothen Aufschläge. Mithin, das x würde dann um ein paar Points verringert und die pp. Lücke nicht mehr ganz so grauenhaft gross geworden sein. Und doch würde dann das „Temperament" meines kleinen Miniatur-Menzels zu diesem Subtractionsexempel aber auch nicht das Mindeste beigetragen haben! Es wäre im Gegentheil haarscharf dasselbe gewesen und nur das Resultat ein anderes geworden.

Nein! Das geheimnisvolle x bestand also auch noch aus ganz andern Factoren. So plumpplausibel, dass es nur aus dem einen simplen „Temperament" zusammengeleimt war, ging es leider nicht zu in der vertracten Realität!

Und ich sagte mir:

[S. 115:] „Kunst = Natur — x. Damit locke ich noch keinen Hund hinterm Ofen vor! Gerade um dieses x handelt es sich ja! Aus welchen Elementen es zusammengesetzt ist!

Ob ich sie freilich hier gleich alle und nun gar bis in ihre letzten, feinsten Verzweigungen hinein werde ausfindig machen können, das scheint mir schon jetzt mehr als zweifelhaft. Aber ich ahne, dass es vorderhand, um überhaupt erst einmal festen Boden unter den Füssen zu fühlen, bereits genügen würde, wenn es mir glückte, auch nur ihrer gröbsten, allerhandgreif-

lichsten habhaft zu werden. Die übrigen, feiner geäderten, nüancirten werden sich dann mit der Zeit schon von ganz allein einstellen."

Und das hob mir, einigermassen wenigstens, wieder den Muth. Und ich spann meinen Faden weiter aus:

„Also Kunst = Natur — x. Schön. Weiter. Woran, in meinem speciellen Falle, hatte es gelegen, dass das x entstanden war? Ja, dass es einfach hatte entstehen müssen? Mit andern Worten also, dass mein Suldat kein Soldat geworden?"

[S. 116:] Und ich musste mir antworten:

„Nun, offenbar, in erster Linie wenigstens, doch schon an seinem Material. An seinen Reproductionsbedingungen rein als solchen. Ich kann unmöglich aus einem Wassertropfen eine Billardkugel formen. Aus einem Stück Thon wird mir das schon eher gelingen, aus einem Block Elfenbein vermag ich's vollends."

Immerhin, musste ich mir aber wieder sagen, wäre es doch möglich gewesen, auch mit diesen primitiven Mitteln, diesem Stift und dieser Schiefertafel hier, ein Resultat zu erzielen, das das vorhandene so unendlich weit hätte hinter sich zurück lassen können, dass ich gezwungen gewesen wäre, das Zugeständniss zu machen: ja, auf ein denkbar noch g e r i n g e r e s Minimum lässt sich mit diesen lächerlich unvollkommenen Mitteln hier das verdammte x in der That nicht reduciren! Und ich durfte getrost die Hypothese aufstellen, einem Menzel beispielsweise wäre dies ein spielend Leichtes gewesen. Woraus sich denn sofort ergab, dass die jedesmalige Grösse der betreffenden Lücke x bestimmt wird nicht blos durch die jedesmaligen [S. 117:] Reproductionsbedingungen der Kunst rein als solche allein, sondern auch noch durch deren jedesmalige dem immanenten Ziel dieser Thätigkeit mehr oder minder entsprechende Handhabung.

Und damit, schien es, hatte ich auch bereits mein Gesetz gefunden; wenn freilich vorderhand auch nur im ersten und gröbsten Umriss; aber das war ja wohl nur selbstverständlich. Und auf Grund der alten, weisen Regel Mills: „Alle ursächlichen Gesetze müssen in Folge der Möglichkeit, dass sie eine Gegenwirkung erleiden (und sie erleiden alle eine solche!) in Worten ausgesprochen werden, die nur T e n d e n z e n und nicht wirkliche E r f o l g e behaupten, hielt ich es für das Beste, es zu formuliren, wie folgt:

„Die Kunst hat die Tendenz, wieder die Natur zu sein. Sie wird sie nach Massgabe ihrer jedweiligen Reproductionsbedingungen und deren Handhabung."

Ich zweifelte zwar keinen Augenblick daran, dass mit der Zeit auch eine bessere, präcisere Fassung möglich sein würde, aber den [S. 118:] Kern wenigstens enthielt ja auch diese bereits und das genügte mir.

„Die Kunst hat die Tendenz, wieder die Natur zu sein. Sie wird sie nach Massgabe ihrer Reproductionsbedingungen und deren Handhabung."

Ja! Das war es! Das hatte mir vorgeschwebt, wenn auch nur dunkel, schon an jenem ersten Winterabend!

Und ich sagte mir:

Ist dieser Satz wahr, d. h. ist das Gesetz, das er aussagt, ein wirkliches, ein in der R e a l i t ä t vorhandnes, und nicht blos eins, das ich mir thöricht einbilde. eins in meinem S c h ä d e l, dann stösst er die ganze bisherige „Aesthetik" über den Haufen. Und zwar rettungslos. Von Aristoteles bis herab auf Taine. Denn Zola ist kaum zu rechnen. Der war nur dessen Papagei.

Das klang freilich den Mund etwas voll, aber ich konnte mir wirklich, beim besten Willen, nicht anders helfen. Denn ich war mir darüber schon damals so klar, wie ich es mir noch heute bin. Nämlich, dass Alles, was diese „Disciplin" bisher orakelt hat, genau auf [S. 119:] seinem ausgesprochenen Gegentheil fusst. Also, wohlverstanden, dass die Kunst n i c h t die Tendenz hat, wieder die Natur zu sein! Eine Naivität, deren bisherige länger als zweitausendjährige unumschränkte Alleinherrschaft leider nur allzu begreiflich ist. Denn sie ist die Naivität des sogenannten „gesunden Menschenverstandes." (...)

[S. 124:] Die Kunst hat die Tendenz, wieder die Natur zu sein. Sie wird sie nach Massgabe ihrer jedweiligen Reproductionsbedingungen und deren Handhabung.

Dass die Induction, die mir zu diesem Satze verholfen, eventuell eine fehlerhafte gewesen sein könnte und mithin auch ihr Resultat, [S. 125:] also eben dieser Satz selbst am Ende gar ein illusorisches, fiel mir auch nicht einen Augenblick lang ein. Ich fühlte eben zu deutlich, er traf den Nagel auf den Kopf. Und ausserdem — mir selbst, ich wiederhole, bereits zum Ueberfluss — stimmten auch alle Proben, die ich auf das Exempel machte. Und ich machte unzählige. (...)

[S. 127:] Trotzdem aber musste ich mir doch sagen, war mein „Gesetz" für jeden Andern als mich selbst vorderhand nur erst eine H y p o t h e s e. Man konnte es anerkennen, oder auch nicht. Je nach dem. Der intellectuelle Stand des jedesmal Betreffenden entschied Alles. Dass man es a l l g e m e i n anerkannte, dass es G e b r a u c h s w e r t h erhielt, dass man seine Barren zu kleiner Münze schlug und damit „werthete", darauf durfte ich billiger Weise nicht Anspruch erheben, bevor es mir nicht gelungen war, es auch zu beweisen. Und das konnte ich selbstverständlich nur dadurch, dass ich eben die gesammte Entwickelung, wie sie sich thatsächlich vollzogen, einfach aus ihm herleitete. Dass ich nachwies, wie sie aus ihm hatte emporwachsen müssen, ganz von selbst und allmählig, wie aus ihrem Keim eine Pflanze. Erst dann, sagte ich mir, durfte ich die Feder endlich bei Seite legen, erst dann hatte ich die Aufgabe, die ich mir damals, an jenem ersten Winterabend, gestellt hatte, wirklich gelöst.

Und in der That. Ich war naiv genug, mich auch an diesen Theil meiner Arbeit heranzumachen. Der Titel meines Buches hatte sich schon ergeben, mühelos aus dem Vorhergegangenen, fehlte also „nur noch" das Buch selbst:

„Sociologie der Kunst.
Précédée par une lettre ouverte à M. Émile Zola." (...)
Den offenen Brief an Zola wenigstens brachte ich zu Papier. (...) [S. 129:] Ich gebe das betreffende Schriftstück hier wieder:

Monsieur!

Dans la préface de la „Campagne", dernière oeuvre de votre critique, vous avez écrit:

„Aujourd'hui, me voilà dans la retraite. Depuis quatre mois, j'ai quitté la presse, et je compte bien n'y point rentrer, sans vouloir toutefois m'engager à cela par un serment solennel. C'est un état de bien-être profond, ce désintéressement de l'actualité, cette paix de l'esprit appliqué tout entier à une œuvre unique, surtout au sortir de seize années de [S. 130:] journalisme militant. Il me semble qu'un peu de paix se fait déjà sur mes livres et sur mon nom, un peu de justice aussi. Sans doute, lorsqu'on ne m'apercevra plus à travers les colères de la lutte, qu'on verra simplement en moi le travailleur enfermé dans l'effort solitaire de son oeuvre, la légende imbécile de mon orgueuil et de ma cruauté tombera devant les faits."

Vous avez raison, Monsieur. Six ans se sont écoulés depuis et chacun a contribué à réaliser votre prédiction. On a fini par voir dans vos études un plaidoyer personnel. On a séparé le critique du romancier; on convient qu'il a cherché la vérité passionnément, à l'aide de méthodes scientifiques, souvent même contre ses propres oeuvres; on a compris qu'il a obéi à l'impulsion du siècle. S'il y a cependant encore aujourd'hui des gens qui s'entêtent à dire que le naturalisme — cette réthorique de l'ordure! — n'est qu'une invention que vous avez lancée pour poser „l'Assommoir" comme une Bible, ces gens-là appartiennent précisément à la catégorie de ces Saints qui, selon votre propre expression, se sont fait un petit naturalisme à leur usage. Vous avez [S. 131:] écrit „blanc" et ils lisent „noir". C'est à juste titre que vous avez répondu à ces plaisantins: de cette façon, messieurs, nous ne nous rencontrerons jamais! Mais, grâce à Dieu, ceux-ci ne comptent pour rien. N'en parlons plus. Telle est aujourd'hui la vraie situation: Votre victoire est définitive. C'est un fait évident que personne ne pourrait nier. Pendant que la médiocrité hurlait et protestait, vous, vous êtes allé en avant, vous avez fait votre besogne. Vous avez dit que c'est le propre du génie de s'affirmer au milieu des obstacles, et qu'il faut mesurer un écrivain à l'école qu'il laisse et à son action sur l'intelligence générale de son siècle, si cela est vrai, vous pouvez, Monsieur, dormir tranquille. Ayant fait de la passion du vrai une religion en dehors de laquelle vous avez nié tout espoir de salut, vous vous êtes donné la joie rare de dire tout haut ce que vous avez pensé tout bas. Aujourd'hui, après vingt années de lutte contre l'imbécillité et contre la mauvaise foi, vous avez terminé par un triomphe. La vieillesse n'st pas encore venue et déjà vous avez conquis le public;

les réputations de [S. 132:] carton sont tombées autour de vous, et lorsque vous vous en irez un jour, vous vous en irez dans votre gloire, certain de la solidité du monument que vous laissez. Vos grandes oeuvres resteront.

Cependant, une génération déplace l'autre; et c'est vous-même, Monsieur, qui avez dit, que la bataille aux conventions est loin d'être terminée et qu'elle durera sans doute toujours. Et c'est ainsi que vous nous avez encouragés à creuser le sillon davantage, si nous le pouvons: „Vous êtes jeunes, rêvez donc de conquérir le monde. Exagérez votre audace, songez qu'il vous faut dépasser vos aînés pour laisser à votre tour de grandes oeuvres. Le métier vous glacera assez vite. Chaque conquête sur la convention est marquée par une gloire, personne n'est grand s'il n'apporte dans ses mains saignantes une vérité. Le champ est immense, infini. Toutes les générations peuvent y moissonner. J'ai terminé ma tâche, mais la vôtre commence. Continuez-moi, allez plus avant, faites plus de clarté. Je vous cède la place par une loi fatale, je crois à la marche de l'humanité vers toutes les certitudes scien- [S. 133:] tifiques. Et c'est pourquoi je vous prie de reprendre mon combat, d'être braves, de ne pas avoir peur de conventions que j'ai entamées et qui céderont devant vous, dussiez-vous, un jour, par des oeuvres plus vraies, faire pâlir les miennes".

Bravo! Je ne connais pas de paroles ni plus courageuses ni plus nobles. Vous allez même plus loin; vous suppliez les jeunes écrivains de faire une réaction contre vos procédés littéraires. Car, vous le confessez vous-même, vous tous, qu'on est convenu d'appeler naturalistes, même ceux qui, comme par exemple vous, ont la passion de la vérité la plus exacte, vous êtes gangrenés de romantisme jusqu'aux moelles. Vous vous en êtes souvent plaint. Vous avez, en effet, commencé à voir où vous allez, mais vous pataugez encore en plein dégel de la réthorique et de la métaphysique. Je ne vous démens pas, Monsieur. Je ne fais qu'admirer franchement votre connaissance de vous-même. Vous ne voulez pas être illogique; vous confessez parfaitement que le naturalisme aurait tort, s'il déclarait qu'il est la forme définitive et complète de la littérature, celle [S. 134:] qui a lentement mûri à travers les âges. Vous croyez, au contraire, s'il en devait être ainsi, qu'il tomberait dans les mêmes drôleries que le romantisme. Puis vous ajoutez:

„Que deviendra l'évolution naturaliste? Je l'ignore. L'imagination prendra-t-elle sa revanche contre l'analyse exacte? Peut-être bien. Et, d'autre part, le naturalisme aura-t-il un long règne? Je le crois, mais je n'en sais rien. Ce qui m'emporte c'est que dans cinquante ans, si le mouvement a avorté, il ne se trouve pas de naturalistes assez sots pour dire comme les vieux romantiques: Nous refusons de vider la place, parceque nous sommes la littérature parfaite".

Certes, je connais trop bien les faits, pour risquer l'affirmation ridicule que le mouvement naturaliste a déjà avorté; bien au contraire! si l'on n'entend par le mot „naturalisme" que le simple retour à la nature, je suis même complètement

de votre avis: il va s'élargir de plus en plus, il n'a fait que commencer, on ne peut prévoir encore, jusqu'où il ira; il est l'intelligence même du siècle. Je suis tout à fait de votre avis, lorsque vous dites à un [S. 135:] autre endroit: „Croit-on arrêter ce mouvement en faisant remarquer que les conventions subsistent et se déplacent? Eh! c'est justement parce qu'il y a des conventions, des barrières entre la vérité absolue et nous, que nous luttons pour arriver les plus près possible de la vérité!"

Oui, pour arriver le plus près possible de la vérité! C'est aussi selon notre opinion le but de tout art. Mais, hélas! Dieu sait où nous en sommes au sujet de la vérité, malgré le mouvement dont vous vous êtes fait le portedrapeau. Il vaut mieux ne pas en parler. Pour arriver le plus près possible de la vérité! Je le répète: c'est aussi, selon notre opinion, le but de tout art. Mais p o u r y arriver, non seulement le plus près, mais encore le plus vite possible, il faut avoir une méthode, il faut connaître les lois auxquelles l'art tout entier est soumis. Et ce sont justement ces lois que, selon nous, vous n'avez pas encore découvertes, et votre méthode nous la jugeons encore perverse. Ce n'est pas, en un mot, comme vous le croyez, votre „tralala romantique" qui compromet votre formule, c'est le fond [S. 136:] même de cette formule. Il ne s'agit donc plus pour nous, les plus jeunes, de la dégager et de l'asseoir — une besogne que vous avez laissée expressément à vos „fils", puisque vous vous seriez trop échauffé dans la lutte, pour y avoir eu le calme nécessaire — mais d'en stipuler une neuve, à savoir la „vraie": la formule qui se confond avec les faits. Car nous admettons complètement votre sentence: „Il faut que l'anarchie littéraire finisse, il faut qu'un état solide soit fondé." Mais avec des formules fausses on ne fonde pas des états solides. Pour cela il en faut de vraies. Et c'est justement cette formule vraie que nous croyons à présent avoir trouvée. Elle sera complète, si elle parvient à triompher, cette évolution immense, qui selon votre propre expression vient du premier cerveau pensant, et que vous avez intitulée du nom de naturalisme, définition, contre laquelle nous n'avons rien à opposer. Car, je le répète, je ne nie personne, vousmême le moins. Tout à fait comme vous autrefois, je vais à présent définir le passé, pour bien démontrer qu'il est le passé, et que les lettres doivent entrer [S. 137:] dans une période encore toute nouvelle, qu'il est bon de dégager nettement, si l'on veut éviter les regrets inutiles et marcher à l'avenir d'un pas résolu. Certes, aussi aujourd'hui encore les sots ne manqueront pas. Mais aussi moi je n'ai la prétention ni de prédire ni de pontifier: je tâche tout simplement d'étudier ce qui se passe et de prévoir ce qui sera demain en m'appuyant sur ce qui a été hier. Moi non plus je n'invente rien, moi aussi je fais mieux, moi aussi je continue. Je dis tout comme autrefois vous: „Je ne suis qu'un simple analyste, tourmenté par le besoin du vrai." Je crois démontrer par là qu'il existe quelque parenté entre moi et l'heure à laquelle je vis.

Sans doute, les mêmes causes appliquées à des objets semblables doivent pro-

duire les mêmes effets. De cette manière on vous a reproché d'avoir été un fils ingrat du romantisme. Vous avez protesté là-contre. Je suis sûr de mon coup: un jour on nous reprochera également d'être des fils ingrats du naturalisme. Et nous aussi nous protesterons. Non, nous n'avons pas d'ingratitude. Nous savons que [S. 138:] vous avez combattu le bon combat de la vérité, autant que vous l'avez pu, et nous sommes pénétrés d'admiration et de reconnaissance pour vous. Non! Nous ne le nions pas. Vous avez senti tressaillir en vous les vérités de l'avenir! Si vous balbutiez, c'est que vous étiez au seuil d'un siècle de science et de réalité, et vous chanceliez, par instants, comme des hommes ivres, devant la grande lueur qui se leva en face de vous. Mais vous travailliez, vous prépariez la besogne de vos fils. Et ces fils, je le répète, c'est nous. Et si vous étiez à l'heure de la démolition, lorsqu'une poussière de plâtre emplissait l'air et que les décombres tombaient avec fracas, nous, les plus heureux peut-être, nous sommes aujourd'hui à l'heure de la reconstruction de l'édifice. Mais vous n'avez point à vous en plaindre. Vous avez eu les joies cuisantes, l'angoisse douce et amère de l'enfantement; vous avez eu les oeuvres passionnées, les cris libres de la vérité, tous les vices et toutes les vertus de grands siècles à leur berceau. Que les aveugles nient vos efforts, qu'ils voient dans vos luttes des convulsions de l'agonie, [S. 139:] lorsque ces luttes étaient les premiers bégaiements de la naissance. Ce sont des aveugles. Vous les haïssez et nous aussi!

Mais, je le répète, l'évolution sociale et littéraire a continué et nous sommes aujourd'hui dans une autre période d'intelligence. Inutile de discuter, de dire que ce mouvement qui nous emporte à la vérité en tout cas est bon ou mauvais; il est, cela suffit; nous lui obéissons de gré ou de force. Il est un travail humain et social sur lequel des volontés isolées ne peuvent rien. Je sais bien que les médiocres d'aujourd'hui voudraient nous arrêter sous le prétexte qu'il n'y a plus de réformes à faire, que nous sommes arrivés en littérature à la plus grande somme de vérité possible. Eh quoi! de tout temps les médiocres ont dit cela. Est-ce qu'on arrête l'humanité, est-ce qu'on fixe jamais sa marche en avant? Que l'art périsse donc, s'il nous est défendu d'en rompre le cadre conventionnel! Mais nous le romprons. Il ne périra pas!

Vous, Monsieur, vous avez été à l'aise parmi votre génération. Moi, je veux l'être aujourd'hui à la mienne. Vous, Monsieur, [S. 140:] vous vous êtes constitué le défenseur de la réalité. Eh bien, moi aussi je me constitue défenseur, non contre quelque vieux romantique, mais contre vous.

Vous vous êtes imaginé que la nouvelle évolution que vous avez pressentie et dont la première manifestation est précisément ce livre-ci, pousserait les auteurs et le public vers plus de simplicité et plus de vérité. Vous ne vous y êtes pas trompé. Ce que vous n'avez pu que commencer, notre évolution l'accomplit: elle fait table rase de toutes les esthétiques qui courent les rues à cette heure. Et cela sans en excepter la vôtre. Aussi, je le crois, est-elle profondément moderne, en

apportant la note „naturaliste" dans toute son intensité[14]. Vous pouvez vous en convaincre en lisant les pages suivantes.

Mon grand désir était avant tout de vous succéder, mon grand modèle, c'est à dire, d'être juste. D'abord je vais reproduire exactement votre théorie. Vous vous assurerez que je ne vous prête pas des opinions qui ne sont pas les vôtres. Je ne me rends qu'à votre propre réclamation, suivant le bon [S. 141:] conseil que vous avez donné autrefois à M. Charles Bigot[15]: „Je ne lui demande pas de penser comme moi, je le supplie simplement de ne pas dénaturer ma pensée. Qu'il attaque, mais qu'il comprenne d'abord!" Et si vous voulez vous emporter en tonnant: „Eh! Diable! je n'ai pas de théorie!" comme vous l'avez fait, pareillement autrefois, avec M. Henry Fouquier[16], je vous présenterai tranquillement votre propre déclaration: „J'ai ma petite théorie comme un autre, et comme un autre, je crois que ma théorie est la seule vraie." Vous voyez que je vous ai bien compris. N'est-ce pas? Puis j'essairai de démontrer que le fond de cette théorie est le même que celui de toutes les théories précédentes, sans exception, fait que du reste vous ne voulez peut-être pas contester vous-même, et que justement ce fond est faux. Enfin je poserai, en concluant, quelle est, selon moi, la formule vraie, la formule définitive. Car je ne crains point qu'un pareil effort soit aujourd'hui ridicule. N'est-ce pas vous-même qui avez écrit: „Tous les problèmes, ont été remis en question, la [S. 142:] science a voulu avoir des bases solides, et elle en est revenue à l'observation exacte des faits. Et ce mouvement ne s'est pas seulement produit dans l'ordre scientifique; toutes les connaissances, toutes les oeuvres humaines tendent à chercher dans la réalité des principes fermes et définitifs?" C'est dont vous-même, Monsieur, qui avez justifié mes recherches. Si elles sont vaines, si je me suis égaré, tant pis pour moi. Je ne peux que souscrire de tout mon coeur à votre bonne et brave parole: „Que les faibles meurent, les reins cassés, c'est la loi!"

Mais je ne me suis pas trompé; je ne mourrai pas, les reins cassés, c'est mon siècle lui-même qui m'emporte. Car, je le répète encore une fois: c'est par notre formule que se manifeste enfin la grande loi jusqu'ici obstinément niée, et qui est la base de tout art. Et si vous ne considérez ce que nous comprenons par le mot d'art que comme une marche longue et en apparence souvent interrompue vers la vérité, notre formule n'est que le triomphe grand et définitif, que vous avez si vivement souhaité vous-même. [S. 143:] Je n'improvise pas une fantaisie, je constate un fait, rien de plus. Et j'ajoute tout comme vous, que quiconque voudra barrer le chemin à ce fait sera emporté. Oui! quiconque recule devant un seul des obstacles prétendus insurmontables, déserte sa propre besogne et en subira la peine, même dans sa victoire!

Mais je n'en ai pas peur, Monsieur! Celui qui, comme vous, doit tout à la puissance de l'observation et de l'analyse, qui, comme vous, a grandi par la logique et par la vérité, ne se heurtera pas à quelque borne ridicule de conven-

tion! Quelles sont donc les conventions qu'on n'a pas encore renversées? Il faut laisser cet épouvantail puéril aux critiques de profession qui pataugent là-devant, avec des cris de rotailles effarouchées. Mais quand on a l'honneur d'être non seulement un grand romancier, mais encore un grand homme, ce qui est peut-être plus encore, et de s'appeler Émile Zola, on s'asséoit sur la convention et on la nie. Elle n'est pas parce que nous ne voulons pas qu'elle soit. — Vous en souvenez-vous? C'est vous-même, Monsieur, vous qui avez dit autrefois de pareilles paroles à M. Edmond de Goncourt[17].

[S. 144:] Avant de finir, il ne me reste maintenant plus qu'à me justifier envers vous de la forme de cette lettre. Elle n'est guère composée que de vos propres mots, ramassés ça et là dans les sept columes de votre critique. Cependant, pour la première fois je ne pouvais pas agir autrement que je l'ai fait, parce que je ne maîtrise point assez votre belle langue, pour opposer à un si fin styliste que vous l'êtes un plus grand nombre de périodes qui me sont propres et puis — vous me pardonnerez, Monsieur, si je vous pille de nouveau — je voulais aussi autant que possible tirer profit de tous les documents qui me sont fournis. Je ne fais aujourd'hui que ce que vous avez fait vous-même autrefois: je marche les yeux fixés vers un but déterminé, et j'utilise en route les moindres appuis que je rencontre. D'ailleurs je vous renvoie à votre propre confession: „J'attends toujours un adversaire qui consente à se mettre sur mon terrain et qui me combatte avec mes armes". Cet adversaire, le voici. Je vous cite dès que je le peux. Car je dis tout comme vous: „Je ne veux rien inventer", et j'ajoute: même pas à l'arrangement des [S. 145:] mots. En tout cas vous y remarquerez que j'ai du moins lu les livres dont je parle ...

Je termine en disant:

Si ce que vous avez écrit est vrai c'est à dire qu'il est bon que dans notre époque de trouble des hommes de courage se lèvent et disent ce qu'ils pensent, vous ne devez pas condamner mon procédé!

Si ce que vous avez écrit est encore vrai c'est à dire que vous aimez les gens carrés dont les opinions sont absolument contraires aux vôtres, vous ne devez pas me haïr!

Si ce que vous avez écrit est enfin vrai c'est à dire que vous êtes pour les hommes courageux qui ont la brutalité du vrai, qui enjambent les règles reçues, vous ne devez pas être contre moi!

Je sais bien que, jetant ce livre dans le monde, je risque la paix de mon existence. Mais je ne vous attaque pas pour avoir le plaisir enfantin de croiser ma pauvre plume avec la vôtre; je vous attaque tout simplement pour faire de la vérité, si je puis. Rien de plus. N'est-ce pas encore une fois vous-même, Monsieur, qui avez affirmé qu'il ne [S. 146:] faut pas croire le public avide de mensonges? Les vérités le bousculent, et il arrive qu'il proteste et s'emporte d'abord; mais on le laisse réfléchir, les vérités s'imposent et le ravissent. Vous confessez

que vous vous êtes imaginé que les lecteurs aiment à être remués dans le train-train quotidien de leurs idées; cela les passionne, les instruit, les pousse en avant. C'est pourquoi vous n'avez jamais hésité à dire tout ce que vous avez pensé, même lorsque vous ne vous doutiez que beaucoup de vos lecteurs ne pensaient pas comme vous. Vous en avez cru agir en honnête homme. Eh bien! Moi aussi je crois agir en honnête homme ...

Ich wiederhole: das Buch hinter diesem Brief wurde nie geschrieben. —

(...)

[1] AUGUSTE COMTE (1798–1857), französischer Philosoph, der den Positivismus begründete, indem er alle Erscheinungen als Folge unabänderlicher Naturgesetze begriff und jede Metaphysik ablehnte. Die Erkenntnis wird auf das sinnlich Gegebene und dessen naturgesetzliche Bestimmung beschränkt: »Cours de philosophie positive«, 1830–1842.

JOHN STUART MILL (1806–1873), englischer Philosoph, der einen auf Psychologie gegründeten Empirismus vertrat und die Logik als Lehre von der Induktion und den Methoden der Einzelwissenschaften entwickelte: »System of Logic«, 1843. Seine Ethik verbindet Utilitarismus mit idealistischen Gedanken; seine Volkswirtschaftslehre greift sozialistische Tendenzen in gemäßigter Form auf.

HIPPOLYTE TAINE (1828–1893), französischer Historiker und Geschichtsphilosoph (»Geschichte der englischen Literatur«, 1864; »Die Entstehung des modernen Frankreich«, 1875/93), der die positivistische Methode auf Geschichte und Kunst anwandte und auch hier zu allgemeinen Gesetzen vorzudringen suchte. Unter dem Einfluß von Comte entwickelte er die sogenannte Milieutheorie, wonach der Mensch beziehungsweise die menschliche Gesellschaft bestimmt wird durch die natürlichen, sozialen und kulturellen Umweltfaktoren – eine für den Naturalismus entscheidende Lehre.

HERBERT SPENCER (1820–1903), englischer Philosoph und Hauptvertreter des Evolutionismus dieser Zeit, der noch vor Darwin die Entwicklung als Grundgesetz des Lebens proklamierte, das heißt alle Erfahrungsgebiete unter den Grundgedanken der Entwicklung, der Anpassung und des Fortschritts stellte. Werke: »First Principles«, 1862; »Principles of Biology«, 1864/67; »Principles of Psychology«, 1870; »Principles of Sociology«, 1877/96; »Principles of Ethics«, 1879/92.

Holz hatte, ehe er seine Kunsttheorie schrieb, die hier genannten Philosophen des europäischen Positivismus gründlich studiert. Sie galten ihm als die „wahren Repräsentanten der Zeit", die das Fundament der „großen geistigen Bewegung unserer Tage" gelegt hatten.

[2] KARL MARX (1818–1883), Begründer des wissenschaftlichen Sozialismus (Marxismus), schuf in kritischer Auseinandersetzung mit Hegel, Feuerbach und Haeckel, den Junghegelianern und Sozialisten sein System des Sozialismus, zusammen mit Friedrich Engels, dem sozialistischen Schriftsteller und Politiker. Für den ›Bund der Kommunisten‹, in den er 1847 eintrat, schrieb Marx das »Manifest der kommunistischen Partei«. In den fünfziger und sechziger Jahren arbeitete er sein wissenschaftliches System aus: »Zur Kritik der politischen Ökonomie«, 1859; »Das Kapital«, 1864/67 (das Kapital ist Produktionsmittel, aber nicht selbst produktiv. Ausschließliche Produktivität der Arbeit. Forderung der Umwandlung kapitalistischer Betriebe in Kollektiveigentum, Diktatur des Proletariats mit dem Ziel der klassenlosen Gesellschaft). – Die von Marx geschaffene Wissenschaft der Nationalökonomie dient Arno Holz als Beispiel für die Möglichkeit einer Wissenschaft der Kunst.

[3] ALEXANDER KIELLAND (1849–1906), norwegischer Schriftsteller, der realistische Novellen, Romane und Dramen schrieb, in denen er – unter dem starken Einfluß von Georg Brandes – die moralische Heuchelei der oberen Klassen satirisch geißelte: »Arbeidsfolk« (1881) kämpft gegen die Mißstände im Beamtenstand; »Else« (1881) gegen die Oberschicht; »Sne« (1886) gegen die Kirche; »Jacob« (1891) gegen das Patriziat; berühmt wurde er durch seine Schilderung der norwegischen Gesellschaft in »Garman und Worse« (1880) und durch die

Schilderung seiner Vaterstadt in »Skipper Worse« (1882). Trotz seiner zeitgebundenen Tendenzen ist Kielland der „Franzose unter den Norwegern" – ein echter Erzähler, vor allem in den »Novelletter« (1879) und den »Nye Novelletter« (1880), die 1881 und 1884 in deutscher Übersetzung erschienen (deutsch: »Erzählungen« und »Neue Erzählungen«). Auf sie spielt Holz an.

[4] ANDRÉ DE LENÔTRE (1615–1700), französischer Gartenarchitekt, der den französischen Gartenstil der strengen Regelmäßigkeit und geometrischen Ordnung begründete (Versailles, St. Germain, St. Cloud).

[5] FRIEDRICH ENGELS (1820–1895), führender Vertreter der materialistischen Geschichtsauffassung, die er, von Hegel ausgehend, im Sinne Feuerbachs entwickelte: »Entwicklung des Sozialismus von der Utopie zur Wissenschaft«, 1882. Mitarbeiter von Karl Marx. – Das hier gemeinte Werk ist vermutlich E. Dührings »Umwälzung der Wissenschaft«, 1878.

[6] JOBST SACKMANN (1643–1680), volkstümlicher, in plattdeutscher Mundart (hannoverisch) sprechender Kanzelredner, dessen gesammelte Predigten von Ch. H. Kleukens 1894 herausgegeben wurden (siehe auch ›Insel-Bücherei‹).

[7] HERDER in »Kalligone«: »Von Kunst und Kunstrichterei«, 2. Teil, 1800, hrsg. v. B. Suphan in Bd XXII der Gesamtausgabe, S. 134 ff.

[8] PHINEAS TAYLOR BARNUM (1810–1891), Amerikaner, kaufte 1842 Scudders ›Amerikanisches Museum‹ in New York und machte es durch immer neue Merkwürdigkeiten zum vielbesuchten Vergnügungsplatz. Auch „Vater des modernen Humbugs" genannt. Schriften: »The Humbugs of the World«, 1865; »Money-getting: hints and helps how to make a fortune«, 1883 (deutsch von Katscher, 2. Aufl. 1887 – das hier gemeinte Buch).

[9] JULIUS STETTENHEIM (1831–1916), Journalist, gründete die humoristisch-satirische Zeitschrift ›Die Wespen‹ in Hamburg und war seit 1868 Redakteur der ›Berliner Wespen‹, seit 1893 des ›Wippchens‹ (Beilage zum ›Kleinen Journal‹, Berlin). – ›Archiv der Komik‹, 1869 ff.; »Wippchens sämtliche Berichte«, 18 Bde, 1878–1905; »Wippchens sämtliche Kriegsberichte«, 1915; »s'Überbrettl« (Parodie- und Travestietheater), 1901 f.

[10] ADOLF VON MENZELS Gemälde »Das Eisenwalzwerk« (1875) ist charakteristisch für die realistische Epoche des Malers.

[11] *Vitzliputzli*: verderbter Name der aztekischen Gottheit Huitzilopochtli (Haupt- und Kriegsgott).

[12] Als „bourguemestre de Médan" wurde Zola von seinen intimen Freunden tituliert. Holz bezieht sich im folgenden auf Zolas Ausspruch: „Une œuvre d'art c'est un coin de la nature vu à travers un temperament".

[13] In dem Essay »Zola als Theoretiker« (›Freie Bühne‹, Februar 1890) wies Holz nach, daß Zolas Theorie abhängig ist von Taines »Philosophie de l'art« (siehe Stück 35).

[14] Holz bekennt sich hier zum „konsequenten Naturalismus", der über Zolas „Naturalisme" hinausgeht und als „profondement moderne" die eigentliche Erfüllung der mit Zola beginnenden Entwicklung sein will. Mit Stolz betont er, seine Formel sei es, in der sich das grundlegende Gesetz aller Kunst manifestiere.

[15] CHARLES BIGOT (1840–1893), französischer Schriftsteller, Redakteur der ›Revue politique et littéraire‹, der ›Nouvelle revue‹ und der ›Gazette des beaux arts‹, war Professor für Literatur an der École militaire de Saint-Cyr. Veröffentlichungen: »La fin de l'anarchie«, 1871; »Le petit français«, 1881 (ausgezeichnet von der Académie Français); »Peintres contemporains«, 1888.

[16] HENRY FOUQUIER (1838–1901), französischer Schriftsteller, Kritiker und Politiker, gründete den ›Petit Parisien‹ und war lange Chefredakteur dieser Zeitung, außerdem Theaterkritiker des ›Figaro‹ und Feuilletonist in zahlreichen Blättern, einer der ersten Journalisten seiner Zeit.

[17] EDMOND DE GONCOURT, s. Anm. 3 zu Stück 35.

Wilhelm Bölsche »Hinaus über den Realismus!« (1890)

Aus: ›Freie Bühne für modernes Leben‹, Jg 1, 1890, H. 40, S. 1047–1050.

Hinaus über den Realismus! Ueber ihn, nicht mit ihm. Der Ruf kommt von den verschiedensten Seiten. Auch aus den Reihen von Verständigen. Und wenn Narren, Modenarren, die ihr parfümiertes Röcklein alle Jahr nach einem andern Schnitt zu tragen gewohnt sind und jetzt die Stunde der alten Saison gekommen glauben, mit einstimmen, so ist das belanglos. Es ist auch belanglos, wenn die braven Friedensapostel glauben, gerade hier ihre Rechnung zu finden und deshalb zujubeln. Mich bedrückt, ich bekenne es, eigentlich nur das Urtheil von einigen Wenigen, aber Gewichtigen. Ich höre auch sie sagen, der Realismus habe seine Bedeutung gehabt, er habe sein gutes Werk vollbracht, nun aber ebbe er bereits zurück. Es wachse ein Neues aus ihm hervor. Was, weiß eigentlich Niemand. Nur auf alle Fälle etwas, was Lücken ausfüllt, die er gelassen. Etwas, was ihn ergänzt, mit neuem Blut auffrischt. Ich habe seit einiger Zeit mir schriftliche und vor allem mündliche Aussprüche über dieses Phänomen gesammelt, eine ganze Muster-karte, von sehr geistvollen Dichtern und Kritikern, die sämmtlich in keiner Weise zu den Gegnern gerechnet werden wollen. Mein vorläufiges Resultat ist, daß ich auch nicht e i n e n Punkt entdecken kann, wo eine Fortentwicklung ü b e r den Realismus hinaus auch nur ahnungsweise vorläge. Wohl aber finde ich eine kleine Reihe von Mißverständnissen [S. 1048:] mit einer Regelmäßigkeit wiederkehren, die etwas typisches hat und auf eine allen gemeinsame Fehlerquelle weist.

Man berufe ein Collegium von zwölf deutschen Realisten, Verehrern, Wort-führern, kritischen Vertheidigern des Realismus, und lasse sie definieren, was Realismus ist und welche Schäden sie bei aller Hochachtung doch in ganz ehr-lichen Stunden an ihm bemerken. Sofort wird eine erste Ursache des Fehlgreifens evident werden. Es werden sich Gruppen sondern, von denen jede bei dem Worte „Realismus" eine andere B e i s p i e l k l a s s e vor Augen hat. Die Einen denken an Zola. Die Andern an Tolstoi[1]. Noch Andere an die Schweden, an die Norweger. Dieser an Romane, dieser an Schauspiele. Jeder hat einen Lieblingsdichter, für den er geschwärmt hat, in dem sich ihm die realistische Methode verkörpert hat, dessen Methode er vielleicht selbst nachgeahmt hat — und dessen Schwächen er allmälich genau eingesehen hat. Und jeder schafft seinen Realismus nach diesem Einen. Ein paar Urtheile, die so zu Stande kommen. Ein erstes: Zola ist der Ver-treter des Realismus; der Realismus hat ein herrliches Auge für die Wirklich-keit: aber eigentlich bloß für Szenerie, Stimmungsmalerei, große landschaftliche Panoramen; für das Psychologische ist er steril, er faßt es mechanisch, äußerlich,

er konstruiert, und er verfällt, um anderswo etwas zuzugeben, in Hyperbeln und Symbolik, die schließlich müde machen; dabei ist er pessimistisch, kalt, unbefriedigend. Ein zweites: Tolstoi ist der Vertreter des Realismus; der Realismus hat ein herrliches Auge für die Wirklichkeit; aber eigentlich bloß für Psychologisches, Innerliches, Seelenstimmung, tiefe seelische Conflikte; für den Hintergrund, die Naturschilderung ist er viel steriler; was hätte ein Anderer aus dem Brande Moskau's in „Krieg und Frieden" gemacht; es fehlt die hyperbolische, symbolisch fassende Größe, die riesige packende Compositionen bringt, alles ist, sowie man das Psychologische verläßt, farblos und formlos; dabei ist er allerdings durchdrungen von hohen sittlichen Ideen und einem im Irdischen erfüllten Optimismus, der über vieles weghilft. Der erste von diesen guten Leuten wird folgern: wir müssen über den Realismus hinaus in einen Gegensatz des Symbolischen, zu einer ganz erneuten Psychologie, zu einer vielleicht nicht so wahren, aber dafür weniger pessimistischen Weltauffassung; das Neue wird einfacher, nüchterner, weniger raffiniert, aber doch belebter, weniger kolossales Stilleben, aber mehr uns verwandte Seele sein. Der Andere wird kommen: wir müssen über das Realistische hinaus in eine lebhaftere, farbigere Welt, in eine Welt, die nicht mehr bloß Seelen hat, sondern auch Gesichter, die mit weit mehr künstlerischem Raffinement gebaut ist, sei es auch etwas auf Kosten der nüchternen Wirklichkeit in der allerdings Scene auf Scene folgt ohne dramatischen Faden. Und dabei haben beide glücklich übersehen, daß sie bloß das Halbe hatten und die fehlende Hälfte, die den Realismus erst ganz machte, für etwas Neues, darüber hinaus Wachsendes hielten, das „da kommen sollte." Daß sie individuelle Schranken für Schranken des Princips hielten. Hätten sie ihre Definition auf Tolstoi u n d Zola gebaut, so wäre wenigstens annähernd das Richtige gekommen und mit ihm ein geradezu überwältigender Reichthum von ästhetischem Plus, das vorläufig jeden Wunsch nach Ueberbieten und Fortentwickeln ausschließt. Denn ohne sehr plausibelen Grund soll man am allerwenigsten in der Aesthetik für Fortentwicklung schwärmen; es giebt ebenso gut Entwicklung abwärts wie aufwärts.

Nun ist mit dem Berührten die Fülle der Mißverständnisse aber noch kaum angedeutet. Die Technik, die sich beispielsweise im Roman aus ganz besonderen Gründen in den verschiedenen hier in Betracht kommenden Litteraturen völlig verschieden entwickelt hat, wird mit Liebhaberei als Charakteristikum für den Realismus mißbraucht. Leute, die sich jahrelang in die Skandinavier und Russen eingelebt haben und deren Roman-Technik mit ihrem eigenthümlichen Mangel an großen, selbständig aufgegipfelten und abgestimmten Szenen in Fleisch und Blut haben, klagen den [S. 1049:] Realismus der eintönig weiterrieselnden Formlosigkeit, des absichtlichen Verzichts auf die Kunst der Composition an. Dabei genügt der einzige Daudet, um alles umzuwerfen. Er ist der gewaltigste Techniker gerade in dem Punkte; man nehme ein Buch wie die „Könige im Exil" — jedes Kapitel ein selbständig abgestimmtes Gemälde. Umgekehrt jammern wieder

solche, die blos von Zola ausgehen, wie im realistischen Roman der Dialog zurück-
trete hinter den endlosen Stimmungsbildern des Todten, den unermeßlichen Schilderungen, in denen bloß die Compositionskunst des Autors brilliire. Diese Sache
wird speziell noch verwickelter dadurch, daß es sich nicht einmal b l o ß um
Rassenunterschiede bei dieser technischen Frage handelt. Es kommt ja hinzu, daß
die skandinavisch-russische Manier des mehr oder minder raschen Vorwärts-
erzählens ohne viel Tiefe im Hintergrund und ohne viel lange Einzelscenen für
den realistischen Roman wesentlich l e i c h t e r, also beliebter ist, als die andere.
Tolstois „Krieg und Frieden" in Daudet's Manier verfaßt, wäre eine Leistung, die
alle Kräfte überschritte. Bequemer ist jene Art auch der Kürze wegen. Aber der
Realismus nun hat im Prinzip mit alle dem g a r nichts zu schaffen, und alle
Argumente aus der Technik treffen ihn nicht. Er steht und fällt mit der Wahrheit.
Wie diese Wahrheit zum Ausdruck gebracht wird, — ob in zehn Bänden oder einem,
ob durch nüchternes Referat, durch Dialog oder durch sorgsam componirte und auf-
einander berechnete Einzelscenen: das ist eine ganz andere, f o r m a l e Frage. Und
im engsten Anschluß an dieses Letztere steht auch die bisweilen zum Mittelpunkt
des ganzen Problems gemachte Frage nach Vers und Prosa. So lange es sich um
Episches ohne direkte Rede handelt, ist es für die Dichtung vom realistischen
Standpunkte überhaupt ganz gleich, ob die Verssprache oder die Prosasprache bei
der Erzählung verwerthet ist, und es müssen ganz andere Gründe beim Bevor-
zugen der einen oder anderen mitsprechen. Anders, — etwas anders wenigstens, —
liegen die Dinge beim Dialog. Hier ist der Vers immer eine Uebersetzung, mit
den nöthigen Concessionen einer solchen. Aber im Innersten ist auch das bloß
etwas Formales. Bleibt der Inhalt der Versrede wahrheitstreu, so ist das Wesen
des Realismus gerettet. Es fragt sich ja nun wohl, ob man nicht statt der Uebersetzung lieber den Urtext liest. Aber wenn es Völker gäbe, die bloß in Alexan-
drinern sprächen, so müßte man denen wohl schließlich auch die „Familie Selicke"[2]
in Alexandriner übersetzen müssen für ihre „Freien Bühnen!" Und es fragt sich
ebenso, ob ein Stück von diesen Völkern nicht in uns steckt in Gestalt einer unver-
tilgbaren, ewig wieder hervorbrechenden Neigung für die Verssprache, — aus
r h y t h m i s c h e n Gründen, die unser konsequentester Realismus so wenig aus
der Welt schafft wie er die Fechner'schen Gesetze in unserem Geiste aufhebt, die
uns beispielsweise müde und mißmuthig machen, wenn wir zwei Stunden lang
ohne Abwechslung denselben Ton hören, dieselbe Farbe sehen sollen, mag das
auch noch so sehr „Wirklichkeit" sein, — grade deswegen. Die konfuse Sachlage
bei uns ist aber die, daß auf der einen Seite tüchtige Poeten glauben, sie müßten
sich lossagen vom Realismus und die Nadel nach einem neuen Pol stellen, weil
sie Drang nach Versdichtung an sich verspüren, und daß auf der andern Seite
große realistisch sein wollende Jäger vor dem Herrn sich aufthun, die ihr Wild
gestellt glauben, wenn sie sagen: Der Mann schreibt ja Verse, also . . . .
  Was von der Technik und vom Vers gilt, gilt von zahllosen Kleinigkeiten. Hier

strampelt Einer mit Armen und Beinen, um den Realismus los zu werden, weil er an die These glaubt „Der Realismus vernichtet die historische Dichtung" und doch einen Stoff grade dieser Art hat, dem all' sein Können und Vertrauen zujauchzt. Das ist denn eben eine Thorheit, wie alle die andern. Das Einzige, was man noch ehrlicher Weise mit Thatsachen belegen kann, ist, daß der Realismus den historischen Roman s o s c h w e r macht, daß es sich ernstlich fragt, wer sich noch solcher Arbeit gewachsen fühlt. Das ist aber auch alles, und die These in jener Form ist platter Unsinn.

Ueber die groben sonstigen Sachen gehe ich hier rasch weg. Wer noch glaubt, daß der Realismus im Ganzen Roheit und Unzucht predige, der ist überhaupt keiner Antwort werth. Unter den halbwegs Mitstreitenden ist dieser Vorwurf glücklicherweise schon seltener, und es darf billig S a c h e r - M a s o c h überlassen bleiben, Z o l a nach wie vor als den Apostel der Sittenlosigkeit und Frivolität zu bezeichnen .... die Mißverständnisse, sonst peinlich und angethan, an den Besten der Zeit irre zu machen, bringen bei diesem Punkte wenigstens niedliche Proben unfreiwilliger Komik, an denen man sich mit dem ruhigen Bewußtsein ergötzen darf, daß die, welche h i e r, bei dem Unzuchts-Pharagraphen, stolpern, wirklich im Kampfe entbehrlich sind. Nein wahrhaftig: wegen der Sittenverrohung, die er bringt, brauchen wir ganz gewiß nicht „über den Realismus hinaus." Der Fall S u d e r m a n n[3], den wir eben überstanden haben, hat in dieser Hinsicht eine E i n m ü t h i g k e i t aller b e s t e n Elemente unserer Litteratur gezeigt, wie sie schöner, lehrreicher und hoffentlich konsequenzenreicher kaum gedacht werden konnte. Im Ganzen wollen wir aber deswegen noch nicht zu früh jubeln. Denn gleich hinter dem Moral-Mißverständniß dämmern wieder neue Klippen. Es dämmern die n a t u r w i s s e n s c h a f t l i c h e n Probleme, die in den Realismus hineinragen, und vor denen ich gestehe, im Moment selbst keinen Rath überall zu wissen. Wir wollen die Wahrheit geben, im Drama, im Roman; gut! Sind aber nun beispielsweise die Vererbungsphänomene, die große Pioniere des Realismus aufgegriffen haben, volle Wahrheit? Sind sie in der Form, die man ihnen gegeben hat, Wahrheit? Die Poesie liest sich schon die Augen halbblind an Stellen, wo die Schrift auf den Tafeln der Wissenschaft noch gar nicht deutlich vorhanden ist. Wenn irgendwo, so ist hier die höchste Besonnenheit Aller erforderlich, ein schrittweises Tasten, bis es heller wird. Hier tappt Jeder noch im Nebel, der Edelste, Beste, Vorurtheilsfreiste muß gewärtig sein, zu allererst von bösen Geistern genasführt zu werden, und Keiner weiß, wie viele Pioniere morgen im Sumpfe stecken werden, den Kopf mit der verfrühten Lorbeerkrone nach unten ....

Ein Gebiet, auf welchem noch in solcher Weise Alles täglich durcheinandergeworfen wird und über die einfachsten, auf der Hand liegenden Mißverständnisse keine Aufklärung herrscht, ja schlimmer Weise nicht einmal überall herrschen kann, ist gewiß ästhetisch kein abgewirthschafteter Boden. Im Gegentheil:

Nr. 39.   München, den 31. Dezember 1891.   1. Jahrg.

Moderne Blätter

Wochenschrift der Gesellschaft für modernes Leben.

(Erscheint jeden Sonnabend).

Preis im Abonnement: vierteljährlich Mk. 1.25, Einzelnummer 10 Pfg. — Inserate 20 Pfg.
Zu beziehen durch alle Buchhandlungen, Postämter und den Verlag.
Alle Rechte vorbehalten.).

Für die Redaktion verantwortlich: Julius Schaumberger, München, Müllerstraße 45 b I r.
Druck und Verlag der Münchner Handelsdruckerei & Verlagsanstalt M. Poeßl, München, Goethestraße 3.

Die Zukunft der „Gesellschaft für modernes Leben".

Mit Neujahr 1892 tritt die „Gesellschaft für modernes Leben" in ihren zweiten Jahrgang.

Pflege und Verbreitung modernen schöpferischen Geistes hat sich die „G. f. m. L." zur Aufgabe gestellt.

Daran wollen wir auch in Zukunft festhalten. Nur wollen wir, noch entschiedener als bisher, den Kampf für das Verständnis und die Verbreitung moderner Litteratur und Kunst in den Vordergrund unserer Bestrebungen stellen, um auf diesem Gebiete !!!! so intensiver wirken zu können.

Im Grunde bedeutet das keine Beschränkung unseres ursprünglichen Programms; liegt es doch im Wesen der modernen Kunst, insbesondere der modernen Litteratur, daß in ihr alle Neuströmungen und Fortentwicklungsbewegungen auf sozialem und wissenschaftlichem Boden ihr schärfstes Spiegelbild finden. Außerdem soll denselben ja auch künftig (in Vorträgen und Druckschriften) ein genügend weites Feld eingeräumt werden.

Der „Gesellschaft für modernes Leben" sind, wie bisher, als Mitglieder Alle — Männer und Frauen — willkommen, welche — so nannten wir's zur Zeit der Begründung — die Kämpfe des modernen Geistes mit ehrlicher Anteilnahme — heute fügen wir hinzu: — furcht- und rückhaltlos verfolgen. Die gegenwärtige Vorstandschaft ist einig in dem Prinzip, immer den geraden, offenen Weg zu gehen, und sie hofft und erwartet von der weiteren Entwicklung der Gesellschaft das Beste, wenn sie in diesem hervorragenden Punkte sich auch mit allen Mitgliedern einig fühlen darf.

Ein Rückblick auf die bisherige Thätigkeit der „G. f. m. L." wurde schon im letzten Hefte geboten. Blicken wir heute nur vorwärts!

Besondere Pflege wollen wir in Zukunft der Gestaltung eines thätigen und zugleich behaglichen Lebens im Innern der Gesellschaft widmen.

FAKSIMILE ZU DER AUF SEITE 230 ERWÄHNTEN ZEITSCHRIFT

Die **Mitgliederabende** (Gäste sind willkommen) werden demgemäß allwöchent=lich stattfinden. An diesen Abenden sollen vorwiegend ungedruckte litterarische Erzeugnisse modernen Gepräges (von allen bedeutenderen litterarischen Geistern der modernen deutschen und ausländischen Litteratur) geboten werden.

Oeffentliche Vortragsabende sollen auch in Zukunft veranstaltet werden, besonders wenn künstlerische oder sonstwie bedeutsame Ereignisse dazu Veranlassung geben. Eine engere Verbindung mit den modern=litterarischen Gesellschaften in den anderen deutschen Hauptstädten wird uns in die Lage versetzen, diese öffentlichen Abende besonders interessant und abwechslungs=reich zu gestalten.

Das Projekt der **freien Bühne** soll zunächst durch Errichtung einer Versuchsbühne für moderne Dramatik im Innern der Gesellschaft verwirklicht werden. Das Gelingen dieses Unternehmens wird dessen Ausdehnung auf weitere Kreise zur Folge haben.

Da ja der bildenden Kunst viel größere Freiheit als der Litteratur gewährt ist, so wird sich zu der ursprünglich geplanten Veranstaltung eines „**freien Kunstsalons**" (als Pendant zur „freien Bühne") wohl auch in Zukunft wenig Veranlassung bieten. Doch wollen wir auch die Realisirung dieses Projektes im Auge behalten und, wie es z. Z. geplant ist, zuweilen Ausstellungen von interessanten Objekten aus Münchener und fremden Ateliers, welche mehr den vertrauten Kunstfreund als das große Publikum suchen, veranstalten.

Als **Gesellschaftsorgan** werden wir künftig unseren Mitgliedern eine Wochenschrift bieten können, welche in Form und Inhalt unser bisheriges Organ (die „Modernen Blätter") weit übertrifft.

Bemerkenswert unter den geplanten Neu=Einrichtungen ist noch die Begründung einer **Gesellschafts=Bibliothek,** in welcher vorwiegend moderne Litteratur gesammelt werden soll. Wir bitten unsere Mitglieder, dieses Unternehmen durch Zuwendung von Büchern, Broschüren u. dergl. fördern zu helfen.

Für den Carneval ist ein **Faschingsfest** künstlerischen Charakters beabsichtigt.

Wir laden Alle, welche ein wirkliches, antheilnehmendes Interesse für die Förderung der modernen Litteratur und Kunst und der modernen Anschauungen haben, höflichst ein, unserer Gesellschaft beizutreten. Der Mitgliedbeitrag (incl. Bibliothekgebühr) ist Mk. 1.20 monatlich. Anmeldungen nimmt das Gesellschaftsbureau (Müllerstraße 45 b. I r.) entgegen.

Unsere Mitglieder bitten wir, unserer Sache auch in Zukunft treu zu bleiben und die ihnen gleichzeitig zugehende Karte möglichst bald unterzeichnet an das Gesellschafts=bureau zurückgelangen zu lassen, damit wir über den Stand unserer Mitgliedschaft nicht im Unklaren uns befinden und in der Zusendung an die Mitglieder keine Unterbrechung eintrete.

Die Vorstandschaft der „Gesellschaft für modernes Leben".
Der Vorstand: Schriftsteller Julius Schaumberger.

Die Vorstandschaftsmitglieder: Schriftsteller Otto Julius Bierbaum, Georg Schaumberg, Wilhelm Weigand; die Künstler Eugen Ankelen, Hermann Eichfeld, Rudolf Maison; die Herren H. Cohaut (als Kassenverwalter), Lorenz Kroidl und Otto Göße (als Schriftführer).

die Dinge beginnen überhaupt erst zu werden. Der Realismus als Praxis ist noch fragmentarisch, in tausend unvollkommene Ansätze zersplittert. Der Realismus als ästhetische Theorie ist bis jetzt überhaupt eigentlich noch gar nicht da, er buchstabiert noch, ohne die ersten Lesebuchsätze klar zu verstehen. Unter solchen Umständen hat es mit dem „darüber hinaus", denke ich, gute Weile[4]. Grade weil uns das Einzelne noch so schattenhaft ist, weil wir noch gar keine „Realisten" des Realismus selbst sind, spielen wir mit dem Umrißbilde des Ganzen und malen uns eine phantastische Fata Morgana von Neuem, Besserem darüber. Wird unser Blick erst mehr durch die reihenweise und erdrückend massenhaft anrückenden Einzelheiten selbst gefesselt werden, so werden wir — als Künstler — soviel zu thun und — als Aesthetiker — so viel zu sehen bekommen, daß wir wohl genau so wenig Sehnsucht nach Mehr verspüren werden, wie der Astronom, der etwa den Planeten Mars enträthselt und Wunder über Wunder schaut, Sehnsucht fühlt nach irgend einem neuen unendlich fernen Nebelfleckchen, von dem er nichts weiß, als das: e r wird es nicht mehr erleben, daß man Instrumente erfindet, um dort auch nur ein Weniges mehr zu sehen als das winzige Pünktchen Licht.

[1] Graf Lew Nikolajewitsch Tolstoj (1828–1910), russischer Dichter, begann mit selbstbiographischen Erzählungen aus dem Leben der Kosaken und dem belagerten Sebastopol (»Sewastopolj«, 1855), zog sich nach einer Europareise (1857) auf sein Gut Jasnaja Poljana zurück und schrieb dort seine großen Romane »Krieg und Frieden« (1864/69) – ein Meisterwerk der Epik, von einem der russischen Erde aufs engste verbundenen Realismus – und »Anna Karenina« (1875/76). Er bildete sich in dieser Zeit eine eigene moralische Weltanschauung, die ihn zur Kirche wie auch zu seiner Familie in Widerspruch brachte. Er verwarf jegliches Eigentum, Zivilisation und Kunst (einschließlich der eigenen Werke) und predigte ein radikales Urchristentum. Der Roman »Auferstehung« (1899/1900) gestaltet diese in langem Kampf errungene Überzeugung. Für die deutschen Naturalisten waren vor allem seine Dramen entscheidend: »Die Macht der Finsternis« (1886) – Anklage der furchtbaren inneren Wildheit des Volkes und zugleich Verheißung des Heils durch den immerwährenden Durchbruch Gottes in der Seele des einfachen Menschen – und die unvollendete Tragödie »Und das Licht leuchtet in der Finsternis« (1900/02), in der Tolstoj sein eigenes Schicksal gestaltet hat. Man verstand die Dramen als sozialistische Tendenzstücke, wie überhaupt weniger der große Dichter Vorbild der Naturalisten wurde als der die Kultur verdammende, zum einfachen Leben in der Natur und im Volk sich wendende Mensch Tolstoj.

[2] Das Drama »Die Familie Selicke« geht stofflich auf die Skizze »Mainacht« von Johannes Schlaf zurück, seine sprachliche Gestaltung aber stammt von Arno Holz. In diesem naturalistischen Musterdrama tritt die Handlung völlig zurück vor der Darstellung einzelner Situationen und Charaktere in bestimmten Zuständen. Die natürliche Alltagssprache, dialektisch gefärbt und noch das Wortlose – Stammeln, Seufzen usw. – festhaltend, prägt die Form. In Maximilian Hardens Zeitschrift ›Die Zukunft‹ schreibt Holz 1897: „Die Menschen auf der Bühne sind nicht der Handlung wegen da, sondern die Handlung der Menschen auf der Bühne wegen. Sie ist nicht der Zweck, sondern nur das Mittel. Nicht das Primäre, sondern das Sekundäre. Mit andern Worten: Nicht Handlung ist also das Gesetz des Theaters, sondern Darstellung von Charakteren."

[3] Hermann Sudermann (1857–1928) hatte mit seinem dramatischen Erstlingswerk »Ehre«, das am 17. November 1889 im Berliner Lessing-Theater aufgeführt wurde (wo einen Monat zuvor das von der ›Freien Bühne‹ gespielte Stück Hauptmanns »Vor Sonnenaufgang« einen Theaterskandal entfesselt hatte) großen Erfolg und galt eine Zeitlang vor Hauptmann als beispielhafter naturalistischer Dramatiker. Aber er nutzte Stoff, Kunstmittel und Sprache des Natu-

ralismus nur um der Aktualität willen und baute ein bühnenwirksames Stück auf, ohne mit den Forderungen der Wahrheit, Wirklichkeitstreue und Milieuechtheit ernst zu machen. Sein zweites Drama »Sodoms Ende« (1890) schildert zwar naturalistisch kraß das Milieu verkommenen Bürgertums, ist aber ein Gesellschaftsstück in der Kotzebue-Nachfolge. Bölsche spielt auf das öffentliche Ärgernis an, das die Premiere erregte. Auch »Heimat« (1893) – sein größter Bühnenerfolg – ist trotz gewisser ibsenscher Züge kein naturalistisches Werk. In seinen späteren Dramen wendet sich Sudermann unbedenklich der neuromantischen Strömung zu und schreibt das biblische Drama »Johannes«, dem Motiv nach von Wildes »Salome«, der Sprache nach von Nietzsches »Zarathustra« abhängig. Am echtesten ist Sudermann in der Gestaltung des ihm vertrauten ostpreußischen Milieus und seiner Menschen: »Die Raschhoffs«, Drama, 1919, vor allem in seinen Erzählungen und Romanen: »Frau Sorge«, 1887; »Der Katzensteg«, 1889; »Das hohe Lied«, 1908; »Litauische Geschichten«, 1917.

⁴ Im gleichen Jahrgang der ›Freien Bühne‹ erscheint ein weiterer Aufsatz Bölsches: »„Widerstrebe nicht dem Übel" in der Litteratur«, in dem der Kampf um den Realismus bejaht und gutgeheißen wird. „Die realistische Dichtung dringt ins Volk, in den eigentlichen Kern des Volkes ... Die Trompete des Realismus lockt nicht mehr bloß einen kleinen Kreis zum fröhlichen Waldpicknick, es wogt und wälzt sich heran auf ihr Schmettern in einer ungeahnten Weise. Und diese Bewegung, einmal eingeleitet, wird nicht so bald sterben." Eben in dieser Zeit werden Stimmen laut, die den Naturalismus beziehungsweise den neuen Realismus für überlebt halten.

38

FALK SCHUPP »ZU FRÜH« (1891)

Aus: ›Die Gesellschaft‹, Jg 7, 1891, H. 3, S. 365–367.

[S. 365:] Der Realismus ist noch nicht überlebt, erstens, weil selbst für einen Teil der pfadführenden Geister noch Gebiete vorhanden sind, die der Erschließung harren, zweitens, weil er noch nicht popularisiert ist und daher jetzt erst Keimboden der Talente wird, und drittens, weil er als Kunst der Naturwissenschaft sich nicht eher überlebt, als diese, d. h. niemals. Er kann wohl von einem Pole zum anderen umschlagen, so z. B. vom Naturalismus zur symbolistischen Romantik, aber er wird innerhalb des Rahmens bleiben müssen, den ihm die m o d e r n e N a t u r w i s s e n s c h a f t ein für alle Male gesteckt. (...)

Der naturwissenschaftliche Kunstidealismus liegt in der Philosophie des Werdens — der Kunstrealismus in der des Vergehens. Die krasseste Form des Realismus in der Philosophie ist der Pessimismus, in der Kunst der Naturalismus — beide sind Zeiterscheinungen einer starken Reaktion gegen ein überlebtes Alte, nämlich gegen die kirchlich-christliche Dogmatik, die christliche Philosophie, überhaupt jede Wissenschaft, Philosophie und Geistesbetätigung (Kunst), welche noch nicht auf dem Boden der Naturwissenschaften steht.

[S. 366:] Der naturwissenschaftliche Neu-Idealismus ist nicht eher lebensfähig, als nicht der Naturalismus mit allem feindseligen Getrümmer der absolutistischen Dogmenzeit aufgeräumt, und selbst dann ist er nur als künstlerische

Teilanschauung gültig, weil zur Evolution Revolution, zur Revolution Kampf und Vernichtung, der Kampf ums Dasein gehört. Vernichtet aber wird immer das Minderwertige, Minderschöne, Mindergesunde, Mindernatürliche, Minderentwicklungsfähige, kurz das Schwache, Ungesunde, Widernatürliche, Fortpflanzungsunfähige. Die künstlerische Darstellung dieser Naturnotwendigkeiten wird selbst in Zeiten, wo die Kunst die Neigung bekommen sollte, nach dem Gegenextrem des Naturalismus hinzulenken, immer noch dem Realismus vorbehalten bleiben, — denn der Neuidealismus allein gäbe Tendenzdichtung, welche der Ergänzung bedarf. (. . .)

Noch ist nicht die Zeit erfüllt, noch käme es einem verfrühten Überfalle gleich, welcher mit dem Rückschlag das Schicksal des Selbstlächerlichwerdens heraufbeschwöre. Denn jene tiefwahre und darum triviale [S. 367:] Behauptung, daß die Literatur das Spiegelbild der Gesellschaft ist, hat doch ihre Berechtigung, freilich die Einschränkung hinzugenommen, daß es selten ungetrübt rein ist.

FALK SCHUPP (1870–1923, Dr. phil., Zahnarzt). Der Realismus (Naturalismus) wird als noch nicht erfüllt bezeichnet, obwohl der Umschlag in eine Art Symbolismus möglich erscheint. Auch dieser müßte noch „naturalistisch" sein, da durch die moderne Naturwissenschaft die Grenzen „ein für allemal gesteckt" sind. Als „Neuidealismus" ist allerdings die in diesen Jahren aufbrechende antinaturalistische Bewegung nicht faßbar.

39

LEO BERG »ISTEN, ASTEN UND JANER« (1891)

Aus: ›Moderne Blätter‹, Jg 1, 1891, H. 7, S. 2–4.

Wir stehen jetzt vor dem Auflösungsprozeß des Naturalismus. Der legte sich wie ein furchtbarer Bann auf alle Gemüter, die Geister waren gespannt. Es war eine allgemeine litterarische Straffung, es ging ein gemeinsamer großer Zug durch alle europäische Litteratur. Es war eine Art litterarischer Militarismus. Alles stand in Reih und Glied. Und es war ein fleißiges Völkchen, die Herren Naturalisten. Man arbeitete, man tat nichts als arbeiten, niemand gönnte sich eine vergnügte Stunde und war noch zum Ueberfluß Temperenzler. Man durchforschte das Ackerland der neuen Zeit, man riß ab, wälzte neue Werke auf, Stein auf Stein, Mauer an Mauer. Alles solide Arbeiten, schlicht aber dauerhaft, und teilweise überwältigend durch die Größe des Plans und die Gewalt der Ausführung — die Arbeiten der Balzac, Zola, Ibsen.

Und dann wurde die Geschichte langweilig, es sollte wieder etwas anderes kommen. Der Naturalismus hatte die Natur beherrscht. Dieser Sieg war errungen nicht durch glänzende Eigenschaften, sondern durch Ausdauer und unermüd-

lichen Fleiß. Die Ausdauer und Gewalt über sich, die man dem Demosthenes nachrühmt, kann nicht größer und bewundernswürdiger sein, als diejenige einzelner moderner Naturalisten. Man hatte von der Pike auf gedient; man war von Haus aus arm, unansehnlich, mißachtet; aber man war strebsam, brav, ehrlich, vielleicht auch ehrgeizig und hatte es so zum Korporal, Major, bis zum Generallieutenant gebracht. Der Genius moderner Siege ist der Fleiß, die Muse moderner Poeten die Disziplin.

Der Erfolg dieser Dichter war aber doch am Ende nur ein bedingter. Das waren keine Dichter für die Frauenzimmer. Und die machen ja doch den Erfolg, den eigentlichen großen Buch-Erfolg. Wenige Werke waren so recht in's Publikum gedrungen. Denn weil Alles in Reih und Glied steht, kann sich Eins nicht um's Andere kümmern. Die Gelehrten nicht um die Dichter, die Ingenieure nicht um die Politiker und die Kaufleute nicht um die Wissenschaft. Und die Frauen sind auch nicht mehr so müßig. Man kann nicht immer am Fenster stehen, wenn die netten Soldaten vorbeiziehen mit klingendem Spiel!

Das soll nun Alles wieder anders werden. Das mit dem Naturalismus ist nichts! Das kann man schon an fünf Fingern abzählen. Das steht auch so in allen Zeitungen, und Moritz Carrière[1] sagt's auch. Aber — das heißt, einiges ist ja ganz nett. Z. B. die soziale Frage, die giebt es freilich! Und das mit der allgemeinen Menschlichkeit! Und nicht jede Schweinerei ist erlogen. Das weiß man schon! Die Menschen könnten auch noch viel besser werden! Aber sie werden auch schon noch besser. Wir leben ja noch in der Uebergangszeit. Auch die Frauen sind nicht alle Gänse, es giebt auch schon Puten darunter.

Und deshalb sind wir schon mitten im Fortschritt drin. Und es wird noch weit mehr fortgeschritten. Man braucht dann nicht gleich den gräßlichen Pessimismus mit in Kauf zu nehmen. Man muß Darwin nur recht verstehen. Darwin ist vom Fortschritt. Und man braucht auch nicht das Häßliche. Es giebt auch Schönes. Der Schmutz ist nicht die einzige Flüssigkeit auf Erden. Und liegt auf der Straße auch mancher Koth, so sind doch die Schenkel der Pferde, zwischen denen er produziert wird, schön. Man muß eben nur Augen haben, um das Schöne zu sehen. Und nicht alle Weiber sind bleichsüchtig.

Darum braucht man eben, allem Koth zum Trotz, noch kein Naturalist zu sein, und, Gott bewahre, schon gar kein Pessimist.

Das ist jetzt Alles überwunden!

Wodurch?

Wer zählt die Ismen, nennt die Namen?! Die Real-Idealisten, Symbolisten, Instrumentalisten, Impressionisten, Mystizisten, Lyristen, Neu-Idealisten, Neu-Romantiker, Nationalisten, Humoristen, Modernisten, Decadents, Fin-de-sièclisten, Gesundheitsbeamten und Tugendwächter der neuen Litteratur.

Da hat Jeder sein besonderes Schlagwort, seine Marke, die auf seinen inneren Wert schließen läßt. Aber das ist nicht genug. Das läßt man sich noch gefallen.

Das hat sogar etwas beruhigendes. Und wenn auch mal die Marke gefälscht ist, man trinkt doch den Wein für das, was auf der Marke steht. Und es schmeckt eben so gut. Und damit kann man ja zufrieden sein. Denn auf den Geschmack kommt es an, und auf weiter nichts! (. . .)

[S. 3:] Jeder findet sich mit dem Leben ab und mit der Kunst und heute speziell mit dem Naturalismus und Sozialismus. Da hat jeder der Herren Doktores litterarii sein Universalmittel, mit dem er alle Krankheiten kuriert. Der Eine tut's mit der Gesundheit, der andere mit der Naturwissenschaft, Jener kuriert mit dem Humor, und der tuts wieder mit dem Neu-Idealismus, und wieder ein Anderer heilt alle Wunden mit der Historie und der Philosoph unter den Kurpfuschern macht es mit Rembrandt. Kurz Jeder treibt Proselyten auf eigene Faust. Das ist die Zeit der kleinen Sektenbildung. (. . .)

Und dabei geht durch alle diese Bestrebungen doch ein gemeinsamer Zug. Es ist eine allgemeine litterarische Revolutionirung, die ausgebrochen. Es machen sich allerhand Subjectivitätsstandpunkte geltend, die der Naturalismus, brutal, wie er ist, in Mißachtung ließ: Nur daß den guten Leuten die Sachen über den kleinen Kopf gewachsen sind. Man ist zu feig zu seinen Einsichten. Und deßhalb flüchtet man sich hinter solche faule Phrasen, mit denen man sich die allgemeine Gefahr glaubt vom Halse halten zu können, mit denen man sich meint, ausnehmen zu müssen von der Verderbnis. Für alle bösen Fälle hat Jeder sein Ideale-Reservoir: Ihr seid so dumm, weil ihr das und das nicht wißt. Ihr seid so schlecht, weil ihr das unterläßt und daran nicht glaubt. Wir wollen euch das Häßliche nicht verwehren, aber ihr müßt es mir historisch erklären, und moralisch müßt ihr dabei sein, das versteht sich. Ihr dürft auch das Häßliche darstellen, „aber mit Maaß," wie Ibsens Buchdruckereibesitzer Thomsen sagt[2], und „poesieverklärt". Und Gesundheit heiße die Tendenz der modernen Litteratur, dann darf man auch das Kranke und Gemeine schildern. Und vor allen Dingen habt Humor! Der Humor heilt alle Wunden, auch die Wunden, die der Naturalismus geschlagen. Auch den Schmutz muß man nicht gerade mißachten, wenn es nur deutscher Schmutz ist. Aber deutsch müßt ihr sein, wenn ihr den Schmutz darstellt.

So ist jeder auf sein eigenes Schlagwort geaicht. Jeder weiß, was not thut. (. . .) Jetzt allerdings leben wir in der Uebergangszeit. Und von der Uebergangszeit kann man eigentlich nicht gut mehr verlangen. Die Uebergangszeit nämlich, das ist ein [S. 4:] hübsches Wort. Es ist so kosig, so voller Trost und Hoffnung und Vergebung, ohne alle Faßbarkeit; es stellt sich ein, wie ein hübscher Traum, wenn der Kopf müde ist und nicht mehr denken will. Mit dem einen Wort kann man Alles erklären: weshalb der Winter so kalt und der Frühling so stürmereich und der Sommer so schwül und der Herbst so schmutzig. Es ist alles Uebergang. (. . .)

Sprecht ihr von Uebergang, dann fügt doch noch wenigstens hinzu: Woher

und Wohin? Zeigt die Linie, von wannen sie kommt und wo sie ausläuft! Sonst ist Alles bloßes Gerede und ihr drescht nur leeres Stroh.

Wohlan, die Contre-Revolution gegen den Naturalismus ist im besten Gange. Es ist viel seltene Begabung hier im Spiel. Abgewartet, was da herausspringt. Nur vor dem Halben hütet Euch, vor dem unnützen, allzueiligen und feigen Compromiß-Schließen, vor hohlem Phrasengedresche.

Aber so lange „Rembrandt als Erzieher" das klassische Buch dieser Contre-Revolution bleibt, sind unsere Erwartungen nicht zu hoch gespannt. Als Instinkt-Aeußerungen unserer Zeitbewegung sind das Alles ja sehr interessante Erscheinungen. Aber viel zu gefühlsduselig, viel zu verliebt. Alles Gemütsmenschen.

Das geistige Deutschland steht wieder einmal vor der Gefahr, an seinen Gemütsmenschen zu ersticken.

Die ›Modernen Blätter‹ (Wochenschrift der Gesellschaft für modernes Leben) erschienen als Organ der Münchener ›Gesellschaft für modernes Leben‹, zu der sich im Dezember 1890 Mitarbeiter der ›Gesellschaft‹ und der erst ein Jahr bestehenden Zeitschrift ›Münchner Kunst‹. Illustrierte Wochenrundschau über das gesamte Kunstwesen Münchens: Theater, Musik, Literatur und bildende Künste‹ zusammengeschlossen hatten. Gründer waren der frühere Herausgeber dieses informatorischen Blattes Julius Schaumberger, der Schwankdichter Georg Schaumberg, der Lyriker Otto Julius Bierbaum und der Dramatiker und Parodist Hanns Freiherr von Gumppenberg. Als Vorsitzender wurde Michael Georg Conrad gewählt und Liliencron als Vorstandsmitglied gewonnen. Die Gesellschaft wollte der „Pflege und Verbreitung modernen schöpferischen Geistes auf allen Gebieten" dienen durch Vortragsabende, Ausstellungen, Edition einer Zeitschrift und Gründung einer „Freien Bühne". Der letzte Plan scheiterte. Die ›Modernen Blätter‹ erschienen seit März 1891 (Redaktion J. Schaumberger).

Der Aufsatz von LEO BERG zeigt, daß noch 1891 der Kampf um den Naturalismus nicht abgeschlossen ist. Besonders scharf ist der ironisch kritische Angriff auf das 1890 anonym erschienene Buch »Rembrandt als Erzieher« (von einem Deutschen), das in kurzer Zeit eine Auflage von über 100 000 Exemplaren erreichte: ein gegen die Zeittendenzen des Naturalismus, Sozialismus und der Technisierung gerichtetes Buch der Warnung, das Besinnung auf Geschichte und Volkstum fordert, Individualismus anstelle der drohenden Vermassung setzt und kunsterzieherisch wirken will. Als Vorbild gilt der »Nordgermane« Rembrandt. Der Verfasser war JULIUS LANGBEHN, genannt der Rembrandtdeutsche (1851–1907), der durch dieses sein Hauptwerk einen starken Einfluß auf die sogenannte Heimatkunst-Bewegung und andere kulturkonservative Richtungen ausübte. Andere Schriften: »40 Lieder von einem Deutschen«, 1891; »Niederdeutsches. Ein Beitrag zur Völkerpsychologie«, 1926; »Dürer als Führer. Vom Rembrandtdeutschen und seinen Gehilfen«, 1928.

1 MORITZ CARRIÈRE (1817–1895), der offizielle Philosoph und Ästhetiker des Münchener Dichterkreises, der in zahlreichen religionsphilosophischen und ästhetischen Schriften einen akademischen Liberalismus vertrat. Eine Geschichtsphilosophie aus ästhetischem Gesichtspunkt nannte er sein fünfbändiges Werk »Die Kunst im Zusammenhang der Culturentwicklung und die Idee der Menschheit«, 1863/73.

2 Vermutlich ist an den Buchdrucker Aslaksen in Ibsens »Volksfeind« gedacht, der das Wort „mit Maß" ständig im Munde führt.

HERMANN BAHR [»DIE AUFGABE DER MODERNEN LITERATUR«] (1890)

Aus: »Zur Kritik der Moderne« (= Gesammelte Aufsätze, Bd 1). Zürich: Verlags-Magazin 1890.

a) Aus dem Aufsatz »Henrik Ibsen«, S. 69–70.

[S. 69:] Die Synthese von Naturalismus und Romantik ist die gegenwärtige Aufgabe der Litteratur. Sie wird erfüllt durch die naturalistische Problemdichtung. Das hat die naturalistische Problemdichtung mit der Romantik gemein, daß nicht die Welt abzuschreiben, sondern ihre Erscheinungen der Ausführung eines Gedankens dienstbar zu machen, ihre Absicht ist. Das hinwieder ist das Naturalistische an ihr, daß sie keine willkürliche Abweichung von den Gesetzen der Wirklichkeit, keine Vergewaltigung derselben durch die Absichten des Dichters duldet. Sie verwirklicht dadurch erst die Tendenz der Romantik: denn indem sie das wirkliche Leben selbst in den Dienst des Gedankens zwingt, führt sie diesen erst zu vollem Triumph. Und sie verwirklicht dadurch erst die Tendenz des Naturalismus: denn im unerbittlichen Zusammenhang der gedanklichen Entwicklung erst erhält die nachgebildete Wirklichkeit die grausame Notwendigkeit ihres Vorbildes.

Aber nicht bloß durch die naturalistische Form unterscheidet sich diese naturalistische Problemdichtung von jener romantischen; auch ihren [S. 70:] Inhalt beherrscht der Wirklichkeitssinn des Naturalismus. Nicht bloß von dem Material, in dem sie ihre Gedanken ausdrückt, auch von den Gedanken selbst, die sie ausdrückt, verlangt sie Wirklichkeit. Es ist ihr nicht gleichgiltig, welchen Gedanken der Dichter gestaltet; der einzelne Einfall des Einzelnen gilt ihr nichts. Sie vertieft die Gedankendichtung, indem sie ihren Gedankenkreis verengert und sie auf diejenigen Gedanken beschränkt, welche wirklich sind, weil sie nur der geistige Widerschein der jeweiligen gesellschaftlichen Wirklichkeit sind. In naturalistischer Form den allgemeinen Gedankenbesitz einer Zeit künstlerisch zu gestalten, das ist das charakteristische Unternehmen dieser neuen Litteratur.

Auf die Problemdichtung, die letzte Äußerung des romantischen Geistes, wies Henrik Ibsen sein Talent. Auf die Abkehr von dem romantischen Geiste und seine Überwindung als die Pflicht der modernen Menschheit wies ihn seine Erkenntnis. Er verriet sein Dichten, wenn er die Romantik verließ, und er verriet sein Denken, wenn er sie nicht verließ. Der Ausgleich dieses Konfliktes war für ihn eine Lebensfrage, und für ihn wurde so ein persönliches Bedürfnis, was gleichzeitig das allgemeine Bedürfnis der Litteratur wurde. Das stellt ihn an die

Spitze der litterarischen Entwicklung; dadurch wurde er ein Vorkämpfer der Synthese von Romantik und Naturalismus, und darin liegt seine Bedeutung.

b) Aus dem Aufsatz »Germinie Lacerteux«, S. 149–155.

[S. 149:] An dem Tage erst, an dem der Naturalismus das Theater erobert haben wird, wird sein Sieg vollendet sein. Aus zwei Gründen. Einmal schon, weil das moderne Theater die Heimstätte — ich will nicht sagen: der höchsten, weil ich mich da erst nach umständlichem Beweise meiner Ansicht noch mit vieler Entgegnung herumbalgen müßte; aber jedenfalls — der mächtigsten Kunst ist. Wer den Roman hat, der hat nur erst die Freunde der Literatur. Wer das Theater hat, der hat die Gesellschaft, denn in seinem Gesetzbuch wissen selbst die litterarischen Analphabeten die Vorschriften ihres Verhaltens zu lesen.

Und dann — und dieses ist wichtiger und der eigentliche Sporn dieser heißen naturalistischen Begierde nach dem Theater — weil auf der Bühne allein der Naturalismus erst seine volle Verwirklichung erfahren kann, weil es im Wesen des Naturalismus liegt, daß er der Bühne bedarf, wenn er er selbst sein soll, völlig und ohne Rückhalt, bis zur Erfüllung seiner letzten Absicht. Es ist eine flüchtige Meinung, die seine eigentliche Bedeutung verkennt und der Probe nicht Stich hält, als wäre der Naturalismus nur der Abklatsch des Lebens — er ist vielmehr das lebendige Original. Nicht das Leben nachzuahmen, sondern das Leben nachzuschaffen; nicht ein Gleichnis der Schöpfung, sondern ihr Ebenbild, das ist wie sie selbst und darum selbst eine Schöpfung, zu vollbringen, ringt seine Kraft. Und in jenem Werke erst, in dem er die Wirkung der Natur völlig erreicht haben wird, daß seine Schöpfung ebenbürtig neben ihr steht, von dem nämlichen Erfolge, ein gleich überwältigendes und unfaßliches Geheimnis wie sie, mit diesem Werke erst wird der Naturalismus sich selbst erreicht haben.

Die Konventionellen begnügen sich, wenn es nur von ihren Werken heißt: so was ist wohl möglich. Von den naturalistischen Versuchen heißt es: das ist wie die Wirklichkeit. Von dem erfüllten Naturalismus wird es heißen: das ist eine Wirklichkeit. Denn eben dieses, daß er wie die Natur wirken will, wie eine Realität, wie etwas Außermenschliches, wie eine Notwendigkeit, gegen die der Mensch nichts vermag, wie eine ihm überwachsene Gewalt, das ist das eigentliche Wesen des Naturalismus und dieses gerade macht die berauschende Vermessenheit seines [S. 150:] titanischen Unternehmens aus, daß er aus der flüchtigen Einbildung heraus nach einem ewigen und selbstherrlichen strebt, nach einem gotteswerkähnlichen. Die verwegene Gothik aber dieses himmelstürmenden Gedankens wird von der Bühne aus gebaut werden — oder sie wird ein stumpfer Rumpf bleiben für alle Zeiten. Denn die Bühne allein, keine andere Erscheinungsform der Litteratur, kann ihm jene Unpersönlichkeit und Gegenständlichkeit gewähren. (. . .)

[S. 154:] Das ist eine große Errungenschaft des Naturalismus, diese neue

Formel, in die er die Aufgabe des Dichters faßt: daß er uns in die Seele seiner Gestalten hineinführen müsse, statt, woran sie sich bisher genügen ließen, aus seinen Gestalten die Seele zu uns herauszuführen. Wenn sie sich entschließt, uns zu besuchen, wird es immer nur im Sonntagsstaate sein: wir wollen sie aber im Hauskleide, wie sie in der Einsamkeit ist, in ihrer Ungezwungenheit belauscht, ohne daß sie es merkte. Wenn wir aber die Seele wollen, nicht wie sie sich giebt, nicht ihre Äußerungen über sich selbst, nicht diese gezierte Beichte, mit der sie so oft sich und die andern betrügt, sondern, wie sie wirklich ist, ihre eigentliche, ihr selbst gar nicht bewußte Verfassung, ihre innerste Heimlichkeit — ja, wie dieses anfangen? Und noch dazu überdies die Notwendigkeit dieser Verfassung einsehen, warum sie so sein muß und nicht anders sein kann, sie nicht bloß wie ein seltsames Kuriosum bestaunen, sondern sie begreifen, als wäre man ihr Schöpfer selbst und sie hätte sich unter unserm Zwang und nach unserm Maße gebildet — wie soll solches jemals gelingen?

Haben Sie einmal einen Schuß gesehen? Gewiß, man sieht Feuer wegspritzen und Rauch aufqualmen und am Ende ein Loch in der Scheibe. Gewiß, man sieht sein Gewehr und man sieht die Zusammen- [S. 155:] setzung der Patrone, man sieht das Pulver, man sieht das Geschoß, man sieht die Zündung. Aber haben Sie schon einmal einen Schuß gesehen, den Schuß selbst, frage ich? Und dennoch, weil Sie das spritzende Feuer und den qualmenden Rauch und das eingebohrte Loch und das Gewehr und die Patrone kennen, sagen Sie: Sie kennen, was ein Schuß ist. Und sie haben Recht mit Ihrer behaupteten Wissenschaft des Schusses, gerade wie der Naturalismus Recht hat, wenn er die Möglichkeit behauptet, irgend eine Verfassung der Seele zu wissen. Er kann Ihnen diese Verfassung nicht zeigen, wie Sie ihm den Schuß nicht zeigen können. Aber er kann Ihnen an ihr, was Sie ihm am Schuß, er kann Ihnen ihre Wirkungen und ihre Ursachen zeigen. Und dieses: zur Kenntnis einer Seele zu führen durch die Enthüllung der Handlungen, die von ihrem Charakter ausströmen, und das Milieu, aus dem ihr Charakter einströmt — da haben Sie das ganze Um und Auf der naturalistischen Psychologie.

Das Milieu! da haben Sie sie endlich, die neue Losung! da haben Sie das Zauberwort, dem die Wunder der neuen Litteratur gelingen! Da haben Sie den Dietrich, der die geheimsten Schatzkammern des menschlichen Herzens aufsprengt! Das Milieu! Nicht etwas als geworden behaupten, sondern eben das Werden selbst in seinem unaufhaltsamen Prozesse belauschen — nicht die vertrockneten Blätter des Herbariums, das geheimnisvolle Weben und Walten in der freien Natur selbst, die ganze Wiese mit allen Kräutern, mit dem surrenden Käfer, mit der bebenden Zärtlichkeit des ersten Morgenkusses. Das Milieu! Nun setzt man Ihnen die Seele nicht mehr gebraten und tranchiert auf den gedeckten Tisch: da, bitte, bedienen Sie sich — vielleicht ists ein Hase, wenns nicht eine Ratte ist, aber die Sauce bleibt ja doch immer die Hauptsache. Nun stehen Sie am Koch-

herd des Lebens selbst und sehen der geschäftigen Wirtschaft der Natur zu —
gucken Sie nur in alle Töpfe, prüfen Sie das Gemüse, überzeugen Sie sich!

c) Aus dem Aufsatz »Isoline. Ein Pariser Brief«, S. 175 f.

[S. 175:] So hat der Naturalismus ein doppeltes Verdienst: er hat die reine
Wahrheit in die Literatur gebracht, das Leben, wie es ist; und er hat eben dadurch den unwiderstehlichen Anstoß gegeben, auch die reine Dichtung in die
Litteratur zu bringen, den reinen Traum. Jene wunderliche Mischung von Er-
fundenem und Erlebtem, von rauher Wirklichkeit und schönem Wunsch, dieses
Merkzeichen aller alten Litteratur hat ein Ende. [S. 176:] Es gibt nichts mehr
als den grausamen Ernst der unerbittlichen Wahrheit und das holde Spiel phantastischer Trunkenheit — die Moderne ist angebrochen.

HERMANN BAHR (1863–1934), der Wiener Essayist und Kritiker, erkannte hellhörig die
geistigen Bewegungen der Zeit im Augenblick ihrer Entstehung und bahnte ihnen durch
programmatische Äußerungen den Weg. So weist er bereits 1890, als der Naturalismus zum
Sieg gelangt scheint, auf die notwendige Synthese von Naturalismus und Romantik als der
tieferen „Aufgabe der Literatur". Ein Jahr später verkündet er die Überwindung des Naturalismus und proklamiert den Impressionismus beziehungsweise Symbolismus als neue in die
Zukunft weisende Bewegung. Und noch einmal, 1914, tritt er als Verkünder des Expressionis-
mus hervor. Diesen wandlungsfähigen Geist zeigen auch seine eigenen schriftstellerischen
Arbeiten. Die frühen Dramen (»Die große Sünde«, 1889; »Die gute Schule«, 1890; »Die
Mutter«, 1891) sind naturalistisch im Geiste Ibsens und Strindbergs; 1898 und 1900 entstehen
Wiener Volksstücke und die vielgespielte Komödie »Das Konzert« (1909).

In seinem Ibsen-Aufsatz erklärt Bahr den Naturalismus als Umschlag der Entwicklung ins
Extrem. „Europa hatte die Romantik satt" (Seite 67). Die naturalistische Dichtung ist Wirk-
lichkeits- und Stoffdichtung, wie die romantische Traum- und Geistdichtung. Beobachtung
gilt statt Erfindung, man holt von außen, was jene von innen holten. Die neue Literatur ist
eigentlich „auf den Kopf gestellte Romantik". Not tut aber eine Synthese, wie sie die moderne
„naturalistische Problemdichtung" erreicht, deren Vorkämpfer Ibsen ist. In Ibsens Dichtung
sieht Bahr eine Synthese des Individualistischen und Sozialistischen. Aber Ibsen hält nicht,
was er verspricht, sein Werk ist nur eine stockende Offenbarung des modernen Geistes, dessen
letztes Wort unausgesprochen bleibt. Er ist ein „literarischer Johannes", der in der Abkehr
von der Vergangenheit den künftigen Weg weist (Seite 78). Übrigens sah auch Avenarius
Ibsen als Vorläufer, als „Prophet des kommenden Heils", nicht – wie viele Naturalisten –
als den „neuen Messias" selbst, der kein Tendenzdichter mehr sein wird (›Kunstwart‹, Jg I,
1887/88, H. 13).

»Germinie Lacerteux«, ein Drama nach dem Roman der Brüder Edmond und Jules de
Goncourt, von Edmond de Goncourt für die Bühne bearbeitet und am 18. Dezember 1888 im
›Théâtre nationale de l'Odéon‹ aufgeführt. Es war eine Niederlage, die Niederlage eines Natu-
ralisten, ein Triumph aber des Naturalismus (Bahr, Seite 161).

RICHARD DEHMEL »DIE NEUE DEUTSCHE ALLTAGSTRAGÖDIE« (1892)

Aus: ›Die Gesellschaft‹, Jg 8, 1892, H. 4, S. 508–512.

[S. 508:] Das ist schon nicht mehr naturalische Tragödie: das ist die — Tragödie des Naturalismus selber. (...)

[S. 509:] (...) Wohin kommen wir damit? Was soll uns die feinste Mosaikarbeit treffendster Einzelzüge, wenn wir doch überall die Spältchen und Risse sehen, wo sie zusammengeleimt sind, überall das Schema sehen, nach dem die Stiftchen und Pasten gefügt sind! Ist etwa der [S. 510:] Formalismus nüchterner Berechnung erstrebenswerter als d e r schönlicher Gaukelei? Ist denn die Haut schon der Leib, und ist der Leib der Mensch, und ist der Mensch sein Leben, und ist s e i n Leben seine Z e i t ?! Wollt denn ihr Dichter blos noch das Staunen erlesener Kenner erregen, wollt ihr nicht mehr überwältigen! Was soll diese Nachäffung der Wirklichkeit, wenn ihr doch spürt, daß sie a n s i c h nichts sagt, wenn die abstrakten Vermutungen der Wissenschaft zu konkret persönlichen Schicksalsgesetzen aufgebauscht werden müssen! Ist eine solche Scheindienerei in der Kunst etwas Anderes, als wenn die Wissenschaft selbst, in mißverstandener Übertrumpfung der induktiven Methode, verzichtend auf jede Intuition umfassender Geister, zurückkehren wollte zur Kuriositätensammelei vergangener Jahrhunderte! — Und je vollendeter diese Technik des Außenscheins wird, umso m e h r verkümmert der Eindruck lebendigen Wesens. Bei den dramatischen Filigrankunststückchen der Firma H o l z & S c h l a f will ich mich nicht weiter aufhalten; für diese Künstler scheint sogar die Zeichnung persönlicher Eigenart schon ein überwundener Standpunkt zu sein. Außer der gut skizzierten Rahmenfigur des Ollen Kopelke ist in ihren dramatischen Genrebildchen[1] kein einziger Mensch auf sein eigentümliches Wesen hin angeschaut; D u t z e n d eigenschaften ohne eine Spur typischer Verdichtung oder individueller Mischung und Steigerung ziehen an uns vorbei wie ein Schlagschattenspiel auf der Wand. Indessen auch im „Friedensfest"[2] die üblen Wirkungen dieser maskenhaften Schreibart! Man versuche nur einmal, sich einige Zeit nach dem Genuß des Stückes dessen Hauptpersonen in eine neue Lebenslage hineinzudenken, sich vorzustellen, wie sie d a r i n „handeln" würden. Ja Gott, es geht nicht, beim besten Willen nicht! höchstens Robert mit seiner eingefleischten Ekelmeierei. Und selbst Anna Mahr in den „Einsamen Menschen" überläßt uns noch demselben Zweifel[2]. Weil eben nirgends gehandelt w i r d , weil Alle nur stimmungsvoll „vor sich gehen" — zum Teufel gehen, die Waschlappenseelen! Ja, man kann in der That ungeduldig werden, wenn man zusehen muß, wie ein Dichter seine Kraft in „konsequenter"

Schrullenjägerei marode hetzt und zwei Künstler wie die beiden „Konsequentesten" sich zu Künstelern zerfitzeln.

Und endlich das Höchste! — Wenn die neue Schreibart schon versagt, wo es gilt, das Wesen der Einzelnen ganz ans Licht zu holen: woher soll ihr dann die Macht kommen, das in Gestalten umzusetzen, was im Volke gährt und reift, was im Leben selbst noch nach Gestaltung ringt, was aus der Sprache des Lebens kaum als Ahnung aufwärts taucht! Oder will der Dichter zu den Nachteulen kriechen, nun die Völker sich erheben, eine neue Morgenröte zu begrüßen? Fühlt er sich nicht mehr berufen, im Vorkampf der Entwickelung zu schreiten? hellen Auges, wo die Vielen noch tastend tappen? kühnen Mundes zu verkünden, was ihn erst in [S. 511:] Wahrheit zum Beobachter der Zeit, zum Seher macht? — Was soll uns all die Fragezeichendichterei, was die Gedankenstriche am Schlusse dieser Stücke! Merkt denn vor Allen Hauptmann nicht, wie wenig Wert und Eindruck darin steckt, ja wie wenig das zu seinem Eignen Wesen stimmt, nachdem er selbst doch endlich glücklich versucht hatte, grade über Ibsens Fragezeichen-Problematik hinweg zu kommen und die dramatischen Vorgänge wieder auf ihren selbständigen Wert hin zu behandeln! —

Also: Verdichtung und Steigerung der Wirklichkeit, auch was die Form angeht! sonst kommen wir zu nichts. Kunst und Natur sind eben nicht Eines in dem oberflächlichen Sinn der Nachahmung des Außenscheins, der bloßen Wiedergabe sinnlicher Eindrücke. Und wenn über der Bühnenhöhle, in der Hauptmanns Sonne aufging, mit goldenen Buchstaben Lessings Spruch prangt „Kunst und Natur sei Eines nur"[3], so fehlt leider nichts als die Hauptsache an diesem verkrüppelten Citat, nämlich das erklärende Kolon und die beiden folgenden Zeilen, in denen Lessing verlangt, daß Kunst sich in Natur verwandle, d. h. selbsteigene Natur werde, so eins in sich und wahr in sich wie die all-eine Natur und darum auch eins mit der Allnatur; erst dann habe „Natur mit Kunst gehandelt", d. h. erst dann habe die Natur des Künstlers sich wahrhaft künstlerisch entäußert. Und wenn Lessing — teils weil auch ihm noch die Nachwehen der Renaissance in den Gliedern lagen, besonders aber wohl deshalb, weil er den Franzosen ihre Verballhornung der Antike grade an der Hand der Antike vor Augen führen wollte — wenn Lessing sich in den schulberühmten Stücken der „Dramaturgie"[4] bemüht, die aristotelischen Paragraphen von der Naturnachahmung durch ebenso willkürliche wie scharfsinnige Deutungen zu retten, so dürfen wir uns heute wohl getrost gestehen, daß er in der Regel da vorbei gehauen hat, wo er sein ästhetisches Genie noch nicht vom Gängelband der Alten losgeschnitten hatte. Es ist endlich an der Zeit, diese scholastischen Postulate außer Kurs zu setzen. Nicht „Nachahmung" der „Natur" ist es, was den Schein der Wirklichkeit am Kunstwerk erzeugt, sondern lediglich Anpassung der Erfindungs- und Einbildungskraft an die natürlichen Zusammenhänge, soweit wir diese in den Erscheinungen erkannt und erfaßt haben; darum werden

auch wohl kaum zwei Menschen zu finden sein, die sich vollkommen einig wären über den „realistischen" Maßstab. Aber diese Anpassung an die Mechanik der Erscheinungen ist noch nicht die Kunst als G a n z e s. Denn das künstlerische Schaffen ist, wie jede andre menschliche Produktion, U m w e r t u n g von Roh-stoffen, nicht bloße Wiedergabe, Ausbreitung des rohen Stoffes selber; und der Rohstoff des K ü n s t l e r s ist eben die Welt der Erscheinungen i m S p i e g e l s e i n e r S i n n e. Und einen solchen „coin de nature vu à travers un tempéra-ment" — um Zolas [S. 512:] Kunstdefinition auf ihren bescheidenen Wert zu-rückzuführen — ein solches Stück R o h s t o f f in feste Formen umzuwerten unter dem Prägestock einer zielgläubigen Entwickelungsanschauung: Das erst ent-scheidet über die höchste dichterische und künstlerische Bedeutung eines Werkes, über seine Unvergänglichkeit.

Und darum Krieg von nun an diesen Stimmungsstudien „nach der Natur", wenn sie sich als fertige Kunstwerke ausgeben; so nützlich sie auch waren, den Heuchlern und Gauklern das Handwerk zu legen. Wollt denn ihr Dichter im Nützlichen stecken bleiben, selber zu Handwerkern werden? Wozu g a b euch die Natur die Kraft, Menschen zu formen, wenn ihr selbst euch die Hände bin-den wollt mit einer Form der Unkraft! Sollen wir denn immerfort im Seichten fischen? So fahrt doch h i n a u s auf den See Genezareth, und ihr werdet sehen: auch d i e s e Netze zerreißen! —

Ja! ich predige jetzt. Aber das w o l l t' ich auch! Krieg! — — Freilich, in ein-samen Nächten, wenn der Gedanke ein Scherflein gilt und das Gemüt Millio-nen verschenkt, wenn ich mit heißen Augen über die Dächer Berlins sehe und die tausend Spitzen und Zacken der dunklen Stadt auf in die funkelnde Ewigkeit weisen, wenn ich ein schmelzendes Erz bin unter dem glühenden Odem der un-erforschlichen Inbrunst: ja d a n n l i e b' ich euch alle, möcht' ich euch alle um-armen, helft ihr doch alle das Unkraut jäten, den Acker lockern, drin sie sprie-ßen, die purpurnen Traumblumen, die flammengelben Ähren der Zukunft! Aber die Zukunft beginnt schon! mit jedem Tag, mit jedem Augenblick beginnt sie und — ist d a, wenn ihr sie bringt! — Auf, laßt uns wieder Menschen machen! neue treibende! ein Bild, das uns gleich sei! uns, den Schaffenden! Propheten der Sonne, was säumt ihr?! —

RICHARD DEHMEL (1863–1920), Lyriker, beginnt im Bannkreis der Naturalisten, mit deren sozialer Gesinnung und lebensreformerischem Pathos er sich verbunden fühlt, obwohl seine metaphysischen Spukulationen darüber hinausgehen. Sein erster Gedichtband »Erlösungen« (1891) ist noch traditionsverhaftet, verrät aber sprachlich, trotz der deutlichen Einwirkung Nietzsches und Whitmans, bereits Eigenwilligkeit. In den folgenden Sammlungen »Aber die Liebe« (1893), »Lebensblätter« (1895), »Weib und Welt« (1896), »Schöne, wilde Welt« (1913) ist die Sprache voll entfaltet in ihrem fanatischen Erlebens- und Bekenntnischarakter, erwach-sen aus rauschhafter Hingabe an sinnlichen Lebensgenuß wie auch dem ekstatischen Drang ins Metaphysische. Grundthema ist immer wieder das Verhältnis von Mann und Frau, von sinnlicher Leidenschaft und verklärender Geistigkeit. Dehmel verzichtet auf die überlieferten Vers- und Strophenformen und schreibt freie Rhythmen, reimgebunden oder reimlos, eine

dem Naturalismus entwachsende neue Dichtersprache, sowohl sinnlich impressionistisch als auch bekenntnishaft expressionistisch und von starkem Einfluß auf die zeitgenössische Lyrik.

Der von Gedanken Nietzsches bestimmte Roman in Romanzen »Zwei Menschen« (1903) bedeutete neben Wedekinds Frühwerk »Frühlingserwachen« der jungen Generation eine Bestärkung in ihrem Kampf gegen die bürgerliche Scheinmoral. Darüber hinaus wirkte Dehmels Werk befreiend auf das literarische Leben überhaupt. Seine Dramen »Der Mitmensch« (1895) und »Michel Michael« (1911) bringen nach den naturalistischen Zustandsbildern wieder Handlung, wenn sie auch, in ihrer Problematik zeitgebunden, künstlerisch der Lyrik erheblich nachstehen.

Dehmels Aufsatz in der ›Gesellschaft‹ ist in doppelter Hinsicht bedeutsam. Einmal zeigt er seine radikale Ablehnung der naturalistischen Methode und verwirft den Mechanismus bloßer Nachahmung als unkünstlerisch, zum anderen gibt er eine Art Programm, den positiven Anstoß zu einer neuen Dichtung: Zolas vieldiskutiertes Wort: „Une œuvre d'art est un coin de la nature vu à travers un tempérament" auf seinen „bescheidenen Wert" zurückführend, tritt er für Vertiefung und schöpferische Umwertung des den Sinnen gegebenen Rohstoffes der Wirklichkeit ein, für die freie, formgebende Kraft des Künstlers.

[1] Gemeint ist das Drama »Die Familie Selicke«; s. Anm. 2 zu Stück 37.

[2] »Das Friedensfest«, Drama von GERHART HAUPTMANN (1862–1946), 1890 in der Wochenschrift ›Freie Bühne für modernes Leben‹ veröffentlicht, im Juni 1890 durch die ›Freie Bühne‹ aufgeführt, eine „Familienkatastrophe" gleicher Thematik wie »Die Familie Selicke« von Holz und Schlaf. – »Einsame Menschen«, ebenfalls ein Familiendrama, 1891 in der ›Freien Bühne‹ erschienen und aufgeführt, wurde als erstes der Stücke Hauptmanns von einer offiziellen Bühne, dem ›Deutschen Theater‹, übernommen. Doch erforderten die in langatmigem Sekundenstil geschriebenen fünf Akte eine Bearbeitung: man ließ den dritten Akt, ohne daß der Gesamtzusammenhang gestört wurde, einfach weg! Es gab nur wenige Wiederholungen. – Mit seinen ersten Dramen »Vor Sonnenaufgang« (1889), »Friedensfest« und »Einsame Menschen« wurde Hauptmann zum Verfechter des Naturalismus, den er mit seinem Schauspiel »Die Weber« (1892) zum Höhepunkt führte und zugleich durch einen bereits deutlich spürbaren Irrationalismus überwand. Von da an bildet sein an Stilrichtungen ungeheuer vielschichtiges dramatisches und erzählerisches Werk eine eigene Grundform immer deutlicher aus, die sich am ehesten mit dem Begriff „symbolischer Realismus" fassen läßt. Naturalistische Züge wie etwa die Dramentechnik (die Handlung liegt zwischen den Akten, diese geben Situationsbilder) sind jedoch bis zuletzt beibehalten.

[3] LESSING »In eines Schauspielers Stammbuch« (»Sinngedichte«, 2. Buch):

„Kunst und Natur   Wenn Kunst sich in Natur verwandelt,
Sei auf der Bühne Eines nur;   Dann hat Natur mit Kunst gehandelt."

[4] LESSING »Hamburgische Dramaturgie« (1767/69): 37.–39. Stück; 46.–49. Stück; 74.–83. Stück; 89.–94. Stück.

41a

RICHARD DEHMEL »ERKLÄRUNG« (1892)

Aus: ›Die Gesellschaft‹, Jg 8, 1892, H. 11, S. 1473–1475.

Ich nehme die Gelegenheit wahr, einen bedauerlichen Irrtum richtig zu stellen, der in meinem Aufsatz über die „neue deutsche Alltagstragödie" (s. das Aprilheft der „Gesellschaft") eine arge Ungerechtigkeit verursacht hat; ich meine mein Urteil über die Herren H o l z und S c h l a f[1].

Ich kannte bei Niederschrift des Aufsatzes die dramatischen Schriften der Beiden nur aus den Sonderausgaben oder aus gelegentlicher Journallektüre, nicht aus der Sammelausgabe „Neue Gleise". Diese ist mir nun vor kurzem in die Hand geraten, und die chronologischen Notizen in dem Buche zeigten mir, daß ich mich — und vielen Andern wird es ebenso gegangen sein — über die Zeitfolge jener litterarischen Revolutionsereignisse ganz und gar in Unkenntnis befand. Die „Familie Selicke" sowohl, wie die kleineren dialogischen Skizzen der Beiden, sind v o r Hauptmanns erstem Drama entstanden, und nur die ökonomische Misère, in der Deutschland seine Künstler leben läßt, scheint der Grund gewesen zu sein, daß Holz und Schlaf als Bühnendichter erst n a c h ihrem Freunde Hauptmann, der „es dazu hatte", vor die Leute kamen.

Demnach gehen alle meine Äußerungen über Art und Wert und Eigenheit dieser neuen dramatischen Technik eigentlich auf Rechnung der „Firma Holz & Schlaf", für welchen Ausdruck ich hiermit gleichfalls um Verzeihung bitte; denn natürlich wäre auch der Ton, in dem ich über diese beiden Künstler sprach, anders ausgefallen, hätte ich sie nicht für bloße Nach- und Bessermacher gehalten, wo sie in Wahrheit die Macher waren.

Damit will ich selbstverständlich weder etwas gegen Hauptmanns dichterische Werte gesagt haben, noch hat sich meine Meinung über die dramatische Unzulänglichkeit jener Technik geändert. Hierfür war mir wieder sehr beweisend S c h l a f s neues Drama „M e i s t e r O e l z e". Mir scheint es das bedeutendste Erzeugnis dieser ganzen Stilmethode; besonders das Wesen des Meisters selbst, die Geschlossenheit der Entwickelung und der letzte Akt des Stückes sind das Tiefste, was für mein Empfinden diese Technik bis auf heut geboten hat und überhaupt zu bieten vermag. Aber Hand aufs Herz, Herr Schlaf! wie vieler Verstöße gegen Ihr geliebtes Stilprinzip, um diese Tiefe zu erreichen, sind Sie sich bewußt?! Zwei Mandel langt nich..... Und ich wette, der Meister wäre noch wesensvoller [S. 1474:] und der Sinn des Stückes noch neulebenstiefer geraten, wenn diese Technik des dezentrierten Außenlebens mehr Raum für den Ausdruck des konzentrierten Innenlebens verstattet hätte. So wirken jene wesentlichen Offenbarungen auf den ersten Augenblick öfters leider nur als „Drucker". Zumal der zweite Akt, wundervoll durch seine plötzliche Vertiefung der Pauline und die ideelle Vorbereitung auf den dritten Akt: aber der ewige Stilwechsel zur Erzielung dieser Effekte ist manchmal gradezu beleidigend für Künstleraugen. Also bitte, meine Herren: reiten Sie nicht länger auf dem Aristoteles herum als konsequenteste Naturnachahmer! Es widerspricht Ihrer eigenen Natur, die tiefer ist, als Sie zu wissen scheinen, und feiner als alles, was Sie mit Ihren paar Sinnen auseinanderhalten können. „W i e d e r d i e N a t u r s e i n", wie Arno Holz es mystisch ausdrückt, das ist ebensosehr was Andres, als e i n z e l n e Eindrücke a u s der Natur „richtig" wieder g e b e n. Näheres darüber bitte ich in S t a n i s - l a u s P r z y b y s z e w s k i's[2] glänzenden Schriften „Zur Psychologie des Indi-

viduums" (Berlin bei Fontane) nachzulesen, nur daß auch er noch nicht genug das sogenannte Pathologische der Gegenwart als Quelle einer neuen sinnlichen wie sittlichen G e s u n d h e i t aufdeckt und daß ich mich mit seinem subjektiven Entzücken über Ola Hanssons[3] analytische Unterbewußtseins-Schilderungen nicht so sehr befreunden kann.

Und noch Ein Buch ist mir inzwischen in die Hand geraten, das leider gleichfalls erst erschien, nachdem mein Aufsatz fertig war. Sonst hätte ich die Ehre gehabt, nicht bloß aus dem deduktiven Handgelenk heraus, sondern klar an einer wahr und wirklich schon vorhandenen Dichtung zeigen zu können, wie das Drama der Zukunft etwa aussehn wird, — das Drama der wirklich modernen Charaktere mit aller ihrer stetigen Bewußtheit und stets variabeln Unbewußtheit, ihrer urnaiven Selbstverständlichkeit und raffinierten Selbstgewißheit, ihrer neuen Sinnlichkeit und differenzierten Sittlichkeit, ihren einzigartigen Freuden und ihrem Leide an der Gattung, ihrer liebenden Brutalität und Menschlichkeit.

Nur ein Dichter dieser Art könnte auch die Form zu Wege bringen, die das neue Kunstwerk braucht; denn ohne neues Wesen keine neue Gestalt. Nur aus solchen neuen Charakteren kann das neue Drama, kann die neue Technik dieses Dramas wachsen: eine Technik, die auch eine neue Bühne schaffen wird. Eine Technik, die da weiß, daß die Bühne n i c h t ein Boden ist wie ein Ort der Wirklichkeit, sondern ein Boden, inszeniert zum Zwecke stärkerer Empfindungssuggestion charakteristischer Geschicke: ein k o n z e n t r i s c h s t i l i s i e r t e r Ort, der sie immer bleiben wird, — ein Ort für hundert oder tausend Eingeladene, nicht für heimliche Belauschung durch ein Schlüsselloch. Eine Technik also, die aus logischer wie psychologischer Vernunft von vorn herein darauf v e r z i c h - t e t, eine doch nie darstellbare „Illusion [S. 1475:] der Wirklichkeit" erregen zu wollen, wie sie bloß ein Mensch von schwacher Geistesgegenwart vor der Bühne überhaupt erwarten kann. Darum aber grade eine Technik, die zwar nicht auf eine täuschende Nachbildung exakt kontrollierbarer peripherer Sinneseindrücke ausgeht, die aber umso zweckbewußter aus der centralen Gefühlsumbildung solcher Eindrücke jenen konzentrierten Ausdruck schöpft, durch den allein der dargestellte Charakter mir sein eigenes centrales Gefühlsleben, sein wirkliches Wesen, zu suggerieren vermag. Freilich, die s c h e m a t i s c h e Verwendung dieser Technik ist so alt wie das Drama selbst; aber, meine Herrn, das Schema Mensch ist noch älter! Und trotzdem fühlen wir den neuen Menschen, die neue Sinnlichkeit, die Naturgeburt des neuen Gehirns; und also wird uns auch der neue Dramatiker, d e r e i n e r i s t, in sein altes technisches Schema eine neue Seele blasen, die ein neues Gesicht gebären wird.

Und auf dem Wege zu dieser neuen Technik: dieser neuen Sprache des persönlichst differenzierten, aber nie konstanten Individuums, dieser neuen Komposition seiner centralen Gefühlsnüancen aus allen ihren dunklen Stimmungstrieben und grellbewußten Willensblitzen, dieser neuen scenischen Entwicke-

lung seiner eigentümlichsten Beziehungen zur Außenwelt und Überwelt, d. h. seines sittlichen Schicksals: auf dem Wege dazu, wenn auch künstlerisch noch nicht mit sichern Schritten, ist der Dichter, den ich meine: er heißt Frank Wedekind[4] und schrieb das Drama „Frühlingserwachen, eine Kindertragödie", und schuf darin den Menschen Melchi Gabor, den Knaben der Gegenwart mit dem Hammer der Zukunft, — ja nicht zu vergessen Moritz Stiefel, den Märtyrer, und Hänschen Rilow, den Traubenpflücker.

Aber Eines, Eines fürchte ich für diesen großen sensitiven Dichter in dieser ironischen Zeit. Ein Zerstörter, der an sich und dieser Zeit zu Grunde ging, schrieb mit seiner letzten Kraft auch für Ihn die flehentlichen Blicke:

„wirf den Helden in Deiner Seele

„nicht weg!

„halte heilig Deine höchste Tugend!"[5]

Damit er fruchtbar werde, auch Männer zu machen, und — damit er ein Künstler werde. Damit sein dichterischer Trieb zum künstlerischen Berufe reife, — und zu jedem Beruf gehört Charakter, Glaube an den Zweck und Ernst des Daseins.

---

[1] JOHANNES SCHLAF (1862–1941); sein Drama »Meister Oelze« (1892) gilt als Musterdrama des konsequenten Naturalismus, ist aber kein bloßes Situationsstück im Sekundenstil, sondern geht in Exposition und Menschendarstellung über die streng naturalistische Dramentechnik hinaus. Schlaf hat sich später vom Naturalismus entfernt zugunsten eines psychologischen Impressionismus; in den späteren Sammlungen »Sommertod«, 1896, und »Stille Welten«, 1899, leistet er sein Bestes, frei von jeder Programmatik. Zu: HOLZ vgl. Seite 198 f.

[2] STANISLAUS PRZYBYSZEWSKI (1868–1927), Deutsch-Pole, schrieb in deutscher Sprache Dramen, Erzählungen und Essays, deren psychologischer Symbolismus bereits Züge des späteren Surrealismus vorwegnimmt. Seine exzentrische Persönlichkeit galt als Modell des Bohémien, der ein modernes Übermenschentum zur Schau trug. Sein Erstlingswerk »Zur Psychologie des Individuums« (1893) befaßt sich im ersten Teil mit Chopin und Nietzsche, im zweiten mit Ola Hansson, auf Grund des Gedankens, daß die alte Kunst und Psychologie eine Sache der bewußten Persönlichkeit, die neue dagegen eine solche der Individualität im Sinne der unbewußten Seele sei. Seine Romane und Dramen (»Totenmesse«, 1893, »Vigilien«, 1894, und andere) zeigen ihn als Opfer der Décadence, nicht wie Dehmel – auf den er stark wirkte – als ihren Gestalter.

[3] OLA HANSSON (1860–1925) schwedischer Erzähler und Lyriker, ursprünglich Darwinist, durch Strindberg zum Studium Nietzsches veranlaßt, den er neben den europäischen Kunstströmungen seiner Zeit im Norden bekanntmachte. Er wurde zum Gegner des Naturalismus und verfocht eine neuromantische Dichtung. Bedeutend sind seine Arbeiten über »Das junge Skandinavien«, 1891, und »Nietzsche, Materialismus in der Literatur«, 1892.

[4] FRANK WEDEKIND (1864–1918), Dramatiker und Lyriker. Sein erstes Drama »Frühlingserwachen« gehört nur scheinbar dem Naturalismus zu, in Wahrheit kämpft er gegen ihn, trotz seiner freundschaftlichen Beziehungen zu Michael Georg Conrad, den Brüdern Hart und Bierbaum. Das naturalistische Drama, auch das Gerhart Hauptmanns, sieht er trotz seiner sozialrevolutionären Tendenzen im Bann der bürgerlichen Zivilisation, deren Anprangerung all seine Werke gelten. Die gesellschaftskritischen Motive der Naturalisten werden von ihm in unerhörter Weise radikalisiert, so daß im Grunde die gesamte moralische Ideenwelt des Bürgertums satirisch-kritisch aufgelöst erscheint. Wedekind steht unter dem Einfluß von Nietzsches Kampf gegen die bürgerliche Moral und will letztlich in seinem Sinne Geist und Schönheit vereint wissen in der elementaren Naturkraft des Lebens. Damit wird er zum Vorläufer des

Expressionismus, auch im Formalen. So spielt der vom Naturalismus als unnatürlich abgeschaffte Monolog bei ihm eine große Rolle, die Sprache ist abstrakt und unpersönlich, von greller Rhetorik, und hat nichts mehr von der „natürlichen" Führung der Naturalisten. Es fehlt das Atmosphärische ebenso wie die psychologische Analyse. In scharfem Angriff, ohne jede poetische Verhüllung, geht Wedekind mit desillusionierender Kritik vor. In »Frühlingserwachen« ist noch etwas von der poetischen Stimmung erster Liebesregung spürbar, die durch die bürgerliche Scheinmoral vernichtet wird. In »Erdgeist« (1895), »Der Marquis von Keith« (1901), »Die Büchse der Pandora« (1904) hebt die im Weibe verkörperte elementare Naturkraft des Geschlechts alle bürgerlichen Maskierungen auf und enthüllt ein Chaos, von dem ungewiß bleibt, ob es eine neue Welt aus sich zeugen wird. So ist Wedekinds dicht neben Satire und Parodie stehende Verkündung elementaren Lebens nur negativ bekenntnishaft. Als Lyriker strebte er Heine nach. Er erneuerte den Bänkelsang und war selbst Lautensänger im Münchener Künstlerkabarett ›Die elf Scharfrichter‹, nachdem er vorher als Schauspieler und Dramaturg in eigenen Stücken gewirkt hatte. Von 1896 an war er Mitarbeiter des ›Simplizissimus‹. Unter seinen späteren Werken ist nur das Schauspiel »König Nicolo oder so ist das Leben« (1907) von Bedeutung. Die Expressionisten beriefen sich auf ihn als ihren neben Strindberg wesentlichsten Vorläufer.

[5] FRIEDRICH NIETZSCHE »Also sprach Zarathustra«, I: »Vom Baum am Berge« (bei Nietzsche heißt es: „Halte heilig deine höchste *Hoffnung*!").

42

HERMANN BAHR »DIE ZUKUNFT DER LITERATUR« (1890)

Aus: »Zur Kritik der Moderne«. Zürich: Verlags-Magazin 1890, S. 18.

[S. 18:] In einem Punkte sind Alle einig, die Alten und alle Gruppen der Jugend. In einem Punkte ist kein Zweifel: daß der Naturalismus schon wieder vorbei ist und daß die Mühe, die Qual der Jugend ein Neues, Fremdes, Unbekanntes sucht, das keiner noch gefunden hat. Sie schwanken, ob es neuer Idealismus, eine Synthese von Idealismus und Realismus, ob es symbolisch oder sensitiv sein wird. Aber sie wissen, daß es nicht naturalistisch sein kann.

43

HERMANN BAHR »DIE KRISIS DES NATURALISMUS« (1891)

Aus: »Die Überwindung des Naturalismus« (Zweite Reihe von »Zur Kritik der Moderne«). Dresden: E. Pierson 1891, S. 65–72.

Zeichen waren lange da, seltsame Boten und Warnungen, daß die Litteratur an eine Wende rücke, neuen Trieben entgegen, vom Naturalismus, der alterte, weg. Aber der wilde Ungestüm dieser galoppierenden Entwickelung hat alle Voraussicht und Berechnung in Sturm und Hast überholt und sie ist eben jetzt

schon, seit einem halben Jahre bereits, mitten drin in der Krise, die unsere langsame und bedenkliche Hoffnung kaum für den Anfang des neuen Jahrhunderts anzukündigen wagte. Die Neugierde der Lesenden und die Neigung der Schreibenden kehren sich von draußen wieder nach innen, vom Bilde des rings um uns zur Beichte des tief in uns, von dem rendu de choses visibles nach den intérieurs d'âmes — (das Wort gehört Stendhal). Zola steht auf der Ehrenliste des eben abgelaufenen Geistes, aber er genügt nicht mehr dem Bedürfnisse von heute. Und die treuesten Zolaisten verbourgetisieren sich mit jedem Tage mehr.

Diejenige Litteratur, welche mit der französischen zusammen heute die Weltkultur leitet, die nordische, hat den nämlichen Prozeß hinter sich. Um Strindberg scharten sich [S. 66:] dort zuerst die bereiten Kräfte; der modernistischesten in der skandinavischen Moderne, mit den an Feinhörigkeit empfindsamsten Nerven, welche von allen kommenden Rätseln klingen, Ola Hansson schreibt eben jetzt in seiner „Skandinavischen Litteratur" dieser Revolution ein Manifest der Zukunft, welches dem späten Forscher einmal ein wunderliches und kostbares Dokument jener Vergangenheit sein wird; Arne Garborg[1] hat sie mit dem krummen und unglücklichen Titel „Neu-Idealismus" konstatiert, der nur verwirren kann und den dumpfen Lese-Pöbel erst völlig kopfscheu macht. Es wird wohl nichts helfen: der säumige Troß der nachzügelnden Litteraturen wird auch heran müssen, früher oder später, den nämlichen Weg.

Wie wird das nun also werden? Wird die Litteratur einfach von Zola zu Bourget[2] übergehen, um jetzt dieses Modell nachzuahmen, wie sie zehn Jahre lang jenes nachgeahmt hat? Ist jener Umschwung wirklich nichts als die Eröffnung einer Ära Bourget?

Ich glaube nicht. Ich glaube es deswegen nicht, weil Paul Bourget nur die vom Zolaismus verschmähte und gekränkte Forderung einer neuen Psychologie darstellt, nicht ihre Erfüllung, welche das moderne Bedürfnis verlangt. Das wird sich bald zeigen.

So lange der Naturalismus der états de choses, der Sachenstände, an der Herrschaft war, der roman de moeurs mit Ausschluß aller états d'âmes, aller Seelenstände, und gegen den roman de caractères, da mochte sich die unbefriedigte Hoffnung an den einzigen klammern, welcher ihr nur überhaupt Psychologisches gewährte, und alle Reste des modernen Geschmackes, soweit er im Zolaismus nicht aufging, versammelten sich um Bourget. Jetzt, da die Abkehr von der litterarischen Physik vollbracht ist, gilt es mehr. Jetzt [S. 67:] wird es sich offenbaren, daß, wenn wir freilich im Grunde unserer Natur zu viel Psychologen sind, um uns an dem objektiven Naturalismus auf die Dauer zu genügen, wir doch schon zu lange unter dem Einfluß des Naturalismus gewesen sind, um jemals zur alten Psychologie wieder zurückzukehren.

Das moderne Bedürfnis verlangt Psychologie, gegen die Einseitigkeit des bisherigen Naturalismus; aber es verlangt eine Psychologie, welche der langen Ge-

wohnheit des Naturalismus Rechnung trägt. Es verlangt eine Psychologie, welche durch den Naturalismus hindurch und über ihn hinaus gegangen ist. Bei der alten vornaturalistischen kann es sich nicht beruhigen.

Aber Bourget ist ein Neuerer, welcher der Kunst bloß das Alte gebracht hat.

Das klingt nicht bloß paradox, sondern scheint Unrecht und Verleumdung. Wie, Bourget, mit allen letzten Errungenschaften der jüngsten Psychologie, diesseits und jenseits der „Manche", der unermüdliche Jäger nach sensations nouvelles, von dem gilt, was er einmal von Stendhal gerühmt hat: qu'il tient compte de toutes les vérités psychologiques acquises de son temps et de celles aussi qu'il a devinées — Bourget, der rastlose Spürer alles Besonderen und Unvergleichlichen in unseren Empfindungen, was wir an eigener Art vor allen Geschlechtern voraus haben — Bourget, das eigentliche philosophische Gewissen dieser fin de siècle — wie kann man nur solche revolutionäre Gewalt als reaktionäre Wirkung behandeln? Und dennoch wirkt er, welchen seiner Romane die Untersuchung auch vornehmen mag, dennoch wirkt er, im Vergleiche mit dem [S. 68:] Zolaismus als Reaktionär. (...)

[S. 72:] Die Situation ist deutlich: Bourget, an dessen Beispiel sich der moderne Geschmack erst auf sich selbst besann, vereitelt uns den Frieden im Naturalismus. Der Naturalismus, aus dessen Gewohnheit sich der moderne Geschmack eine Serie von Bedürfnissen entnahm, vereitelt uns den Frieden im Bourget. Es gilt, allen beiden zu genügen und dadurch alle beide zu überwinden.

Es gilt einen Bourgetismus, der vor den naturalistischen Geboten besteht. Es gilt einen Naturalismus, der vor den psychologischen Bedürfnissen besteht. Es gilt aus dem Bourgetismus und aus dem Naturalismus heraus eine neue Formel der neuen Psychologie, in welcher beide aufgehoben, mitsammen versöhnt und darum in ihrem rechten Gehalte erst erfüllt sind.

Diese Tendenz ist die Signatur der neuen Phase, in welche die Litteratur eben jetzt mit diesem jähen Ruck eingelenkt hat.

Und in dieser Phase werden zum erstenmale die Dekadents aus der privaten Diskussion innerhalb des Metiers zu öffentlicher Rolle gelangen: denn während Bourget in der überlieferten Form den neuen Gehalt ausbreitete, da bereiteten sie, die Huysmans, die Rod, die Rosny[3] einstweilen, aus Stendhal[4] und den Goncourts herüber, die neue Form für diesen Gehalt, den sie selber noch gar nicht hatten.

---

[1] ARNE GARBORG (1851–1924), norwegischer Schriftsteller, der in Aufsätzen und Romanen ein radikal freireligiöses Denken, später einen religiösen Sozialismus vertrat. Wie allen aktuellen Bewegungen schloß er sich auch dem Naturalismus an (»Bondestudentar«, 1883, Roman; »Hjaa ho Mor«, 1890, Schilderung aus Oslo). In Tagebuchform gab er eine psychologische Analyse der Fin de siècle (»Troette Moend«, 1891), seine religiöse Wendung zeigen unter anderen der Bauernroman »Fred« (1892), Gedichtbände und agnostizistische, undogmatische Jesusbücher. Er setzte sich für die reine, das heißt vom Dänischen freie norwegische Schriftsprache ein und übertrug die Odyssee ins sogenannte Landsmål.

² PAUL BOURGET (1852–1935), französischer Erzähler und Essayist, gab in seinen »Essais« (1883) und den »Nouveaux Essais de Psychologie contemporaine« (1885) eine Diagnose der modernen Seelenkrise, und zwar auf Grund von Studien zeitgenössischer Schriftsteller (Baudelaire, Stendhal und andere). Auch seine Romane (»Mensonges« 1888, »Le disciple« 1889) verfolgen die Tendenz, die Sitten- und Soziallehren im republikanischen Frankreich anzugreifen; mit ihren ausgedehnten Seelenanalysen erneuern sie die in Frankreich traditionelle Form des analytischen Romans. Als Vertreter der konservativen katholischen Gesellschaft ist Bourget Exponent der Reaktion gegen den Naturalismus Zolas, aber Bahr bezweifelt mit Recht, daß er der Zola des Impressionismus werden könnte.

³ EDOUARD ROD (1857–1910), französisch-schweizerischer Schriftsteller, Psychologe und Moralist, von 1886–1893 Professor für Litterature comparée in Genf, ließ in Paris eine Broschüre erscheinen: » A propos de l'assomoir«, in der er sich als Schüler Zolas bekannte. In seinen Romanen (»Palmyre Veulard«, 1881, und »La femme de Henri Vanneau«, 1884) wendet er die naturalistische Form gewissenhaft an. Hingegen behandeln die späteren Werke, über den Naturalismus hinausgehend, Probleme des Seelenlebens (»La vie privée de Michel Teissier«, 1893; »Dernier refuge«, 1896, und andere).

JOSEPH HENRI ROSNY (1856–1940), französischer Schriftsteller, der zunächst mit seinem jüngeren Bruder Justin Rosny (1859–1948) gemeinsam Romane nach der naturalistischen Formel schrieb (»Nell Horn«, 1886). 1887 trennen sich die Rosnys von Zola, von 1909 an arbeiten sie jeder für sich. Sie gehörten zu den ersten Mitgliedern der Académie Goncourt.

⁴ STENDHAL (eigentlich Henri Beyle, 1783–1842), französischer Dichter, ein „observateur du cœur humain", ein subtiler Psychologe, dessen Romane die feinsten Seelenregungen in differenziertester Sprache enthüllen. Als einzig bewegenden Impuls menschlicher Aktivität begreift er das Streben nach Glück, aber auf dem intellektuellen Weg rücksichtsloser Wahrhaftigkeit. Seine Romane errichten Bilder selbstbewußt egoistischer, vorurteilsfreier, ehrgeiziger und äußerst sensibler Menschen, in denen Nietzsche den Europäer der Zukunft vorweggenommen sah (Julien Sorel in »Le Rouge et le Noir«, 1830; Fabrice in »La Chartreuse de Parme«, 1839, und andere). Stendhal ist insofern ein Vorläufer des Naturalismus, als er dem Milieu große Bedeutung zuschreibt und nicht an den freien Willen glaubt. Taine entdeckte ihn für den Naturalismus, Bourget nahm ihn für die Reaktion gegen ihn in Anspruch.

44

HERMANN BAHR [»DAS KRITISCHE WOHLBEHAGEN«] (1891)

Aus: ›Magazin für Litteratur‹, Jg 60, 1891, H. 1, S. 7–12.

Manche Zeichen sind dafür, dass die Herrschaft der „Nur-Thatsächlichkeit" schon vorüber ist. Die blinde Despotin der Dinge wankt, und es regt sich wieder der Mensch. Die vergötzende Bewunderung der rauhen Wirklichkeit ist erschüttert und nach innen zu wird wieder gelauscht, was seltsam die Wünsche der Träume verkünden. Es keimt überall wie ein Frühling einer neuen Romantik, und der Glaube an das Glück, der lange verstummt war, treibt junge Sprossen, von denen ein wunderlich Rauschen durch alle Herzen ist. Und vor der Sehnsucht wird es wieder helle.

Vielleicht ist es nur Trug, das letzte Flackern des alten Wahnes. Vielleicht verlischt es gleich wieder; und dann kommt die grosse Ruhe, die der sanfte Send-

ling aus dem Stamm der Sakyas[1] versprach. Aber es könnte doch auch ein aufrichtiger, standhafter Stern sein, der siegt, aus den Irrungen leuchtet und zu lebendigem Frieden führt.

[S. 8:] Das ist auch eines von den seltsamen Zeichen der Zeit, dass sich solche Hoffnungen überhaupt noch herauswagen dürfen. Sie sind zudringlich und wollen nicht nachgeben. Sie gaukeln gefällige Scheine vor, wie es geschehen könnte. Ihrer lieblichen Logik ist schwer zu widerstehen. Man muss immer wieder sinnen und träumen, und alles stimmt ganz herrlich.

Es gibt nämlich, da alles andere ausgekostet und erschöpft ist, bloss ein Einziges noch zu versuchen. Von der Sehnsucht nach dem Glücke sind sie ausgezogen; zur Sehnsucht nach dem Glücke kehren sie immer wieder, trotz alledem; alles sonst stürzt, bricht und schwindet, nur immer die Sehnsucht nach dem Glücke bleibt treu. Sie können sie nimmermehr verwinden, und wie oft sie's verschwören, sie hören immer wieder auf sie. Sie wollen es nicht glauben, dass sie nur eine dumme, heillose, lügnerische Illusion sei, ein pfiffiger Kniff zu lächerlichem Schwindel ausgeheckt — nein, es ist ihnen, als ob sie den Grund ihrer Natur aufgeben müssten, gerade das eigentlich Menschliche in ihnen, und erst allen guten und schönen Trieben entsagen, um solches zu glauben. Und darum, über alle Enttäuschungen hinweg, zwingt es sie, sich ihr immer aufs Neue wieder zu vertrauen, und immer neue Mittel erfinden sie rastlos für ihren alten Zweck, der verharrt.

Zuerst suchten sie im Menschen. Die Herrschaft des Menschen sollte das Glück bringen. Sie horchten den Wünschen des Gefühles, den Geboten der Vernunft, um danach die Welt zu beugen. Es ist misslungen: die Welt fügte sich nicht. Dann suchten sie in der Welt. Die Unterwerfung unter die Welt sollte das Glück bringen. Sie horchten dem Walten der Natur, den Gesetzen der Wirklichkeit, um danach den Menschen zu beugen. Es ist misslungen: der Mensch fügte sich nicht. Er ging im Wirklichen nicht auf: es blieb ein [S. 9:] Rest, nicht zu bändigen, nicht zu verhalten, ein empörter Widerspruch, ein ungestümer Drang über die Welt hinaus, nach einem Jenseitigen, auf ein Unwirkliches, das erst die Wahrheit wäre. So trog die Herrschaft des Menschen, und es trog die Unterwerfung unter die Welt, und nichts bewährte sich. Nur das Suchen war standhaft und treu; das wich ihnen nicht aus der Seele, das wollte sie nicht verlassen. Aber wo denn, wo konnten sie, da der Mensch und die Welt versagten, wo sollten sie denn überhaupt noch suchen?

Das Experiment mit dem Menschen ist verunglückt. Und das Experiment mit der Welt ist verunglückt. Jetzt kann das Experiment nur noch zwischen dem Menschen und der Welt, wo sie zusammenstossen, gemacht werden. Vielleicht verunglückt es auch da. Aber dann ist wenigstens alle Schuldigkeit gethan, und keiner Versäumniss darf man uns zeihen.

Zwischen dem Menschen und der Welt. Dort, wo die Berührung der beiden

etwas gibt, das nicht Mensch und nicht Welt und dennoch beides zusammen ist. Man nennt diesen Funken, der aus ihrer Reibung sprüht, keinem angehört und von beiden enthält, *impression* oder *sensation;* im Deutschen haben wir dafür kein sicheres, eindeutiges und gerades Wort. Dieser Bezirk ist dem Experimente noch frei. Vielleicht, was dem einsamen Wahne des Ich, was der entwillten Knechtschaft unter das Wirkliche missrieth — vielleicht winkt hier das Glück und kann ergriffen werden.

Das charakterisirt die neue Phase des Geistes. Er verlässt das Sein; mit dem Materialismus, mit dem Naturalismus ist's aus. Aber er flüchtet nicht in das Ich zurück; er wird die alte Romantik nicht wiederholen. Sondern in das Werden des Seins zum Ich hinüber, in dem Prozess vom Wirklichen zum Denken hin, wo er nicht mehr draussen und noch nicht drinnen ist — da will er eindringen. Man denke an Barrès[2], [S. 10:] Huysmans und Nietzsche[3]: ihre Heimathen, woher sie stammen, sind weit weg von einander, jeder ging aus anderem Trieb nach anderem Ziele; aber hier, an dem Punkte, wo die Welt in den Menschen fliegt, an der „Hautlichkeit" der Dinge, wie Nietzsche sagt, da treffen sie sich alle drei und treffen sich mit unserem dunklen Drange. Hier soll Freude, hier Genuss sein und die Erlösung vom langen Uebel.

Ohne die zweite, welche sie überwinden will, wäre die neue dritte Phase nicht möglich. Jene musste dieser erst ihre Werkzeuge bereiten, die Impressionabilität steigern, die nervösen Talente bilden. Daran hat die Kritik, seit sie psychologisch geworden, einen guten Theil; sie soll jetzt auch ihren Lohn dafür kriegen.

Sie braucht sich nämlich bloss umzudrehen, weiter gar nichts. Sie kann ganz so bleiben, wie sie ist. Sie muss nur von diesem heftigen Epicuräismus, der überall erwachen will, auf ein anderes Ziel eingestellt werden, auf die eigene Bereicherung statt auf fremden Dienst. Sie soll auch weiterhin fortfahren, in Künstler einzudringen: sich ihre Nerven, ihre Sinne, ihre ganze Natur anzueignen, sich völlig in sie zu verwandeln. Aber wenn es früher geschah um der Künstler willen, um ihrer gerechten Würdigung zu helfen, so soll es jetzt um ihrer selbst willen geschehen, um den eigenen Genuss zu vermehren: Die Kritik behält die alten Mittel und das alte Verfahren, aber sie werden zu einer neuen Gourmandise.

Und das ist viel gescheiter. Ich sehe eine weite und lichte Zukunft, voll Würze und Wohlbehagen, voll ungekannter Lieblichkeiten ohne Ende. Nietzsche hat es auch schon gespürt, als er schrieb: „Ein alles begehrendes Selbst, welches durch viele Individuen wie durch s e i n e Augen sehen und wie mit s e i n e n Händen greifen möchte..... O dass ich in hundert Wesen wiedergeboren würde!" Es kommt uns sehr gelegen, [S. 11:] es hilft der modischen Leidenschaft, die nach und nach jede andere Begierde in uns verschlungen hat: *sentir d'extraordinaire.* Davon mögen unsere hungrigen Bovary-Nerven nicht genug kriegen. *La recherche pédantesque des sensations rares* hat Jules Lemaître[4] als das Merkzeichen des jungen Geschlechtes konstatirt und dieser Rodsche Hilferuf: *sortir de la banalité*

ist das Motto aller Kämpfe. Darum nach unempfundenen Reizen das Wühlen durch die schaurigsten Laster, daher das irre Schweifen nach den letzten Winkeln der Erde, daher die fletschende Wuth um neue Parfüme, brünstigere Farben und die fremdesten Klänge. Der Sadismus, der Exotismus, der Bibelotismus der Moderne — das alles sind nur verschiedene Ausbrüche der nämlichen *folie sensationniste*. Aber die enge Welt ist erschöpft, und das karge Futter, das sie den Sinnen gewähren kann, ist verbraucht. Wir finden keine neuen Reize für die alten Sinne und Nerven mehr; wie wäre es, wenn wir einmal für die alten Reize es mit neuen Sinnen und Nerven versuchten? Die Speise ist nicht mehr zu vertauschen; wie wäre es, wenn wir einmal den Geschmack vertauschten?

Sich verwandeln. Täglich die Nerven wechseln, so dass dasselbe Leben sich täglich auf einem anderen Planeten erneut. Heute mit Poe[5] in den grinsenden Räthseln jenseits des Todes schwelgen, an den Abhängen des Wahnes, zwischen knochenklapperigen Tänzen kreischender Dämonen, und morgen in frischem Frühlingsfroste mit Liliencron[6] über die nackte, braune Scholle wandern, während im Knickbusch vom letzten Herbste her das rothe Laub verraschelt, Hand in Hand mit dem Treuen, ganz langsam, die reiche Freudigkeit seiner herrlichen Güte mit allen Fängen der Seele schlürfend! Täglich ein anderer sein, ein anderer von den Grossen und, weil man es nicht von Natur als ein unbeachtetes Geschenk, sondern durch Kunst und Zwang erworben hat, [S. 12:] es bewusst sein, im deutschen Gefühle der wechselnden Besonderheit! Herr Gott, wenn es die Kritik wirklich zu dieser dritten Phase bringt, wie schön, wie unsäglich schön müsste das sein.

[1] BUDDHA (Gautama) stammt aus dem Geschlecht der Sakyas, weshalb er auch Sakyamuni, der Einsiedler aus dem Sakya-Geschlecht genannt wird.

[2] MAURICE BARRÈS (1862–1923), französischer Schriftsteller, verkündet in seinen ersten Romanen (»Sous l'œil des Barbares«, 1888; »Un homme libre«, 1889; »Le jardin de Bérénice«, 1891) den Kult des Ich, in Reaktion gegen den wissenschaftlichen Geist des Naturalismus, der die Person den Dingen unterwarf. Die späteren Romane bilden einen in der Liebe zur lothringischen Heimat wurzelnden extremen, von Gegnern scharf diskutierten Nationalismus aus, der zur These von der französischen Superiorität führt (»Au service de l'Allemagne«, 1905; »Colette Baudoche«, 1909; »La Colline inspirée«, 1913).

[3] FRIEDRICH NIETZSCHE (1844–1900) war nicht nur durch die philosophische Verkündung neuer Ideale und Ziele wesentlich für die Dichter der Jahrhundertwende, sondern auch durch die musikalisch-hymnische Sprache seiner Dichtung (»Also sprach Zarathustra«, Dionysos-Dithyramben) Vorbild der Impressionisten und Symbolisten.

[4] JULES LEMAÎTRE (1853–1914), französischer Schriftsteller und Dramatiker, vor allem aber Kritiker von ungewöhnlicher Sensibilität und Intelligenz. In seinen großen Werken »Les contemporains« (8 Bde, 1885–1899) und »Les impressions de théâtre« (11 Bde, 1888 bis 1920) ersteht das Bild eines vergangenen Lebens im Kult der Humanität. Lemaître galt als Impressionist und anerkannte auch diese Bezeichnung, obwohl alle geistigen Bewegungen seiner Zeit (Naturalismus, Impressionismus, Symbolismus, die Parnassiens) sich in seinen Büchern spiegeln.

[5] EDGAR ALLAN POE (1809–1849), nordamerikanischer Erzähler und Lyriker, ein nervös sensibles Temperament, der originellste Dichter der amerikanischen Romantik. Seine Lyrik verbindet Klangfülle und Lautmalerei mit kunstvollem Aufbau und wirkte entscheidend auf die L'art pour l'art-Bewegung des 19. Jahrhunderts in England (Rossetti, Swinburne) und

Frankreich (Baudelaire, Mallarmée, Rimbaud). Seine Dichtungstheorie (»The Philosophy of Composition«, 1846) betont den bewußten Schaffensprozeß gegenüber der „Inspiration". Bekannt wurde er vor allem durch seine phantastisch makabren Kurzgeschichten, die der short story den Weg bereiteten.

⁶ DETLEV VON LILIENCRON (eigentlich Frederik Axel Freiherr von Liliencron, 1844–1909), als Lyriker Schöpfer einer neuen Dichtersprache des unmittelbaren Erlebnisausdrucks. Seine Lyrik ist Eindruckskunst, „Freiluftdichtung", im Sinne des Impressionismus. Das Ganze erscheint aufgelöst in Einzelmomente, die mit starker Sensibilität für alle Sinnenreize realistisch scharf aufgefaßt sind. Seine temperamentvollen realistischen Kriegserzählungen zeigen seine Nähe zum Naturalismus, dem er auch durch bewußte Modernität gegenüber allem klassisch-romantischen Epigonentum nahesteht. In München dem Kreis um Bierbaum zugehörig, war Liliencron Mitbegründer der ›Gesellschaft für modernes Leben‹ und Mitarbeiter der ›Gesellschaft‹. Lyrik: »Adjutantenritte«, 1884; »Gedichte«, 1889; »Der Haidegänger«, 1890; »Neue Gedichte«, 1893; »Bunte Beute«, 1903; Erzählungen: »Unter flatternden Fahnen«, 1888; »Kriegsnovellen«, 1895; »Letzte Ernte«, 1909.

45

HERMANN BAHR »DIE ÜBERWINDUNG DES NATURALISMUS« (1891)

Aus: »Die Überwindung des Naturalismus« (Zweite Reihe von »Zur Kritik der Moderne«). Dresden: E. Pierson 1891, S. 152–158.

> „La vie dans l'Esprit, comme dans la Nature, échappe à la definition. Elle est chose sacrée et qui ne relève que de la Cause Inconnue." Bourget.

Die Herrschaft des Naturalismus ist vorüber, seine Rolle ist ausgespielt, sein Zauber ist gebrochen. In den breiten Massen der Unverständigen, welche hinter der Entwickelung einhertrotten und jede Frage überhaupt erst wahrnehmen, wenn sie längst schon wieder erledigt ist, mag noch von ihm die Rede sein. Aber die Vorhut der Bildung, die Wissenden, die Eroberer der neuen Werte wenden sich ab. Neue Schulen erscheinen, welche von den alten Schlagworten nichts mehr wissen wollen. Sie wollen weg vom Naturalismus und über den Naturalismus hinaus.

Es sind nun zwei Fragen, die sich nicht abweisen lassen.

Erstens die Frage, was das Neue sein wird, das den Naturalismus überwinden soll.

Zweitens die Frage nach dem künftigen Schicksal des Naturalismus. Wie dieser sich neben solcher Neuerung ausnehmen, wofür er dem nächsten Geschlecht gelten und [S. 153:] was er am Ende in der Summe der Entwickelungen bedeuten wird.

Spuren des Neuen sind manche vorhanden. Sie erlauben viele Vermutungen. Eine Weile war es die Psychologie, welche den Naturalismus ablöste. Die Bilder der äußeren Welt zu verlassen um lieber die Rätsel der einsamen Seele aufzu-

249

suchen — dieses wurde die Losung: Man forschte nach den letzten Geheimnissen, welche im Grunde des Menschen schlummern. Aber diese Zustände der Seele zu konstatieren genügte dem unsteten Fieber der Entwickelung bald nicht mehr, sondern sie verlangten lyrischen Ausdruck, durch welchen erst ihr Drang befriedigt werden könnte. So kam man der Psychologie, zu welcher man durch einen konsequenten Naturalismus gekommen war, weil ihre Wirklichkeit allein von uns erfaßt werden kann — so kam man von der Psychologie, wie ihren Trieben nachgegeben wurde, notwendig am Ende zum Sturze des Naturalismus: Das Eigene aus sich zu gestalten, statt das Fremde nachzubilden, das Geheime aufzusuchen, statt dem Augenschein zu folgen, und gerade dasjenige auszudrücken, worin wir uns anders fühlen und wissen als die Wirklichkeit. Es verbreitete sich am Ende der langen Wanderung nach der ewig flüchtigen Wahrheit wieder das alte Gefühl des petöfischen Liedes: „Die Träume, Mutter, lügen nimmer"[1]; und wieder wurde die Kunst, die eine Weile die Markthalle der Wirklichkeit gewesen, der „Tempel des Traumes", wie Maurice Maeterlinck[2] sie genannt hat. Die Ästhetik drehte sich um. Die Natur des Künstlers sollte nicht länger ein Werkzeug der Wirklichkeit sein, um ihr Ebenbild zu vollbringen; sondern umgekehrt, die Wirklichkeit wurde jetzt wieder der Stoff des Künstlers, um seine Natur zu verkünden, in deutlichen und wirksamen Symbolen.

[S. 154:] Auf den ersten Blick scheint das schlechtweg Reaktion: Rückkehr zum Klassizismus, den wir so böse verlästert, und zur Romantik. Die Gegner des Naturalismus behalten Recht. Sein ganzer Aufwand ist nur eine Episode gewesen, eine Episode der Verirrung; und hätte man gleich die ehrlichen Warner gehört, welche nicht müde wurden ihn zu verdächtigen und zu beklagen, man hätte sich die ganze Beschämung und manchen Katzenjammer erspart. Man wäre bei der alten Kunst geblieben und brauchte sie sich nicht erst jetzt als die allerneueste Kunst zu erwerben.

Man könnte freilich auch dann manche Verteidigung für ihn finden, manche Entschuldigung und beinahe etwas wie eine geschichtliche Rechtfertigung — selbst wenn der Naturalismus wirklich bloß eine Verirrung vom rechten Wege weggewesen wäre. Man könnte sagen: zugegeben, er war eine Verirrung; aber dann ist er eine von jenen notwendigen, unentbehrlichen und heilsamen Verirrungen gewesen, ohne welche die Kunst nicht weiter, nicht vorwärts kann. Freilich ihr Ziel war immer und immer wird es ihr Ziel sein, eine künstlerische Natur auszudrücken und mit solcher Zwingkraft aus sich heraus zur Wirksamkeit über die anderen zu bringen, daß diese unterjocht und zur Gefolgschaft genötigt werden; aber um dieser Wirksamkeit willen gerade, zur Verbindung mit den anderen bedarf sie des wirklichen Stoffes. Das ist in den alten Zeiten selbstverständlich gewesen; aber die philosophische Verbildung hat es verloren. Der beginnende Mensch, wie er es überhaupt unternahm, sein Inneres auszudrücken, konnte es nicht anders als in den Dingen, die eben sein Inneres formten; sonst hatte er

nichts in sich. Er trug die Wirklichkeit, die Urgestalt der Wirklichkeit, so wie er sie empfing, unverwandelt in sich, und wenn er sich nach außen entlud so [S. 155:] konnte es bloß in Wirklichkeit sein; jeder Wunsch, jede Hoffnung, jeder Glaube war Mythologie. Als aber die philosophische Schulung über die Menschheit kam, die Lehre zum Denken, da wurden die gehäuften Erlebnisse der Seele an handsamen Symbolen verkürzt: es lernte der Mensch das Konkrete ins Abstrakte zu verwandeln und als Idee zu bewahren. Und nun hat der nachklassische Idealismus manchmal vergessen, daß, wenn eine Natur nach außen wirken will, sie zuvor den nämlichen Prozeß erst wieder zurückmachen muß, vom Abstrakten wieder zurück zum Konkreten, weil jenes, als Kürzung und Statthalter von diesem, nur auf denjenigen wirkt, der dieses schon lange besitzt. Daran ist der Naturalismus eine nützliche und unvermeidliche Mahnung gewesen. So könnte man ihn schon verteidigen, selbst wenn die neue Kunst wirklich zur alten zurückkehrt.

Aber es ist doch ein Unterschied zwischen der alten Kunst und der neuen — wie man sie nur ein bischen eindringlicher prüft. Freilich: die alte Kunst will den Ausdruck des Menschen und die neue Kunst will den Ausdruck des Menschen; darin stimmen sie überein gegen den Naturalismus. Aber wenn der Klassizismus Mensch sagt, so meint er Vernunft und Gefühl; und wenn die Romantik Mensch sagt, so meint sie Leidenschaft und Sinne; und wenn die Moderne Mensch sagt, so meint sie Nerven. Da ist die große Einigkeit schon wieder vorbei.

Ich glaube also, daß der Naturalismus überwunden werden wird durch eine nervöse Romantik; noch lieber möchte ich sagen: durch eine Mystik der Nerven. Dann freilich wäre der Naturalismus nicht bloß ein Korrektiv der philosophischen Verbildung. Er wäre dann geradezu die Entbindung der Moderne: Denn bloß in dieser dreißig- [S. 156:] jährigen Reibung der Seele am Wirklichen konnte der Virtuose im Nervösen werden.

*

Man kann den Naturalismus als eine Besinnung des Idealismus auf die verlorenen Mittel betrachten.

Dem Idealismus war das Material der idealen Ausdrücke ausgegangen. Jetzt ist die nötige Sammlung und Zufuhr geschehen; es braucht bloß die alte Tradition wieder aufgenommen und fortgesetzt zu werden.

Oder man kann den Naturalismus als die hohe Schule der Nerven betrachten: In welcher ganz neue Fühlhörner des Künstlers entwickelt und ausgebildet werden, eine Sensibilität der feinsten und leisesten Nüancen, ein Selbstbewußtsein des Unbewußten, welches ohne Beispiel ist.

Der Naturalismus ist entweder eine Pause zur Erholung der alten Kunst; oder er ist eine Pause zur Vorbereitung der neuen: jedenfalls ist er Zwischenakt.

*

Die Welt hatte sich erneut; es war alles ganz anders geworden, ringsum. Draußen wurde es zuerst gewahrt. Dahin wendete sich die unstete Neugier zuerst. Das
Fremde schildern, das Draußen, eben das Neue. Erste Phase.

Aber gerade darum, damit, dadurch hatte sich auch der Mensch erneut. Den
gilt es jetzt: sagen, wie er ist — zweite Phase. Und mehr noch, aussagen, was er
will: Das Drängende, Ungestüme, Zügellose — das wilde Begehren, die vielen
Fieber, die großen Rätsel.

Ja — auch die Psychologie ist wieder nur Auftakt und Vorgesang: Sie ist nur
das Erwachen aus dieser langen Selbstentfremdung des Naturalismus, das Wie-
derfinden der forschenden Freude an sich, das Horchen nach dem eigenen Drang.
Aber der wühlt tiefer: sich verkünden, das [S. 157:] Selbstische, die seltsame
Besonderheit, das wunderliche Neue. Und dieses ist im Nervösen. — Dritte Phase
der Moderne.

*

Der neue Idealismus ist von dem alten zweifach verschieden: sein Mittel ist
das Wirkliche, sein Zweck ist der Befehl der Nerven.

Der alte Idealismus ist richtiges Rokoko. Ja, er drückt Naturen aus. Aber
Naturen sind damals Vernunft, Gefühl und Schnörkel: Siehe Wilhelm Meister.
Der romantische Idealismus wirft die Vernunft hinaus, hängt das Gefühl an die
Steigbügel der durchgehenden Sinne und galoppiert gegen die Schnörkel: er ist
überall gotisch maskiert. Aber weder der alte noch der romantische Idealismus
denken daran, sich erst aus sich heraus ins Wirkliche zu übersetzen: sie fühlen
sich ohne das, in der nackten Innerlichkeit, lebendig genug.

Der neue Idealismus drückt die neuen Menschen aus. Sie sind Nerven; das
andere ist abgestorben, welk und dürr. Sie erleben nur mehr mit den Nerven, sie
reagieren nur mehr von den Nerven aus. Auf den Nerven geschehen ihre Ereignisse und ihre Wirkungen kommen von den Nerven. Aber das Wort ist vernünftig
oder sinnlich; darum können sie es bloß als eine Blumensprache gebrauchen:
ihre Rede ist immer Gleichnis und Sinnbild. Sie können sie oft wechseln, weil sie
bloß ungefähr und ohne Zwang ist; und immer bleibt es am Ende Verkleidung.
Der Inhalt des neuen Idealismus ist Nerven, Nerven, Nerven und — Kostüm:
Die Dekadence löst das Rokoko und die gotische Maskerade ab. Die Form ist
Wirklichkeit, die tägliche äußere Wirklichkeit von der Straße, die Wirklichkeit
des Naturalismus.

Wo ist der neue Idealismus?

[S. 158:] Aber seine Verkündigungen sind da: Lange, zuverlässige, ganz deutliche Verkündigungen. Da ist Puvis de Chavanne, da ist Degas, da ist Bizet[3], da
ist Maurice Maeterlinck. Die Hoffnung braucht nicht zu zagen.

*

Wenn erst das Nervöse völlig entbunden und der Mensch, aber besonders der Künstler, ganz an die Nerven hingegeben sein wird, ohne vernünftige und sinnliche Rücksicht, dann kehrt die verlorene Freude in die Kunst zurück. Die Gefangenschaft im Äußeren und die Knechtschaft unter die Wirklichkeit machten den großen Schmerz. Aber jetzt wird eine jubelnde Befreiung und ein zuversichtlicher, schwingenkühner, junger Stolz sein, wenn sich das Nervöse alleinherrisch und zur tyrannischen Gestaltung seiner eigenen Welt fühlt. Es war ein Wehklagen des Künstlers im Naturalismus, weil er dienen mußte; aber jetzt nimmt er die Tafeln aus dem Wirklichen und schreibt darauf seine Gesetze.

Es wird etwas Lachendes, Eilendes, Leichtfüßiges sein. Die logische Last und der schwere Gram der Sinne sind weg; die schauerliche Schadenfreude der Wirklichkeit versinkt. Es ist ein Rosiges, ein Rascheln wie von grünen Trieben, ein Tanzen wie von Frühlingssonne im ersten Morgenwinde — es ist ein geflügeltes, erdenbefreites Steigen und Schweben in azurne Wollust, wenn die entzügelten Nerven träumen.

[1] SÁNDOR PETÖFI (1823–1849), ungarischer Dichter, schon von frühester Jugend an gefeierter Nationaldichter der Magyaren. Bereits seine ersten Gedichte, 1842 in Zeitschriften erschienen, 1844/45 in einer Sammlung (»Versek«), fanden ungewöhnlichen Beifall. In rascher Folge kamen die weiteren Werke: das komische Heldengedicht »A helyseg kalapacsa«, 1844; das Märchenepos »János vitéz«, 1845; der Roman »A hóhér kötele«, 1846; das Drama »Tigris és hiéna«, 1846. 1848 erkämpfte Petöfi an der Spitze der Budapester Jugend den Sieg der Revolution. Er fiel im ungarischen Freiheitskampf in Siebenbürgen. Übersetzungen: J. Steinbach, 1901, 1905; J. Schnitzer, Bde, 1910; 2 Bde, 1919.

[2] MAURICE MAETERLINCK (1862–1932), flämischer, in französischer Sprache schreibender Schriftsteller, Nobelpreisträger 1911, Hauptvertreter des Symbolismus, verfaßte balladeske, marionettenhafte Traumspiele (»Pelleas und Melisande«, als Oper von Debussy vertont; »Der blaue Vogel« und andere mehr). Auf Swedenborg und Novalis beruht sein Essayband »Le trésor des humbles«, 1896, in volkstümlicher Fassung als »La Sagesse et la Destinée«, 1898, übersetzt von Fr. von Oppeln-Bronikowski 1899. Maeterlinck schrieb auch mystisch-philosophische Abhandlungen: »Vom Tode«, »Das große Rätsel«, »Die Sanduhr«; aber weniger diese spiritistischen als seine naturmythischen Pflanzen- und Tierbücher sind bekannt geworden: »Intelligenz der Blumen«, »Leben der Blumen«, »Leben der Termiten« (alle übersetzt von Oppeln-Bronikowski).

[3] PIERRE PUVIS DE CHAVANNE (1824–1898), französischer Maler, der eine neue Monumentalmalerei erstrebte (Wandmalereien im Pantheon).

EDGAR DEGAS (1834–1917), Maler des französischen Impressionismus, der die flüchtigen, den Gegenstand in Licht- und Farbvisionen auflösenden Bewegungen festhält, malte vor allem Tänzerinnen (ein „Impressionist der Musik"), aber auch Straßenszenen und anderes.

GEORGE BIZET (1838–1875), französischer Komponist, dessen Oper »Carmen« ihrer südlich-leidenschaftlichen Beschwingtheit und Formklarheit wegen von Nietzsche „auf Kosten Wagners" gelobt und deshalb von der Intelligenz der Jahrhundertwende besonders beachtet wurde.

MICHAEL GEORG CONRAD [»VIRTUOSE NERVENKUNST«] (1892)

Aus: »Moderne Bestrebungen«, ›Die Gesellschaft‹, Jg 8, 1892, H. 6, S. 685–687.

Von der Litteratur zu sprechen: Man malt sich da das Künftige aus, je nachdem man daran beteiligt zu sein wähnt als Erzeuger, Nutznießer oder Zwischenhändler. Da hört man denn zum Beispiel: Die alten Jungfern sterben nicht aus und die höheren Töchter und Buben nicht und die Backfische und Corpsstudenten und Liedertafler und die Liebhabertheaterspieler und die Vereinsbrüder mit Pfeil und Bogen und Bundesfahne nicht — also werden wir mit dem allgütigen Gott und den freundlichen alten Musen, die noch immer zu allem zu haben sind, dafür sorgen, daß diese interessanten Litteraturbedürflinge auch in Zukunft nicht zu kurz kommen. Und Mut und Selbstvertrauen schwellen die Brust der Litteraturerzeuger beiderlei oder dreierlei Geschlechts. Die Specialisten messen stolz ihre Chancen: Die L y r i k wird die herrschende Litteratur der Zukunft sein, denn mir gelingen mit Leichtigkeit die gangbarsten Verse in jeder gewünschten Quantität; das D r a m a wird als die vornehmste Dichtungsart obenauf zu bleiben haben, so lange ich mehr Stücke fabriziere, als die betriebsamsten Theaterspekulanten in einem Schaltjahr aufzuführen vermögen, oder so lange ich überhaupt noch nicht an der Erfolgsreihe bin; dem R o m a n gehört die Zukunft, denn ich bin ein Wirklichkeitsdichter mit den gediegensten ethischen Absichten und dazu ein Ideal-Naturalist, der sich gewaschen hat; die wahre und einzige Dichtung der modernen Welt ist die virtuose N e r v e n k u n s t, die uns mit den unerhörtesten Sensationen füttert, mit Techniken kitzelt, die man in allen Litteraturkliniken der Welt aufgelesen und als die raffiniertesten erprobt hat, und damit werden wir an der Spitze der geistigen Bewegung Europas marschieren, wir Immoralisten von Nietzsches Gnaden, wir Magier der hypererotischen Sportswelt, wir Mystiker der internationalen Fabulierkomödie, wir rasenden Rolande der alleinseligmachenden Stimmung aus Impotenz und Gigerlnhaftigkeit. Und so weiter mit Grazie.

Die sceptertragenden Hände strecken sich nach den krummstabführenden aus, die internationale goldene Couponscheere ersehnt den stärksten Polizeispieß — welche Litteratur wird ihnen als die schätzens- und schützenswerteste gelten? Die aber im ewigen Kampfe um den täglichen Bissen Brot stehen, um Kleider und Schuh und Obdach, sollen sie sich überhaupt um etwas kümmern, das keine materiellen Erlösungswunder zu wirken vermag, um [S. 686:] Träume und Schäume? Das Volk? Wo ist das Volk? Welcherlei Art denkst du dir das Volk der Zukunft? Sage mir, wie diese neue Menschenwelt, die aus den heute auf Mord und Preß

sich bekrakehlenden Schichten, Ständen, Klassen, Parteien, Landsmannschaften, Nationalitäten herauswachsen soll, an Leib und Geist und Bedürfnissen sich formt, und ich sage dir, welche Litteratur ihr gedeiht. Ich fürchte aber, daß die Deutschen der nächsten Zukunft überhaupt ganz andere als litterarische Sorgen haben werden. Und mögen in dieser Zeit der Umwälzung die herrlichsten Wunderwerke der Poesie erblühen, kein Mensch wird Augen haben ihrer zu achten, bis die Drangsal vorüber. Kein Elend, keine Tyrannei, kein Pöbeltum, kein Druck bureaukratischer oder scholastischer oder klerikaler Gottverlassenheit, keine Verschreibung der politisch-nationalen Schwerpunkte, nicht einmal die Veränderung der gesamten sozialen und kulturellen Grundlagen unseres Staatslebens — nichts vermag den schöpferischen Gottesfunken im Herzen des Dichters zu ertöten, des echten Künstlers, der sein Lebenswerk verrichtet, ohne zu fragen wie, warum, wozu, wofür, mit vollkommener Gleichgiltigkeit gegen Publikum und Kritik, gegen Schulen und Richtungen, gegen Erfolg und Mißerfolg. So denke ich mir den Dichter der Zukunft, in strahlender Selbstherrlichkeit, in fesselloser Freiheit, ein Bild der Kraft, der Wahrhaftigkeit und darum der Schönheit. Was neben ihm an gewerblichem Litteratentum, an berufsmäßiger Kunstdichterei, an schriftstellerischem Industrierittertum in der Welt herumfleucht und herumkreucht, schreit und zetert, nach Geld und Gut und Massenerfolg jagt, ist für den höheren Geistesmenschen so uninteressant und belanglos als möglich. Wie es heute für den gesundgebliebenen Mann belanglos und uninteressant ist, was die extremen Specialisten der Moderne an welschen Kukukseiern in ihren kleinen Fin de siècle-Kapellchen oder -Bordellchen ausbrüten, dabei mit ihrem Ismus-Schwänzchen wedelnd: Symbolismus, Satanismus, Neuidealismus, Hallucionismus ... Noch ein paar Jahre, und es kräht kein Hahn mehr nach diesem ganzen allermodernsten — Charlatanismus der Lebens-Komödianten in Litteratur und Kunst. Ja, das ist mein Dichter der Zukunft: der gesunde, schlichte, weise Mann, der männliche Mann, der Zeuge der großen Natur, der Herz- und Nierenprüfer der Gesellschaft, der Maskenabreißer der stolzierenden Gemeinheit, der Tröster und Mutmacher der Armen und Gedrückten, der holde Freund und Labsalspender einer neuen Menschheit.

*

Nun sollte uns jüngst plötzlich die Religion im gegenwärtigen Reich über alle Zweifelfragen und Schwierigkeiten hinweghelfen. Die Religion!

Eine Form: Parsifal. Gut. Ich habe nichts gegen die reinen [S. 687:] Thoren. Aber mein Hauswesen vertraue ich ihm nicht an. Auch nicht meine auswärtigen Beziehungen. Sollte er nun das Wunder wirken und die Politik eines großen Reiches auf die rechten Pfade zu den rechten Zielen leiten?

Ich glaube, unserem Volk thut Anderes not. Statt Mystik und frommen Katechismusübungen und klerikalen Salbungen eine möglichst umfassende und gründ-

liche Aufklärung in allen national- und weltökonomischen Wissens- und Arbeits-
fächern. Nicht neue Romantik, sondern neues Wissen. Wir stehen an wirtschaft-
licher Erkenntnis und praktischer Schulung weit hinter unseren angelsächsischen
Vettern zurück. Und weil uns die positive Einsicht und intellektuelle Geschlossenheit fehlt, läuft alles kreuz und quer, von jedem Katheder wird anders gelehrt,
in jeder Kolonie anders kommandiert — nur die Niederlagen und Blamagen sind
überall gleich, die sich das politische Deutschtum an allen Ecken und Enden der
Welt holen kann, wenn mit der jetzigen Kopflosigkeit weiter experimentiert wird.

47

MICHAEL GEORG CONRAD [»DER GEMEINE NATURALISMUS IST ÜBERWUNDEN«]
(1892)

Aus: »Ketzerblut«, ›Die Gesellschaft‹, Jg 8, 1892, H. 7, S. 830.

Alles im höheren Ton, mystisch-symbolischer Harmonisierung, denn der gemeine Naturalismus ist überwunden. Eine Mode von gestern. Das versteht sich.
Denn zum Naturalismus gehört Vollsaft und Vollkraft. Und diese armen greisen
Jungen von der „Nervengeneration des Fin de siecle" haben nichts mehr davon:
sie sind physisch und psychisch Verfallsprodukte. So weit sie ehrlich und nicht
Gigerln und Komödianten und Gauner der Dekadenz sind, nicht Spekulanten des
verarmten Blutes und der überkitzelten Nerven, kann man ihnen mit Wohlwollen
gerecht werden. Ihre Situation ist traurig genug.

Diese ironischen Ausfälle (Stück 46 und 47) gegen den beginnenden Impressionismus zeigen deutlich, daß M. G. Conrad, der bis zuletzt auf einem national verengten Naturalismus
beharrte, in die Verteidigung gedrängt war. Die neue literarische Entwicklung ging über
ihn hinweg.

48

JULIUS HART [»NATURALISMUS — KEINE IDEALBILDENDE POSITIVE KUNST«]
(1892)

*Aus: »Neue Romane«. ›Freie Bühne für den Entwicklungskampf der Zeit‹, Jg 4,
1892, H. 3, S. 593–594.*

Anklagend und angreifend, klagend und mitfühlend hat die Litteratur des
Naturalismus das Elend geschildert. Wie betäubt von der Größe dieses Elends
stammelte sie immer wieder, stammelte sie nichts als: „Das Elend ist da... furcht-

bares Elend ist vorhanden . . es ist wirklich . . das Elend . . das Elend!" So mit immer neuen Bildern den Spott und die lächelnden Hohnreden der Poeten und Schriftsteller des ancien régime beantwortend, die aus ihren weichen Sesseln hervorriefen, und an und für sich mit gutem Gewissen, weil sie es wirklich nicht anders wußten, weil sie nie den Fuß über die Schwellen ihres Salons hinausgesetzt hatten: Es giebt ja gar kein Elend. Die Welt ist aufs Wunderschönste eingerichtet. Unseres frommen Carrières moralische Weltordnung hat sich nie so glänzend erwiesen, als in unseren Tagen des geeinigten Deutschlands und unter dem heiligen Scepter der divi Augusti vom Hohenzollernhause. Ihr seid nur Pessimisten, — nieder mit dem Pessimismus! Häßlichkeits- und Grau in Graumaler. Ihr habt keine Ahnung davon, wie viel Freuden die Welt birgt: Diners bei Dressel, hübsche Schauspielerinnen, hundert Mark für einen Kuß, Ball bei Kommerzienrats und was nicht sonst noch alles. „Es ist da . . . das Elend," rief um so lauter der Naturalismus; er wollte es fast beweisen, daß es da war, wie der nationalökonomische Statistiker und hüllte sich in die Aesthetik Zolas; beschreibend und schildernd wurde er, wie alle Kunst, welche der Wissenschaft nachläuft. Aber all diese wissenschaftliche Kunst, diese Kunst der Beobachtung mit dem Notizbuch in der Hand, es war die Kunst des noch halb betäubten Geistes, der sich in neue Welt hineingestoßen sieht, in der er sich zuerst noch zurechtfinden muß, verwirrt von der Fülle der Thatsachen, vor allem sie erst einmal kennen lernen, sichten und ordnen muß, eine Kunst, die Material auf Material häufte, das grobe rohe Material, das in der Wissenschaft die Spezialisten zusammenbringen müssen, die Empiriker, die Vorläufer der Genies, der philosophischen und religiösen Geister und Idealitätsdichter, welche das Tote mit dem Hauche der Idee beleben.

Unsere naturalistische Kunst steht genau an der Stelle, an welcher sich die Sozialdemokratische Partei befand in jener merkwürdigen Reichstagssitzung, als die Vertreter sämmtlicher Parteien der herrschenden Gesellschaftsordnung mit der stürmischen Frage auf sie eindrangen: Was ist's nun mit eurem sozialistischen Zu- [S. 594:] kunftsstaat? Wie soll er aussehen? Was für eine Idee habt Ihr Euch davon gemacht? Und Bebel und Liebknecht[1] zuckten mit den Achseln, und die Gegner lachten, daß die Propheten nichts sagen konnten oder sagen mochten. Sie hatten aber Beide Recht, die da fragten und schwiegen. Das Elend ist da, das ist einstweilen genug. Seht das Elend! Wie unendlich, wie groß ist es. Wir treten vor Euch hin, reißen die Kleider von unserem Leib, und nun seht die Wunden, die uns bedecken. Der Rest sei einstweilen Schweigen.

Auch die Kunst des Naturalismus hat geschwiegen und schweigt noch. Es war und ist eine Kunst der Beschreibung und der Schilderung, der Anhäufung von Beobachtung auf Beobachtung. Auch eine Kunst des Klagens und der Mitempfindung, letzteres vor allem in Deutschland. Das vorherrschend lyrische Genie des deutschnationalen Kunstgeistes kam zum Durchbruch, in der Lyrik, wie im

Roman und Drama. Dem beschreibenden Element gesellte sich die Stimmung zu, die aus der mitempfindenden und mitleidenden Seele floß; der germanische Kunstgeist zeigte da wieder seine Ueberlegenheit in der wahrhaft tiefen poetischen Auffassungsfähigkeit über den romanischen Kunstgeist, welche ja auch ein Taine anerkennen mußte. Das rhetorische Viktor Hugo-Pathos Emile Zolas, der Doktrinarismus Ibsens nahmen den schlichten unmittelbaren Gefühlsausdruck an (so im Drama bei Hauptmann und Halbe), der das eigentlichste Erbteil der deutschen Poesie ist. Aber auch die naturalistische Kunst konnte nur sagen, daß das Elend vorhanden sei, doch nicht den Weg zeigen, der aus ihm hinausführt. Ibsen, Garborg, Strindberg, Hauptmann, Holz und Schlaf: bei ihnen allen steht groß und schwarz das Fragezeichen, das die Bebel und Liebknecht in jener Reichstagssitzung in die Luft schrieben. Anklagend, verneinend, niederreißend brachte der Naturalismus die Werke ohne Abschluß und Ende, gab ein Ereignis, ein Bild der Wirklichkeit, das nach beiden Seiten verlängert werden kann, so zerfließend wie das Leben es ist, aus der Unendlichkeit herauswachsend, in die Unendlichkeit zurückfließend. Er war und ist keine idealbildende positive Kunst, und im Grunde ohne Idee, von großer Weltkenntnis und Welterfahrung, aber ohne Weltanschauung, voller Wissenschaftlichkeit, aber noch ohne spekulativen Geist, ohne Religion und Philosophie. Und darum weiß er auch nichts von einer Komposition, einer Vereinigung der Sonnenstrahlen im Brennglas.

Die vorliegende Äußerung innerhalb einer Rezension verdeutlicht noch einmal die besondere Position der Harts. Sie vertraten niemals den strengen Naturalismus, sondern kämpften von Anfang an für einen der literarischen Tradition verbundenen Realismus, auch als Wortführer der jungen Generation. Daher konnten sie sich – im Unterschied zu Conrad – von dem untergehenden Naturalismus distanzieren.

[1] AUGUST BEBEL (1840–1913), gründete mit Liebknecht die Sozialdemokratische Arbeiterpartei (1869) und war ihr Sprecher im Reichstag, wo er die Bismarcksche Politik bekämpfte. Er war ein Gegner des sogenannten Revisionismus, das heißt der gemäßigten Richtung der Sozialdemokratie.
WILHELM LIEBKNECHT (1826–1900) war mehrere Jahre neben Marx in London tätig und dann neben Bebel Führer der deutschen Sozialdemokratie, vor allem als Redakteur des ›Vorwärts‹.

49

CURT GROTTEWITZ »DIE ZUKUNFT DER DEUTSCHEN LITTERATUR IM URTEIL UNSERER DICHTER UND DENKER. EINE ENQUÊTE«, (1892)

Berlin: M. Hochsprung 1892.

a) Conrad Alberti (1891), S. 73–75.

In welchen Bahnen sich nun die innere Entwicklung unserer Litteratur bewegen wird, ist kaum zu ahnen. Wir wissen nur, in welchen Punkten wir aus

der Erfahrung gelernt haben, was sich in unsern bisherigen Bestrebungen als mangelhaft, als undurchführbar erwiesen hat, was wir in Zukunft anders machen müssen. Und wir haben in diesen sieben Jahren des Kampfes allerdings viel gelernt. Das scheint mir gewiß: die deutsche Litteratur wird, wenn sie an eine Zukunft denkt, vor allem deutsch sein müssen. Ich meine damit nicht etwa die Pflege eines billigen Patriotismus oder gar eines traurigen Byzantinismus, wie er leider durch ein starkes modernes Talent Geltung gewonnen hat, sondern, daß sie in ihrem ganzen Wesen, ihren Ausdrucksformen, den Boden und die Rasse zeigt, denen sie entspringt. Zu diesem deutschen Wesen passen weder der nordische Seefischgeruch, noch der östliche Juchtenduft, mit denen sie sich noch manchmal parfümirt — sie sei deutsch in ihrer Ehrlichkeit, Helle und Tiefe, wie [S. 74:] Hans Sachs und Grimmelshausen deutsch sind, wie Goethe und Heine. Und dann wird sie mehr menschlich sein müssen, als sie bis heut war, sie wird sich frei machen müssen, von vielem naturwissenschaftlichen und sozialen Ballast, den sie bisher mit sich herumschleppte. Gerade weil wir Probleme der Naturwissenschaft und der Soziologie, nicht selten reine Fachfragen, künstlerisch behandelten, war uns weder die eine noch die andere in Fleisch und Blut übergegangen; wir hatten sie nicht in unser Wesen aufgenommen, so daß wir anders empfanden, dachten, fühlten als frühere Geschlechter — es waren nur Brillen, die wir beim Schreiben aufsetzten und mit dem letzten Punkt wieder ablegten. Wir vergaßen nur zu oft, daß die Kunst nicht Problemkunst ist, sondern Anschauung, daß wir den darzustellenden Menschen als Einheit fassen sollten. Weder aus der sozialen Frage noch aus dem Darwinismus an sich ist für die Poesie das Geringste zu holen — sie können uns nur unbewußt nützen, wenn wir sie in unser Temperament, unser Wesen ganz ohne Rest aufgenommen haben. Nicht als Darwinisten, nicht als Soziologen müssen wir schaffen, sondern als moderne Menschen. Die Litteratur der Zukunft, ich wiederhole es, wird menschlich sein, und menschliche Wesen in ihrem einheitlichen Wollen und dem Ausdruck dieses Wollens, seine Umsetzung in Rede und Handlung darstellen. Aber sie wird im Gegensatz zur älteren Litteratur ehrlich sein: sie wird es in seiner offenen, ungeschminkten Lebenswahrheit darstellen, sie wird keine Worte mehr kennen, sondern nur noch Gestalten. Sie wird zart sein, wo die Natur sich zart äußert, brutal, wo sie brutal erscheint, sie wird kein s c h ö n und kein h ä ß l i c h mehr kennen, sondern nur ein k ü n s t l e r i s c h und ein u n k ü n s t l e r i s c h. Sie wird nicht wie die bisherigen Naturalisten im Unbedeutenden das Bedeutende suchen, sondern die Bedeutung, sie wird spielen und scherzen, rasen und donnern, wo die Natur spielt und scherzt, rast und tost. Sie wird nicht die Probleme der Wissenschaft lösen wollen, sondern die des menschlichen Willens dar-
[S. 75:] stellen, s e i n e Ebbe und Flut, seinen Wellenschlag, seine Stürme. Eine solche Litteratur, wie ich mir sie vorstelle, wird groß und herrlich sein, sie wird den jetzt in der ganzen Welt verachteten Namen der deutschen Litteratur wieder

c) Johannes Schlaf (1891), S. 94–95.

Frische Kräfte, frische Hoffnungen. Eine neue Generation, also dann wol auch eine neue Zukunft. Aber nun sagen, wo das alles hinaus will? — Wie viel drängt sich zu entfalten, und jedes hat seine besondere Art. Unzählig sind die Wurzeln und unendlich verzweigt. — So setzt die Frage den einzelnen bei seiner Arbeit, sich selbst in seiner Art zu finden und zu behaupten, in Verwirrung. Was ein par Blicke seitwärts zu dem Neuen, Mitwerdenden hin erhaschen können, ein par flüchtige Blicke, die nicht verweilen dürfen, das ist alles, was sich geben läßt, und es ist wenig, viel zu wenig für den, der sich des ganzen Umfanges jener Frage bewußt ist, und der sich etwas Werdendes in seiner Gegenwart und Zukunft nicht mit den ersten, besten und bequemsten „Analogien" zu messen getraut. —

Im übrigen soll denn also meinetwegen, mit allen gebotenen „Vielleichts" verklausulirt, hingestellt werden, was sich eben mit so ein par flüchtigen Blicken erhaschen und von diesem Erhaschten aus weiterträumen ließ.

Die nächste Verlegenheitsausflucht unserer Frage gegenüber ist der Status quo.

Da scheint es denn, als wenn wir anfingen, uns all den Einflüssen von West, Nord und Ost, die uns „in Zug" gebracht haben, zu entziehen. Die Zeit des Hinlauschens ist vorüber; wir sind flügge geworden, und es treibt uns, unser eigenes Lied zu pfeifen. Zwar sind wir noch nicht allerorten aller importirten Weisheit ledig: die Zola, Ibsen, Bourget, Maupassant, Tolstoj u. s. w. gehen noch sehr unter uns um: aber von Tag zu Tag bildet sich unsere Eigenart sicherer und bestimmter heraus. Ich weiß nicht, welcher Instinkt und geheime Trieb [S. 95:] uns dem Drama zuwante und ihm ein Gepräge gegeben hat, das seinerseits allen ausländischen Einflüssen gegenüber eine völlige Eigenart gewann; und wer weiß, bis zu welchem Grade diese sich ausbilden wird. —

Noch eins, was in die Zukunft weist. Der Ruf wird unter uns laut: Ueber den Naturalismus hinaus!

Wir wollen hoffen, daß nun daraufhin, dem „Naturalismus" um jeden Preis zum Trotz, nicht allzuviel Unsinn ins Kraut schießt und das erstickt, was dieser Neues und Zukunftskräftiges mit seiner fleißigen Analyse der Natur abgerungen hat. Jedenfalls aber scheint jene Forderung von Bedeutung für die fernere Entwickelung unserer Litteratur zu werden; und wenn es eine unumgängliche Grundeigenschaft aller Kunst ist, daß sie Verinnerlichtes darstellt, so wird vielleicht gerade diese Eigenschaft in unserer Dichtkunst in Zukunft eine Bedeutung gewinnen, welche dem bisherigen analysirenden „Naturalismus", dem „Zolaismus" wie dem „Bourgetismus", nicht in einem gleich intimen Sinne zugesprochen werden kann. —

Im übrigen aber:

> Willst du alles ergründen?
> Wenn der Schnee zerschmilzt,
> Wird es sich finden! —

d) Franz Servaes³ (1891), S. 118.

So wie der Naturalismus seinen Ausgangspunkt in Taine besaß, so baut sich die kommende Kunst auf Nietzsche auf. Die umfassende Beobachtung der Außenwelt wird abgelöst (oder ergänzt) von eindringlicher Durchspürung der Innenwelt. Der Schwerpunkt der Entwickelung gleitet von den Galliern zu den Germanen über. Die Welt des Unbewußten mit tausend unentdeckten Eilanden taucht hervor aus dem Meer unserer Seele und ein aus tiefster Tiefe heraufzitterndes Leuchten verrät die wonnige Fülle des auch dann noch Unentdeckten, ewig Unentdeckbaren.

e) Otto Julius Bierbaum (1891), S. 120–122.

Daß die Periode der Nachtreter der Nachtreter, daß das dreihundertmal verdünnte Weimar endgiltig vorüber ist, das sagt mir nicht nur mein Wunsch, sondern auch meine schaudernde Beobachtung, wie die „Lieblinge der deutschen Lesewelt" in den Armen der höheren Tochter wimmernd verscheiden. Daß ein neuer Frühling kommen will, sagen mir nicht blos die ahnungsbangen Rheumatismen verschiedener alter Herren und Damen, sondern auch meine Augen, die über ein weites Feld von jungen Halmen schweifen, über denen die besten Winde wehen. Auch habe ich ja den kräftigen Dünger gesehen und — gerochen, von dem Hermann Conradi sang:

> Der frischgedüngte Acker stinkt empörend, —
> Doch ist sein Stunk nicht grade unbelehrend:
> Nur wer das Leben überstinkt, wird siegen!

Das war im Herbst. Dann sandte noch einmal „der alte Winter in seiner Schwäche ... fliehend nur ohnmächtige Schauer körnigen Eises,"⁴ und jetzt, wie gesagt, wird's Frühling.

Wird ein guter Sommer daraus werden, ein langer, schöner, kornschwergoldener Sommer der deutschen Dichtung, eine neue, segenholde Reihe von Goethemonden?

Ich glaube es.

[S. 121:] Zola, Ibsen, Tolstoj rechne ich dem guten, triebweckenden Dünger bei, den wir importiren mußten, da ein schändlicher Raubbau unsern Acker entkräftet hatte. Nun aber fort damit! Zuviel davon verdirbt die fettgewordene Krume. Es ist auch viel böses, chemisches, unnatürliches Zeug darunter. Es ist nicht alles Kraft, was stinkt! Was Gutes in ihnen ist, haben wir zum teil herausgezogen: die Grundlagen zu einem neuen Drama sind in den Werken der Hauptmann, Holz, Schlaf, Halbe⁵ gewonnen. Daß das bettelsuppengewöhnte deutsche Publikum sich an der neuen, kräftigen Kost nicht den Magen verdirbt, dafür sorgen kluge Ragoutköche wie der gewandte Fulda und der auf wackere Nahrhaftigkeit bedachte Sudermann, der sich nur zuweilen im Gewürz vergreift, weshalb die Polizei seine Gerichte für überpfeffert hält und sie gerne verbietet im

Interesse der moralischen Verdauung. Mich dünkt, es wird einer kommen müssen und auch kommen, der die souveräne Handhabung der naturalistischen Technik mit freischöpferischer Phantasie und mit Leidenschaft verbindet. Hauptmann, Holz, Schlaf, Halbe plus Liliencron etwa, — haben wir den, so dürfen wir fürs Drama rufen habemus papam! Der wird auch die jetzt noch sehr brauchbaren Ragouts überflüssig machen. Seine Kunst wird Kunst für Künstler und doch nicht Kaviar fürs Volk sein.

In der Lyrik sind wir dieser Kunst schon näher. Da hat es sich ganz wundervoll und ganz von selber gemacht, daß wir der neuen Schönheit nahe kamen, ohne die Wahrheit zu beugen. Hier haben wir jetzt schon zwei Große: Friedrich Nietzsche und Detlev Liliencron, und eine ganze Schaar reiht sich an, die wert ist, nahe hinter ihnen genannt zu werden. Lied und Bild, — beides ist in der neuen deutschen Lyrik. Aus ihr wird meiner Meinung nach die Krone der neuen deutschen Dichtung gehoben werden.

Mit dem Roman sieht es am übelsten aus, — auch für die Zukunft. Die besten Wurzeln stacken da noch im Alten, — [S. 122:] Nur — wer zu nennen: Keller und Fontane.

Der Schluß wird ein neuer Klassizismus sein.

CURT GROTTEWITZ (1866–1905) stellte im ›Magazin für die Litteratur des In- und Auslandes‹ (1832–1915) eine „Enquête über die Zukunft der deutschen Litteratur« an. An zahlreiche bekannte Schriftsteller sandte er Fragebogen, auf denen er ihre Meinungsäußerung zunächst zur Grundfrage und außerdem zu fünf Einzelfragen erbat (letztere betrafen die Bedeutung des Einflusses von Zola, Ibsen und Tolstoj auf die deutsche Literatur, den „radikalen Naturalismus" von Hauptmann und Holz-Schlaf, die Bedeutung Sudermanns, die in Zukunft herrschende Dichtungsgattung und die Einschätzung der deutschen Gegenwartsliteratur als Blüte oder Verfallserscheinung). 74 Schriftsteller antworteten, in den meisten Fällen allerdings nur, indem sie die Beantwortung der Grundfrage nach der Zukunft der deutschen Literatur als unmöglich ablehnten. Hermann Bahr schrieb kurz und bündig: „Was hat die deutsche Literatur für eine Zukunft? Gar keine." Sudermann schrieb: „Das Einzige, was ich von meinem Standpunkt aus hiezu zu sagen wüßte, wäre: ‚Bilde Künstler, rede nicht!'"
Gerhart Hauptmann schickte ein Schema, mit dem er einer direkten Beantwortung der Frage auswich:

„Himmel	Erde
Ideal	Leben
Metaphysik	Physik
Abkehr	Einkehr
Prophetie	Dichtung

zwei Lager;
wird das eine fett, wird das andre mager."

Grottewitz veröffentlichte das Ergebnis seiner „Enquête" zunächst im ›Magazin‹, dann – systematisch in „Lager" geordnet – als Buch (1892).

1 ›LE FIGARO‹, französische Tageszeitung, 1854 als satirisches Wochenblatt in Paris gegründet, bald das beliebteste Boulevardblatt. Seit 1866 konservative aber antikaiserliche Tendenz, seit 1871 royalistisch, später gemäßigt republikanisch. 1929 mit dem ›Gaulois‹ verschmolzen, seitdem die größte Pariser Morgenzeitung.

[2] GERHARDT VON AMYNTOR (Pseudonym für Dagobert von Gerhardt, 1831–1910), Erzähler, zuerst preußischer Offizier, nahm 1872 seinen Abschied. Besonderen Erfolg hatte er mit seiner gegen Tolstoj gerichteten Erzählung »Cis-Moll-Sonate«; von gewisser Bedeutung sind seine Lebenserinnerungen.

[3] FRANZ SERVAES (1862–1947), Schriftsteller und Kritiker; als Kunstkritiker ab 1899 bei der ›Neuen freien Presse‹ in Wien, 1915 in Berlin bei Ullstein und ab 1919 im Scherl-Verlag tätig.

[4] Goethe: Faust I, Vers 906–09.

[5] MAX HALBE (1865–1944), Dramatiker und Erzähler, gehört mit seinem Frühwerk in den Naturalismus, neben Holz, Schlaf und Hauptmann. Sein größter Erfolg war das Drama »Jugend« (1893). Die späteren Dramen »Mutter Erde« (1897) und »Der Strom« (1903), aus einem echten Heimaterlebnis erwachsen, kennzeichnen bereits den Übergang vom Naturalismus zur „Heimatkunst". Das gilt auch für seine Novellen »Der Ring des Lebens« (1910) und seine Lebenserinnerungen »Scholle und Schicksal, Geschichte meines Lebens« (1933) und die Fortsetzung »Jahrhundertwende 1893–1914« (1935).

Dumas, Alexandre 31, *35*, 84, 130, 187, 192
„Durch", Verein 7, 81, 141, *143*
Dürerbund 104

Ebers, Georg *128*
Echegaray, José 174, *178*
Eloesser, Artur 157
Engels, Friedrich 1, 206, 219, *220*
Ernst, Paul 104, 158

Fechner, Gustav Theodor 104, *105*, 223
Feuerbach, Ludwig 1, 163, *164*, 219 f.
Fichte 18
„Figaro" 260, *263*
Flaubert 3, 38, 59 f., *62*, 164, 247
Fontane 2, 57, 70, 157, 263
Fouquier, Henry 217, *220*
Francia, Francesco 184, *192*
„Freie Bühne" 2, 8, 10 f., 17, 19, 58, 71,
    108, 124, 155, *157 f.*, 161, 192 f., 199,
    220 ff., 225 f., 236, 256
„Freie Volksbühne" 144, 158;
    „Neue . . ." 158
Frenzel, Karl 125 ff., *128*, 162 f.
Freytag, Gustav 2, 57, 113
Friedrich d. Gr. 85, 132
Friedrichshagener Kreis 144, 199
Fulda, Ludwig 43, 157 f., *161*, 262

Garborg, Arne *243 f.*, 258
„Die Gartenlaube" 2, 62
Gast, Peter 104
Geibel, Emmanuel 37 ff., *50*, 69, 191
George, Stefan 51, 104
„Die Gesellschaft" 4, 6 ff., 10, 27, 39, 43, 51,
    54 f., *57 f.*, 62, 69 ff., 81, 84, 104, 106, 117,
    121 f., 124, 128 f., 135 ff., 143, 154, 158,
    165, 169, 192, 226, 230, 235, 238, 249,
    254, 256
Giusti 65
Goethe 1, 5, 16 f., 19 f., 22, 29, 32, 34 ff., 51 ff.,
    54 f., 64 f., 67, 70, 82, 84, 88, 93, 99, 101, 104,
    112 ff., 117, 125, 127, 130, 146, 162, 180,
    182 f., 185, 187 f., 190 ff., 200, 206, 252,
    259, 262, 264
Gogol 22
Goncourt, Brüder Edmond u. Jules 3, 196,
    200, 218, 232 ff., 244
Grabbe 17, 67, 71, 84
Greif, Martin 57
Grillparzer 135
Grimmelshausen 127, 259
Grosse, Julius 45, *50*
Grottewitz, Curt 258, *263*
Grotthus, von 105, 122

Gumppenberg, Hanns von 230
Gutzkow 16, 154, 181

Haeckel, Ernst 1, 14, *18*, 109, 117, 219
Halbe, Max 258, 262 f., *264*
Hamerling, Robert 43, 45, *50*
Hamsun 158
Hansson, Ola 105, *240 f.*, 243
Hanstein, Adolf von 54, 141
Harden, Maximilian *108*, 157
Hart, Heinrich 8, 13, *17 ff.*, 40, 42 f., 84, 141,
    147, 154 f., 179, 192, 199
Hart, Julius 11, *17*, 157, 256
Hart, Brüder 4 f., 8, *17*, 20, 22 f., 28, 35, 39 f.,
    49, 58, 105, 141, 143 f., 154, 157, 159, 241
Harte, Francis Bret 15 f., *19*
Hartleben, Otto Erich 49, 57
Hartmann, Eduard von 89, 102, 112
Hauptmann, Gerhart 7 ff., 10 f., 57, 117, 124,
    143, 157, 162, 183, 191, 235 f., *238*, 241,
    258, 262 f., 264
Hebbel 2, 17, 68 f., *71*, 104, 173, 183, 192
Hegel 1, 89, 102, 155, 200, 219 f.
Heiberg, Hermann 43, 57, 85
Heine, Heinrich 16 f., 27, 52 ff., 65 ff., 70,
    101, 154, 163, 200, 242, 259
Held, Franz 57
Helmholtz *104 f.*
Henckell, Karl 5, 43, 47, 49, *50*, 84
Herder 5, 16, 70, 84, 104, 206, 220
Herrig, Hans 53, *54*
Hesiod 63
Hesse, Hermann 104
Heym, Georg 51
Heyse, Paul 4, 39, *50*, 57, 62 f., 69 f., 113,
    124, 126, 128, 133, 135
Hille, Peter 57
Hillebrand, Julius 6, 62, *69*, 70 f.
Hirsch, Franz 83, *85*
Hofmannsthal, Hugo von 51
Holz, Arno 5, 8 ff., 11, 49, 84, 143, 157 f., 193,
    198 f., 200, 219 f., 225, 235, 238 ff., 262 f.,
    264
Homer 36, 63, 76, 111 f., 115, 125, 132
Horaz 71, 128
Huch, Friedrich 104
Hugo, Victor 31, 35, 101, 190
Huysmans, Joris Karl *164 f.*, 244, 247

Jacobsen, Jens Peter 3
Ibsen 3 f., 8, 10, 15 ff., *19*, 57, 68 f., 71, 105,
    108, 113, 132, 150 f., 157 f., 162 ff., 165,
    176, 178, 181 f., 183 ff., 187, 191 f., 227,
    229 f., 231, 234, 236, 258, 261 ff.
Jean Paul (Richter) 33, 35, 55

266